安徽古籍叢書

黃山書社

李宗棠文集之四

奏議輯覽初編

〔清〕李宗棠/輯　李興武/校點

圖書在版編目(CIP)數據

李宗棠文集. 奏議輯覽初編/(清)李宗棠著. －合肥:
黄山書社,2016.1
(安徽古籍叢書第二十九輯/安徽古籍叢書編審委員會編纂)
ISBN 978－7－5461－5388－9
Ⅰ.①李… Ⅱ.①李… Ⅲ.①李宗棠(1870～1923)－文集
②奏議－匯編－中國－清後期 Ⅳ.①Z424.9 ②K249.306.5

中國版本圖書館 CIP 數據核字(2015)第 304429 號

安徽省古籍整理出版辦公室資助項目

出 品 人 任耕耘
選題策劃 彭君華
責任編輯 李 媛
裝幀設計 馬 芳
出版發行 時代出版傳媒股份有限公司(http://www.press－mart.com)
黄山書社(http://www.hspress.cn)
地址郵編 安徽省合肥市蜀山區翡翠路 1118 號出版傳媒廣場 7 層 230071
印 刷 合肥新南印務有限公司
版 次 2016 年 1 月第 1 版
印 次 2016 年 1 月第 1 次印刷
開 本 880×1230 1/32
字 數 307 千
印 張 17.125
書 號 ISBN 978－7－5461－5388－9
定 價 52.00 圓

服務熱綫 0551－63533706
銷售熱綫 0551－63533761
官方直營書店(http://hsssbook.taobao.com)

安徽古籍叢書編印緣起

我國歷史悠久，典籍豐富。我省地處南北之交，學術尤擅其盛。數千年來，哲學、史學、文學、藝術、語言、科技，作者輩出，著述如林，或自名一家，或蔚然成派，多爲中華民族文化之菁華，有裨於社會主義文化之建設。允宜及時整理，以廣流傳。

粤自明清，以至近世，南北郡邑已有涇川叢書、龍眠叢書、貴池先哲遺書、南陵先哲遺書諸刻。一九三一年，復有安徽叢書之編刊，所收皆皖人著作，分期影印。出至第六期，以抗戰軍興而中止。盛業未竟，論者惜之。

今者，中央倡導整理古籍，我省領導對此尤爲關心。省古籍整理出版規劃委員會幾經商討，決定編纂安徽古籍叢書。編纂宗旨是在歷史唯物主義指導下，批判繼承，古爲今用，弘揚民族優秀傳統文化，爲建設中國特色社會主義服務。最其體例，約有數端：

一、所收皆爲歷代皖人著作，時間一般以辛亥革命之前爲限，内容以文、史、哲爲主，分類成輯。尤其注意稿本、稀見本之搜輯與傳布。

二、整理方式包括輯、校、標點和注釋、今譯。校勘，力求採用善本爲底本，校以他書，或加補輯、編次。標點，採用新式標點。注釋，務求精確，但不作煩瑣考證。整理中，儘量吸收國內外研究的新成果。

三、先秦、兩漢著作及語言、文字之類，皆用繁體字，其餘則酌用簡體字。版皆竪排，以期一律。

四、凡熱心於本叢書編印及捐貲助刊者，得於書內題名。

安徽古籍叢書編審委員會

奏議輯覽初編目次

整理説明……一
例言……一

卷一

順天府府尹胡燏棻條陳變法自强摺……一
新疆巡撫陶模請培養人才摺 光緒二十一年五月十一日……一六
新疆巡撫陶模覆陳自强大計摺……二八
直隸總督王文韶奏設西學學堂摺 光緒二十一年八月十二日……三五
署兩江總督張之洞奏請設立自强軍創練洋操摺……三八
御史陳其璋請飭重定出使章程摺 光緒二十一年十月初六日……四二
御史陳其璋請飭户部鼓鑄銀圓並令各省推廣仿鑄摺 光緒二十一年十一月初三日……四五
御史陳其璋請整頓同文館摺 光緒二十一年十二月初九日……四七
御史王鵬運請通飭開辦礦務鼓鑄銀圓摺 光緒二十一年十二月十五日……四九

總理衙門議覆王鵬運請講求商務摺 光緒二十一年十二月二十四日……五一

卷二

總理衙門遵議建立官書局摺 光緒二十二年正月二十一日……五七
總理衙門遵議興辦郵政摺 附赫德擬辦郵政章程 光緒二十二年二月初七日……五九
御史陳其璋請飭妥議教案定章摺 光緒二十二年二月□□日(一)……六九
御史陳其璋請與各國訂明同列萬國公法摺 光緒二十二年二月十二日……七二
工部尚書孫家鼐遵擬官書局開辦章程摺……七四
總理衙門户部議覆王鵬運請飭開辦礦務鼓鑄銀圓摺……七七
安徽巡撫福潤奏陳變通清賦辦法摺 光緒二十二年四月十六日……八二
湖廣總督張之洞請設洋操護軍營暨工程隊摺……八九

卷三

刑部侍郎李端棻請推廣學校摺 光緒二十二年五月初二日……九五
陝西巡撫張煦學政趙惟熙會奏創設格致實學書院摺 光緒二十二年五月初七日……一〇一
陝西巡撫張煦學政趙惟熙會奏請設機器織布等局片……一〇三

户部議奏各省攤派籌還洋款摺 並附片清單 光緒二十二年五月□□日……一〇四
户部籌備要需援案核扣京外俸廉片……一一一
雲貴總督崧蕃覆陳雲南礦務情形摺 光緒二十二年六月初一日……一一二
刑部遵議武營扣餉缺額罪名摺 光緒二十二年六月初二日……一一四
總理衙門議覆福建船政摺 光緒二十二年六月十八日……一一七
御史陳璧請仿行印税摺……一二〇
御史陳璧請整頓船政摺……一二二
山西巡撫胡聘之請變通書院章程摺……一二五
總理衙門議覆李端棻請推廣學校摺 光緒二十二年七月十三日……一二八

卷四

工部尚書孫家鼐議覆開辦京師大學堂摺……一三一
湖廣總督張之洞請緩征值百抽十之税並改定存儲關棧章程摺……一三七
御史華煇請講求務本至計以開利源摺 光緒二十二年八月二十三日……一四一
工部户部議覆御史華煇條陳摺……一四五
江蘇巡撫趙舒翹奏報蘇州開關日期摺……一四七

總理衙門請設鐵路總公司摺 附盛宣懷擬辦鐵路說帖 光緒二十二年九月十四日……一四八
候補四品京堂盛宣懷臚陳自强大計摺 光緒二十二年九月二十六日……一五四
候補四品京堂盛宣懷請招商設立中國銀行片……一六〇
候補四品京堂盛宣懷請在京滬設達成館以儲使才片……一六一
御史孫賦謙請武場考試變通舊制摺 光緒二十二年十月二十七日……一六三

卷五

軍機大臣等議覆盛宣懷條陳摺 光緒二十二年十一月十八日……一六七
禮部議覆秦綬章請整頓各省書院摺 光緒二十二年十一月十八日……一七二
御史陳其璋請各省開礦摺……一七六
湖廣總督張之洞奏設武備學堂摺……一七九
直隸總督王文韶奏陳北洋辦理善後新增用款摺……一八二
直隸總督王文韶覆陳試辦磁州煤礦片……一八三
兩江總督劉坤一奏陳江甯等處礦務情形摺……一八四
福州將軍裕禄陳明泉州船塢事宜片……一八六

卷　六

户部請裁汰冗兵摺　光緒二十三年□月□日……一八九
户部請飭裁南洋防軍片……一九二
總理衙門議覆褚成博奏洋商改造土貨應籌抵制摺　光緒二十三年二月十一日……一九三
盛京將軍依克唐阿請調員開辦遼東礦務摺　附貴鐸擬辦礦務章程　光緒二十三年二月十五日……一九六
總理衙門等議覆安徽巡撫鄧華熙請添設學堂酌擬切實辦法摺　光緒二十三年二月十八日……二〇一
總理衙門議覆郵政事宜摺　附郵政局章程解釋……二〇五
總理衙門議覆依克唐阿調員開辦遼東礦務摺　光緒二十三年三月三十日……二一〇
山西巡撫胡聘之議開晉邊蒙地摺……二一一
雲南督撫奏設算學館片……二一六
御史陳其璋請飭户部添鑄銅圓摺　附片　光緒二十三年四月十九日……二一七

卷　七

山東巡撫李秉衡奏駁總税務司重議土藥税釐摺　光緒二十三年六月初十日……二二一
禮部議覆給事中褚成博奏考試策問請准引用本朝人名書名摺　光緒二十三年六月□□日……二二四

總理衙門議覆御史張仲炘奏臺灣土貨進口照洋貨抽稅摺 附總稅務司赫德清單 光緒二十三年六月二十二日……二二五
户部議覆李秉衡奏駁重議土藥稅釐摺 光緒二十三年六月三十日……二二七
國子監請增算學助教摺 光緒二十三年七月二十八日……二三〇
通政使參議楊宜治請仿造金銀錢摺 光緒二十三年八月初一日……二三二
陝西巡撫魏光燾請設游藝學塾摺……二三五
總理衙門請酌定寶星式樣摺……二三七
都察院左都御史徐樹銘請廣興蠶利片 光緒二十三年十一月初一日……二三八
總理衙門户部議覆停止商辦關外礦路摺……二四〇
總理衙門奏京員創設通藝學堂並援案准予獎勵調考摺 光緒二十三年十一月二十四日……二四二
都察院御史聯名密陳膠澳主戰摺……二四三
兵部請整飭戎行摺……二四六
户部請通飭各省具報釐稅收支實數摺 光緒二十三年十二月□□日……二四七
總理衙門奏定山東教案要犯罪名摺……二四八
總理衙門奏辦結教案議租膠澳與德使商定情形摺……二五一
協辦大學士榮禄請參酌中外兵制設武備特科片 光緒二十三年十二月二十五日……二五四

卷八

總理衙門、禮部遵議開設經濟特科摺 光緒二十四年正月初六日……二五七
給事中高燮曾請設武備特科摺 光緒二十四年正月初六日……二六〇
中允黄思永奏請特造股票籌借華款摺 光緒二十四年正月初九日……二六一
户部奏准自造股票籌借華款摺 光緒二十四年正月十四日……二六四
總理衙門奏辦津鎮鐵路摺 附道員容閎擬辦章程 光緒二十四年正月二十一日……二六八
户部遵議科收鋪税並設立蘗牙摺……二七二
河南巡撫劉樹堂奏豫省礦務請由商人自借洋款承辦摺 光緒二十四年二月十六日……二七六
山西巡撫胡聘之奏晉省籌辦礦務擬先修鐵路摺……二七八
軍機大臣、兵部議覆榮禄請設武備特科摺 附章程 光緒二十四年二月二十六日……二八〇
軍機大臣、兵部議覆胡燏棻請酌設武科片……二八七

卷九

户部奏定給發昭信股票詳細章程摺 光緒二十四年二月□□日……二八九
户部議覆依克唐阿請行鈔法摺 光緒二十四年二月□□日……二九四

都察院御史聯名奏俄事緊急萬不可允摺……二九七
御史文悌請拒俄聯英摺……二九八
總理衙門、户部奏續借英德商款指定償款摺……三〇一
總理衙門議覆河南礦務辦法摺　附片……三〇三
總理衙門遵議山西礦務鐵路辦法摺……三〇六
户部請酌量緩辦鋪税藥牙片　光緒二十四年閏三月□□日……三〇九
户部議覆工部郎中唐浩鎮條陳各省自闢利源摺　光緒二十四年閏三月二十八日……三一〇

卷十

御史陳其璋請約開鐵路口岸摺　光緒二十四年四月十七日……三一五
户部遵議更新兵制摺　光緒二十四年五月初一日……三一六
總理衙門遵議特設商務大臣及特派近支宗室游歷外國事宜摺……三二一
總理衙門遵議遴選生徒游學日本事宜片……三二四
軍機大臣、總理衙門遵籌開辦京師大學堂摺　附章程清單　光緒二十四年五月□□日……三二五
總理衙門遵議優獎開物成務人才摺　附章程　光緒二十四年五月□□日……三四一

卷十一

總理衙門禮部遵議經濟特科詳細章程摺　光緒二十四年五月□□日……三四七
協辦大學士孫家鼐請飭刷印校邠廬抗議頒行摺　光緒二十四年五月二十九日……三五〇
協辦大學士孫家鼐籌辦大學堂事務請旨遵行摺　光緒二十四年五月二十九日……三五二
協辦大學士孫家鼐奏譯書局編纂各書請候欽定頒發並請嚴禁悖書摺　光緒二十四年五月二十九日……三五三
禮部議奏科場改試摺　附章程……三五四
湖廣總督張之洞遵議變通武科章程摺……三五八
湖廣總督張之洞湖南巡撫陳寶箴會奏擬請妥議科舉新章並酌改考試詩賦小楷之法摺　光緒二十四年六月初一日……三六七
御史鄭思賀請推廣學堂月課章程片　光緒二十四年六月十七日……三七四
協辦大學士孫家鼐議覆五城建立中學堂小學堂摺　光緒二十四年六月十七日……三七五
協辦大學士孫家鼐奏陳籌辦大學堂大概情形摺　光緒二十四年六月二十二日……三七六
協辦大學士孫家鼐議覆鄭思賀請推廣學堂月課章程片……三七九
御史陳其璋請准商人自借洋款籌辦鐵路礦產摺……三八〇

卷十二

禮部遵議鄉會試詳細章程摺　光緒二十四年六月□□日……三八三

禮部請裁撤順天鄉試算學額片……三八八
督辦鐵路總公司盛宣懷覆陳籌造南北鐵路情形摺……三八九
督辦鐵路總公司盛宣懷請特派使相循案督率路工片……三九三
督辦鐵路總公司盛宣懷奏陳開辦南洋公學情形摺 附章程……三九三
督辦鐵路總公司盛宣懷奏陳設立譯書院片……三九九
督辦鐵路總公司盛宣懷請新設各學堂書院内學生廩增附生准免歲科試片……四〇〇
户部遵議中國通商銀行匯解官款摺……四〇一
翰林院代奏編修羅長裿應詔陳言摺 光緒二十四年七月□□日……四〇三

卷十三

軍機大臣 總理衙門 兵部 會議武場改制摺 附章程 光緒二十四年九月十八日……四一一
軍機大臣 吏部 會議裁缺巡撫摺 光緒二十四年九月十八日……四一六
軍機大臣 吏部 會議裁缺河督片……四一七
湖廣總督張之洞遵擬漢口試辦商務局摺 光緒二十四年九月□□日……四一八
湖廣總督張之洞請擴充砲廠加撥經費片……四二二

安徽巡撫鄧華熙奏辦理清賦查出田畝實徵銀數摺……四二三
安徽巡撫鄧華熙請設武備學堂摺……四二五
安徽巡撫鄧華熙奏查明折徵礙難再減摺……四二七
熱河都統壽蔭奏陳開辦礦務徵收課銀摺　光緒二十四年十月初二日……四二九
礦務鐵路總局奏定章程摺　附章程　光緒二十四年十月初六日……四三三

卷十四

軍機大臣三法司會議辦理監犯例章摺……四三九
盛京將軍依克唐阿奏開採金鑛現著成效摺　光緒二十四年十月□□日……四四二
兩江總督劉坤一籌議江南防軍改練洋操摺……四四五
户部議覆中允黄思永請禁遏羅暨禁燒鍋摺　光緒二十四年十月□□日……四五一
礦務鐵路總局議覆伍廷芳礦務條陳摺　光緒二十四年十月十六日……四五四
户部奏查内務府經費片　光緒二十四年十月十九日……四五六
湖廣總督張之洞遵撤南學會並裁保衛局摺……四五七
户部請改解海軍經費摺……四五九
河南巡撫劉樹堂請撥機器廠局經費摺……四六二

黑龍江將軍恩澤奏都魯河金礦開辦有緒摺 光緒二十四年十月二十日……四六四
黑龍江將軍恩澤奏陳招放旗荒就緒摺……四六七
熱河都統壽蔭奏陳整頓礦務片……四六九

卷十五

欽差大臣榮禄奏陳北洋練兵籌餉辦法摺 光緒二十四年十月二十四日……四七一
欽差大臣榮禄奏籌辦軍械輿圖片……四七三
總理衙門議覆保護教堂摺 光緒二十四年十月二十九日……四七四
盛京將軍依克唐阿奏設機器製造等局先鑄銀圓摺……四七五
總理衙門奏通籌鐵路辦法摺 光緒二十四年十一月□□日……四七八
護理四川總督文光奏設製造局添製機器片……四八〇
兩江總督劉坤一遵籌擴充製造添配機器請撥補經費摺……四八一
兩江總督劉坤一奏設上海商務總局片……四八三
兩江總督劉坤一請增設水師學堂學額摺……四八五
兩江總督劉坤一請武舉武生挑入學堂肄業摺 光緒二十四年十一月二十九日……四八六
兩江總督劉坤一請飭各省緑營一律改習槍礮片……四八八

卷十六

烏里雅蘇臺將軍連順請招商開採金礦摺……四九一
陝西巡撫魏光燾奏陳遵辦武備學堂片……四九四
御史余誠格請飭練兵宜求實際摺　光緒二十四年十二月十八日……四九五
御史余誠格請禁革按畝派捐片……四九六
湖廣總督張之洞奏漢口繁要請改設專官摺　光緒二十四年十二月二十四日……四九七
户部奏籌撥東三省的餉章程摺　附清單……五〇〇
户部議奏鹽斤加價摺……五〇二

附

兩廣總督張之洞遵籌開辦鐵路摺……五〇五
海軍衙門議覆開辦鐵路摺〔二〕　附片……五一三

校　記

〔一〕空圍處乃底本原缺，下同。

〔二〕海軍　原作『總理』，據正文篇目改。

整理説明

如果從著書立説的角度評價李宗棠，他無疑是一位勤奮求知、筆耕不輟、著作等身、成效卓著的晚清學者。他一生著書二十餘部，合計二百多卷，有的如學詩堂經解，被收入續修四庫全書得以傳承；有的如奏議輯覽初編，一經印發，即被名人名家及各大圖書館争相收藏，得以存續，爲後世儲藏了寶貴的精神食糧，爲治國理政輯存了一個特殊時代的精彩篇章。

試問：在晚清那個動蕩不安的年代，李宗棠向學立言、努力著述的真正原動力到底是什麽呢？

或曰：除了他與生俱來的穎悟通達以及後天的博通經籍和孜孜不倦的精神追求外，對戊戌變法失敗前後的關注、對國家社會治理成功的期待、對國富民强社會安定的渴望等等一切對家事、國事、天下事的關心，也許正是他不遺餘力收集、整理、編輯此書最大最直接的精神原動力。

李宗棠關注國是的熱情由來已久。早在光緒十四年（一八八九），剛滿二十周歲的他即『納貲爲郎』，入户部，授曹掾，輔助長官，處理政務。兩年以後，簽分户部四川清吏司兼廣東司行走，督催所正主稿。由於才識敏捷，通達政務，深受户部尚書、光緒帝師傅翁同龢的器重。二十五歲時隨翁同龢職務遷轉而改任農部，這一年正是農曆甲午之年。夏七月，中日甲午戰争爆發。八月初，清政府下詔正式對日宣戰。秋九月，時官農曹，血氣方剛的李宗棠面對危局，條陳三十六策，呈翁代奏皇上，其中包括：設憲法院、派游學生、提倡女學、研究商業、增廣製造、推廣郵政、修造鐵路、創設銀行、招商採礦、編譯西書、改良科舉、保持國家法權等，均爲切中時弊、國家要需之措舉，儘獲皇上硃批：『知道了。』

中日陸戰告急，李宗棠立志投筆從戎，爲國捐軀，呈請代奏，投效前敵，因賦『請纓自負英雄氣，投筆何關故鄉情』。冬十一月間，奉命密查山海關清軍布防情況，時有七十餘營，星羅棋布而無總統。清廷命湘軍名將劉坤一統帥前敵，因賦『狂瀾既倒誰援手，名將中興誓遠征』。（千倉詩史）赴天津迎謁劉坤一。史載：『（宗棠）旨交劉坤一，坤一懦，不任宗棠。』（皖志列傳稿李宗棠傳）雖壯志未酬，不獲重用，但這一重要經歷在李宗棠心靈深處仍烙下了一道深深印記。不久，馬關條約簽訂，保授湖北補用道的李宗棠赴金陵謁兩江總督張之洞，奉委籌餉局任職，條陳十事，蒙制軍採擇施行，包括清淮宜駐重兵、蘇寧宜停海運、句丹宜開礦利、皖贛宜修鐵路、製作槍炮宜改新式、鑄造銀元推廣紙幣、振興學校尊重純儒、提倡工藝招集貧民、開演説會以啓民智、延顧向員以征政見。條上，『之洞喜，留之幕府』。（同上）

光緒二十四年（一八九八）爲農曆戊戌年。六月，光緒皇帝頒布明定國是詔，由此拉開戊戌變法大幕。這一年，李宗棠三十而立。孟夏，以道員分發湖北，歷充鐵政、洋務等差，鋭意改革，成效卓著，由張之洞保加二品頂戴按察使銜。由於前年（一八九六）丁母憂，回鄉守制，此時的李宗棠得以静下心來，居家搜輯平日所集名臣奏議及部官議案，時間取自乙未即光緒二十一年（一八九五）至乙亥即光緒二十五年（一八九九）。慨自馬關定約以來，朝廷勵精圖治，振興庶政，内外臣工響應光緒號召，競言上奏的富强之術，内容包括修鐵路、鑄鈔幣、造機器、開礦産、折南曹、減兵額、創郵政、立學堂、改科舉、廢八股、倡游學、設銀行、製股票、練陸軍、整海軍、修内政、備戰守，還有整頓釐金、嚴核關税、稽查荒田、汰除冗員，大抵以籌餉練兵爲急務，以恤商惠工爲本源，全面反映了甲午戰争之後晚清中國艱難曲折的近代化進程。在此基礎上，李宗棠考核其詳明，審擇乎精確，披讀數過，疊加删定，得文一百六十二篇，都爲一十有六卷，署名曰『奏議輯覽』，光緒二十五年（一八九九）八月付梓成書，光緒二十七年（一九〇一）三月治印珍藏，印文爲『光緒辛丑季春大興李氏珍藏』。值得一提的是，在着手編輯奏議輯覽的同時，李宗棠還另外編輯了光緒徵要録。前者是督撫奏折，部堂議案，自下而上對朝廷的諫言；後者是朝廷自上而下，審時度勢，對涉及國計民生、國家安全等重大事項作出的重要裁决，按照李宗棠自己的話來説，這樣做的目的就是要達到『同時手輯』，『互資考證』。

李宗棠在編輯奏議輯覽初編時，不唯上、不趨時、不媚顔、不附勢，態度嚴謹，手法新穎，體例適中。首先是審言。在甲午戰争至戊戌變法以來長達五年的時間内，各督撫部院上奏的條陳折片極稱繁冗，既不乏嘉謨讜論，又充斥邪説私謀。爲此，李宗棠規定了三不録：即語涉荒誕者不録，迹近附和者不録，能言不能行者不録。其次是備事。凡事關國家重大關切如修鐵路、興礦務、創郵政、立學堂、鑄鈔幣、造機器以及通商惠工、練兵籌餉諸大端，暨賦税之減增、度支之出入，搜羅不厭其詳。即便是當時被朝廷視爲廢紙，棄之不用的從前各章程，因其良法美意，講求時務，必擇善而存，以資省覽。第三是編年。是編自順天府尹胡燏棻條陳變法自强折，至户部又議覆鹽斤加價折，包括附録兩廣總督張之洞遵籌開辦鐵路折和總理衙門議覆開辦鐵路折，各條之下，凡摘自邸抄時標注有年月日者均詳載無誤，其他一概從缺。

第四是紀官。凡各衙門議覆之件，書名概不書官，其非應行奏事人員，即於代奏議覆各折上注明某官，以清眉目。第五是校訛。收入此編的奏折，有抄自他人録本者，有索諸原人底稿者，有在中外報刊分别摘存者，李宗棠積銖累寸，釐訂成帙，反復校勘，以防訛誤。加之利用近代技術活字編排，印刷精美，即便在當時也屬於質量上乘之作，堪稱晚清善本。

至於爲什麽在正式編輯出版時署名奏議輯覽初編，後面還有没有次編或三編，李宗棠在該編例言的『待續』中自有交待：『創篇而後，蓄願方長，擬自本年（按，光緒二十五年即一八九九年）起，將徵要録及此編，均各按年續訂，廣爲裒輯，次第選存。或一年而數卷，或數年而彙編。聚帙愈多，取資愈廣。擬再區别各門類，以吏、户、禮、兵、刑、工總其綱領，洋務、商務、關政、船政附之。』惜乎李宗棠的計劃編著和努力，有的未得展現，有的則毁於十二年後的辛亥兵禍，至今仍没有新的發現。

筆者在收集、整理此編時，也是多方尋求，擇善而取，以上海圖書館藏本爲底本，數遍通讀，精心校閱，仔細勘誤，詳盡考訂，務將一百二十五年前晚清善本之精華呈現給讀者，就正於各位專家。若能達此微願，不惟筆者幸甚，即鄉賢李宗棠前輩在天之靈地下有知，也能了生前所盼了。是爲絮語，冀讀者指正爲盼。

李興武

二〇一五年一月二十五日於潁州

例言

歷代奏議之刻，多出專家。唐陸宣公，宋范文正、包孝肅，明盧忠肅，本朝林、胡、曾、左諸公，鴻篇鉅製，海内爭傳。本則有歷代名臣奏議、皇朝經世文編等類。要皆人以文存，不兼及部官議案也。邇來奏議專選，亦頗罕覯。予不敏，罔揣庸陋，略倣賀氏之例，輯成此編，并另輯光緒徵要録互資考證。甲午以前，惜多缺漏，因即取乙未始。慨自馬關訂約以來，朝廷勵精圖治，振興庶政，内外臣工競言富强之術。或參新法，或整成規，或實見諸施行，或臚陳夫條議，維持變化，歷歷可觀。迺考核其詳明，且審擇乎精確，披讀數過，叠加删訂，得文百六十二篇，都爲一十有六卷，署曰奏議輯覽云。

一曰審言。是編與徵要録爲同時手輯，所有寄諭飭辦各件及交議交查之件逐一搜求，僅得十之六七，其他條陳摺片，極稱繁冗。嘉謨讜論，固不乏人，邪説私謀，間多巧試。兹特申明體例，若語涉荒誕者不録，若迹近附和者不録，若能言不能行者，無論條陳覆奏，概從屏棄，要必以變法而不亂法者爲斷。

一曰備事。是編權其事之重大，序其事之後先，總期顛末畢具。凡有條陳覆奏，如修鐵路、興礦務、創郵政、立學堂、鑄鈔幣、造機器，以及通商惠工、練兵籌餉諸大端，暨賦税之減增，與度支之出入，搜羅不厭其詳。至夾片中專事，則另爲標題，類事則仍附原摺。但從前各章程，現今度亦視同廢紙。然良法美意，講求時務者，固宜默識於心，用特擇善而存，以資省覽。

一曰編年。是編自胡大京兆變法自强疏以次，起乙未訖戊戌，各條之下均詳載其年月日，係據邸抄標註所有。未詳其月日者，一概從缺。但以約略計之，當在某時，即附於某月之次，容再陸續考正。

一曰紀官。是編所録各摺片，祇據上疏時官階書之。凡各衙門議覆之件，書名概不書官。其非應行奏事人員，即於代奏議覆各摺上註明某官，以清眉目。

一曰較訛。是編爲近數年來隨時雜録，有鈔自他人録本者，有索諸原人底稿者，有在中外各報章内分别摘存者，積銖累寸，釐定成帙。雖較讎三五徧，字句舛誤，恐猶難免。如章程清單之類，行款間或參差，似可不拘一律，仍各附於原摺後，以便稽考。

一曰待續。創篇而後，蓄願方長，擬自本年起將徵要録及此編，均各按年續訂，廣爲裒輯，次第選存。或一年而數卷，或數年而彙編。聚帙愈多，取資愈廣。擬再區别各門類，以吏、户、禮、兵、刑、工總其綱領，洋務、商務、關政、船政附之。此外，輯有洋務考畧、中外約章通纂、總稽地球各國度支表數種，敬俟異日，敢就正於有道。

光緒二十五年歲次屠維大淵獻八月，大興蔭柏李宗棠謹識。

奏議輯覽初編卷第一

順天府府尹胡燏棻條陳變法自强摺

奏爲因時變法力圖自强謹條陳善後事宜，恭摺仰祈聖鑑事。

臣聞五帝殊時不相沿樂，三王異世不相襲禮，蓋窮變通久，因時制宜之道不同也。上年倭人肇釁，陸師屢挫，海軍繼失，寇焰猖狂，神人共憤。我皇上不忍兩國生靈久罹鋒鏑，以大字小，舍戰言和。雖兩害從輕，計不能不出於此，然自古馭外之策，斷無一意主和可以久安之理。唐於吐蕃，宋於金人，是其明鑑。今遼河以東失地千里，雖由俄、德、法三國合起而爭，許還故土，但倭人仍有從容商議之語，恐不免枝節横生。臺灣交地，近復激成變端，倭人能否不起責言，固難預料。然此風已開，事變亦日亟一日。及今而不思改計，竊恐數年以後，大局更不堪設想。目前之急，首在籌餉，次在練兵。而籌餉練兵之本源，尤在敦勸工商，廣興學校。伏查國家賦税所入歲有常經。今忽添此二萬萬兩之兵費，非借洋債，從何措置？以最輕利息六釐計算，每年需息銀一千二百萬兩，而陸續償還本銀，尚不在此數。且自上年用兵以來，關内外各路添兵購械，所借華洋商款，應償本息，已屬不少。此外，奉、直兩省善後事宜，仍須節節增修，次第興辦。北洋海軍亦不能不從新創辦，以圖補苴。約計購船置械，非數千萬金不能成軍。此後水陸所需，每歲又不下千餘萬金。入者祇有此數，出者驟然加增，雖日責司農以籌畫度支，亦恐無從應付。竊觀泰西各國，無論軍餉工程，千萬之需，咄嗟立辦，何者？藏富於民，多取之而不爲虐，而民亦樂輸以奉其公。彼其器械日製而日精，商務日開而日甚，水陸之兵日練而日强。蓋董勸之始，國家設各項學校以棓植之〔一〕；藝術既成，分各項官守以任使之，故民有人人自奮之思，治有蒸蒸日上之勢。今中國土地之廣，人民之衆，物産之饒，爲泰西各國所未有。辦理洋務以來，於今五十年矣。如同文方言館、船政製造局、水師武備學堂，凡富强之基，何嘗不一一倣行？而遷地弗良，每有淮橘爲枳之歎。固由僅襲緒餘，未窺精奥，亦因朝廷所以號召人才者，在於科目；天下豪傑所注重者，仍不外乎制藝、試帖、楷法之屬，而於西學，不過視作別途。雖其所造已深，學有成效，亦第等諸保舉議敘之流，不得廁於正途出身之列，操術疏斯收效寡也。日本，一彈丸島國耳，自明治維新以來，力行西法，亦僅三十餘年。而其工作之巧，出産之多，礦政、郵政、商政之興旺，國家歲入租賦共約八千餘萬圓，此以西法致富之明效也。其徵兵、憲兵、預備、後備之軍，盡計不過十數萬人，快船、雷艇總計不過二十餘號，而水陸各軍皆能同心齊力，曉暢戎機，此又以西法致强之明效也。反鏡以觀，得失利鈍之故亦可知矣。今士大夫莫不以割地賠費種種要挾爲可恥，然時勢所逼，無可如何，則惟有急求雪恥之方，以坐致自强之效耳。昔普法之戰，法之名城，殘破幾盡，電綫、鐵路，處處毁裂，賠償兵費計五千兆佛蘭克，其數且十倍今日之二萬萬兩。然法人自定約後，上下一心，孜孜求治，從前弊政，一體蠲除。不及十年，又致富强，仍爲歐洲雄大之國，論者謂較盛於拿坡崙之時。今中國以二十二行省之地，四百餘兆之民，所失陷者不過六七州縣，而謂不能復仇洗恥，建我聲威，必無是理。但求皇上一心振作，破除成例，改絃更張，咸與維新。事苟有益，雖朝野之所驚疑，臣工之所執難，亦毅然而行之。事苟無益，雖成法之所在，耳目之所習，亦決然而更之。實心實力，行之十年，將見雄長海上，方駕歐洲舊邦。新命之基，自此而益鞏，豈徒一雪割地賠費之恥而已。臣之愚昧，何敢挾其芻蕘之見，輕言變法？但縱觀世運，撫念時艱，痛定思痛，誠恐朝野上下高談理學者狃於清議，鄙功利爲不足言；習於便安者，又以爲和局已定，泄沓相仍。設或敵國外患，猝然再舉，更慮抵禦無方。然則臥薪嘗膽，求艾療疴，其尚可稍緩須臾耶？微臣早夜焦思，今日即孔、孟復生，舍富强外，亦無治國之道。而舍倣行西法一途，更無致富强之術。用敢不揣冒昧，就管見所及，舉籌餉、練兵、重工商、興學校數大事，敬維我皇上縷晰陳之：

一，開鐵路以利轉輸也。中國鐵路之議，屢舉屢廢。自經此次軍事，利鈍之故，昭然共見。應請援照前兩廣督臣張之洞原議，自漢口至京，開辦幹路。顧辦法次第，必當先定大綱。第一，在勸立公司。准民間自招股本，而一切窒礙之處，如買地、勘界等類，必須官爲保護。第二，在勘明道里。從前原議，北自蘆溝橋至正定，南自漢口至信陽州，分頭舉辦。查漢口至信陽，山路崎嶇，工費較鉅。不若取道襄陽，地勢平坦，其鐵軌渡河之路，尤宜在鄭州以西，滎陽以東，已出山險經流不改之處。既渡河，則東循淇、衛，西倚太行，北行而達保定，地高路平，較爲穩固。第三，在多開支路。自漢口至京，迤長三千里。若僅有幹無枝，則貿易必不旺，商旅必不多，其勢亦難持久。竊謂支路宜分三段：南路由光山、固始出六安，以載茶葉；由應城、京山、安陸出荆門、當陽，以運煤鐵。西路由懷慶出軹開〔二〕，經蒲、解以達關隴。東路由開封、歸德過宿、泗，以抵清江。如此則天下大局，若網在綱。商務、工務、漕務、軍務，莫不四通八達。第四，在議定規制。自高脚鐵軌之制出，而火車一變；自電氣傳力之機出，而火車又一變。今俄人自加斯濱海達琿春一路，即係用高脚軌、電氣車之法。今創辦之初，宜擇其至便至捷者爲之，以免他日紛紛改造，又有我鈍彼利之歎。造辦成後，每年除公司費用、修理經費外，所餘利銀，官收其什一之税。誠能各省一律舉行，則公家歲可得數百萬金。而且東西南北，節節流通，土物日出，商務日旺，釐金關税以日饒，是每歲所增入，又不下數百萬金。一旦疆場有事〔三〕，運餉運兵，朝呼夕至。今日寓强於富之道，計無有切於此矣。

一，鑄鈔幣銀幣以裕財源也。昔元、明以鈔票爲虐政者，則以一紙空券欲抵鉅萬現銀，情同誑騙耳。西國以鈔幣便民者，則以有一萬之銀，始發一萬之票，無絲毫虚浮也。中國不自設銀行，自印鈔票，自鑄銀幣，遂使西人以數寸花紋之券，抵盈千累萬之金，如滙豐、德華、有利等洋行之鈔票是也。以低潮九成之銀，易庫紋十成之價，如墨西哥、吕宋、日本等國之洋錢是也。今誠能於各省通商口岸一律設局，自鑄金、銀、銅三品之錢，頒定相準之價，垂爲令甲。一面於京城設立官家銀行，歸户部督理；省會分行，歸藩司經理；通商碼頭，則歸關道總核。購極精之器，造極細之紙，印行鈔票，而存其現銀於銀行，妥定章程，明頒諭旨，俾民得以鈔幣兩項，完納租賦税釐，至各省旗兵緑營防營之餉，京外文武百官之廉俸，亦即以鈔幣兩項分搭匀撥，而尤必各處銀行於出入授受之閒，隨時查核，不至鈔溢於銀，並絶無毫釐短折，方能取信於人，持之久遠。惟用人，必須按照西法，用商務之章程，杜官場之習氣，慎選精明廉潔之人，綜計出入。其餘亦須屏絶情面，皆由公舉，不得私薦，方免弊竇。至於放息，責成殷實保人，一有虧折，惟保人代償押款，則值十押七，一經逾期，拍賣償抵，不足仍向欠户追還。果能照此認眞辦理，實力奉行，其收回利權，孳生息款，計每歲盈餘之數，至少當在千萬以上。此誠今日至要之務，不可忽視者也。

一，開民廠以造機器也。中國各省設立製造、船政、槍礮、子藥等局，不下十餘處，向外洋購買機器物件不下千百萬金，而於製造本源，並未領畧。不聞某廠新創一槍，自造一礮，能突過泰西；不聞某局自製一機器，能創垂民用。一旦有事，件件仍須購自外洋。豈眞華人之智不及西人哉？推其病源，厥有三故：各廠之設也，類依洋人成事，而中國所延洋匠，未必通材，往往僅曉粗工，不知精詣，襲迹象而遺神明，其病一。廠係官辦，一切工料資本，每歲均有定額。即有自出心裁，思創一器者，而所需成本，苦於無從報銷。且外洋一器之成，如別色麻之鋼，克鹿卜之礮，或法經數易，或事更數手，成本費數十萬金，然後享無窮之利，垂久大之業。今中國之工匠，既無堅忍之力，國家又別無鼓舞之途，遂事事依樣葫蘆，一成不變，其病二。外洋各廠之工頭匠目，均係學堂出身，學有本源，而其監督總理之人，無不曉暢工藝，深明化重、光電、算學之學，故能守法創法，精益求精。今中國各局總辦提調人員，或且九九之數未諳，授以礦質而不能辨，叩以機栝而不能名，但求不至偷工減料，已屬難得。器械利鈍，悉聽工匠指揮，茫無分曉，其病三。竊謂中國欲藉官廠製器，雖百年亦終無起色，必須准各省廣開民廠，令民間自爲講求。如國家欲購槍礮、船械、械器，均託民廠，包辦包用，其試不如式者，雖定造亦必剔退，則人人有爭利之心、虧本之懼，自然專心致志，實力講求，以期駕乎西製之上。如此，則漏卮既塞，一有兵事，取求易給，不至爲洋商壟斷居奇，受重價之累，且不至爲敵人阻港攬舟，冒行海之險矣。

一，開礦産以資利用也。中國煤鐵五金，徧地皆是。從前業經各處招商開辦，乃卒至股本耗折，成效毫無者，非礦之不可辦，實辦之不得法耳。夫辦礦之要，又有四：第一，在重聘礦師。西洋實有學問之礦師，其國中且延致不及，故往往不願來華。其願來者不過外託行家，陰圖漁利。迨一悟其欺妄，而全局已隳。故欲開礦，當先求師，欲求師，當先重聘。第二，在慎選礦地。夫貴州鐵質非不佳也，乃轉運至千里以外，則成本重而其價昂矣。漠河金苗非不旺也，乃地處極邊，百貨騰貴，則工作難而出數少矣。故開礦之地，必須擇其水陸交通轉運便利之處，則人工往來易於招集，物件輻輳易於取求。第三，在細考礦質。同一礦也，而質有良楛，即價分貴賤。故往往集本同，而獲利不等。假使當日者以開平礦務之規模資本，而開齊魯淄濰之佳礦，則今日獲利，當倍蓰於此矣。第四，在厚集礦本。夫資本出於富家，則原有置産業貽子孫之心；資本出於市儈，則無非借股票低昂，爲買辦空盤之計，收效稍遲，即棄如敝屣。從前公司爲股票牽掣，一傾百倒，皆由於此。故招散股不如招大股，招商股不如招官股。而其大要，尤在辦理之得人，必須正大光明，赤心爲國，絕無一毫私見，否則礦不成則害在公家，礦既成則利歸私室。初次選擇，斷不可瞻徇情面。果能於此四者講求盡善而謂礦務不能辨，礦利不可求，必無是理。況將來欲廣造鐵路，則處處需鐵需煤；欲自鑄錢幣，則各局需金需銀需銅；欲自開民廠，鑄槍礮機器，則各需五金及硝磺鉛汞等質：是招股開礦，實今日之最大利源也。

一，折南漕以節經費也。查京倉支用，以甲米爲大宗，官俸僅十之一。八旗兵丁不慣食米，往往由牛彔章京領米易錢，折給兵丁，買食雜糧，約南米一石，僅合銀一兩有奇。官俸亦然，四品以上，尚多親領，其餘領米票，率轉賣米鋪，每石亦一兩有奇。夫南漕，自催科、征調、督運、驗收，經時五六月，行路數千里，竭百姓無數之脂膏，聚吏胥無數之蟊賊，耗國家無數之開銷。運至京倉，至每石之值，通扯或十兩、或五六兩不等。而及其歸宿，乃爲易銀一兩之用。此實絶大漏卮，徒以冗官蠹吏中飽所在，積習不改，此眞可爲長太息者也。推原其故，朝廷深思遠慮，以爲歲無南漕二百萬石流通市中，則一切雜糧必牽掣而驟貴，兵民有受其飢者，故不惜繁費而爲此。然自輪船暢行以後，商米北來，源源不絶，利之所在，人爭趨之。市中有米與官中有米同，則少米之患，在今時可以無慮。謂宜通行各省，改征折色，其耗費一概帶征，並歸藩庫起解。至旗丁京官，應領俸米或援照成案，則每石折銀一兩四錢，或按照市價，則每石折銀亦不過二兩有奇。而一切漕河之工程，海運之經費，漕督、糧道以下之員弁兵丁，倉場侍郎、監督糧廳以下之胥吏差役，皆可一律裁汰蠲除。是國家歲省數百萬開銷，反多數百萬盈羨，而官兵兩項所領實銀，且較增於從前領票轉賣之值，公私兩途，一舉而均得大利，有益於國，無損於民，亦何憚而不爲哉！　即使慮及歲飢乏食，則每年提出盈餘銀數十萬兩，在津兑買南米，存儲通倉，新陳互易，以爲有備無患之計，其事亦輕而易舉。　如慮海疆有事，運道或至梗阻，恐將來官商兩病，則更不然。　蓋名爲官米，則敵船可以捕拿；　名爲商米，雖仇國亦不能阻截。　公法具在，有例可援，是可不必顧慮也。

一，減兵額以歸實際也。　粤、捻事平以後，緑營之無功效，已可顯見。　而老成持重，動以不裁爲言，於是有減兵增餉之議。　各省或變緑營而爲練軍，今倭事敉平，則練軍之有無功效，又可顯見。　乃猶坐養此數十萬無用之民，耗此數千萬有用之餉，一旦有事，各省仍紛紛募勇，是兵外加兵，餉外加餉，國用安得而不絀？　夫緑營之所以不能遽裁者，徒以水有汛、陸有鋪，緝捕防守有專責耳。　殊不知近年緑營兵餉，藩庫入不敷出，往往餉有按照七八成或五成核放者，每兵每月僅領銀數錢，平日不敷養贍，多以小買營生，巡緝俱屬虚文。　況各省水路聚會之區，如閩、浙之漁商，則僱船出洋自護矣，是汛兵亦無用；　直省之會城，則另設保甲、守望等局以巡緝矣，是鋪兵亦無用。　爲今之計，莫如酌地方之繁簡，裁其老弱，按年先裁二成，五年裁竣。　國家歲可省千餘萬金，即以此款責成直省，按照西法，先挑老兵子弟，擇其年力精壯、粗識之無者，另行創練新軍。現任實缺提鎮參游，如尚堪造就者，即充統領營官之任，否則一概裁去。如此一轉移間，化無用爲有用，國無坐食之費，兵有精練之實。儻慮水陸各汛捕務，一無專責，或將保甲、守望等局，仿照西國巡捕之制，城鄉市鎮人物輻輳之區，所設巡捕，由官督率，而分稽查之職於紳董，事更可得實際。但求朝廷排斥羣疑，破除成例，毅然行之，未有不立見功效者也。

一，創郵政以删驛遞也。中國各省皆設驛站鋪遞，每年支銷錢糧計三百餘萬金。其實各省之奏牘公文所遞有限，而仕宦往來之所擾滋多，至督撫則更有提塘摺差，每一摺差抵京費以百十兩計，民間所開信館，索費既巨，又多遺失，此公私兩困也。查泰西各國，莫不由國家設立郵政局，往來函牘，公私一體，權其分量之輕重，定給遞費之多寡。由郵部刊刻信票、印花出售。凡寄信者預先購買，用時取黏信角，投入信箱，有人按時收取。此法不但省驛站之費，而且歲獲盈餘，爲泰西各國進項之一大宗，亟應仿照辦理。其第一辦法，則先借招商局爲發軔之始，每船各派專司文報一人，通商十九口岸均設分局管理。公私信件，則糾合民間各信局而爲之。内地各碼頭、各市鎮，令信局一家承包。其第二辦法，則借電報局爲推廣之路，凡有電報分局地方，亦派一人在局，專司文報，代爲遞送。至未設電報各處，亦照前法，令信局一家承包。其第三辦法，則俟火車暢行，再借鐵路公司爲往來之總匯，凡幹路、枝路火車停卸之處，各派一人在局，專司其事，至將來欲徧行内地，各鎮各埠儘可廣設分局，派人經理。如此，則若網在綱，無遠弗屆。現在地球各國，其郵政章程，通爲一例，到處流行，公私遞費，並無多寡之殊。即日本亦在其列。就英國而論，每年郵部除用費外，計贏英金一百數十萬鎊。獨吾中國未嘗仿行，急宜參考西制，從速舉辦，庶每歲可省驛站三百萬之耗費，而收郵部數百萬之盈餘。如以爲京外各官，因公來往京師，例須乘驛，恐一旦删去驛站，致多窒礙，則更爲掩耳盜鈴之談。今東南十餘省，凡官員來往，無不僱坐輪船，獨山東、山西、河南、陜、甘五省，尚有官站耳。若計其道里遠近，人數多寡，由户、兵二部酌給路費，沿途聽其自僱車馬，在應差各官實所深願，更毋庸多慮。

一，創練陸兵以資控馭也。此次東征，兵非不多，而一無足恃。則非兵之不任戰，實由統將太多，每遇戰事，往往心志不齊，互相掣肘，動如唐朝九節度之師。夫東召宿將，西起老臣，此募十營，彼募萬人。譬之治疾，一人有病，延醫滿室，寒熱雜投，斷無不斃之理。而尤有積習之應行痛改者，厥有四端：昔年淮、楚諸將，起自田間，志在殺賊，人皆樸誠，弊端尚少。承平以後，統兵大將驕奢淫佚，濡染已深，軍需日增，勇額日缺。上浮開，下折扣，百弊叢生，兵之口糧尚未能養贍一身，誰肯效命疆場？以致萬衆離心，遇戰紛紛潰散，此一病也。從前粤、捻之亂，軍火未精，將領祇須勇氣百倍，易於取勝。今則泰西官兵之選，必先由各營學館出身，其所考各學，有本國文、臘丁文、法文、地理學、幾何學、代數學、古今史學、三角法、信手繪圖法。國家平日重視此選，民間亦以得選爲業，其千把總之職，略如中國詞林之清望，故能學餘於事。今中國先事一無培植，一聞招募，各營員皆以鑽謀爲能事，不以韜鈐爲實政，是兵官先不知戰，安望教兵以戰？此又一病也。西國之講求武備者，凡槍礮新器一出，試之而佳，即通飭各營，改用一律。今中國，本地無著名之廠，件件購自外洋。承平之日，部臣以款絀爲難，先事未能預備，及變起倉猝，疆臣各辦乃事，但以購得軍火爲貴，未能詳求，以致同屬一軍，而此營與彼營之器不同。前腔後腔，但期備數，德製、奧製，并作一家所由，一旦臨陣，號令不能畫一，施放不能取准，此又一病也。考西國，每經一戰，則列陣之體一改；每創一器，則行陣之式一更。今中國，一切攻守之法，又沿舊習，湘、楚各軍，尚有以大旗刀矛爲戰具者，並有持新器而茫然不知用法者。猶復師心自用，以爲昔年曾經戰陣，即無不能禦之敵，承訛襲謬，沿而不改，此又一病也。今欲創練新軍，宜通飭各省，一律改練近年新出之西法。而其大要，先在直省設立武備學堂，行取各州縣武生、武舉，考其漢文通順、年力精壯者，選令入塾，給以養贍，即聘洋員，爲之教習，三年後由洋教習考給文憑，然後由堂分派入營，充當哨官。其學問尤傑出者，充當營官。從此，或將武科鄉試亦以槍礮命中爲去取，則將才輩出，不患有兵而無官。現在，都守以下候補各員，其有漢文通順，情願投入學堂，充入學生者，亦一體辦理，此訓官之法也。至募兵，不可太雜。今各處所招之勇，急於成軍，不暇選擇，乞丐無賴，混雜其中，藝未練成，驅以赴敵，一經臨陣，望風而遁，反以利器資敵，沿途更肆焚劫，日後又投別軍，仍蹈前轍，以致屢戰屢敗。欲救其弊，必先由本籍地方官查取住址親族，年在十六以上，二十以下者，方許入營當勇，以杜將吏逃亡之弊。到營時，先驗身材，不入格者，當即剔退。既成陣伍，先練步法、手法，次練打準，並練行軍操法。年滿四十者，給以廿年餉銀，令歸鄉里。在營之年，三年給假，准其回籍。但一聞徵調，雖在假內，即須立至，此練兵之法也。其統領營哨各官之薪水，欲杜其剋扣之弊，必須從豐。兵勇之餉項，亦宜分別加增，由各省督撫設立糧台，按月由糧台點名給發。設糧台短發，准統領官申詳告訐，以杜侵扣。成軍之始，應發號褂、棉襖、皮衣等件，均不扣錢，恤其飢寒，方能得其死力，此放餉之法也。新練各軍，取用機器，宜因時制宜，改歸一律。就近年新製而論，步槍以曼里夏、毛瑟小口者爲佳，馬槍以可爾脱爲佳，礮、輕礮以克虜伯、格魯森爲佳，快礮以拿登飛爾哈乞開司爲佳，此簡器之法也。至兵數多寡，統計北洋宜練兵五萬人爲一大枝，南洋宜練兵三萬人，廣東、湖北宜練兵二萬人，其餘各省每省有萬人已敷調遣。務須掃除積弊，習練操法，統歸一律，庶徵調遣乃能得力也。

一，重整海軍以圖恢復也。中國創設海軍之初，原議沿海七省後先舉辦，祇因經費不充，故以北洋爲發軔之始。春間，威海繼陷，舟師全没。雖由諸軍之不力，抑亦援師之莫繼也。夫泰西各國，皆以鐵甲快船之堅利，雄長五洲。故就今日之情事以觀，凡地球近海之邦，苟非海軍强盛，萬無立國之理。查中國從前辦法，與西制多有不同，其受病亦即在此。西國之制，海軍可以節制陸路，而陸路不能節制海軍。蓋洋面遼闊，軍情瞬息百變，必非陸路所能知也。今中國則海軍提督須聽疆臣之指揮矣，其不同者一。西國海軍提督必由水師學堂出身，積累而升，其於重汽算天文地理各學，無一不通，無項不熟，爲各船兵官所服，故志趨合而號令行。今就北洋而論，如已革提督丁汝昌，本係淮軍陸將，水師學問毫無根柢。平日各兵官本輕視之，一旦臨陣，無論其不知水戰之法，即曰知之，亦安能號令各船？其不同者二。各國兵船歲歲考求新理，精益求精。凡舊械之不合式者，必更易之，新器之可致用者，必訓練之。今中國如檔雷之裙網，甫經購置，尚不知法。上年大東溝之戰，以攻鐵甲所用之尖彈，擊倭人綱皮之快船，故倭船雖受創而無大損，是用器、簡器之不審也，其不同者三。今欲重整海軍，宜於購械而外，改定章程，選求將帥。仿照泰西成規，海軍提督但聽樞府之號令，不受疆臣之節制。兩國既下戰書，即許便宜行事。尤應沿海各省，一律舉辦，無事則分道巡遊，有事則聯爲一氣，不得稍分畛域。今春威海告急，南洋兵輪坐視而不之救，重爲泰西諸邦所姗笑。急宜統籌全局，俟辦理稍有端緒，應合沿海七省，特簡總統大員，庶使筋節靈通，聲氣聯絡，一方告警，全軍立至矣。目前辦法，應先向英國延聘水師宿將，如昔年琅威理其人者。并多設水師學堂，以儲人材。然後派學成各生，或出洋游歷，或代備資斧，分寄各國兵船，以資習練。天下無不可辦之事，但求實心實力以行之耳。

一，設立學堂以儲人才也。泰西各國，人材輩出，其大本大源，全在廣設學堂。商有學堂，則操奇計贏之術日嫺；　工有學堂，則創造利用之智日闢；　農桑有學堂，則樹藝飼畜之利日溥；　礦務有學堂，則寶藏之富日興；　醫有學堂，則生養之道日進；　聲光化電各項格致有學堂，則新理新物日出而不窮；　水師、陸師各項武備有學堂，則戰守攻取日習而益熟。乃至女子亦有塾政，聾啞亦有教法，以故國無棄民，地無廢材，富强之基，由斯而立。至其學堂之制，不必盡由官設，民間紳富，亦共集資舉辦，但國家設大書院以考取之。今中國各省，書院義塾，制亦大備，乃於八股試帖、詞賦經義而外，一無講求。又明知其無用，而徒以法令所在，相沿不改，人材消耗，實由於此。擬請特旨，通飭各直省督撫，務必破除成見，設法變更，棄章句小儒之習，求經濟匡世之材。應先舉省會書院，歸併裁改，創立各項學堂，將現在京師總署、上海製造局已譯各種西學之書，分印頒發，一面仍廣譯格致新聞及近年新出西史，延積學之西士及中國久於西學有成之人爲之教習，尤必朝廷妥定考取章程，垂爲令典，務使民間有一種之學，國家即有一途之用。數年以後，民智漸開，然後由省而府而縣，遞爲推廣，將大小各書院一律裁改，開設各項學堂，即民間亦必有自行集資設立者。將見海内人士喁喁向風，而謂一切工商製造之法，貨財之利，水陸之軍，不能媲美歐洲，臣不信也。日本自維新以來，不過一二十年，而國富民强，爲泰西所推服，是廣興學校，力行西法之明驗。今日中國，關鍵全繫乎此。蓋人材爲國家根本盛衰之機，互相倚伏，正不得謂功效之迂遠也。

以上各條，或變通舊制，或創行新法。臣愚亦何敢謂所言盡屬可行，第變通盡利，力求富强之道，舍此不圖，更無長策。自來殷憂啓聖，多難興邦，時局轉移之機，正在今日。伏願皇上法五帝三王制作之遺意，敕下部臣疆臣通籌合議，斷自宸衷，俯采而施行之，上以固億萬年有道之基，下以慰薄海臣民之望。臣不勝戰慄迫切之至，恭摺具陳，伏乞皇上聖鑑訓示施行。謹奏。

新疆巡撫陶模請培養人才摺

奏爲培養人材勉圖補救敬陳管見，恭摺仰祈聖鑑事。

竊維海防事起，議和議戰，衆論紛然。臣愚以爲，國之强弱，視人才爲轉移；人才不足，不但和與戰均無可恃，即幸而戰勝，亦無益於根本。自古用人，文武並重，文有科目，武有營伍。立法之初，未嘗不善，積久弊生，仕途日益雜，民生日益困，人才日益不可恃，臣竊傷之。夫所用非所養，所養非所用，古今同慨。人才不養於平日，而欲招致於臨時，雖伊、吕復生，無能爲力。今日者，創鉅矣，痛深矣。善於謀國者，不以勝而志滿，不以敗而氣沮，艱難困苦之時，正聖主激勵奮興之日。易曰：『窮則變，變則通。』天下事所當變通者，不止一端，而人才其尤。亟非懲前毖後，破除一切拘牽之習，無以作天下之士氣，而收實效於將來。臣不揣愚昧，敬就管見所及，略舉其概，爲我皇上陳之。

一，國子監宜先整飭也。京師爲首善之地，太學爲育才之所，教法未修，何由得士？臣以爲，宜飭督撫、學政，選擇舉人、貢生之敦行力學者及大臣子弟蒙恩蔭者，入監肄業。略倣周官師氏、保氏之法，宋儒程朱學校之制，胡瑗經義治事之規，治經務通大義，治事必達時務。祭酒司業，當擇學行兼優、衆所推服者，久於其任，教以致君澤民之道，修己治人之方。擇學業有成者，上其名於朝，凡部院需人，督撫請揀，皆於是選取之，成效既著，復取堪爲人師者，令分教於天下，庶學宫不爲虚設，士子皆有實行，治化之基，實在於此。至納粟入監，係明景泰間秕政，沿至今日，流弊實多。所有捐納貢監生舊例，擬請一律停止。

一，汰考生，減中額，以慎科名也。學術不明，士鮮實行，徇俗濫取，安望得人？邇來應考人多，作弊愈巧，條例雖密，仍屬具文。天下事惟簡可以御繁。學臣歲科試，輪流校藝，抉擇易精。乃鄉試之前，又録遺才，復將歲科試不取者，概行送考。試卷過多，考官校閱難徧，或潛使子弟幕友，隨入襄理，餘如彌封、謄録，弊端尤多。擬請飭禮部定議，各省學政於歲科兩試，悉心衡校，考列三等，及新生未經歲試者，均勿録送鄉試。如此，則考官得從容評閱文理平常之士，不至徒勞跋涉。吏役可減，經費可省，宿弊可除，眞材可得，一舉而數善備焉。從來爲治之道，貴乎覈實。臣竊思所貴乎讀書者，欲人人爲忠臣孝子也。若徒事虚文，雖人盡登科，有何裨益？今日士習益陋，宜援照乾隆年間裁減中額舊案，將鄉、會試中額各減數成，俾知科名非可倖邀，學問必益加奮。至考試之法，亦宜變通。時文必不能廢，而浮華之詩賦宜裁；策問貴乎通今，而禁言時事之條例宜改。庶幾明體達用，自蒸蒸日上矣。

一，定小試年限以端蒙養也。夫進德修業，本與詞章科第無涉。宋儒程顥謂子弟較俊，只教以經學念書，勿令作文字。程頤以少年登科爲不幸，朱子謂俗儒記誦詞章之習，其功倍於小學而無用。蓋童子血氣未定，養其良知良能，導以孝弟忠信尚慮不及，若令作文干禄，縱獲科名，懵未見道，處則無益鄉里，仕則貽誤民生。擬請飭部明定限制，凡年未及冠者，概不准應府縣試，庶培養深厚遠大可期。

一，停捐例以清仕途也。天下大弊在官多，官有限而候補之官無限，於是有筮仕一二十年而不得一事者。及其有事，則久困之餘，難言志節。文官則剥民蝕帑，武官則侵餉缺額，幾乎相習成風矣。且入官既易，則謀爲官者日多，士不安於學校，農不安於畎畝，工商不安於廛肆。或謀捐納，或求保舉，或倖獲科名，紛紛擾擾，皆有不可終日之勢。其託足宦途者，莫不仰給於有事之官，官之應酬愈繁，其操守愈難信。民俗之弊，士習之偷，官箴之敗，軍實之隳，皆由於此。科目、勞績、捐納三途，弊實相等，而捐班其較著也。人以爲報捐者皆殷實，而不知貧人反居大半。在四民中一無所能，謀生無計，稱貸入官，本已行同商賈，乃竟有爲商賈所不忍爲者。雖捐班不盡無才，然源既未澄，流何由清？安得以一二人有才概諸人人耶？督撫雖有甄別之權，猶之縱狼入羊羣，責牧人以調馴狼性，勢必不能。既懸其格以招之，安得盡人而劾之？此弊不除，小民因此藐視官長，强鄰因此非笑中華。一旦禍發，再擲千萬金，亦難平定，飲酖止渴，利害昭然。明知理財爲第一難事，遽議停捐，鮮不謂妄，然近年捐例所入，歲不過一百數十萬兩。此後恐日見其少，留此區區，無補於貧，徒貽後患，非計之得也。擬請皇上斷自宸衷，將捐例概飭停止。一面將内外冗員及宦官等大加裁汰，凡用度之無關國計民生，及内務府織造衙門各項費用，可裁則裁，可減則減，所省當不止一百數十萬。而官常以飭，民志以定，鄰國亦當欽服。不戰制勝之策，莫先於此。至勞績保舉之濫，弊尤百出，新定部章較嚴，臣不敢贅陳。

一，各部院堂司官宜練習政事也。自部務權歸書吏，而司官絶少眞才。臣所聞惟刑部司官尚有明白例案者，此外，但能潤色文案，便稱有才。堂官隨時更調，成案山積，雖有過人之資，勢難徧覽。書吏名爲年滿更易，實則無異世業。故部務莫昧於官，莫熟於吏，舞文弄法，賄賂公行一事也。欲准、欲駁，皆有案可引，堂司官即再三斟酌，仍不免墮其彀中。夫棄爲后稷，契爲司徒，終身不遷，用能庶績咸熙。後世人才遜古，政事愈繁，責任不專，成效奚彰？臣愚以爲，尚書侍郎升遷，宜不出本部。一部堂官六員，本近於冗。苟有懸缺，不妨兼攝司員，應令嫻習例案，分類經管。各員有履歷可稽，非若奸胥之詭託姓名，莫可究詰，各部本有則例，足資援引。一切舊案，概可弗用。儻遇疑難，堂官不能決者，奏明請旨，不必定憑故紙，仍入胥吏把握。臣見户部陝西司每奏一案，必以活字板印行，積久成帙，名曰陝曹奏牘，始自光緒九年。各部儻皆倣行，則准駁之故，人人可以檢察。不但舞弊者有所顧忌，堂司官練達事理，所益尤多。

一，旗官宜破除積習，以固根本也。各省駐防旗兵，向稱忠勇。承平日久，習於驕惰，無異閒民。值海氛不靖，朝廷選擇將材，廣招新勇。内地旗兵，罕聞徵調，廢弛情形，已在聖明洞鑑。夫運用槍礮各法，必學習二三年，方能心手相應。以精械付粗人，旬日間便成廢物。新勇皆市井無賴，而宿將願招募者，爲其能耐苦耳。驅不教之卒，禦精嫺技藝之敵，徒恃『耐苦』二字，作萬一或勝之想，臣實不知其可，而慨然於旗兵之急宜精練也。練技藝、練攻守，須自練筋骨始。旗兵不執他役，原屬格外優待。然同治以來，湘、楚諸軍，土木各工，皆責成勇丁，無礙戰事。蓋精力愈勞愈出，築壘挖濠，係行軍本分。請飭各將軍都統，除實力訓練外，遇有臺壘、城濠、渠隄等事，應借資兵力者，令旗兵一體帮作。又各省防軍練勇，分紮要隘，均有護送餉差、緝捕盜賊之責，較旗兵苦樂懸殊。兵法首重地理，斷無株守城垣，可稱有用之師者。宜將各省駐防旗兵，酌抽數成，出屯要道，歸督撫兼轄，繩以漢人軍法，於護餉緝捕等事，分任辦理，以資練習。旗兵無忽招忽散、入會傳教諸弊，果能悉成勁旅，則緑營可減，餉項亦可稍節。值此時勢日棘，愈蹉跎愈難致力矣。滿蒙官員，爲國家世僕，爲漢人表率，使人人知宴安耽毒之非〔四〕，克自振作，一二十年後，滿蒙人才不亞於乾隆以前，天下幸甚。

一，文武大員宜勤以率屬也。屬員之賢否，視上官之好尚爲轉移。彼溺於聲色貨利者無論矣，即或怡情金石，寄興詩詞，多一嗜好，必多一懈弛，而屬員之勤政者怠矣。又如將軍提鎮舍馬坐轎，水師將領離船住屋，身躭安逸，何以督率弁兵？並有武員，學爲詩畫，自鳴高雅，其於戎務廢弛必多。應請旨通行禁止，仍令於應事之餘，縱觀經史，激發忠誠，涉獵近今地理政書，講究新譯水陸兵法，期於實用有裨。夫人才不擇地而生，各省大員果能破除情面，屏斥浮文，於吏治營務切實講求，需以歲月，當有可觀，此亦造就人才之一端也。

一，禁食洋煙宜自士大夫始也。天下人才，半壞於煙。士爲四民之首，不先立戒，何以責民？官爲民之表率，儻有嗜好，何以服衆？請飭各督撫學政，徧諭教官廪生：嗣後，童生吸煙者，不准保送府縣試；諸生吸煙者，不准鄉試，並不准補廪報優；舉人吸煙者，不准會試。如有朦混，從嚴懲辦。並請飭在京各部院堂官、在外將軍督撫，查察有癮官弁，悉令回籍戒煙。查各國洋人，均不吸煙。中華士大夫，高談學問，侈言攘夷，於戒煙小事尚不及島族，恥孰甚焉！

一，分設算學、藝學科目，以裨時務也。周官有九數之教，曲禮判六工之名。力必專精，詣乃深造。近年定算學取士之例，先由總理衙門考試算學後，送入順天鄉闈，同試詩文，華實兼收，非唐代明算科所得比。然習算之士罕來應試，其故有二：緣九章難於八股。算學中，足資問難而非切用者，反覆窮究，皓首難盡究之。制器者祇須略知幾何重學，而算家一切考據辯難可弗偏習。今定例以算學及格物、測量、機器製造、水陸軍法、船礮水電、公法條約、各國史事，一律考試，安有如此奇才，一人而兼衆長乎？徒令知難者逡巡不前，輕於嘗試者仍蹈空言無補之病，未盡善者一也。合衆人而衡文，或百無一取，或十取四五。今考算學者，鄉試卷面另編字號，每二十人取中一名，定額不得過三名。儻諸生文理均優，反因考算而限於定額，未盡善者二也。擬請分算學、藝學爲二門，試算學者兼天文及地理測繪，試藝學者以礦學及製造船礮之學爲主。總理衙門於秋闈之前，嚴密三試之，擇優録送。順天鄉試分編算學、藝學字號，增加中額，以廣招徠。臣更有請者，算、藝與時文試帖兼習之，必未兼精。定章令習算者並考詩文，不過藉此以塞文士之口，徒徇俗情，仍歸敷衍。近時保舉捐納，庸人皆可得官。何獨於稍有實用者，必多方以靳之？可否專設算、藝二科，欽派大臣特試，仿照繙譯舉人、進士之例，不必兼試詩文，庶專門名家，各得自見。

一，水軍、陸軍急需文武兼通之才，宜破格鼓勵也。天津、閩、粵設立水陸師學堂，本係因時制宜，而臣工猶或泥海國圖志舊説，謂『守外洋不如守海口，守海口不如守内河』，以學習船礮爲多事。如果船礮不必習，敵人果何恃而横行海上乎？夫沿海萬里，防不勝防，必有海軍數大枝，海口方能聯絡，各岸防軍亦可酌減。惟駕駛兵輪，法至精密，海道沙綫，固應熟悉，尤須知算學、汽學，乃可司機，能測七政恒星，乃可司舵，非獨武夫不足任，即才智之士，亦罕臻此詣。擬請飭各督撫，督令水師學堂學生，勤習天文海道、御風布陣、修造汽機、演放水雷諸法，期於能言能行，每若干年奏派海軍提督率領學生，駕駛練船，游歷外洋，途中親試各生所學專門之技是否純熟，分記等第。到外洋時，由駐洋大臣按名試以水軍兵法各論，果能清通，奏明作爲水軍秀才。送辦理海軍南北大臣，再加考試，擇其優者，爲海軍舉人。並請飭各督撫，督令武備學堂學生，勤習西國整散陣法、測算遥擊、挖溝交轟、馬步起伏及明暗臺塹、測繪地圖、管理軍械各事，每若干年奏派司道，分内外場校閲技藝，條對兵法，果能精熟，作爲陸軍秀才，送南北洋大臣再加考試，擇其優者，爲陸軍舉人。仍欽派王大臣覆校水軍、陸軍各舉人，擇最優者作爲進士。如文理較長，明白治體，量授文職，與文進士一體優待，上下毋欺，眞才自出。臣又查武備水師學堂章程，本尚周密。近聞有將少年不能讀書者濫行送入，何能確收實效？應由該管大臣嚴行遴選，無論旗漢文武官員及士民子弟，須明白謹慎，文理清通，方准留學。凡文字、算學等，擇關係武備者設課，其餘概勿教學，免致分心。沿海、沿邊各省，擇要增設水師武備學堂，一律辦理，以時宣講淺近切要各書，啓發忠愛之忱。至舊有武科，得人本少，若輩恃有頂戴，往往武斷鄉曲，轉難約束。儻謂弓矢無益而改習火器，則家家可置槍礮，流弊尤甚。似應將舊例武科一律停止。

一，各省操法宜變通也。水師武備學堂，非三四年所能見效。宜令各營先將新式後門槍礮及西人水陸操法，擇要學習。今各督撫亦有知西人治軍之善者，以經費不盡合例，未能一意講求。且大閱時仍須合操舊法，武弁既憚其勤勞，文員尤多所訾議。譬如鄉村富人延師課子，其子既畏讀書之難，旁觀亦謂不必效塞士攻苦，且謂其子聰明，足傲文士。一旦入文場，始悔學之未至。今之講求洋務者，何以異是？擬請飭明白中外情形大臣，參考德、英諸國兵法，舍短取長，酌定簡明章程，認眞教練。近來，礮火猛烈，城垣難禦。外洋各國將舊有城郭撤毀，專事溝塹暗壘及升降不定之礮。蓋攻法變，則守法不能不變也。各處緊要地方，不可專恃高城大臺，亦宜令知兵大臣，籌畫設險之法，預爲演習。

一，工藝爲富强之基，宜加意考求也。古之教者，合道與藝爲一。唐、虞之世，殳斨與皋夔同列朝班，誠以有裨國家之事，雖至微細，必授以專官，俾求精造。惟樞機之運，鍊冶之純，悉本於算學、重學、化學、汽學，歷世傳授，方能以器制器，斷非一知半解所能窺見奥竅。各省機器、軍械、船政、電報各局委員，多未學習，間或鹵莽涉獵，究難洞達精微。今各國往往遣王子赴他國學習工藝兵法，用意深遠，可以想見。國家創辦幼童出洋之舉，行之已二十餘年，而成效尚未大著者，一則官場視爲鄙事，辦理仍等具文；一則專門之學本非一蹴可幾，況所派子弟多未讀書，文義不明，難資重用。擬請飭總理衙門，查覈歷次奏定章程，切實推廣，選擇滿漢勳舊子弟，已讀孝經、四書，略知大義者，送同文館教以淺近九數，視其性之所近，咨明駐洋大臣，分送各國書院、機廠、礦局，於製器、駕船、兵法、商務、礦務、農政、水法殫精肄習，其水陸學堂、船政、機器各局優等學生，亦酌遣出洋，再加歷練，務期各擅一藝。回華後派充諸局所委員，庶幾駕輕就熟，成效益彰。今日致富之要，當與地爭利，勿與民爭利；當栽培工商以敵洋貨而杜漏卮，勿搜括税釐以病民而自病。此礦務、商務、工藝所當竭力研求，以冀漸收利權者也。至添購兵艦，似可暫緩。以此財用培植工藝，俟學業有成後，或購或造，較有把握。

一，大小臣工宜力戒自欺也。世變之奇，有先聖所不及料者。而士大夫猶以不談洋務爲高。夫不談洋務可也，不知彼并不知己不可也。今我政事因循，上下粉飾，吏治營務，久爲鄰國所竊笑。明明不如人，而論事者動發大言，自謂出於義憤，不知適以長庸臣之怠傲，蔽志士之聰明。一二有識者，畏受訾謷，或曲爲附和，或甘於緘默，絶無古名臣交相警戒之風。平日視危爲安，視弱爲强，文武驕惰，莫由覺悟。一旦有事，不肯平心體察，謬託正論，務虛名而賈實禍，誠可爲痛哭流涙者也。事前既莫知不如人，事後衆論仍莫肯直認不如人，甘心自畫，安望有自强之一日？擬請飭總理衙門，選擇同治以來辦理洋務奏摺文牘、繙譯各國政務諸書，呈備御覽，並刊發各衙門、各處書院，俾天下士大夫洞悉中外情形，曉然於朝廷爲天下萬姓多方斡旋不得已之苦衷，庶人人知恥知難，愈恐懼愈發憤，人才以策厲而愈出，易危爲安，轉弱爲强，機實在此。

以上十三條，略知時務者類能言之，特未嘗爲皇上切實敷陳耳。當此危疑震撼之時，輿論孔多，泥古者謹守舊章，憂時者競談新法。然積習實不能不改，而變法亦未敢輕言。臣祇就事所可行者，爲救弊補偏之計。非激揚士類，則虛文相市，可與共安樂而不可與濟艱危。非精究洋務，則成法雖高，可以制土寇而不可以備强敵。環海各國以中華爲魚肉，皆由我之痼疾久中於腹心，而肢體之痿痹隨之。彼日本於三十年前爲英美所敗，納幣行成，因懼而奮，遂成强國。我誠能發憤自强，合羣策羣力，急起直追，何事不可勉爲？若仍縛於成例，淆於浮議，不以全力赴之，雖勉行十之八九，亦無濟於事。伏祈皇上俯納芻蕘，迅飭内外各大臣，悉心核議，實力施行，以振人心而扶危局。臣尤伏願皇上鑑天災之屢警，念民困之莫蘇，懔内政之宜修，知外患之難弭，勵精圖治，日新又新。默究理亂之根原，矌覽宇宙之大勢，飭軍機處總理衙門王大臣等，各矢公忠，綢繆未雨，集思廣益，共濟艱難。各部院堂司官，精白一心，綜覈名實，使吏胥勿上下其手以壞法度；將軍、督撫、提鎮各率其屬，懔然於朝政之嚴明，寡欲清心，杜絶請託，用人理財，一秉至公。自朝廷以至百執事，毋始勤而終怠，毋狃目前而忘遠慮。上有卧薪嘗膽之大臣，下有斷齏畫粥之志士，賢才爭奮，庶政修明，四境綏安，遠人賓服，實天下臣民所旦夕仰望者也。

微臣遠處西陲，於海防近事未得其詳。今時局之日艱，愧獻言之已晚。冒昧上陳，敬效愚者千慮之一。伏乞皇上聖鑑訓示。謹奏。

新疆巡撫陶模覆陳自强大計摺

奏爲遵旨覆奏，恭摺馳陳，仰祈聖鑑事。

竊臣於光緒二十一年七月十五日，承准軍機大臣字寄光緒二十一年閏五月二十七日欽奉上諭：『自來求治之道，必當因時制宜。況當國事艱難，尤要上下一心，圖自强而弭隱患。朕宵旰憂勤，懲前毖後，惟以蠲除痼習，力行實政爲先。疊據中外臣工條陳時務，詳加披覽，採擇施行。如修鐵路，鑄鈔幣，造機器，開礦産，折南漕，減兵額，創郵政，練陸軍，整海軍，立學堂，大抵以籌餉練兵爲急務，以恤商惠工爲本源，皆應及時舉辦。至整頓釐金，嚴核關税，稽察荒田，汰除冗員各節，但能破除情面，實力講求，必於國計民生，兩有裨益。著各直省將軍、督撫，將以上諸條，各就本省情形與藩、臬兩司暨各地方官，悉心籌畫，酌度辦法，限文到一月内分晰復奏。當此創鉅痛深之日，正我君臣臥薪嘗膽之時。各將軍、督撫受恩深重，具有天良，諒不至畏難苟安，空言塞責。原摺片均著鈔給閲看，將此由四百里各諭令知之。欽此。』等因。

伏念臣以菲材，受恩最渥。值此時勢艱虞，何敢不殫竭愚忱，以冀涓埃禆補。惟是新疆情形與内地不同，戈壁荒寒，無多物産。俄商既未榷税，如僅榷華商，則影射生端，徒滋轇轕。是以臣於光緒十八年奏准，將土貨釐金概行裁免，是新疆並無釐金可徵。營制雖改防爲標，而一切章程仍照營勇辦法。新疆孤懸塞外，幅員萬里，平日已不敷分布，近因甘回叛亂，調兵分防哈密、西安〔五〕、肅州等處，不得不暫時添募，應俟回匪平定後，酌量裁減，是新疆目前尚無可裁之兵。夫議裁緑營，亦以其狃於積習耳。自光緒十九年調派洋操教習西來，臣督飭各營依次習練，雖未能悉改舊章，而運用槍礮諸法，弁勇間有領悟，惟火器不能一律，亦勢使之然。向來緑營參用鳥槍不多〔六〕，近來湘楚各軍火器不過三四成，耗費已增於舊。若概用後膛新械，固將弁所甚願，惟操演槍礮所需藥彈及修理各費又將倍蓰。平日限於財力，臨時安得不拉雜購用，艱難情形不獨新疆爲然也。和闐金礦暨迪化、温宿銅鐵諸礦，前撫臣及臣先後勘採，衹因礦學乏人，沙漠長途轉運薪糧所費尤鉅，歷年虧累，無從報銷。光緒十九年十一月，奉上諭商辦和闐金礦，遵即會同陝甘督臣楊昌濬，札委嘉峪關洋弁比利時國人遊擊銜林輔臣，候選巡檢施再萌，裹糧往勘，從羅布淖爾以南，縱横二千餘里曠無人煙，山谷幽邃，察看稽遲，疊據稟報，尚無端緒。容俟該委員等回省，詳詢情形，再行復奏。新疆屯墾，自安插遺犯，招徠流氓，厚給牛工籽種，爲款頗鉅，乃旋墾旋逃，迄無成效。良由農事最苦，非退卒遊民所樂爲。嗣後，惟有責成地方官加意撫循，招徠土户，逐漸墾闢，寬定升科年限，務期歲有加增。惟地曠人稀，非剋期所能奏效。臣復詳閲大學士徐桐、廣西按察使胡燏棻等各條奏，或意在剔除時弊，或意在步武泰西，言之極爲懇切，世變日棘，非更法無以自强。臣於本年五月十一日，具奏培養人才勉圖補救一摺，意亦同此。第更法非難，更法而無弊爲難。今日帑藏空竭，豈容以羅掘之餘輕率從事？夫不知我之所以失者，不足與語彼之所以得也；不懲既往之弊者，不足與語將來之利也。臣謹就諸臣所奏各條，推廣其意，約舉四端：

一曰核實用財。伏讀上諭『卧薪嘗膽』等語，凡在臣下不敢不激發天良，於艱難困苦中屏絶浮華，力行實政，以仰副我皇上宵旰憂勤至意。臣聞西人豐於實事，儉於浮文，雖宫府儀衛，亦甚簡略。華人辦理洋務，他無所得，而侈靡先之。各局總辦、提調、委員，或要津屬託，或親故攀援，虚領薪資，徒滋弊竇。目前如諸臣所奏，將鐵路、開礦諸政一一舉行，恐閒員遊士濫厠其閒，更不知伊於胡底。自後，各項人員應請先後考核，事非素習，毋許濫竽，浮冒開支，概行删汰，庶費不虚擲，效可漸收矣。

一曰破格儲才。算藝取士，應加額分科，水陸學生，必兼通文武。出洋人員，宜如何端品而矢忠愛之忱；奉使大臣，宜如何稽察而任考試之責。不拘文武，惟視所能。臣前摺亦經詳細陳明，曩時出洋學生可用者亦多，祇以拘於資格，令素未諳習之員駕乎其上，全局因之不振。嗣後，水陸將弁不諳各國兵法者，各局所監督委員不諳製造各學者，皆當逐漸更易，即以優等學生充之。舊例武科無裨軍事，徒害鄉閭，急當罷行，斷不可改習火器，致滋流弊。西人弁兵之長，在明於製器用器之理，及兵法輿地各書，必須入學堂肄業，師友觀摩，並非但知施放槍礮已也。草野武夫既乏奇書奇器，又不便聚徒講貫，性情椎魯，難習韜鈐。今議者欲改試槍礮，勢必家置火器，後患更難設想。應於沿江沿海設立武備水師學堂，即以此爲武學秀才，舉人於此拔之，都守、千把於此取之，果能實力栽培，分布各處，足敷干城之用，西北諸省無庸偏設武學。至於各項武備工藝考試優劣，苦無深通此事之大臣以爲試官。閱進士康有爲所陳，近支王公妙年英邁者，宜令入學堂學習，洵爲儲才要計。臣以爲既學洋務，在華不若出洋，地遠誼疏則贍徇少〔七〕，見多識廣則學業精。此即各國自强之本。應即請旨辦理，以爲士民表率。

一曰推行宜漸。論時事者，急求富强，然理財當静不當擾。農、商二業，疲困已極，取民之數，無可再增。臣生長江浙之闤闠，釐金最旺之地，目擊商民由富而貧，以至於赤貧，皆由釐金累之。委員司巡稍不如意，即指爲偷漏，勒罰十倍至二三十倍不等。若輩囊橐得自侵匿者多，得自勒罰者亦不少。今議者欲盡括此數爲公家應得之款，並以收數最鉅之年爲定額，抑知正項既增，委員司巡之私入能禁乎？立法從寬尚流於刻，如此不留餘地，名爲惠商，實則病商。議者又欲以比較數目，按月報部。不知胥吏以報部爲良法，外官視報部爲弊政。往年户部所定錢糧徵信册之類，汗牛充棟，孰能檢閲？外官應受駁斥，或賄吏胥，以求省事。前大學士閻敬銘致仕還家，深知其非。釐金繁瑣，若只如此辦理，徒爲吏胥增一利藪，爲小民加一番剥削耳。天下合例之案卷日多，天下守法之廉吏日少，其弊可以想見。夫良民孰不畏官？但願無留難需索，本自樂輸，商人每業皆有首領，市廛每歲出納貨物，成本若干，人所共知。或令公舉一二正人，在會館包繳釐金，一切局卡委員浮冒叢弊，似可悉除。惟各處情形不同，應由地方官斟酌辦理。至於開墾荒地，亦難急切。民果見利，無勞督促。廢地不墾，自有苦衷。如江蘇之吳江、震澤，往往富人視田爲累，甘心送人，他處更可類推。經理墾荒，有司之責，若考成太嚴，猾者必借此邀功，以荒報熟。曩年陝西延安、綏德、鄜州各屬，曾有此弊，累民殊甚。要之事不通籌，動多窒礙。司農歲入較之於古，未嘗不富。然民氣漸凋，度支日絀。嘉慶、道光年間，已有銀荒之患，各國通商後，每歲漏卮數千萬。中國銀根已竭，無論如何整頓擴充，斷未能一時復原。紛紛立法，謀利愈急，累民愈甚。欲無累民，舍開礦無他術。然自辦則虧折立見，延洋員則駕馭殊難。急宜於京師及濱臨江海之區，設立礦務學堂，加意講求，礦學已明，派赴各國礦廠閲歷考證，然後還勘各省五金諸礦，一一開採，庶有實效，人人知寶藏自在，不藉搜括，民心亦可稍安。人才得，地利興，方有成本以行鈔鑄幣，方可自設製造各廠。能自製造，方可將兵器歸於一律，方可令鐵軌鋼艦左宜右有。若不按次序，雜然並興，果有富人承辦固善，否則專恃借貸，勢必利歸人而害仍在己，不可不深長思也。

一曰根本宜急。臣按大學，先論本末，後言生財，終斥務財用之非。孟子先仁義而後利，使孔、孟再生，必議變法，必不專言富强。夫有弊當革，有利當興，不求富强，而富强自致，是謂王道。急欲富强，而競謀功利，是謂雜霸。朝野上下，堂堂言利，北宋之覆轍宜懲，憂貧而勤繭絲，同舟且成敵國，遑論海外。臣非阻撓洋務者也，竊意更張不可少緩，而根本急宜先治，根本莫要於取士用人。人才之所以不振，皆由考試太濫，捐納太廣，保舉太多。名成年長，境窮志汙，教無從教，劾不勝劾。日日言破除情面，而終無由破除；日日言實事求是，而終不得實效：此病根之所在也。不治病根，但學西法，聚闒茸嗜利之輩，以期富强，祇於舊法外增一法，不得謂之變法；且於積習外增一積習，不得謂之祛積習。夫東西洋各國之所以自立者，在法亦在人。試令各國亦學我之取士用人，則彼所謂富强，不過四五年而衰弱矣。又試令島族納土歸誠，取其已富之財、已强之兵，令我闒茸嗜利之輩往治之，不過一二年，而弊端百出矣。今日之敗，釀之已久，癰瘍已發，雜治更危，當靜察其病所由來，求對病之藥，庶可療根解毒，而徐收其效。我皇上懲前毖後，以蠲除痼習，力行實政爲先，誠大有爲之機也。臣竊謂天下有漢以來之痼習，納資得官是也；有唐以來之痼習，詩賦取士是也。昔程子以館閣清選爲名實未正，以增設解額爲利誘之法。朱子論科舉之弊，其説尤多，甚至謂若要恢復，須罷三十年科舉。蓋庠序之教宜廣，而選舉之制貴嚴。今濫取濫保，名爲得士，實則害政。捐班則況而愈下，捐至於武職更無論矣。今年不能停止則明年，明年不能則後年，捐班之弊，實較洋債爲重。各省匪類日滋，甚或猖狂叛逆，豈盡民之無良？大半由官吏激成之。官吏豈樂爲不肖？大都由學術未正、仕途擁擠釀成之。多取一游士，即多傷一分元氣。每年收百餘萬之捐貲，將來即償以千百倍之脂膏。興言及此，能弗寒心！急宜抑其浮囂，歸之農畝，停止分發，一二十年，官少政清，得良友司以撫民，則黎庶悉敦本業；得良有司以弭盜，則營勇亦可議裁。至於農桑諸務，西人皆設學講求，而華人概從鹵莽，此亦根本所當急者。臣反復籌思，竊以爲欲求富强，必以崇節儉、廣教化、恤農桑爲先；欲新政治，必以變士習，減中額，汰内外冗官爲先。伏乞皇上宸衷獨斷，於根本之病先行清理，然後安内攘外之策綱舉目張矣。

微臣迂謬之識，非敢故爲高論，誠恐急切近利，效未見而害更大，因與布政使臣饒應祺、鎮迪道兼按察使銜臣丁振鐸再三商榷，意見相同，謹恭摺覆奏，是否有當，伏乞皇上聖鑑訓示。謹奏。

直隸總督王文韶奏設西學學堂摺

奏爲道員創辦西學學堂、倡捐集資、不動公款奏明立案，恭摺仰祈聖鑑事。

竊據津海關道盛宣懷稟稱：『自强之道，以作育人才爲本；求才之道，以設立學堂爲先。』光緒十二年，前關道周馥請在津郡設立博文書院招募學生，課以中西有用之學。嗣因與税司德璀林意見不合，籌款維艱，致將造成房屋抵押銀行，未能開辦。惟學堂遲設一年，則人材遲出一年。日本援照西法，廣開學堂書院，不特陸軍、海軍將弁取材於學堂，即外部出使諸員及製造開礦等工，亦皆取材於學堂。中國智能之士，何地蔑有？但選將材於儔人廣衆之中，拔使材於詩文帖括之内；至於製造工藝，則皆用不通文理、不解測算之匠徒，而欲與各國絜長較短，難矣！該道擬請設立頭等、二等學堂各一所，以資造就人材。惟二等學堂功課必須四年，方能升入頭等學堂；頭等學堂功課亦必須四年，方能造入專門之學，不能躐等。現擬通融求速，二等學堂本年即由天津、上海、香港等處，先招已通小學堂第三年功夫者三十名，列作頭班；已通第二年功夫者三十名，列作二班；已通第一年功夫者三十名，列作三班，來年再續招三十名列作四班，合成一百二十名爲額。第二年起，每年即可拔出頭班三十名升入頭等學堂，其餘以次遞升，仍每年挑選三十名入堂，補四班之額，源源不絶，此外國所謂小學堂也。至頭等學堂，本年先招已通大學堂第一年功夫者，精選三十名，列作末班，來年即可升列第三班，並取二等之第一班三十名，升補頭等第四班之缺。嗣後，按年遞升，亦以一百二十名爲額，至第四年頭等頭班三十名，准給考單，挑選出堂，或派赴外洋，分途歷練，或酌量委派洋務職事，此外國所謂大學堂也。該道與曾充教習之美國駐津副領事丁家立考究再三，酌擬頭等、二等學堂章程，功課必期切近易成。約計頭等學堂每年需經費銀四萬餘兩，二等學堂每年需經費銀一萬五千餘兩，共需銀五萬五千餘兩。現值國用浩繁，庫款竭蹶，事雖應辦，而費實難籌。查津海鈔關近年稅項尚旺，該道情願每年倡捐銀一萬五千兩。又天津米麥進口，自光緒十九年稟明每石專抽博文書院經費銀三釐，每年得收捐銀三四千兩。今擬每石改收銀五釐，尚不爲多。又電報局衆商每年擬捐繳英洋二萬元，招商局衆商每年捐繳規銀二萬兩，統計每年可收銀五萬四五千兩，以之撥充學堂經費，不相上下。所有頭等學堂，即照前督臣李鴻章批准周馥原議，以博文書院房屋爲專堂，現經廣西臬司胡燏棻設法籌款，向銀行贖回。至應購格致化學器具、書籍等項，及聘請教習川資，創辦應用各款，不在常年經費之内。計自光緒十九年起，至本年四月止，捐米存銀八千餘兩，應即核實動支。其二等學堂，須覓地另行蓋造。擬在開辦初年，教習學生尚未齊全，應餘經費內提用，毋庸請發公款。房屋未成之先，借用頭等學堂，暫行棲止，擬定章程功課，稟請具奏，立案前來。

臣查光緒二十一年閏五月二十八日，奉上諭：『自來求治之道，必當因時制宜。況當國事艱難，尤宜上下一心，圖自强而弭隱患。朕宵旰憂勤，懲前毖後，惟以蠲除痼習、力行實政爲先。疊據中外臣工條陳時務，詳加披覽，採擇施行。如修鐵路，鑄錢幣，造機器，開礦産，折南漕，減兵額，創郵政，練陸軍，整海軍，立學堂，大抵以籌餉練兵爲急務，以恤商惠工爲本源，皆應及時舉辦等因。欽此。』設立學堂，即其中應辦之一端，凡鐵路、機器、開礦、治軍諸務，均可以西法爲宗則，造就人材，尤當以學堂爲急。該道仰體時艱，就本任及經管招商、電報各局，設法籌款，創辦此事，不動絲毫公帑，洵屬講求時務，公而忘私。所擬章程，亦均周妥，應即照辦。惟堂内事繁責重，必須通曉西學、才堪總核之員，認眞經理，方不致有名無實。查二品銜候選道伍廷芳，堪以委派總辦頭等學堂，同知銜候補知縣蔡紹基，堪以委派總辦二等學堂，並延訂美國人丁家立爲總教習。一切應辦事宜，仍責成盛宣懷會商伍廷芳等妥速辦理，以免因循，虛曠歲月。其會辦提調、監督等名目，一概删除，藉省開銷而杜紛雜。除分飭遵照並將章程咨送軍機處、總理衙門查核外，所有創設北洋西學學堂緣由，理合恭摺具陳，伏乞皇上聖鑒訓示。謹奏。

奉硃批：『該衙門知道。欽此。』

署兩江總督張之洞奏請設立自强軍創練洋操摺

奏爲創練新軍，選募鄉民，責成洋將管帶操練，以洗積弊而圖自强，恭摺奏陳，仰祈聖鑒事。

竊臣前因海氛粗定，憤兵事之不振，由錮習之太深，非認眞仿照西法，急練勁旅，不足以爲禦侮之資。擬在江南練陸軍萬人，而以洋將管帶操練，其經費在江南自借洋款項下撥用。於本年閏五月二十七日具奏，經部議覆准咨行在案。查自津調來之北洋原訂德國將弁，並由臣商託出使大臣許景澄代訂之德國將弁，共三十五員，自夏秋至今，均已先後到齊。臣於夏間，令先就衛隊護軍等營內選擇操練，以試其材。數月以來，頗有成效可觀。亟宜選募新軍，刻期訓練。查今日練兵，必須改用洋操者，其故有七：承平之時，緑營有積習；軍興以後，勇營亦有積習。人皆烏合，來去無恆，不練固無用，練成亦不能禁其四散，徒勞無功，一也。里居不確，良莠難分，二也。無論征軍、防軍，從無不缺額之事，即其實有之勇，亦多係安置閒人。令當雜差，則雖不缺額，亦與缺額同，三也。層層剋扣，種種攤派，長夫視爲津貼，營官皆有例獻，將擁厚貲，士不宿飽，四也。外洋新式快槍、快礮，精巧非常，舊日將領，大率不解，亦不愛惜。粗疏者任意抛擲，動致損壞；謹慎者收藏不用，聽其鏽澀。其於擦試〔八〕、拆卸、裝配、修理、測準諸事，全不講求。將弁不知，何論兵勇？操練不能，何論臨陣？五也。營壘器用，但守舊法，繪圖、測量、行軍、水陸工程諸事，尤所不習。討内匪則可，禦外侮則不能，六也。營官統領專講應酬，奢華佚惰，用費繁多。營謀請託，無所不有，既視爲營私謀利之路，豈尚有練兵報國之心，七也。惟有改以洋將帶之，則諸弊悉除。無論將來臨敵之效若何，總之額必足，人必壯，餉必足，軍火必嫻熟，技藝必多，勇丁必不能當雜差，將領必不能濫充。此七者，軍之體也。至於臨陣調度，運用之妙，賞罰激勸之方，軍之用也。凡事必其體先立，然後其用可得而言。夫中國豈無智勇之將，敢戰之兵？臨戰運用，又豈能拘守繩墨？特以各營，積習錮弊，深入膏肓〔九〕，若不捐棄舊法，别開局面，雖事前日加申儆，終無大益。事後加以誅戮，已難補效。此一軍練成，則此項洋將弁移以教第二軍。而此軍漸令華官將弁帶之，規矩既定，數年以後，相沿成例，將弁兵勇皆視爲固然，則短扣廢弛之弊，無自而萌，即他營將弁，或亦可觀感愧厲，舍舊圖新。此微臣必改用洋將練洋操之微意也。

臣詳加籌畫，現擬先練二千數百人爲一軍。照洋法加爲十三營，即名爲自强軍。俟成軍半年以後，操練已有規模，即行推廣加練，酌增人數一倍，統以增至萬人爲止。如屆時餉鉅難籌，則至少亦必須增至五千人。兹就江蘇之淮、徐、通、海四府州，安徽之鳳、泗、滁、和、太平五府州，及江寧府屬之六合、江浦兩縣，常州府屬之宜興、荆溪、江陰、靖江四縣，鎮江府屬之丹徒、丹陽兩縣，民氣較爲强壯者，每府州各募一營，取其距金陵不甚遠，年籍身家易於清查，以杜遠省招募，淆雜勞費，遣散流落之弊。而各處分練，冀以廣開風氣。此即略寓西洋、東洋舉國之民人人皆可爲兵之意。各營皆選擇土著鄉民，年在十六歲以上，二十歲以下，體氣精壯，向不爲非者，取具族鄰團董甘結聲明，情願效力十年，只准開革，不准辭退。凡城市油滑，向充營勇者，一概不收。更用西醫驗其身軀壯健並無隱疾、目光及遠者，厚給餉糈，編爲新軍。至一切飯食、肉食、冬夏衣履、居住房屋，西法均由官爲籌備。蓋洋操勤苦嚴肅，毫無通融，若非飽煖强健，斷不能勝此勞苦。夏間，初派營勇練洋操，時不過旬日，即以畏勞，紛紛辭退。後允以加給餉費乃止。若照舊日餉章，必無肯應募者，自不能一律仿照辦理。委派洋員德國遊擊來春石泰爲全軍統帶，其營官、哨官均以洋將弁爲之，別設副營官、副哨官名目，選武職中壯健有志、不染習氣者爲副營官，選天津、廣東兩處武備學堂出身之學生爲副哨官，其帶兵操練之權，悉以委之洋將弁，而約束懲責之權，則專歸華官。一以通新募勇丁之情，二以事權互相維繫，三以逐漸觀摩，俾華弁儲營官統領之材，若洋弁不敷派充哨官，則選學生中之出色者補之。並派候補知府沈敦和奏調差委，知府錢恂爲自强軍洋操提調，爲之經理各事，一切仍歸營務處考核約束。其部伍人數，俱照德國營制。計現設步隊八營，營二百五十人，分爲五哨；馬隊二營，營一百八十騎，分爲三哨；礮隊二營，營二百人，分爲四哨；工程隊一營，營一百名。西例隨營有醫官、槍匠、獸醫等項，俟次第添設。現除雜役人等不計外，共馬隊、步隊、礮隊十二營，工程隊一營。江北人較强健，練爲馬步各營；江南人較聰穎，練爲礮法、工程各隊，實數勇丁二千八百六十名，大約此係德國軍制每一軍人數四分之一。正勇餉銀，每名每月給官鑄銀元五元，合庫平銀三兩六錢，勇目遞加，其官給飯食衣履等費在外。洋員薪水，外洋訂有合同，華官副營、副哨既無絲毫霑潤，亦無公費名目，酌量優給薪水，俾足自贍效力。計長年額支，華洋兵將餉薪、衣食等項，約須四十四萬兩有奇。餉數雖多，洋將弁薪水雖鉅，然數足而藝精，一人必可抵舊日營勇兩人之用。其發餉，以洋將會同另派之委員當場給發，不歸該營華將華兵專用。銀元永無平色參差分兩短少之弊。其詳細餉費章程，另行咨部立案。若建造營房、馬棚、操場等項，動用一次者，尚不在內。方今財用支絀，諸事自必力求撙節。惟既仿外洋營制，自必處處得其精意之所在。又不敢稍事刻啬，徒貽削趾適履之譏，以致辦理棘手，有名無實。至於應敵攻守之方，圖繪測量之學，悉令詳教熟練，不准徒襲口號步伐之皮毛，致蹈向來洋操之陋習。臣當督率華洋官弁，認眞訓練，隨時親往考查校閲，俾成有用勁旅，以仰副聖主奮武自强之至意。

所有選募新軍，責成洋將管帶操練，現已開辦情形，除將詳細華洋餉薪各費章程咨部立案外，理合恭摺具陳，伏乞皇上聖鑑訓示。謹奏。

御史陳其璋請飭重定出使章程摺

奏爲使臣日增，亟宜重定章程以示限制，恭摺具陳，仰祈聖鑑事。

竊思自各國通商而後，交涉繁多，深虞彼此聲氣不通，並寓洋之華民無所保護，於是簡派使臣，駐紮各國，藉以聯絡邦交，折衝樽俎，任綦重責彌專也。光緒元年，郭嵩燾、陳蘭彬初膺是命。厥後，聯翩而出，迄今已閲二十一年。惟歷來除日本派專使外，其餘俱以一使而兼數國。近則法派專使矣，德又踵法故事，亦以專使請矣。聞其餘各國亦欲爭此體面，擬請特派專員。使臣日增，章程亦應重爲釐定。謹據愚見所及，敬爲我皇上陳之。

一，使臣可給京堂銜，不必定予實職也。向來出使大臣多係補授京堂，遇有缺出，仍照例升轉。但國家設官，各有職守。使臣業已遠出，則既不能供職，無非徒懸一虛名。其初出使不過三四人，佔缺尚少。今則數幾增倍，是京堂之缺有限，而懸此虛名者益多。查各國之接待使臣，惟視所派之爲何等，不視所居之爲何官。並聞各國駐華公使，在彼國亦並非居有實官者。蓋公使即其官也，應請旨飭下議定，凡出使大臣但給予京堂銜。作爲出使大臣，如給都統銜、副都統銜，作爲各處辦事大臣之例，其薪俸准照二等使臣，支領三年。任滿有功無過，再行酌授實職，量予升階。如此，則使臣亦自願考核，倍思盡職矣。

一，使臣宜將交涉事件及各國情形隨時奏報也。向來出使大臣三年任滿回京，必有日記送呈總理各國事務衙門，藉資考證。其駐洋之時，亦將交涉事件及各國情形，按月函告總署。聞近來惟駐俄使臣許景澄尚隨時函報，駐美使臣楊儒每年或報一二次，獨駐英法使臣龔照瑗則從未有片牘來告者。似此廢弛因循，殊非遣使之本意。應請旨飭下各出使大臣，按季將交涉事件，或已結，或未結，開單具摺奏聞，仍按月將各國一切政教情形函告總署。倘彼國有祕計密謀，探聞眞確，尤應隨時密奏，庶可先事預防，而使臣之才識亦於此見矣。

一，出使隨員宜核定員數，不准多帶也。從前奏帶參贊隨員不過十餘人，近則漫無限制，或本員自欲調劑私人，或廷臣濫行乞情推薦，竟有一使臣帶至三十餘人者。甚至管書籍、管廳事、管器具，凡僕從事務，亦各派隨員職掌。在使臣以爲多設名目，方可安置隨員。不知經費以分潤而愈窘，保舉以瞻徇而愈濫。聞各國駐華公使帶員不過數人。即英國與我交涉之事最多，而英使所帶只一參贊，二隨員，二繙繹，一醫官而已。核計出使大臣所帶員數，除額設領事宜帶員充補外，應有參贊一人，隨員二人，繙譯二人，武弁一人，醫官一人，供事二人。祇此九人，實已足敷差遣。應請旨飭下總理各國事務衙門，核定員數，不准多帶人員。并嚴禁大小臣工，不准將闒茸之人徇情濫薦。則經費既可節省，而保舉亦有限制矣。

一，隨員薪水，使臣不宜減扣也。查奏定出使章程，參贊隨員，分別東西洋各有應得之數。自光緒十三年間議減二成，前年又奏定酌復一成，實照原定數目九成給發。聞近來出使大臣減扣隨員薪水，竟有僅放四成者，而以駐英美之使臣爲尤甚。該使臣不過以經費歲有限額，員數過多礙難照章給發。而各隨員亦爲保舉起見，一任減扣，安受無辭。不知用度過從簡陋，體統已褻不可言，貽笑外洋，幾於不齒。應請旨飭下各出使大臣，祇裁汰冗員，不宜減扣薪水，仍照九成給發。俾得用度寬舒，則各員因以勸勵，亦勉思報效矣。

一，海軍衙門游歷章京宜即停止也。查海軍衙門奏定章程，每一使臣出洋，於章京中派委二員，隨往游歷，各廠藉資考訂，用意非不甚善，無如各章京不過借此爲游覽之由，汗漫三年，偶呈一二圖說，大率摭拾而成，毫無心得，而經費之虚糜，已屬不貲。應請旨即行停止，毋庸再派。其業已出洋者，亦應撤回，則經費庶不至虚糜矣。

一，出使文報局委員宜由南北洋分派管理也。查一使臣出洋，每於天津、上海兩處設立文報局，派員接遞來往公文。向來各人各派，竟有一局派四五人者。此不過借名安置，徇各員之情面，爲開保舉地步也。不知使臣雖别，文報則同。但於天津、上海兩處，各派一員，統管各使臣文報，已可不誤公事。且此事亦應責成南北洋大臣派員管理，不准由使臣各人各派，致糜公帑而循私情。應請旨飭下所有出使各文報局現有人員，統行裁撤，即由南北洋大臣派員專管，酌給薪水，毋庸再予保舉。則事有責成，而獎敘亦不至太濫矣。以上六條俱於使務有所關繫，是否有當，伏乞皇上聖鑑訓示施行。謹奏。

御史陳其璋請飭户部鼓鑄銀圓並令各省推廣仿鑄摺

奏爲銀圓利廣，請飭户部設局鼓鑄，並令各省推廣仿鑄，以裕國計而便民生，恭摺仰祈聖鑑事。

竊查東南各省數十年來，暢行墨西哥之鷹洋，亦名英洋。每洋錢一圓，計重庫平七錢二分。此外，又有小銀錢數種，自三錢六分起，至三分六釐止，略分四等。雖式樣互異，而輕重成色無稍差殊，是以商民一律信用。前張之洞在兩廣總督任内，奏明自行設局，鼓鑄各種大小銀錢，其輕重、成色與外洋無異，民間亦樂於行使。聞外洋之販運銀錢進口者，數年以來，每歲已少至數十萬圓。嗣張之洞移督湖廣，復奏准設局鼓鑄。自是而廣東、湖北兩省，大小銀錢逐流行於東南各省〔一〇〕，明以收回權利，暗以便益民生，其明效大驗，久在聖明洞鑑之中，内外臣民亦罔不周知其有利而無弊。而户部猶未興議設局鼓鑄者，不過以管理銀庫各員及庫吏之諸多不便也。查户部兑收各省解京餉項，俱用寶錠。初報到時，先議使費，稍不滿欲，則挑剔成色，委員受累無窮。迨過平之際，復上下其手，索銀補平，計每千兩須贏餘七八千兩〔一一〕，方能符數。比放款時則每千兩又短七八十兩，一入一出，侵蝕不貲。儻改用銀錢，成色輕重毫無軒輊，諸弊悉屏絶而不能行，其不便於庫員書吏孰甚？故户部即創議開鑄，若輩必以窒礙難行爲辭，多方阻格，利國利民之計，久撓於不肖官吏之私，深可歎也。相應請旨飭下户部，查照廣東、湖北鼓鑄銀錢章程，即行定議開鑄。凡庫中收發各款項，准其一律行用，著爲定例。此外，各直省除廣東、湖北已辦有成效外，並請飭令各督撫仿照成法，設局廣鑄。俾中國銀圓流行日廣，則洋錢進口不禁自稀，保利源而塞陋巵〔一二〕，計無便於此者。而其最要關鍵，首在經理得人。凡成色分兩，不得有絲毫攙雜偷減，方能華洋信服，歷久通行。若稍滋弊端，則全局渙散，雖有智者，無以善其後矣。此則全賴筦度支者嚴定賞罰，實力奉行也。是否有當，伏乞皇上聖鑑訓示施行。謹奏。

御史陳其璋請整頓同文館摺

奏爲時事多艱，儲才尤亟，擬請就近將同文館先行整頓，以收實效，恭摺仰祈聖鑑事。

竊自海禁大開，風氣日變，論者謂國勢之强弱，視乎人才之盛衰；而造就人才，必自廣設學校始。臣嘗考泰西學校，略分三等：初學以七歲至十五歲爲度，上學以二十一歲至二十六歲上下爲度。計每一百萬人設初學一千二百九十五所。舉凡算學、化學以及格致、製造等法，分門別類，精益求精，必造乎其極而後已，用是材能輩出，國勢日强。是學校者，因人才所從出也。中國幅員既廣，人民衆多，若欲規仿西制，計應設初學四十萬所，微特工程浩大，經費難籌，而創辦之初，亦恐易滋疑駭。伏思都中同文館，本爲講求西學而設，學生不下百餘人，歲費亦需鉅萬兩，而所學者祇算術、天文及各國語言文字，在外洋祇稱爲小中學塾，不得稱爲大學堂。且自始至終，雖亦逐漸加功，仍屬有名無實，門類不分，精粗不辨，欲不爲外洋所竊笑也難矣。計自開館以來，已歷三十餘年，間有造詣精純，洞悉時務，卓爲有用之才乎？所請之洋教師，果確知其教法精通、名望出衆，爲西國上等人乎？授受之法，固不甚精，而近年來情弊之多，尤非初設館時可比。向章有月考，有季考，立法尚嚴，今則洋教師視爲具文，並不悉心考校，甚至瞻徇情面，考列等第不盡足憑，但論情誼之淺深，不論課藝之優劣。學生等平時在館，亦多任意酣嬉，年少氣浮，從不潛心學習。間有聰穎異人者，亦祇剽竊皮毛，資爲談劇。及至三年大考，則又於洋教師處先行餽贈，故作殷勤，交通名條，希圖優等。總其事者，不精於此，其能不受人欺矇乎？方今時局多艱，作育人才，尤爲急務。可否請旨飭下總理各國事務衙門，將同文館認眞整頓，仿照外洋初學、中學、上學辦法，限以年歲爲度，由粗及精，以次遞進，儻年歲逾限而技藝未精，語言文字尚未熟悉者，立即撤回，不准徇情留館，虛糜膏火經費。近聞新換之洋教師，甚屬認眞，有令學生加進功夫，另添門類之意。應即令該教師另訂章程，於天文、算學、語言文字之外，擇西學中之最要者添設門類，俾學生等日求精進，逐漸加功，庶經費不至虛糜，而人才可冀蔚起矣。是否有當，伏乞皇上聖鑒施行。謹奏。

御史王鵬運請通飭開辦礦務鼓鑄銀圓摺

奏爲制錢日少，産銅日稀，民用大絀，請明諭天下，開辦礦務，鼓鑄銀圓，以塞漏巵而維大局，恭摺仰祈聖鑒事。

竊近日以來，京師錢價日貴，銀價日賤，咸歸咎於私鑄之充斥，銀號之把持，而不知皆非也。邇來東南各省，紋銀每兩僅易制錢千二百文，洋錢每圓僅換制錢八百餘文，銀賤錢貴有甚於京師者，蓋其間有大漏巵焉，不可不亟思補救也。當光緒十一二年間，越事初定，即有倭人串同内地奸商，以銀易錢，裝運出口，以致各省錢價陡長，銀價愈低，於時乃有鼓鑄制錢之議。滇南産銅日少，遂不得不購買洋銅。倭商購去中國制錢，將其中金銀提出，已敷購錢資本。及購銅議起，復有以淨銅售諸中國，本一而息三倍之，天下之利，孰有大於是者？此皆由中國商人不通化學。當閉關絶市之時，尚可無虞外洩；通商以來，若固守成規，不思變計，則旁有大盜，其覬覦而盤剥之也，亦固其宜。此次倭索償款多至二萬三千餘萬，彼以一萬萬兩購錢出口，可買盡中國制錢。以我之矛，陷我之盾，則制錢立竭，銅産不多，官力無可挽回，民間不能不用，其必至於潰敗決裂，窮而思亂明矣。各省禁錢出口，獨未查禁輪船。外洋不用中國銅錢，其運錢出口何爲者？應請旨飭下總署通行各口税務司，嚴查充公，不得絲毫徇縱，此節流之法也。然稅司習氣，恆刻待華商而寬待洋商，利之所在，人所必趨，雖法禁綦嚴，仍將百計偷漏，非籌變通之法，決不足以支危局而開利源。其策有二，請爲皇上縷悉陳之〔一三〕。

一曰鑄銀圓。九州作貢，三品兼權。周初，九府泉刀始專以銅錢濟用，迄今民用繁而銅礦少，加以外人盤剥，流弊已深。乾隆時美洲銀礦大開，皆運至中國。現銀日多而不自鑄銀錢，以利民用，此何説也？況比年來，中國黄金出口，由三百萬增至二千餘萬，如不自鑄金錢，則國寶全空，終受外人挾制。應請旨飭下户部，購買極大機器，鼓鑄金銀銅三品之錢。金錢輕重，略仿英鎊大小，銀錢用鄂、粤鑄成之式。鑄成後，頒發各省，諭天下一體通行。各省亦一律鼓鑄，以資利用。仍特派大臣總理其事。惟救急之法，則宜先鑄銀錢。明春錢價必大漲，度購機運京、建廠設局約需一年，廣東鑄銀局機器甚大，每日可鑄銀錢七萬餘圓，銅錢九萬餘串。應請飭下户部，先撥銀三百萬兩，專鑄大小銀錢，運京備用，通行各省籌款運粤鑄錢。俟機器到京，廠屋齊備，即由京局辦理，此變通之法一也。

二曰開礦政。中國五金各礦藏地下者，不可勝數，徒以封禁，大利不開。比年西士考察，及中國士人所知者，如川藏之金礦、銅礦，江西、湖南之銅礦、金礦、煤礦，雲南、兩廣之五金各礦，奉、吉之金礦，山西、河南之煤鐵礦，皆以官吏貪圖省事，不願開採。小民本小力微，無由上達。藏金銀於地下而懷寶啼饑，甚無謂也。應請特諭天下，凡有礦之地，一律准民招商集股，呈請開採。地方官吏認眞保護，不得阻撓。俟礦利既豐，然後按十分取一，酌抽税課，一切贏絀，官不與聞。如礦産微，即行裁撤。認眞辦理，則把持壅遏諸弊，一掃而空。期以十年，礦産全開，民生自富，而國用猶有不足，國勢猶有不强者，未之有也。此變通之法二也。

夫窮則變，變則通，通則久。苟非時勢所迫，人誰不欲習故安常，坐享無事之福？無如民窮國匱，財用不足。尚有日本及西洋各國，虎視耽耽〔一四〕，倒持太阿之柄，不籌一救弊之法，何以安我烝黎，保固疆宇？惟希宸斷採納，迅賜施行，天下幸甚。謹繕摺上陳，伏乞皇上聖鑑。謹奏。

總理衙門議覆王鵬運請講求商務摺

奏爲遵旨議奏事。

光緒二十一年十一月十七日，軍機處片交御史王鵬運奏請講求商務一摺，軍機大臣面奉諭旨："『著總理各國事務衙門議奏。欽此。』臣等查該御史所陳，無非欲官商一氣，力顧利權。此周官保富之法，行之今日，尤爲切要。如所稱『沿海各省會應各設商務局一所，責令督撫專政局中派提調一員，駐局辦事。將該省各項商業，悉令公舉董事一人，隨時來局，將該省商況利病情形與提調妥商補救整頓之法，稟督撫而行之，事關重大者督撫即行具奏』一節。查通商爲致富之原，必令上下相維，始克推求利弊。泰西各國以富强爲首務，或專設商部大臣，其他公司、商會隨地經營，不遺餘力。中國各省商行自爲風氣，間有公所會館，章程不一。地方官吏更不關痛癢，公事則派捐，訟事則拖累。商之視官政猛如虎，其能收上下相維之益乎？自立約互市以來，洋商運貨，祇完正子兩税。華商則逢關納税，遇卡抽釐。於是不肖華商賄買牌照，假託洋商之名，洋商出售報單，坐收華商之利，流弊遂不可究詰。要之，歐美各洲商民之捐，名目繁多，如田房捐、存款捐、進項捐、印花捐，較中國釐金加重倍蓰，即香港、新嘉坡諸島，何莫不然，此皆華商習聞習見者也。至於洋商，僅完正半兩税，便可暢行無阻，利權較華商爲優。然華商食毛踐土，當能仰體國家立約通商之故，不應自外生成。何以假冒牌照之風，年來愈熾？良由官商隔閡，官既不恤商艱，商復何知官法？該御史請於各省設立商務局，俾得維護華商，漸收利權，誠爲當務之急。惟請派設專員，作爲提調，以官府之體而親闤闠之業，終難透闢。不如官爲設局，一切仍聽商辦，以聯其情。擬請飭下各督撫，於省會設立商務局，由各商公舉一殷實穩練、素有聲望之紳商，派充局董，駐局辦事。將該省物産行情，綜其損益，逐細講求。其與洋商關涉者，絲茶爲大宗，近則織布、紡紗、製糖、造紙、自來火、洋胰子諸業，考其利病，何者可以敵洋商，何者可以廣銷路。如能實有見地，確有把握，准其徑稟督撫，爲之提倡，再由各府、州、縣，於水陸通衢設立通商公所，各舉分董，以聯指臂。所有各該處物産價值漲落、市面消長盈虛，即由各分董按季具報，省局彙總造册，仿照總税務司貿易總册式樣，年終由督撫咨送臣衙門，以備參考。其華商互相貿販，不與洋商相涉之貨，亦應按照市價，公平交易，不准任意高抬，或故爲跌價，以累同業。設經局董查確，應即明爲告誡；若復怙惡，即由局董稟官，將該行店劣迹榜示通衢，以儆效尤。該局所遇有稟官之事，無論大小，衙門均不得勒索規費。各局所地方長吏，月或一二至輕騎減從，實心諮訪，蓋必有恤商之誠，乃能行護商之政，非徒藉勢位之尊也。各直省果能實力奉行，商情可期踴躍，商利可冀擴充，即華洋交涉，亦可得其要領矣。

又如原奏所稱『招商局開辦多年，並無起色，請特派督辦招商局大員一人駐局辦事。將招商之務分爲閩廣、三江、兩湖、四川四大股，每股各令公舉殷實公正之商董一二人，專辦該股一切商務。由各商董議定辦法，稟督撫而行之。別置提調一員，專管局中一切章程』一節。查招商局爲南北洋輪船總匯，同治十一年，前北洋大臣李鴻章奏明設局，商爲承辦，官爲維持。自光緒二年，買併旗昌船棧後，官帑積付一百九十萬八千兩，逮今拔還，現已不存官款。尚非並無起色，即就每年完税而論，各省關所收招商局船税，歲約三百餘萬。搭載水脚，自開局至今，幾逾萬萬，若無局船，則此利盡屬洋商。是該局收回利權，實明效大驗，更能力祛中飽，切實經理，則爲益較多。該御史請整頓招商局，誠非無見。惟整頓之法，實分兩端，一在局之弊，一在船之弊。查該局所以能自立者，實賴官爲維持。故雖怡和、太古多方排擠，該局猶能支拄。蓋歲運蘇浙漕米，又帶免二成税課，皆該局獨擅之利，其於江西、兩湖漕米，則代買代運，尤操奇贏。若概屬之局中，不由一二人專利，則公積愈增，此在局之弊，所應整頓者也。各船買辦，半由夤緣而得。每船貨脚容，有艙口簿可查。而搭客則以多報少，影射隱瞞，難爲究辦。外洋輪船，責在船主，事無巨細，悉聽船主指揮。每搭客登舟則驗票，船至半途則查票，登岸則繳票。此皆大副專責，而船主總其成，不致擠雜朦混。招商局船主但管駕駛，船中一切，買辦主之。故長江買辦之缺，爲最肥美。此在船之弊，所應整頓者也。凡兹積弊，臨以貴而無位之督辦，公私未澈，呼應不靈，徒擁虚名，恐無實際。該局向隸南北洋轄理，以局船起卸口岸，均有關道，可以稽查，而受成於南北洋，較爲切近。光緒七年，李鴻章議復王先謙一疏，聲明該局繳清官款不過商本，盈虧與官無涉，並非一繳公帑，官即不應過問，聽其漫無鈐制。蓋豫言之矣。擬請飭下南北洋大臣，將招商局歷年積弊認眞整頓。該局總辦及掣票、登賬、管理、船頭司事，與夫江海各船買辦能否得人，經辦之事有無白私自利，爲商賈所指摘，並申明舊章，每年結算，由津、滬兩關道稽核，該局歲刊告白。設被商股詆駁有據，則津、滬兩關道亦應任咎。至於每船到岸，如何稽察客載，應飭各關道委員經理，無分晝夜，與稅關船頭官公同查驗，以杜弊混。其未設關道之地，如江南下關，安徽大通、安慶，湖北武穴等處，由南洋大臣檄委地方官辦理，按月徑稟。南北洋商署存查，能否如該御史所陳，分閩廣、兩湖、三江、四川爲四大股，應由南北洋大臣體察情形酌辦。該局船曾駛赴舊金山、檀香山、新嘉坡各島，道遠費煤，船小載輕，爲利無幾。現求擴充之法，宜就中國各口岸有可爲該局增益，以敵洋商者，統由南北洋大臣隨時規畫，請旨遵行。至通商事務，向由臣衙門辦理。該御史請在京師設立工商務公所，與臣衙門無甚表異，自應毋庸置議。所有臣等遵旨議奏緣由，謹繕摺具陳，伏候皇上聖鑒訓示。謹奏。

奉旨：『依議。欽此。』

校記

〔一〕棓　當作『培』。

〔二〕開　當作『關』。

〔三〕場　當作『塲』。

〔四〕耽毒　當作『鴆毒』。

〔五〕西安　當作『安西』。

〔六〕烏　當作『鳥』。

〔七〕贍徇　當作『瞻徇』。

〔八〕試　當作『拭』。

〔九〕育　當作『肓』。

〔一〇〕逐　當作『遂』。

〔一一〕千　當作『十』。

〔一二〕陋　當作『漏』。

〔一三〕悉　當作『晰』。

〔一四〕耽耽　當作『眈眈』。

奏議輯覽初編卷第二

總理衙門遵議建立官書局摺

奏爲遵旨議奏，仰祈聖鑑事。

光緒二十一年十二月二十二日，准軍機處鈔交御史胡孚宸『奏書局有益人才請飭籌議以裨時局』一摺。軍機大臣面奉諭旨：『著總理各國事務衙門議奏。欽此。』欽遵到臣衙門。查原奏内稱京師近日設有强學書局，經御史楊崇伊奏請封禁，在朝廷預防流弊，立意至爲深遠。惟局中所儲藏講習者，首在列聖聖訓及各種政書，兼售同文館、上海製造局所刻西學諸書、繪印輿圖、置備儀器，意在流通祕要圖書，考驗格致精蘊，所需費用皆係捐資集股，絶無迫索情事；所刻章程，尚無疵謬。此次封禁，不過防其流弊，並非禁其嚮學。倘能廣選才賢，觀摩取善，此日多一讀書之士，他日即多一報國之人，收效似非淺鮮。請旨飭下總署及禮部各衙門悉心籌議。官立書局選刻中西各種圖籍，任人縱觀，隨時購買。並將總署所購洋報，選譯印行，以擴聞見。或在海軍舊署開辦，經理既善，流弊自除，庶於國家作育人才，挽回時局之本心不相刺謬等因。

臣等維國勢之强弱視乎人才，人才之盛衰繫乎學校。古者家塾、黨庠、州序、國學，自諸侯以達王畿，莫不建學。大而德行道藝，細而名物象數，綜貫靡遺，是以人才日盛。近世學者往往避實騖虚，舍難就易。視西人一技之長，一能之擅，或斥爲異學，或詫爲新奇。不知西人之學無不以算學爲隱括，西算之三角與中算之勾股，理無異同。周髀經曰『圜出於方』，又曰『方數爲典』，以方出圜，言圜之不可御而馭之以方。西人三角八綫之法，實基於此。餘若天學、化學、氣學、光學、電學、重學、礦學、兵學、法學、聲學、醫學、文字、製造等學，皆見中國載籍，試取管、墨、關、列、淮南諸書，以類求之，根原具在。可知西學者，中國固有之學。西人踵而行之，所謂禮失而求諸野耳。泰西教育人才之道，計有三事：曰學校，曰新聞報館，曰書籍館。英、法、德、俄各國學校之盛，或二三萬所，或六七萬所，生徒率皆二三十萬人。美國學校多至十七萬餘所，生徒幾及千萬人，學校費用自三四千萬至八千餘萬不等，率由國家及生徒各出其半。各國富强之基，實本於是。是庶政由人才而理，人才由學術而成，固有明效大驗。該御史請將强學書局改歸官辦，自係爲講求實學，培養人才起見。臣等公同商酌，擬援照八旗官學之例，建立官書局，欽派大臣一二員管理，聘訂通曉中西學問之洋人爲教習，常川住局，專司選譯書籍、各國新報及指受各種西學，並酌派司事譯官收掌書籍，印售各國新報，統由管理大臣總其成，司事專司稽察。所需經費由總理衙門於出使經費項下，每月提撥銀一千兩，以備購置圖籍、儀器、各國新聞紙及教習、司事、繙譯薪水等用，核實散放，年終由臣衙門奏銷，毋庸招股集貲。設不敷用，再由臣衙門設法籌措。如有慕義之士願借鉅款或捐書籍，准由司事呈明管理大臣酌定核收。至建設學舍地方，或假官房，或租民宅，取足教習各官起居之地，兼爲士大夫入觀羣書之所，因地制宜，妥籌布置。該御史所請，就海軍舊署開辦之處，應毋庸議。如蒙俞允，再由管理大臣詳定章程，定期開設。再，該書局現既奏明擇地另設，其强學書局原屋，應行文該地面官，飭令屋主領回，以清界限。所有臣等遵議緣由，理合恭摺具陳，伏乞皇上聖鑑訓示遵行。謹奏。

總理衙門遵議興辦郵政摺

奏爲遵旨議辦郵政，請由海關現設郵遞推廣並與各國聯會，以便商民而收利權，恭摺仰祈聖鑑事。

竊臣衙門准署南洋大臣張之洞咨鈔擬『請設立郵政，請飭議章程』一片，光緒二十一年十二月初三日，欽奉電傳諭旨：『郵政一節，業經總署籌議，粗有頭緒矣。欽此。』欽遵。

仰見聖主周恤商旅通志類情之至意。查原奏内稱：『泰西各國郵政重同鐵路，特設大臣綜理，取資甚微，獲利甚鉅，權有統一，商民並利。近來英、法、美、德、日本在上海及各口設局，實背萬國通例。曾經南洋大臣曾國荃據道員薛福成、委員李圭、税務司葛顯禮等往復條議，咨由總理衙門飭總税務司赫德詳議，謂此舉裕國便民，爲辦得到之事。至税關所辦郵遞，因與國家所設體制不同，故推廣每多窒礙。現復與葛顯禮面加籌議，知其情形熟悉，各税務司熟諳辦法者當亦不乏。請飭總理衙門轉飭赫德，妥議章程開辦，即推行沿江沿海各省及内地水陸各路，務令各國將所設信局全撤，並與各國聯會，彼此傳遞文函』等語。臣等查光緒二年間，赫德因議滇案，請設送信官局爲郵政發端之始。經臣衙門函商北洋大臣李鴻章，於四年間覆稱擬開設天津、京城、煙臺、牛莊、上海五處，略仿泰西郵政辦法，交赫德管理。嗣因各國紛紛在上海暨各口設立郵局，慮佔華民生計。九年間，值德國使臣巴蘭德來請派員赴會。十一年，曾國荃咨稱州同李圭條陳郵政利益各節，並據甯海關税務司葛顯禮申稱，香港英監督有『願將上海英局改歸華關自辦』之語。經臣衙門先後飭據江海關道、總税務司籌議，咨行南北洋大臣，查核十六年三月劄行赫德以所擬辦法，既於民局無損，即就通商各口推廣辦理，擬俟辦有規模，再行請旨定設。此該大臣張之洞所稱各税關試辦郵遞之權輿也。臣等復查甯海、江海各關道來稟，每謂税關郵局未經奏定，外人得以藉口。十八年冬，赫德亦以數年來創辦艱難，若再不請設立官郵政局，恐將另生枝節。十九年五月，迭接李鴻章、劉坤一咨，據江海關道聶緝槼稟稱，『上海英美工部局現議增設各口信局。異日中國再議推廣，必更維艱』各等語，是原奏所稱『體制不同，推廣每多窒礙』，誠爲洞見癥結之論。

至『各國通行，歲收鉅帑』一節，考泰西郵政自乾隆初年普國始議，代民經理，統以大臣位齊卿貳，各國以爲上下交便，仿而效之。光緒十九年，葛顯禮呈送萬國郵政條例，聯約者六十餘國，大端以先購圖記紙，粘貼信面，送局以抵信資。其實每封口信重五錢，取銀四分，遠近酌加，其取資既微，又有定期，而無遺拆，百貨騰跌，萬里起居，隨時徑達。至有事時，並可查禁敵國私函。誠如原奏所稱，權有統一，爲利商利民即以利國之要政也。又查十八年以來美國一國郵局清單，一歲所收銀圓至六十四兆二十萬九千四百九十元之多。張之洞所舉英國收數當中，銀三四千萬兩，尚係約略之辭。利侔鐵路，誠爲不虛。且西國郵政與電局相輔，以火車、輪船爲遞送，近年法國設立公司，輪船十艘，統名曰信船，遇口停泊，信包未到，不得開椗。其鄭重如此。中國工商旅居新舊金山、檀香山、新加坡、檳榔嶼、古巴、祕魯者，不下數百萬人。據李圭稟稱，該工等有一紙家書十年不達者，緣郵會有扣阻無約國文函之例也。中國郵政若行，即以獲資，置備輪船出洋，藉遞信以流通商貨，其挽回利權，所關尤鉅。臣等博訪周咨，知爲當務之急，爰於十九年劄飭赫德，詳加討論是否確於小民生計無礙。上年六月至十一月，復與該總税務司面商屢屢，先後據其遞到四項章程，計四十四款。臣等詳加披閱，大致釐然，自應及時開辦。相應請旨飭下臣衙門，轉飭總税務司赫德專司其事，仍由臣衙門總其成，略如各口新關規制，即照赫德現擬章程，定期開辦。應製單紙，亦由赫德一手經理，遇有應行酌改增添之處，隨時呈由臣衙門核定，期於有利無弊。

至赫德原呈内稱：『萬國聯約郵政公會係在瑞士國，應備照會，寄由出使大臣轉交該國執政大臣，爲入會之據。自可援萬國通例，轉告各國，將在華所設信局一律撤回，按咸豐八年俄約、光緒十一年法約本載明兩國公文信件互相遞送。中國既經入會開局，各國當無從藉口。』以上所議，如蒙俞允，即由臣衙門欽遵，分别咨議，劄飭辦理。俟辦有頭緒，即推行内地水陸各路，剋期興辦。一面咨行沿江、沿海及内地各直省將軍督撫知照，屆期即將簡要辦法飭地方州縣，曉諭商民，咸知利便。凡有民局，仍舊開設，不奪小民之利，並准赴官局，報明領單，照章帮同遞送，期與各電局相爲表裏。其江海輪船及將來鐵路所通處所，應如何交寄文信，由該總税務司與各該局員會商辦理。郵政局歲入暨開支款目，由總税務司按結，申報臣衙門彙核奏報。所有遵議推廣海關郵遞，開設官局並與各國聯會各緣由，理合專摺具陳，赫德所擬章程條款，另具清單，恭呈御覽。伏乞皇上聖鑑訓示。謹奏。

奉硃批：『依議。欽此。』

謹將總税務司赫德所議開辦郵政章程敬繕清單恭呈御覽。

郵政開創之初，訂立章程，無須過繁甚細。但宜大概酌訂，分晰門類，俾外人易於知曉，並使在事員役得所遵循。俟行之既熟，體察情形，再爲因時制宜，酌立詳章，分歸各類，登記奉行。所有中國開辦郵政擬訂之章，宜分四大類，以清眉目。通商各口往來寄遞，一也；通商口岸往來内地寄遞，二也；通商口岸往來外國寄遞，三也；開辦郵政總章，四也。兹將擬定之章開列於左：

郵政開辦章程　一、通商口岸互相往來寄遞。　一、通商口岸往來内地寄遞。　一、通商口岸往來外國寄遞。　一、郵政總章。

一、通商各口岸互相往來寄遞。

郵政處所　一，各新關已設之寄信局，現擬改爲郵政局。凡設有郵政局之處，應謂爲聯約處所。其未設有郵政局之處，應謂爲不聯約處所。　二，通商各口郵政局，仍歸税務司等管理。照他項關務，會同監督商辦。　三，除通商各口設立外局，尚有京都總税務司署中寄信局，應改爲郵政總局，管轄各口郵局。凡一切事宜，轉呈總理衙門核辦。　四，上海通商口岸爲中國寄遞適中之區，分赴南北，暨入長江，並在外海，較爲事繁任重，應特派員役辦理，仍歸税務司會同監督管轄。　五，上海已設有造册處税務司一員，擬委兼管郵政事宜。各口分局均應報由兼管郵政税務司轉呈總税務司核辦。六，現將京都、天津、牛莊、煙臺、重慶、宜昌、沙市、漢口、九江、蕪湖、鎮江、上海、蘇州、杭州、甯波、温州、福州、厦門、汕頭、廣州、瓊州、北海、蒙自、龍州等處所設之寄信局，統作爲郵政局。七，以上各處現開設之郵政局，俟辦有端倪，即在附近處所隨設分局。即如天津之塘沽、大沽並鐵路、電綫沿途各站，上海之吴淞，甯波之鎮海，福州之羅星塔，廣州之黄浦，沙市之陸溪口，九江之武穴、湖口，蕪湖之安慶、大通，鎮江之南京等處，所有各該處分局，應由該税務司會同監督，派人管理。八、九等款俟嗣後有同類應載事宜，即添註於此。

寄送信件　一，信件之類，分爲封口信及明信片，與貿易册，並刊印各件，共四項。二，各局收發之件宜分兩項：一爲總包，一爲零件。三，此局收到彼局所交之總包，有應原包轉送者，有應開包就近分投者。尚有轉寄之件，須復行裝成總包另寄。此外，又本處交局之零件，亦須分别辦理。各局轉送分投暨復封等事以及何時可收，何時須發，均須遵照總局所示辦理，並在附近示告衆人知曉。四，各局所發之件，有應將零件在本處分投者，有應自作總包與收到總包轉寄他處者。若寄送通商口岸，即用往來通商口岸之輪船；若寄送内地，即用已設之民局代遞。各局均須自行就近酌擬辦法，仍聽總局之指示遵行，並示告衆人知曉。五，各局所發總包，須隨有開録之清單，由接收之局查對單包相符，即將收条字據交原局。六、七等款，嗣後有同類應載事宜，即添註於此。

徵收信資　一，寄送信件既分口岸、内地、外海三項，其信資亦當分晰爲三：一爲岸資，一爲内資，一爲外資。 二，往來外國之信件，應取信資若干，須照萬國郵政聯約，即信會條例第五、第六兩款所定之外資辦理。 若外國信件送到本局，轉寄不聯約之處，其内地運送之資，應由收信之人付給。 若由不聯約之處將信件送到本局，轉寄外國，其内地運送之資，應由交信之人付給。 所有民局運送之資（即内資），聽民局自行酌訂收取。

三，通商口岸聯約處所往來信件之信資，本有自定之權。 所擬之資 即岸資。 列後。 明信片每張應收洋銀一分，封口信每件計重 二錢五分、五錢、一兩。 以下，應收洋銀 二分、四分、八分。 餘以此類推。 新聞紙 華、洋。 每張應收洋銀一二分。 貿易册並刊印各件，計重二兩，應收洋銀二分。 若由不聯約之處將信件送到本局，轉寄聯約他處，其内地運送之内資，應由交信之人付給。 若至聯約他處後，尚欲送赴不聯約之處，内地運送之内資，應由收信之人付給。 所有民局運送之内資，聽其酌訂，自行收取。 四，凡往來外國暨通商各口之信件，在郵局挂號與否，均聽自便。 如挂號應另納號資，掣取收單。 其往來外國信件，應按聯約條例第五、第六、第七等款辦理。 其往來通商各口信件，應按岸資之例辦理。 若欲收信之人之回單，則須於另納號資外，加倍付給。 五，凡往來内地不聯約各處之信件，其内資多寡，應由民局自行酌定，一面報明附近郵政局，曉諭衆知。 六，郵政局須製造信票，以例粘貼信面，作爲寄送外國暨通商各口之信資。 俟分定岸資、外資，各信票之式樣，再行宣示衆知。 七，凡將信件交付郵政局寄送，必須於信面上粘貼郵政局之信票，作爲信資。 八，信票係在各處郵政局並郵政局託售之铺店等處，均可購買。 九，僞造信票，應按僞造銀錢票據之罪懲辦。 十、十一等款，俟嗣後有同類應載事宜，即添註於此。

匯寄銀鈔 一，各國郵局於寄信信件外，亦代爲匯寄銀鈔，以期便利。 其准匯寄之款，立有定額； 其匯費，亦有定數。 中國開辦郵政局，亦應歸辦，以便商民。 現擬如有人欲將銀鈔自此聯約處所，送交彼聯約處所，其數不得過百兩以外，即可代爲匯送。按照所定匯費，掣取匯單寄往。此項詳細章程，須俟隨後酌定宣示。二、三等款，俟嗣後有同類應載事宜，即添註於此。

寄送包裹　一，各國郵局於寄送信件外，現時亦代爲寄送包裹等項。中國郵政局開辦有頭緒後，亦擬一律代爲寄送。須俟隨後將包裹之尺寸、輕重與運送之規矩、費用等項，酌定明晰，再爲宣示。二、三等款，俟嗣後有同類應載事宜，即添註於此。

專款　一，凡民局之信件途經通商口岸交輪船，寄信者均須由該局將信件封固，裝成總包，交由郵政局轉寄，不得徑交輪船寄送，並按往來通商口岸之章完納岸資。至其輕重、大小，隨後酌定。由各該郵政局曉諭衆知。所有在内地往來之内資，由該民局自定，酌定收取。二，郵政局接運民局之封固總包，應寄交書明處所之同行民局查收，取回收單備查。三，凡民局開設聯約處所，應赴郵政局挂號，領取執據爲憑，無須另納規費。倘該民局領有執據後，不願復行承辦此項事件，應先赴郵政局呈明，將執據繳銷。四、五等款，嗣後有應載事宜，即添註於此。

示禁　一，凡郵政局之員役等，若有私行拆動信封及傳揚洩漏等事，除照局中定章罰辦外，猶須按其本國律例治罪。二，凡有郵政局之處，除挂號之民局外，所有商民人等，不得擅自代寄信件，違者每件罰銀五十兩。三，輪船進出通商各口，除承寄郵政局所交之信件外，所有行主、船主、水手、搭客等，俱不准攜帶郵政局應寄之信函等件。惟露寄之字紙，如薦書暨辦理之隨身單據等類，與本船之本行、本船本貨各情之書件等項，不在其内，違者每次罰銀五百兩。四、五等款，俟嗣後有同類應載事宜，即添註於此。

賬目　一，各郵政局應將進出款目，按月具報造册處管理，郵政税務司按結，轉報總税務司查核。俟每届年底，由總税務司彙報總理衙門鑑查。其具報式樣，隨后酌定。二、三等款，俟嗣後有同類應載事宜，即添註於此。

册賬　一，凡郵政局應將信件各類往來若干，隨時登記册簿。其册簿式樣應照聯約條例第四、第十七款暨二十三與二十四詳章辦理。二、三等款，俟嗣後有同類應載事宜，即添註於此。

冬季封河　一，凡值冬季封河之時，北方各處之郵政局，如北京、天津、牛莊、煙臺至鎮江收發信件，須由陸路遞送。應由各該郵政局將陸路遞寄之章隨時宣示衆知。二、三等款，俟嗣後有同類應載事宜，即添註於此。

雜款　一，重慶一處之郵政局，暫時祗寄零件信函，不代寄總包。如民局欲將信包轉寄他處，即須自己送赴宜昌，交彼處郵政局代遞。二，蒙自、龍州之郵政局，亦不代寄總包。暫時祗寄零件信函。三，長江六處如陸溪口、武穴、湖口、安慶、大通等處以及南京之郵政局，係由税務司會同監督派人管理。各該處民局信件總包，亦須由郵政局轉交輪船代寄，或將輪船寄來信件總包，轉交民局查收。四、五等款，俟嗣後有同類應載事宜，即添註於此。

示諭　一，郵政局開創之初，暫時照各關現辦寄信章程辦理。俟開辦就緒，再爲體察情形。以上章程所載各事，復行明晰，示諭各局員役遵行。二、三等款，俟嗣後有同類應載事宜，即添註於此。

一、通商口岸往來内地寄遞

一，凡由聯約處所與不聯約處所來往寄送信件，或係民局將信件交由郵政局轉寄，抑或郵政局將信件交由民局轉寄，其内地遞寄之信資，應由民局照舊自定自取，與郵政局無涉。二，凡民局開設有郵政局聯約處所，應赴郵政局挂號，領取執據爲憑，無須另納挂號規費。倘該民局領有執據後不願復行承辦，應先赴郵政局呈明，將執據繳銷。三，凡民局將封固之總包交郵政局代寄，該郵政局應照所書寫寄交他處之郵政局，轉交彼處之挂號同行民局查收。四，凡郵政局接到别局或外海送來之零件信函，寄赴不聯約局所者，均應交付挂號之民局承寄。該民局應向接收信件之人收取内地運送之資。五、六等款，俟嗣後有同類應載事宜，即添註於此。

一、通商口岸往來外國寄遞

一，凡郵政局將信件寄送聯約各國者，一切條規自應入會後，俱照萬國聯約條例辦理。二，凡外海寄來之信件，必須交由本口郵政局轉交應收各人，不得自行另交轉送。惟上海一處暫時不在此例。若有須寄往來内地不聯約處所投遞者，即由郵政局交給挂號之民局轉寄，其内地運送之資，方可由民局向收信之人按其自定條規收取。三，凡郵政局若在無船開往外國之處，須將信件送交有船之處轉寄，其規費一切悉照信會條例辦理。四、五等款，俟嗣後有同類應載事宜，即添註於此。

一、開辦郵政總章

一，現經奏明將以上各章作爲開辦事章程。嗣後隨時體察情形，因時制宜，增添更改，均可隨時添入，當經奉旨，遵行照辦。

以上所擬四項章程，足爲開創郵政。嗣後應增應減，再當隨時隨勢，詳細擬議。仍一面奏明遵行爲要。

同日，奉硃批：『覽。欽此。』

御史陳其璋請飭妥議教案定章摺

奏爲教案層出，貽誤邦交，亟宜妥議定章，以資遵守，恭摺仰祈聖鑒事。

竊西教之行於中國，分天主、耶穌兩門。入教之民良莠不齊，往往因此滋事。查英國條約内載傳教係爲善之道，待人如己。夫既曰爲善，決無縱教民爲惡之理。既曰待人如己，亦決無以己害人之理。且約内申敘，安分無過，中國官不得禁阻。可見，不安分而有過者，不在此律。又查法國條約内載，傳教以勸人行善爲本，凡中國人入教而循規蹈矩者，皆免懲治。夫既曰循規蹈矩方免懲治，可見不循規蹈矩者，即不能免其懲治。乃近來每遇教案，各國公使仍復飾詞矯辨，要挾多端。從前津、滇兩案及上年川、閩兩案，即爲明證。臣愚以爲，辦理教案，向無專章。故各國得以逞所欲爲，我國轉致無憑核辦。若與各國先行議定，則在我自有遵循，在彼亦無庸矯强矣。謹擬十條，敬爲我皇上陳之。

一，教務宜責成總教士也。向來教務，教士爲政，而不設總教士，則辦理難免參差。現聞教士在京者不少，應請各公使於教士中，舉出一二人駐京爲總教士，一切教務章程，責成總教士呈請總署，持平議定，以便遵辦。其平時總教士赴總署商辦公事，仍由公使帶領，以示限制。

一，教堂買地宜查照舊章也。查同治四年定章，凡教堂買地，須先報明地方官，契内寫明教堂公産字樣，地方官始能蓋印。且須問明民間是否願賣，不准强買。近年來，教民每將田地房屋私賣與教士，並不先報地方官，以致官地、祭田一切公産，亦因而私售。迨至百姓控告，地方官不敢蓋印，該教士遂執契與官民爲難，拖累萬狀。應請申明舊章，以杜私賣强買之弊。

一，教堂處所宜造册呈報也。向來各省教堂漫無查考，自長江焚毁教堂後，賠累不貲。總署因通行各省，查明各教堂是否華式、洋式，房屋若干間，按年册報。現聞各省有報有不報者，亦有始而報、久而不報者，以致教民數椽之屋皆得混稱爲教堂，稍有損傷，輒誣爲拆毁教堂，致煩查辦。嗣後，應令各教堂開明房屋間數，洋式、華式，報知地方官，會同教士履勘確切，造册畫押存案，並咨報總署，以備稽查。

一，教民人數宜造册呈報也。查近年鬬毆之案，教民受傷身死，往往索賠恤款。而身死者果否入教，無從查考。應令各教堂將入教之男婦及雇用之華工，開明人數、姓名、籍貫、年歲，報知地方官，造册存案，並報總署備查。其續行入教及續雇華工，亦應即時補報。

一，教民犯法宜將教册除名也。查西人傳教無非勸善，但入教之華民大率中國之敗類。一經入教，魚肉紳民，霸産抗糧，無所不至。該教堂既稱奉公守法，必不願容留匪類，致貽彼教之羞。應令教堂將犯罪教民永遠除名，不得迴護。

一，教民被控傳案，教士不得阻撓也。近年來民教訟案，教士每出而左袒，教民又藉教士爲護符，累月經年，案懸莫結。今既將教民造册存案，所有被控之教民，地方官應即按册指傳，教士毋得隱匿。

一，傳教地方宜重申禁地也。山東曲阜一縣，爲聖人故里。猶恐洋人無知，前往開堂設教。應將曲阜地方照蒙古、西藏等處一并歸入禁地，永著爲例。

一，教堂不准育民間嬰孩也。教堂育嬰，原係教士美意。無如愚民無知，往往播散謡言，懷疑激變。近年焚毁教堂，半由留養嬰孩而起。應令該教士無須留養，以釋羣疑。

一，教士入境，宜先呈驗護照也。洋人出外傳教，均應由該國給發護照，方准來華。到華之後，即須赴地方官衙門，呈驗護照，方准傳教。至欲赴內地傳教，亦須領中國地方官執照，方准放行。無照者係屬私行，地方官無須保護，亦不准逗留。

一，教士入境宜歸地方官管轄也。查公法，無論生斯土者、自外來者，皆當歸地方官律法管轄。且疆內行止舉動，莫不歸其節制等語，應由總署商諸各公使，通飭教士遵行，以合公法。

以上十條，均於教務大有關繫，是否有當，伏乞皇上聖鑑施行。謹奏。

御史陳其璋請與各國訂明同列萬國公法摺

奏爲萬國公法，各國遵行，擬請與各國訂明同列公法之内，以免歧異而杜欺淩，恭摺仰祈聖鑑事。

竊維事有變遷，貴審時以定法；政無遠近，宜推誠以布公。我中國與外洋互市以來，交涉既繁，條約屢換。而每事喫虧，指不勝屈。即以通商一端而論，如彼國强減我税則，以及華船至外洋納鈔數倍於他國。洋人至中國，不收身税，華人至西貢、舊金山等處，則身税倍徵。又美國有江，名米西昔比者，帆輪之利，非各國所能分。而我長江之利，竟爲洋人所共有。他如華民之在彼者，受彼管轄；洋人之入我疆者，我無管轄之權，反有保護之責。凡此者，皆未預與各國訂明同用公法故也。臣嘗閲萬國公法，持論不偏，每遇各國公論，皆引此書以爲斷。有違此例，則干他國之共怒』等語。是公法者，爲各國所通行。無論何人、何國，皆可恃以保護。並云『公法之義，乃世人之法，各國不可不服。彼恃此法以待人，難禁我執此法以待彼。講信修睦，全賴此公法一書。而議者或謂公法爲泰西律例，我國自有成法，難與强同。不知泰西有公法，有國例，内治之權，各國異宜，外交諸政，則悉本公法爲準繩。我既不能屏絶外交，自不能不用公法。況泰西强國之術，曰學校，曰製造，曰商務、軍政。而所以維持不敝者，尤莫重於公法。我既於鐵路、電報、商務、兵操等事無不效法泰西，而獨此維持不敝之公法尚缺焉不講，不可謂能用其長。或又謂國之强弱不等，非公法所能行，强者可執法以相繩，弱者欲守法而不得，則何以泰西諸小國，地不及我之大，兵不及我之多，而亦得享公法之利益；中國爲五洲冠冕，且將立法爲萬國所遵行，豈各國通行之公法而反不能用耶！或又謂公法每多更變，且不能偏行，公法亦不足恃，不知更變者，係隨時修改之謂，非變其法而不遵也。不能偏行者，係統地球九萬里而言，非僅指歐羅巴奉教諸國也。我國所交涉者，歐洲之國爲多，即美國另在一洲，亦奉歐洲之教。該數國均在公法之内，辨之以公法，所謂以其人之道，還治其人之身。況公法一書，本性理而定。既有諸國不能改之語，則我持公法，即可知各國之不能不從。徒以我中國不事遠圖，我不屑處於公法之中，彼亦不列我於公法之内，一旦有事，衹能以空言辯駁，强爲力爭，未能折服其心，豈能箝制其口？居今日而力圖補救，惟有請旨飭下總理衙門，將萬國公法一書悉心參考，如果與交涉全局有益，即與各國立約，並知照李鴻章就近與各國外部當面議定，嗣後不得視中國在公法之外，一切事件均照公法而行。如此，則各國不能私行其志，而我自有之權，我得而主之，彼不得而操之。自强之道，實基於此矣。愚昧之見，是否有當，伏乞皇上聖鑑施行。謹奏。

工部尚書孫家鼐遵擬官書局開辦章程摺

奏爲遵旨事。

光緒二十二年正月二十一日，奉上諭：『總理各國事務衙門奏新設官書局，請派大員管理一摺，著派孫家鼐管理。欽此。』臣恭奉諭旨，朝夕籌思。且與原辦書局諸臣悉心酌度，謹擬開辦章程，分條臚列，恭呈御覽。

一，藏書籍。擬設藏書院，尊藏列朝聖訓、欽定諸書及各衙門現行則例，各省通志，河漕、鹽務各項政書，並請准其咨取儲存庋列。其古今經史子集，有關政學術業者，一切購置院中，用備留心時事、講求學問之人入院借觀，恢廣學識。

一，刊書籍。擬設刊書處，譯刻各國書籍，舉凡律例、公法、商務、農務、製造、測算之學，及武備、工程諸書，凡有益於國計民生與交涉事件者，皆譯成中國文字，廣爲流布。

一，備儀器。擬設游藝院，廣購化學、電學、光學諸新機，礦質、地質、動物、植物各異產，分別部居，逐門陳列，俾學者心慕手試，考驗研求，了然於目，曉然於心，將來如製造船隻、槍礮等事，可以別材質之良窳，物價之低昂，用法之利鈍，不致受人蒙蔽。

一，廣教肄。擬設學堂一所，延精通中外文理者一人爲教習，凡京官年力富强者，子弟之姿性聰穎、安詳端正者，如願學語言文字及製造諸法，聽其酌出學資，入館肄習。

一，籌經費。總理衙門原奏每月撥銀一千兩。查局中用款，以延教習、繙書籍爲大宗。此外，譯書及書手、匠役人等工價、火食，費亦不貲，每月千兩，祇供各項之用。至於購買圖籍、儀器等款，尚無所出。原辦零星招股，過於冗碎，自應遵照原奏，概行停止。其慕義樂輸捐助鉅款者，善堂書院有例可循，亦應查照原奏，酌核收納。現在事屬創行，需款數難預定，惟有就現有經費次第興辦，總以撙節爲充拓之基，切戒濫費，以收實濟。

一，分職掌。上年部院諸臣開設書局，倉猝舉辦，草定規模，議事尚未畫一，今擬將局中諸物，各分職掌。庶心志專一，可期日起有功。所有在局辦事諸臣，職名另單開呈御覽。

一，刊印信。擬刻一木質關防，文曰『管理官書局大臣之關防』。凡向總理衙門領取經費及有行文事件，即以此爲憑信。

以上七條，如蒙俞允，臣即敬謹遵行，即從本日開辦。

臣竊維同治初年，總理衙門請設立同文館，講求泰西諸國文字，令翰詹部院各官一體入館習練。維時議論紛紜，人情疑沮，風氣未開，事因中止。後雖經總理衙門設法招徠入館生徒，略有成就，而讀書明理之人從事其中者絕少，遂致中外間隔，彼己不知，倉猝應機，動多舛誤。近者倭人搆釁，創鉅痛深。一二文人學士，默參消息，審知富强之端，基乎學問，講肄所習，爰出人才，砥礪奮興，消除畛域，期以洞中外之情形，保國家於久大。此與同治初年設立同文館之意，實相表裏，誠轉移風氣之一大樞紐也。臣開辦初章，期歸簡要，未盡事務，漸圖擴充。其藏書刊書，游藝學堂，諸所有稽查諸員，考其課業，綜理諸員，總其綱維，各期敬業樂羣，尊賢尚齒，善資羣議，術集衆長，庶幾成材者擴會通過半之思，志學者得師友觀摩之益。至局中用款，惟延請繙譯，鈔寫書籍，典收文簿，登記帳目，及工匠製造之人發給薪水。此外，興辦局務之翰詹、科道、部院諸臣，皆出於誠懇之心，忠勤之念，但期創開風氣，增廣見聞，爲異日報效國家之用。臣亦鑑其初心，一概不請奬敘，不支薪資。至印送各路電報，只選擇有用者照原文鈔録，不加議論。凡有關涉時政、臧否人物者，概不登載，以符總理衙門原奏。所有議立條款，請旨遵辦緣由，謹繕摺具陳，伏乞皇上聖鑑訓示。謹奏。

總理衙門 户部 議覆王鵬運請飭開辦礦務鼓鑄銀圓摺

奏爲遵旨會議具奏，恭摺仰祈聖鑑事。

光緒二十一年十二月十五日，准軍機處片交本日御史王鵬運奏『制錢日少，産銅日稀，請禁止輪船運錢出口，並開辦礦務，鼓鑄銀圓，以維大局』一摺。欽奉諭旨：『著户部、總理各國事務衙門議奏。欽此。』欽遵並鈔録原奏知照前來。查原奏内稱：『近來京師錢價日貴，銀價日賤。咸歸咎於私鑄之充斥，銀號之把持，而不知皆非也。其間有漏卮，不可不亟思補救。當光緒十一二年間，越事初定，即有倭人串同内地奸商，以銀易錢，裝運出口，以致各省錢價陡長，銀價愈低。於是乃有鼓鑄制錢之議，滇南産銅日少，遂不得不購買洋銅。倭商購去中國制錢，將其中金銀提出，已敷購錢資本。及購銅議起，以净銅售諸中國，本一而息三倍之，天下之利孰大於是？此次倭索償款，多至二萬三千餘萬，彼以一萬萬兩購錢出口，可買盡中國制錢。各省禁錢出口，獨未查禁輪船。外洋不用中國銅錢，其運錢何爲者？應請旨飭下總署，通行各口稅務司，嚴查充公，不得徇縱，此節流之法也。然利之所在，人所必趨。雖法禁綦嚴，仍將百計偷漏。非籌變通之法，不足以支危局而開利源。其策有二：一曰鑄銀圓。九州作貢，三品兼權。周初，九府泉刀始專以銅錢濟用，迄今，民用繁而銅礦少，加以外人盤剥，流弊已深。乾隆時，美洲銀礦大開，皆運至中國。現銀日多而不自籌錢銀，此何説也？比年來，中國黄金出口，由三百萬增至一千餘萬，如不自鑄金錢，則國寶全空，終受外人挾制。應請旨飭下户部，購買極大機器，鼓鑄金、銀、銅三品之錢。金錢略仿英鎊大小〔一〕，銀錢用鄂、粤鑄成之式，鑄成後，頒發各省，諭天下一體通行。各省亦一律鼓鑄，以資利用。仍特派大臣總理其事。惟救急之法，則宜先鑄銀錢。明春錢價必大漲，度購機運京，建廠設局約需一年，廣東鑄銀局機器甚大，每日可鑄銀錢七萬餘圓，銅錢九萬餘串。應請飭下户部，先撥銀三百萬兩，專鑄大小銀錢，運京備用，通行各省籌款運粤鑄錢。俟機器到京，廠屋齊備，即由京局辦理。一曰開礦政。中國五金各礦藏地下者，不可勝數，徒以封禁，大利不開。比年西士考察，及中國士人所知者，如川藏之金礦、銅鑛，江西、湖南之金礦、銅礦、煤礦，雲南、兩廣之五金各鑛，山西、河南之煤鐵礦，奉、吉之金礦，皆以官吏貪圖省事，不願開採。小民本少力微，無由上達。應請特諭天下，凡有礦之地，一律准民招商集股，呈請開採。地方官吏認眞保護，不得阻擾。俟礦利既豐，然後按十分取一，酌抽税課。一切贏絀，官不與聞。期以十年，鑛産全開，民生自富』各等語。

臣等竊維理財之要，興利與除弊，不外因時以制宜。自通商互市以來，中國金銀流出外洋者，歲以數千萬，固不徒制錢一端爲然也。即以制錢論，洋商輸運出口，原難保其必無。而鑛務未興，鼓鑄應需銅鉛，仍從外洋購取，是其流不能節，源不能開，國計民生所由，日以蹙也。當此時局艱難，度支告匱，自宜取天地自然之利，收國家自有之權，設法變通，誠爲當務之急。

該御史原奏内稱『各省禁錢出口，獨未查禁輪船，應請通行各海口税務司嚴查充公，不得徇縱』一節。總理各國事務衙門查咸豐八年議訂通商章程善後條約第五款内載：『銅錢不准運出外國，惟通商中國各口准其以此口運至彼口。』照現定章程遵行，該商赴關報明數目若干，運往何口，或令本商及同商二人聯名具呈保單，抑或聽監督飭令，另交結實信據，方准給照。別口監督，於執照上註明收到字樣，加蓋印信，從給照之日起限六個月繳銷，若過期不繳銷執照，即將其錢貨原本照數罰繳入官。其進出口均免納税。

至『載船無論淺滿，均納船鈔』等語，是查禁輪船載運銅錢，本有成約。該御史所奏奸商偷運如此之多，究由何關出口，輾轉出洋，未據聲敘。應由臣衙門轉飭各關道監督會同稅司，申明約章，切實辦理。各該關出口銅錢，歲約幾何，是否概有保單執照，其無單照之錢，各該關曾否查出罰辦，應令各該關監督稅司詳查聲復，以後務當照約辦理，毋或疏虞。倘扞手人等徇情容隱，被別口查出，即治以應得之咎。該御史所請禁錢出口並行各海口嚴查，不得徇縱，自係嚴杜銅源外溢，爲維持圜法要計，覈與約章相符，自應照准。

又據奏稱『非籌變通之法，不足以支危局而開利源。其策有二，曰鑄銀圓，曰開礦政』各節。户部查，銀圓之鑄，創自外洋。近則督臣張之洞購置機器，設局開辦，於粤東現復試辦，於湖北、江、浙、粤、閩流通甚便。嗣後，奏請仿照成法，推行各省，則有御史易俊、陳其璋兩摺均經臣部議准奏請，咨令沿江、沿海各省用意經營，並聲明務須考核成色，流通行使。尤以選派局員爲第一要義，已通行遵照，各在案。今該御史王鵬運請諭天下一體通行，各省一律鼓鑄，與臣部先后議覆各摺奏意見相同。惟原奏内稱『先鑄銀圓，預防錢價大漲。請飭下臣部先撥銀三百萬兩，由粤局專鑄大小銀錢，運京備用。俟購買機器到京，廠屋齊備，即由京局辦理』等語。查臣部上年議覆御史陳其璋摺内亦有以京城開鑄工匠生疏，不如仍就廣東、湖北兩省已成之局，加增成本，竭力擴充。此外，沿海、沿江各省，亦可自行設局。如購器設廠，一時未能應手，則酌撥成本，附粤、鄂兩局分鑄。現在各省尚未奏咨聲覆，如粤局成本果能凑集加增，各省畛域不分，又復力籌附鑄，則成本較前倍鉅，自無庸再撥庫儲。應俟粤省及沿海、沿江各省奏咨到日，再由臣部妥議辦理。至開辦礦政，識時務者莫不以此爲言，惟必統利害以兼籌，聯商民爲一氣，始能興辦。

上年九月，臣部議覆漕運總督松椿摺内，業已按照原奏開到省分，咨行各督撫、將軍、都統大臣詳細查明，如境内有可開採之處，確有把握，准其奏明開辦。現在亦未奏咨到部。今該御史王鵬運請『准民招商集股開採，地方官吏認眞保護，不得阻擾，鑛務既豐，酌抽税課，一切贏絀，官不與聞』等語，既於公帑無虧，尤與國課有益，自應照准。惟股分能否凑集，有無弊混，應由臣部再行咨令各産鑛省分，釐定章程，切實奏明報部。如有奸商侵蝕股款及藉衆滋生事端，仍責令地方有司從嚴懲辦。地方官吏亦不得藉端勒索，致干嚴參。

以上各條，臣等衹知其利之可興，而不能必其弊之悉去。應請特頒諭旨，飭下各省將軍、督撫及海關監督轉飭税務司一體遵照，實力奉行，不得視爲故常，仍前空言搪塞。所有臣等遵旨會議具奏各緣由，理合恭摺具陳，伏乞皇上聖鑑。再，此摺係户部會同總理各國事務衙門辦理，合併聲明。謹奏。

安徽巡撫福潤奏陳變通清賦辦法摺

奏爲安徽通省田畝荒歉，災隱積弊甚深，現議動款興丈，變通辦法，務在堅久必行，以利民生而實額賦，恭摺仰祈聖鑑事。

竊查安徽省前經兵亂，田畝荒蕪。自同治年間定章，舉辦開墾，已非一次。上年欽奉寄諭，鈔發委散秩大臣信恪奏稽查荒田一疏，經臣督同藩司，申明前定查荒章程，通飭各州縣衙詳細覆勘，限年墾復，於覆奏籌議時務摺内條列彙陳在案。近又札催司道，會同覆議，率屬力行。茲據署布政使于蔭霖、按察使趙爾巽、署安廬滁和道潘汝杰會詳，稱錢糧爲國家維正之供，本不容絲毫欺隱，安徽省民衛屯田共計三十八萬二千一百四十頃有零。每年額徵丁漕屯折等項正耗共計一百七十餘萬兩。光緒十三年以前，民欠未完，荒災業經豁免不計外，自十四年至二十年，共荒缺二百四十六萬八千餘兩，災緩二百四萬六千餘兩，共短四百五十餘萬兩。缺額之鉅，異乎尋常。若不徹底清查，更恐日虧日甚，本省歲入之款，漸不可支。兩月以來，延見現任及曾任州縣數十員，逐一咨詢，或陳本屬情形，或籌全局辦法。該司道於地方之肥瘠、籌辦之難易，詳加體察，以究其情，再三辯結，以窮其變。誠以積弊已久，非合衆人之心力不足挽回，非舉通省之張弛不能措手也。夫從前定法，本已周詳，何以年復一年，罕有成效？知非盡舉行之不力，實由於荒欺災隱，情僞百端，而又困於文法，絀於財力，淆於議論，限於歲時，遂成積重難返之勢。請先縷晰言之。

溯自髮捻削平垂三十年，地利所在，人爭趨之。豈有任其抛荒之理？皖北間有土磽穫薄，因而廢置者；皖南間有地曠人稀，未全墾種者，然皆其内確有荒數。推原其故，緣兵燹後，鱗册既失，版籍不清，紳族豪宗，交相侵佔，以多報少，以熟報荒。地方官明知之，不敢過問；平民習見之，而相率效尤。積而愈多，官恐激而生事，未收核實清量之效，先蹈辦理不善之咎，亦遂隱忍不發。然平民可以欺官府，而不能朦猾吏刁徒。若輩執持其短，需索其費，既得暗中分肥，即便扶同徇隱。而鄉民之狡健者，又復乘間假冒，互結混爭，與行竊相同，官吏無從究詰。此弊之在荒者然也。荒熟既不清晰，災蠲因多混淆。聖朝軫恤祲災，從無惜費。章奏朝入，恩澤夕施，本望窮檐均霑實惠，而有不盡然者。州縣之地大率高低參半，或此豐而彼歉，或水稔而旱荒。所遭誠有不同，然亦計不逾一也。其始已墾之田匿而不報，尚未敢諱熟作災，瓜分使費，捏完作欠，留券抵官。迨光緒八年，潛山等十數州縣同被水災，蠲緩兼行，及於寬典。自是，向不報災者有災矣。又十二年，創行民欠徵信册，畸零逋賦，上下昭彰。自是，向無民欠者有欠矣。每歲例查秋成，不肖紳董慣與吏役因緣爲奸，先期設簿賣災，平民必先出費，乃得入册。無錢者雖眞災而仍須完糧，有勢者既免糧而且食災費。州縣稍事詰駁，輒以民瘼爲詞，聯名上控。甚或聚衆滋擾，户遏輸將，必求饜其災數而後已。名則爲民請命，實則爲己婪財。豪强蠹役，先藉以魚肉鄉人；刁生劣監，更藉以朘削書吏。此其弊本不在州縣，而州縣既不能禁，又各自顧考成，或且陰利其資，輒據情具報請勘。無論年穀豐歉，災例率是爲常。

先是，藩司署内設有豁免局，專辦因災遞緩，恩詔豁免之錢糧。積少成多，大虧正賦，此弊之在災者然也。荒弊矣，災弊矣，更有糾葛愈深，顛倒愈亂者。各州縣本未實辦賬務，虚詞報熟，則其應納之課遂於歉災案内，設計彌縫，是其弊在官。民間持徵信册爲憑，苟所納租賦已及上年，即於未完之款，任催罔應，短數視爲應欠，緩户誤作免徵，是其弊在民。二弊維均，猶非其甚也。紳富倚勢恃符，每遇開徵，隨意封送銀兩，謂本年之所應完就此了結，餘欠概置不理。此外有全不投納者，有包攬多户總納者，有以漕平交納者，有但完正項而無火耗者。州縣畏其勢力，弗與爲難，故必豫捏災情，爲騰挪緩徵之地。至來歲豐稔，例應帶徵，仍以偏災虚報，請緩帶徵。積歲累年，祇候覃恩豁免。莠民榜樣，蠹吏護符，胥於是乎在。縱使荒土盡闢，仍於國課無補。此又非荒非災迫之，捏災之弊然也。他如鳳陽，錢糧定價，不足解費，徵收因之短絀。霍邱山瘠地薄，向以十數畝併給一畝，不得以荒額論。或沿自前明，或襲於舊案，另須設法變通者更無論矣。要而言之，南荒多而北荒夥。統以三年比較，荒則南居十分之六，而北尚有其四；災則北居十分之九，而南僅有其一。論查究弊竇，紳士難於民户；論虧侵額賦，災隱甚於荒欺。蓋匿熟作荒，刁民暗分餘潤，咎猶輕；捏熟作災，正供轉飽私囊，罰難貸。現在統籌辦法，計惟有一律勘丈，乃可荒熟分清，賦歸實在。然欲普量荒田，尤宜先除實弊。比屆秧田播種，履畝行丈，有礙農時。擬於五、六月間，先布嚴論。舉凡捏災敝俗，責成該管道府州縣，認眞確查，不准稍有混飾。并揀員前往密查，務使向來諸弊剔除淨盡。然後自九月間爲始，開首丈量爲是。法莫先於正始，患莫大於畏難。清丈之法一，而其要之在外者有三：

一曰籌款。丈田事埋繁重，需費滋多。前者山西荒旱，原任廣東撫臣馬丕瑶時在該省，丈解州一屬，最稱得法。然亦兩年始舉，費自官籌。安徽亂後彫敝，紳多富而民實貧。此項通省清丈，非使衆情鼓舞咸樂其成不爲功。擬將隱匿之田，無主之地，新淤之膏腴，仍照前次詳定章程，分等繳價，悉歸丈田動用。其不足之數，無論富家貧户，一概不取分毫，均由官籌補。但司庫除地丁以外，别無閒款可籌。原不輕議動撥，第此舉爲復額而起，果其丈清賦復，數十年之後，即以進款之半計之，約亦可增三十萬兩。國家以一歲多收之數，興百年經久之利，見爲用所當用，未可愛惜而不爲。應懇特旨允准，在於司庫地丁項下，酌撥濟用，作正開銷。

一曰用人。清丈荒田，人地不宜，未能了事，人力不備，亦難成工。皖南先有墾務局，甫經裁撤，未便再設。擬於省城特設一局，總理其事。非有綜核名實，清慈愛民之員，不克勝任。擬先儘本省遴選委用，併擇別省明幹循良、賢聲素著者，奏調來皖，以資匡助。庶羣策緝集，不至叢脞貽誤。

一曰執法。荒災糾互，叢弊已深。一曰發其病根，窮其利藪，必有劣紳刁胥勾通一氣，謡言蜚語，動多中傷。或摭拾他事，具控省垣；或捏造危詞，倩人參奏，皆在意料之中。甚且嗾令頑徒，阻撓環鬧，致煩兵力彈壓，稍涉畏葸，必致廢於半塗。亦應先事奏明，倘有違抗把持各種弊端，一經察實，無論紳民生監，立予從嚴究辦，懲一儆百，令愚民知有所鑑。而要舉克竟其功，其要之在内者，亦有三：

一曰寬丈法。錢糧考成，例章綦重。一不足數，參革降調，旋踵而至。安徽州縣罕有侵吞入己之弊，多有藉災挾官之累。如歙縣知縣單光禄，因不肯辦災，民懷嫌怨，致帶徵有欠，由部降級開缺，該令旋即抑鬱身故，州縣莫不引以爲戒，豪猾益得，挾以逞私。其他辦災則譽之，不辦災則毁之，猶其小者。今辦清丈，先貴人與地宜。如須擇員調任，或與定例不符，並應請旨飭部。嗣後，安徽省有關清丈事宜，如官員之補署奏調以及荒熟之變遷，帶徵之分數，報銷之出入，皆勿拘以成法。一俟丈辦蕆事，即行改照舊章。

一曰定民志。此舉屢議屢輟，已歷多年。總由上畏繁難，下多浮議，一官一令，官移令廢，觀望遷延，徒啓小民玩志。殊不知裕國利民之政，莫切於此。且此事但期核實，並非加賦；但爲釐剔欺隱，并非有意苛求。擬請不分紳户、民户，首先實報者，即予免丈，已往不追。倘有如前項劣紳，届期阻抗，及捏詞摺奏，即分别指名，嚴參重懲，飭將田産充公，仍復治以應得之罪。再，部頒民欠徵信册式，歷年造辦，所費不貲，無益庫款，另行詳請具奏援案停造，以節浮費而杜窮民冀倖之心。若丈田一事，以後本省大吏，即有更動，必仍由後任續辦。持之以久，矢之以堅，使通省紳民共知有不成不止之意，各官乃能專一從事，而浮言不得動摇。

一曰勵人材。法令固宜從嚴，奬勵亦宜並用。皖中黎庶，沐浴列朝厚澤深仁，孰不知感？清理田賦，是乃復其固有，初非增所本無。其在公正紳耆，當不乏通知大義。即鄉董里保，當亦具素有天良，自應奏請在先。各屬紳衿，有能倡率鄉里，勸導愚氓，不勞官力而復額者，准予從優奬敘。印委各員，有能不畏彊禦，不辭勞怨，而卒底於成者，亦准切實保薦，破格録用，務使人心思奮，日起有功。

以上六端，乃通省之樞紐，全局之綱維，缺一不可。擬請特旨宣示，俾款由此出，權由此歸，官吏紳民，咸懷奮勉。一面由省頒發告示，曉諭一切辦法。將荒災各弊，層層揭出，欺隱罪名，一一列明。并嚴飭各州縣，逐細查明積年舞弊實在情節，明白稟陳，寬其既往之愆，嚴其將來之罰，隨時斟酌，因地制宜。以前詳定之法，宜遵者遵之，宜易者易之。先令承行之書役，將底册從實報明，并飭納糧之花户，將契據先期呈驗。或全丈，或抽丈，或先民丈而後報官丈，或但丈荒以清熟，或兼丈熟以實額，或造順莊魚鱗册以垂永久，或繪各里總散圖以期分明。該管州縣，或自辦，或請員，或招原保甲，或聯絡正紳，或重減契税，以示體恤而使踴躍，悉聽便宜行事，縱未能刻期竣事，必可以漸次推行。其畝分大小之殊，賦則輕重之異，統按各屬舊式，不事更張，既丈之後，不准州縣再借災區爲挪移彌補之計，不准再將紳富欠數暗嫁小户以病民。民稀田荒者，准其續開，聽民自便。地瘠利微者，緩其升科，留民有餘。報墾仍荒者，查實以寬閭里之追呼。解額有虧者，酌減以恤牧令之畏累。總期有益國計，無礙民生。抑尤有墾者，我朝子惠黎元〔二〕，超越前古，而尤莫大於恤災與不加賦兩政，更能固結民心。安徽雖平三十年，然至今物力尤艱，元氣未復。荒欺災隱，固由政寬則慢，而旱乾水溢，亦由地利與河道、堤岸無款濬修，塘堰溝渠無款疏墊，山田無墾闢之資，游壤無廓清之力。夫清丈出於必不得已，國家藏富於民，當應思損上益下之方，行補弊救偏之道。

查原任大學士左宗棠於浙江巡撫任内，克復杭州後，奏准裁留釐金二成，辦理地方，善舉用能，百廢俱興。擬請朝廷俯念安徽民情困苦，援照浙省成案，所有將來增收錢糧，永留三分之一爲地方興修水利之需，他事不得動用。庶水旱永有準備，荒災之弊，不禁自除，於財賦尤多裨益等情，具詳請奏前來。臣維凡有可興之利，應盡力經營，尤以清賦荒爲當今切要之政。該司道等詳揭荒欺災隱弊端日久，相沿情形屬實，自非澈查底裏，不能使宿障一清。所陳辦法六端，亦復切中窾要。合無仰懇天恩，俯如所請，俾得經費有著，任用得人，從而懲勸兼行，寬嚴相濟，堅持定力，期在必成。庶不敢徒託空言，而可漸收實效。如有未盡事宜，再行隨時集議奏明辦理。謹會同兩江總督臣劉坤一恭摺具陳，伏乞皇上聖鑑訓示。謹奏。

奉硃批：『著照所請。該部知道。欽此。』

湖廣總督張之洞請設洋操護軍營暨工程隊摺

奏爲鄂省設立洋操護軍兩營暨工程隊，酌倣直隸武毅軍餉章練習洋操并裁營抵支餉項，恭摺具陳，仰祈聖鑑事。

竊臣之洞前在兩江總督任内，奏明將護軍前營調來湖北，教習洋操，以開風氣。應給餉項，由鄂省裁營抵支。奉旨允准，欽遵在案。本年正月回任後，與臣繼洵熟商，即將該護軍營練熟勇丁分爲前後兩營，募勇添足兩營額數，以便轉相傳習。遴委游擊銜儘先補用都司張彪充前營管帶官，世襲一等輕車都尉四川補用參將岳嗣儀充當後營管帶官，督率操練。並委派德國駐京公使薦來之德將貝倫司多爾夫充當該兩營總教習。選募津粤武備學生充當分教習，專肄西法馬步礮各隊陣式技藝、槍礮藥彈裝卸運用、機器理法、營壘橋道、測量繪圖事宜。該兩營月餉，即裁湖北原有之武防旂、武剛右旂、鎮南前旂三旂餉項抵支。至所裁三旂，前已奏明在案。臣等竊維鄂省地據上游，值此時事孔急，從前緑營、勇營積習已深，驟難振作，計惟改練洋操，方足以開風氣而漸成勁旅。惟餉項難籌，一時未便遽練多營。只得就現在餉力所及，先練兩營並工程隊一哨，徐圖擴充。

查洋操餉項以江南自强軍爲最優，鄂省未易倣行。惟直隸提督聶士成新練之武毅軍三十營采用淮軍舊制，改練洋操，餉章視江南爲省，尚可斟酌倣照，變通辦理。查武毅軍共三十營，步軍營制，每營營哨官五員，勇丁五百名，長夫一百八十名，月支薪餉銀二千八百九十二兩二錢，外加柴草銀一百六十兩，車駝運載等項銀一百兩。而三十營隨軍辦理文件巡查等項，共月需一千八百兩，每營應攤六十兩。總計薪餉各項，步隊每營每月共攤支銀三千二百一十二兩二錢。又直隸督臣原奏聲明，用西法操練，如有變通，增添款項，隨時奏咨，斷非三千二百餘兩之數所能包該浄盡。鄂省現倣德國軍制開練洋操，每哨須加多副哨官一員，又須設排長以總司口令，設槍匠以修理槍械，兵丁衣履須歸一律，以肅軍容，朝夕操練又須遠出，登山涉水所需衣袴、操鞾自較尋常多費，而勇數不准一名缺額，勇丁又不准經日不操，自不能不曲加體恤。向章營哨官薪費不多，每借長夫餉項通融，津貼衣履須兵丁自備，每致參差藍縷，殊於軍容有礙。現在整頓軍制，事事均須核實，款項又未便多支。再四思維，惟有將長夫一項暫行節省，夫餉即移添官弁薪費及添設副哨、排長、槍匠、鼓號手並官弁兵丁衣袴之用。至工程隊一項，查外洋軍制，凡造橋、修路、築壘等事，概由工程隊任役，又須槍法、陣法無不通曉。此項工程隊兵兼有步隊之長，宜與正兵同重。今酌設工程隊，百人爲一哨，即由前營營官兼管，毋庸另設營官。其木鐵磚石、編籬結繩各匠首，比照礮隊之礮目、馬步隊之副排長，餘與他哨相同。官弁衣袴，亦由官製。另如刀斧鍬鋤各器具，計前營步隊三哨，礮隊二哨，月支薪餉、衣袴等項銀二千九百四十八兩。後營步隊三哨，馬隊二哨，月支薪餉、衣袴、喂養銀二千八百九十四兩八錢。又工程隊一哨，月支銀五百八十一兩六錢。統計兩營一哨，每月共支銀六千四百二十四兩四錢。較之武毅步軍兩營餉數，適相符合，毫無出入。以上餉項，均自本年二月初一日起支，至華洋教習薪資，不在前項餉内，亦與武毅軍同。此後如有應行變通舊制，必須增添款項之處，仍倣照武毅軍奏案，隨時奏咨。飭據善後局司道籌議，具詳前來，臣等覆加查核，所裁武防三旂共計一千八十人，而護軍馬步礮兩營、工程隊一哨計弁勇一千人，馬一百餘匹，人數大約相等。維因改練洋操，朝夕操練，無間寒暑，較尋常防營爲最勞。而官弁人等督率教練暨工匠修整槍礮，各有專責，其人數不得不酌量加增。且弁勇操練跋涉，衣袴、操靴較費，均須分季由官製給，非僅如防營於成軍時給予號衣一次而已。故必加給薪餉，方足勵其廉勤。

兹仿照直隸武毅軍新練洋操餉章，參用德國軍制，詳加酌核，不惟勇額無一名短缺，此次章程所擬各項，涓滴均歸實用，不蹈軍營漏習。所有加派副營官、副哨官、排長、槍匠，每月約需薪水銀四百餘兩。又由官製給兩營一哨弁勇衣袴、操鞾，每月攤銀四百兩，皆係必不可少之需。即係就武毅軍奏定長夫口糧、委員薪水、柴草運載各項内，撙節變通，改爲以上各款，並不另行開支，以期餉不加增，而可多收實效。總之，此兩營一哨餉章，其間開支名目雖與武毅軍微有異同，而支餉之數正與武毅軍步隊兩營相符，不使稍有出入。至鄂省所裁三旂餉項，抵支微有不敷，當與別項撙節湊足。除將弁勇餉項暨華洋教習薪費詳細章程咨部外，所有湖北新設洋操護軍營裁營抵支，並酌倣直隸提督聶士成新練洋操，武毅軍餉章變通辦理各緣由，臣等謹合詞具奏，伏祈皇上聖鑑，飭部立案施行。謹奏。

校記

〔一〕錢　原誤作『銀』，據卷一御史王鵬運請通飭開辦礦務鼓鑄銀圓摺改。

〔二〕子　當作『予』。

奏議輯覽初編卷第三

刑部侍郎李端棻請推廣學校摺

奏爲時事多艱，需材孔亟，請推廣學校以勵人才而資禦侮，恭摺仰祈聖鑑事。

竊臣聞國於天地，必有與立言，人才之多寡，繫國勢之强弱也。去歲軍事既定，皇上順窮變通久之義，將新庶政，以圖自强。恐辦理無人，百廢莫舉，特降明詔，求通達中外能周時用之士，所在咸令表薦，以備擢用。綸綍一下，海内想望，以爲豪傑雲集，富强立致。然數月以來，應者寥寥，即有一二或僅束身自好之輩，罕有濟難瑰偉之才，於側席盛懷未能盡副。夫以中國民衆數萬萬，其爲士者十數萬，而人才乏絶，至於如是，非天之不生才也，教之之道未盡也。

夫二十年來，都中設同文館，各省立實學館、廣方言館、水師武備學堂、自强學堂，皆合中外學術，相與講習，所在而有。而臣顧謂教之之道未盡，何也？諸館徒習西語西文，而於治國之道、富强之原，一切要書，多未肄及，其未盡一也。格致製造諸學，非終身執業，聚衆講求，不能致精。除湖北學堂外，其餘諸館學業不分，齋院生徒不重專門，其未盡二也。諸學或非試驗測繪不能精，或非游歷察勘不能確。今之諸館，未備圖器，未遣游歷，則日求之於故紙堆中，終成空談，無自致用，其未盡三也。利禄之路，不出斯途，俊慧子弟，率從事帖括，以取富貴。及既得科第，遂與學絶，終爲棄材。今諸館所教，率自成童以下，苟逾弱冠，即已通籍，雖或向學，欲從末由，其未盡四也。巨厦非一木所能支，横流非獨柱所能砥。天下之大，事變之亟，必求多士，始濟艱難。今十八行省祇有數館，每館生徒祇有數十。士之欲學者，或以地僻而不能達，或以額外而不能容。即使在館學徒，一人有一人之用，尚於治天下之才萬不足一。況於功課不精，成就無幾，其未盡五也。此諸館所以設立二十餘年，而國家不一收奇才異能之用者，惟此之故。曰：然則巖穴之間，好學之士豈無自績學以待驅策者？曰：格致、製造、農商、兵礦諸學，非若考據、詞章、帖括之可以閉户獺祭而得也。書必待繙譯而後得讀，一人之學能繙羣籍乎？業必待測驗而後致精，一人之力能購羣器乎？學必待游歷而後徵實，一人之身能履羣地乎？此所以雖有一二倜儻有志之士，或學焉而不能成，或成矣而不能大也。

乃者欽奉明詔，設官書局於都畿，領以大臣，以重其事。伏讀之下，仰見聖神措慮，洞見本原。臣於局中一切章程雖未具悉，然知必有良法美意，以宣達聖意，闡揚風化者。他日奇才異能，由斯而出，不可勝數也。惟育才之法，匪限於一途；作人之風，當徧於率土。臣請推廣此意，自京師以及各省、府、州、縣學皆設學堂。府、州、縣學選民間俊秀子弟年十二至二十者入學，其諸生以上欲學者聽之。學中課程，誦四書、通鑑、小學等書，而輔之以各國語言文學及算學、天文、地理之粗淺者，萬國古史近事之簡明者，格致理之平易者，以三年爲期。省學選諸生，年二十五以下者入學，其舉人以上欲學者聽之。學中課程誦經、史、子及國朝掌故諸書，而輔之以天文、輿地、算學、格致、製造、農桑、兵礦、時事、交涉等學，以三年爲期。京師大學選舉貢監生年三十以下者入學，其京官願學者聽之。學中課程一如省學，惟益加專精，各執一門，不遷其業，以三年爲期。其省學、大學所課門目繁多，可倣宋胡瑗經義治事之例，分齋講習，等其榮途，一歸科第，予以出身，一如常官。如此，則人爭濯磨，士知嚮往，風氣自開，技能自成，才不可勝用矣。

或疑似此興作，所費必多；今國家正值患貧，何處籌此巨款？臣查，各省及府、州、縣率有書院，歲調生徒入院肄業，聘師講授，意美法良，惟奉行既久，積習日深，多課帖括，難育異才。今可令每省、每縣各改其一院，增廣功課，變通章程，以爲學堂。書院舊有公款，其有不足，始撥官款補之。因舊增廣，則事順而易行；就近分籌，則需少而易集。惟京師爲首善之區，不宜因陋就簡，示天下以樸，似當酌動帑藏，以崇體制。每歲得十餘萬，規模已可大成。中國之大，豈以此十餘萬爲貧富哉！

或又疑所立學堂既多，所需教習亦衆，竊恐乏人堪任此職。臣以爲事屬創始，學者當起於淺近，教者亦無取精深。今宜令中外大吏各舉才任教習之士，悉以名聞，或就地聘延，或考試選補，海内之大，必有可以充其任者。學堂既立，遠之得三代庠序之意，近之采西人廠院之長。興賢教能之道，思過半矣。然課其記誦，而不廓其見聞，非所以造異才也；就學者有日進之功，其不能就學者無講習之助，非所以廣風氣也。今推而廣之，厥有與學校之益相須而成者，蓋數端焉：

一曰設藏書樓。好學之士，半屬寒畯，購書既苦無力，借書又難其人，坐此固陋寡聞，無所成就者，不知凡幾。高宗純皇帝知其然也，特於江南設文宗、文匯、文瀾三閣，備庋秘籍，恣人借觀。嘉慶間，大學士阮元推廣此意，在焦山、靈隱起立書藏，津逮後學。自此以往，江浙文風甲於天下，作人之盛成效可睹也。泰西諸國頗得此道，都會之地皆有藏書，其尤富者至千萬卷，許人入觀，成學之衆，自由於此。今請依乾隆故事，更加增廣，自京師及十八行省省會，咸設大書樓。調殿板及各官書局所刻書籍，暨同文館、製造局所譯西書，按部分送各省以實之。其或有切用之書，爲民間刻本，官局所無者，開列清單，訪畫價值，徐行購補。其西學陸續譯出者，譯局隨時咨送，妥定章程，許人入樓看讀。由地方公擇好學解事之人經理其事。如此，則向之無書可讀者，皆得以自勉於學，無爲棄才矣。古今中外有用之書，官書局有刻本者居十之七八。每局酌提部數，分送各省，其費至省，其事至順，一奉明詔，事即立辦。而餉遺學者，增益人才，其益蓋非淺鮮也。

二曰創儀器院也。格致實學，咸藉試驗。無視遠之鏡，不足言天學；無測繪之儀，不足言地學；不多見礦質，不足言礦學；不習覩汽機，不足言工程之學。其餘諸學，率皆類是。然此等新器，所費不貲，家即素封，亦難備購，學何從進，業焉能成？今請於所立諸學堂，咸别設一院，購藏儀器，令諸學徒皆就試習，則實事求是，自易專精。各器擇要而購，每省撥萬金以上已可粗備。此後陸續添置，漸成大觀。則其費尚易措籌，而學徒所成，視昔日紙上空談相去遠矣。

三曰開譯書局也。兵法曰：知己知彼，百戰百勝。今與西人交涉，而不能盡知其情僞，此見弱之道也。欲求知彼，首在譯書。近年以來，製造局、同文館等處譯出刻成已百餘種，可謂知所務也。然所譯之書，詳於術藝而略於政事，於彼中治國之本末，時局之變遷，言之未盡。至於學校、農政、商務、鐵路、郵政諸事，今日所亟宜講求者，一切章程條理，彼國咸有專書，詳哉言之。今此等書，悉無譯本。又泰西格致新學、製造新法，月異歲殊，後來居上。今所已譯出者，率十年以前之書，且數亦甚少，未能盡其所長。今請於京師設大譯書館，廣集西書之言政治者、論時局者、言學校農商工礦者及新法新學近年所增者，分類譯出，不厭詳博，隨時刻布，廉值發售，則可以增益見聞，開廣才智矣。

四曰廣立報館也。知今而不知古，則爲俗士；知古而不知今，則爲腐儒。欲博古者，莫若讀書；欲通今者，莫若閱報。二者相須而成，缺一不可。泰西每國報館多至數百所，每館每日出報多至數萬張，凡時局、政要、商務、兵機、新藝、奇技，五洲所有事故，靡所不言。閱報之人，上自君后，下自婦孺，皆足不出户，而於天下事瞭然也。故在上者能措辦庶務而無壅蔽，在下者能通達政體以待上之用。富强之原，厥由於是。今中國邸鈔之外，其報館僅有上海、漢口、廣州、香港十餘所。主筆之人不學無術，所言率皆淺陋，不足省覽。總署、海關近譯西報，然所譯甚少，又未經印行，外間未由得見。今請於京師及各省會並通商口岸、繁盛鎮埠，咸立大報館，擇購西報之尤善者，分而譯之。譯成，除恭繕進呈御覽，並咨送京外大小衙門外，即廣印廉售，布之海内。其各省政俗土宜，亦由各館派人查驗，隨時報聞，則識時之俊日多，幹國之才日出矣。

五曰選派游歷也。學徒既受學數年，考試及格者，當選高才以充游歷。游歷之道有二：一游歷各國，肄業於彼之學校，縱覽乎彼之工廠，精益求精，以期大成。一游歷各省，察驗礦質，鉤核商務，測繪輿地，查閱物宜，皆限以年期，厚給薪俸，隨時著書歸呈。有司察其切實有用者爲之刊布，優加獎勵。其游惰而無狀者，官則立予降黜，士則奪其出身。數年之後，則輶軒絶域之士斐然成章，郡國利病之書備哉粲爛矣。或疑近年兩次所派游歷學生，未收大效。不知前者所派游歷乃職官而非學童，在中國既未經講求，至外洋亦未嘗受學，故事涉空衍，寡有所成。其所派學生又血氣未定，讀中國書太少，游歷絶域易染洋風，雖薄有技能，亦不適於用。今若由學堂選充，兩弊俱免。其所成就，必非前此之所能例也。夫既有官書局、大學堂以爲之經，復有此五者以爲之緯，則中人以下，皆可自勵於學，而奇才異能之士，其所成就，益遠且大。十年以後，賢俊盈廷，不可勝用矣。以修内政，何政不舉？以雪舊恥，何恥不除？上以恢列聖之遠猷，下以攝强鄰之狡啓，道未有急於是者。若仰蒙采擇，乞飭下中外大臣妥議章程，遵旨施行。臣愚一得之見，是否有當，伏乞皇上聖鑑訓示。謹奏。

陝西巡撫張煦、學政趙惟熙會奏創設格致實學書院摺

奏爲創設書院以培人材，恭摺仰祈聖鑑事。

竊惟世運之升降，視乎人材；人材之振興，資於學校。書院者，所以輔學校之不逮

也。陝西爲文獻舊邦，名臣大儒史不絕書。我朝教澤涵濡二百餘年，尤稱極盛。近經兵燹之餘，元氣未復。而關中宏道、味經各書院肄業諸生，多能講求實學，研精典籍。蓋陝人心質直而氣果毅，貧不廢讀，故易與有成。惟其所服習者，經史之外，制藝、詩賦而已，明體或不能達用，考古或未必通今。邇來時局多艱，需材尤急，自非儲其用於平日，萬難收其效於臨時。茲據書院肄業舉人邢廷莢，成安生員孫徵海、張象詠等聯名呈懇自籌款項創建格致實學書院，延聘名師，廣購古今致用諸書，分門研習，按日程功，不必限定中學西學，但期有裨實用。如天文、地輿、吏治、兵法、格致、製造等類，互相講求，久之自能洞澈源流，以上備國家之採擇各等情前來。

臣等伏查，生人之急爲學而已矣，求學之方務實而已矣。聖門論學，不尚空疏，游藝繼於依仁，政事先於文學。後世士夫或專精訓詁，或僅事詞章，或空談性理，而於經世致用各學，轉致少所鑽研，冒彫之倫遂得竊我所長，以爲專門名家之業。淺見者或且鰓鰓然從而驚訝之，而不知其實淵源於我也。近來講求實學，風氣一變，然自京師之同文館而外，於天津等處之武備各學堂，類皆選取幼童，俾習西學，其於經籍典章，未遑學問，恐亦難期得力。今該舉人等請設書院，由學政調取年少聰穎之生員而肄習之。素根柢既深〔一〕，程功更易。久之，授受漸廣，風氣漸開，未必無傑出之才奮發而起，似於培植人材之方不無裨益。如蒙俞允，再由臣等商酌辦理。敦請博通今古、體用廉備之儒〔二〕，主講其中，分科學習，嚴訂章程，總期不事空談，專求實獲，庶仰副聖主崇尚實學之至意。所有據情請建書院緣由，謹會同署陝甘總督臣陶模合詞具陳。伏乞皇上聖鑒訓示。再，此摺係臣趙惟熙主稿，合併陳明。謹奏。

奉硃批：『著照所請。該部知道。欽此。』

陝西巡撫張煦 學政趙惟熙 會奏請設機器織布等局片

再，書院之設，必期久遠，始能多所造就；而經費一項，籌畫頗難爲力。茲復據舉人邢廷莢等呈請，擬設機器織布局，資其利息，以供膏火；即借其機器，講求製造。據稱，陝西產棉極多，而杼柚之利未興，衣被所資，專取給於湖北之廣布。合陝、甘兩省計之，每歲費銀至四五百萬之多。近者洋布盛行，廣布亦爲所奪。現擬紳商自行糾股，創設織布機器局於格致實學書院之側，購置機器，招募外洋名匠以董其事，則既可以收利權而資民用，而士子等學習製造汽機各事，即可借此爲入門之徑。是機局爲書院之本根，書院即機局之羽翼，並行不悖，實相得益彰各等語。

臣等查，陝西一省，四塞自固，實爲中原形勝所關。邇自兵燹以還，彫敝未能復業，即布疋一項，歲出至數百萬金。若不及早圖維，恐年復一年，益形困憊。該舉人等籌畫及此，實屬顧全大局，深明利害。擬於機局餘利中，提出書院經費，可期久遠，洵於造士裕民兩有裨益。年來如創設鐵路等事，疊奉諭旨，准由商民自行籌款興辦，官爲保護其事業，而不干預其利權。薄海人民，同霑渥澤，靡不奮興鼓舞，各竭智力，以冀仰答鴻慈。今該舉人等援案呈請代奏前來，相應附片陳明，伏乞聖鑑，敕部立案施行。謹奏。

户部議奏各省攤派籌還洋款摺 並附片清單

奏爲常年應還俄法、英德兩項借款數巨期促，亟應預籌辦法以免臨時貽誤，恭摺仰祈聖鑑事。

竊查，近時新增歲出之款，首以俄法、英德兩項借款爲大宗。俄法借款計一年，共應還本息二千一百十五萬四千七百五十二佛郎。現在佛郎合銀時價核算，約需銀五百餘萬兩。一年分二期付還，一期還息約需銀一百八九十萬兩，一期還本并息約需銀三百一二十萬兩，皆半年爲一期。英德借款計一年，共還本息九十六萬六千九百五十二磅，照現在金磅時價核算，約需銀六百數十萬兩。一年分十二期付還，每期還本並息約需銀五十餘萬兩，皆一月爲期。二者歲共需銀一千二百萬兩上下。益以所借滙豐、克薩及華商等款本息，并袁世凱、宋慶、董福祥、魏光燾等軍餉乾，則歲增出款已不下二千萬兩。國家財賦出入，皆有常經，欲開源而源不能驟開，欲節流而流亦不能驟節，其將何以應之？此非各省關與臣部分任其難不可。查滙豐、克薩及華商等款本息并袁世凱等軍餉乾，與俄法、英德二款本息同關緊要。而俄法、英德二款爲數猶鉅，爲期尤促。若不預爲籌定，則一月一付之五十萬兩轉瞬即臨，即半年一付之一百八九十萬兩，或三百一二十萬兩亦非剋期能辦。臣等晝夜焦思，萬不得已，計惟有先將俄法、英德二款本息，由臣部庫與各省及各海關分別認還，庶幾猶足集事。擬以每年應還俄法、英德二款，作爲一千二百萬計算，先儘部庫舊有之西征洋款改爲加放俸餉一款，并新籌之鹽斤加價一款，及應提之廣東闈姓捐輸一款，三款內湊銀二百萬兩作抵外，下餘一千萬兩，派令各海關分認五百萬兩，各省司庫分認五百萬兩。量其物力，定以等差，開具清單，恭呈御覽。請旨飭下各省將軍、督撫查照臣部單開分認數目，於各省所收地丁、鹽課、鹽厘、貨厘、雜税及各海關所收洋税、洋藥税厘項下，除常年應解京餉、東北邊防經費、甘肅新餉〔三〕、籌備餉、需加放俸餉、加復俸餉、旗兵加餉、固本京餉、備荒經費、内務府經費、税務司經費、本關經費、出使經費等項，仍照常分别批解留支外，其餘無論何款，俱准酌量提劃，各照分認數目，按期解交江海關道，彙總付還俄法、英德兩款本息。明知各省庫儲均非充裕，而款巨期促，不得不預令分認，以免臨時貽誤。該督撫等公忠夙抱，自當分任其難，共維大局，不得推諉。如各將軍、督撫、司道按期照數解清，擬照籌解甘肅新餉成案，按年由臣部彙總，奏請獎敘。至此外匯豐等款本息并袁世凱等軍餉乾，應由臣部另行籌辦，合併聲明，所有每年應還俄法、英德兩款本息，數巨期促，擬由部庫及各省關分別認還緣由，理合恭摺具陳，伏乞皇上聖鑑訓示。謹奏。請旨。

謹將俄法、英德兩款每年應還本息約銀一千二百萬兩内，俄法一款約銀五百一十萬兩，英德一款約銀六百九十萬兩，今由臣部指撥鹽斤加價、加放俸餉、廣東闈姓捐輸三項，共二百萬兩内，應分還俄法、英德兩款各一百萬兩，攤派各省地丁厘金等項共銀五百萬兩，以二百零五萬兩作爲認還俄法之款，以二百九十五萬兩作爲認還英德之款。攤派各海關洋税、洋藥税厘共銀五百萬兩，以二百零五萬兩作爲認還俄法之款，以二百九十五萬兩作爲認還英德之款。所有常年指撥攤派細數分別開列清單，恭呈御覽。

一，俄法一款，應還本息每年約銀五百一十萬兩。由鹽斤加價項下指撥：

長蘆四萬兩，山東一萬兩，河南三萬兩，四川十五萬兩，廣東五萬兩，浙江六萬兩。淮南四岸共十三萬兩。由某岸應解若干，應由兩江總督核定。

河東三萬兩，湖北川鹽六萬兩。

由西征洋款改爲加放俸餉項下指撥：

浙江五萬兩，福建五萬兩，湖北五萬兩，廣東五萬兩。

由廣東闈姓捐輸項下指撥：

闈姓捐輸二十四萬兩。

以上共撥銀一百萬兩内，闈姓捐輸一項，係臣部上年九月奏准解部充餉，行知在案。應令該省照此次指撥之數，分别提解。其各省鹽斤加價及加放俸餉，除此次指撥外，下餘之款仍解部庫。

由各省地丁鹽課鹽厘雜税等項下指撥：

廣東二十四萬兩，江蘇二十萬兩，四川二十萬兩，湖北十六萬兩，河南十四萬兩，浙江十六萬兩，直隸十二萬兩，山東十二萬兩，山西十二萬兩，安徽十二萬兩，江西十萬兩，湖南十萬兩，福建十萬兩，陝西十萬兩，廣西七萬兩。

由各海關洋税洋藥税厘項下攤派：

江海關四十萬兩，粤海關三十六萬兩，閩海關十六萬兩，浙海關十六萬兩，鎮江關二十二萬兩，九江關十八萬兩，江漢關十六萬兩，宜昌關八萬兩，重慶關四萬兩，蒙自關四萬兩，甌海關四萬兩，津海關十二萬兩，東海關三萬兩，山海關四萬兩，蕪湖關二萬兩。

以上指撥並攤派共銀五百一十萬兩。查本年應還俄法息款，十月間係第三期，應令各省關照臣部指撥攤派之數，各按四成於九月内解赴江海關道交納。嗣後，每年分作二次於三月解交六成，九月解交四成，不得稍有延欠。并令江海關道將收到某省某關款項，隨時電達臣部備查。

一，英德一款應還本息每年約銀六百九十萬兩。由鹽斤加價項下指撥：

長蘆四萬兩，河東三萬兩，廣東五萬兩，山東十萬兩，四川十五萬兩，浙江六萬兩。

淮南四岸共十三萬兩，由某岸應解若干，應由兩江總督核定。

河南三萬兩，湖北川鹽六萬兩。

由西征洋款改爲加放俸餉項下指撥：

浙江五萬兩，福建五萬兩，湖北五萬兩，廣東五萬兩。

由廣東闈姓捐輸項下指撥：

闈姓捐輸二十四萬兩。

由各省地丁鹽課鹽厘貨厘雜税等款項下指撥：

廣東三十八萬兩，江蘇三十二萬兩，四川三十二萬兩，浙江二十二萬兩，湖北二十二萬兩，河南十九萬兩，直隸十七萬兩，山東十七萬兩，山西十七萬兩，安徽十七萬兩，江西十四萬兩，湖南十四萬兩，福建十四萬兩，陝西十二萬兩，廣西八萬兩。

由各海關洋税洋藥税厘項下攤派：

江海關六十萬兩，粤海關五十二萬兩，閩海關二十四萬兩，浙海關二十四萬兩，鎮江關三十二萬兩，九江關二十六萬兩，江漢關二十四萬兩，蕪湖關四萬兩，宜昌關十二萬兩，重慶關八萬兩，津海關十八萬兩，東海關五萬兩，山海關六萬兩。

以上指撥攤派共銀六百九十萬兩。查本年應還英德本息其期甚迫，應令各省關照臣部指撥攤派之數，先分一半，務以六月間解到江海關道。其餘一半銀匀分二次，八月間解到一半，十月間一律解清。嗣後，每年匀分四次，於二、五、八、冬四個月解赴江海關道交納，不得稍有延欠。并令江海關道將收到某省某關款項，隨時電達臣部備查。再，朝鮮一役，餉軍購械，合天下全力以供之，僅得無誤。今又派令各省關分任應還俄法、英德兩項借款每年一千萬兩。計各海關歲入洋税、洋藥税，除常年留支起解外，尚有盈餘，可以抵此五百萬兩之數。而各省地丁、鹽課、鹽厘、貨厘、雜税，則僅敷留支起解之用，一旦令其攤派，認五百萬兩巨款，未免無米之炊。然天下財賦，出於各省藩運各庫者，數倍於各海關。若均能仰體時艱，早爲設法，力除中飽，嚴汰冗費，則籌此數百萬兩，似尚不致十分爲難。是以臣部迭議整頓賦税，裁減兵勇，冀得及時補苴。又以償款太巨，瀝陳萬難籌措情形，請飭各省將軍督撫，通盤籌畫。如有可興之利，可裁之費，於國有益，於民無損，勿畏繁難，勿避嫌怨，勿拘成法，務令各抒所見，奏候聖明采擇，均經欽奉諭旨允行。而各省覆奏，率多空文，鮮有實濟者也。即按照臣部所擬條目，舉行一二，而亦大半截留本省應用，終致有名無實。然則此三十餘年内之還款，其將何所取給哉！且無論三十餘年也，即以本年而論，英德一款本息計七月、八月共三期，每期各需銀一百十餘萬兩。九月至十二月共四期，每期各需銀五十餘萬兩。俄法一款，十月間爲第三期，亦需銀一百八九十萬兩，共約需銀七八百萬兩。轉瞬即陸續届期，既無餘款可撥，又無閒款可挪。臣部又將何以應之哉！蓋此次借款，實從古所未聞。即臣部辦法亦出於萬不得已，惟有酌量各省歲入之多寡，定爲分認之等差。俾各省趕緊設法，竭力通融，以上紓宵旰之憂勞，下應强鄰之諸責。庶幾不失大信，不誤邦交，天下幸甚。所有臣部擬定各省分認俄法、英德兩款情形，理合附片陳明，伏乞聖鑑。謹奏。

户部籌備要需援案核扣京外俸廉片

再，查光緒二十年七月間，臣部因籌餉緊要，奏請將二十一年分在京王公以下滿漢文武大小官員俸銀，並外省文武大小官員養廉，均按實支之數核扣三成，統歸軍需動用。嗣於上年十月間，因關外雖已撤防，甘肅尚有軍務，一切徵軍募勇需款不資，奏請將二十二年分京俸外廉再行接扣一年，存儲候撥。先後奉旨允准，通行遵辦在案。現在海疆已無戰事，回匪業就肅清，自二十三年起，京官應得俸銀，外官應得養廉，應按照二十年以前實支之數開支，以復舊制。惟北洋於歸併淮軍之外，添練新軍；西路於停發行餉之餘，尚需坐餉，加以興修軌道，堵築河工，用款浩繁，部庫艱窘情形，當爲中外臣工所共諒。而各省認還洋款羅掘一空，且有指養廉三成湊還洋債者。合俸廉兩項併計，每年核扣數逾百萬，以三成分計，各員所扣無多。以百萬合計，公家所裨實鉅。當此時局艱難，度支匱乏，中外文武久沐皇仁，允宜共攄忠義之忱，藉伸報效之意。惟查京外員弁，其職分較卑者，上年各省核扣養廉，文職州縣以下，武職參游以下，迭經各該省奏請免扣，均邀聖明允准，中外事同一律。臣等公同商酌，擬請將光緒二十三年分京官應得俸銀，文職自五品以下，武職自四品以下，仍照全數開支。其文職四品以上、武職三品以上，照案再行核扣三成。外官應得養廉，文職自府經縣丞以下，武職自都司守備以下，仍照全數開支。其文職州縣以上，武職參將游擊以上，照案再行核扣三成。併京俸、外廉，均擬再行接扣一年，彙總奏咨，存候撥用。如蒙俞允，俟命下之日，即由臣部通行在京各衙門暨各省將軍、督撫，欽遵辦理。臣等爲顧念時艱，援案籌備要需起見，是否有當，理合附片陳明，伏乞聖鑒。謹奏。

雲貴總督崧蕃覆陳雲南礦務情形摺

奏爲遵旨興辦礦務，擬即委查舊有各廠，設法擴充開採，恭摺仰祈聖鑑事。光緒二十二年二月二十六日，承准軍機大臣字寄本年正月三十日奉上諭：『雲南向産五金，貴州出鉛素旺，山西所出之鐵夙稱精良。現雖未據覆奏，均宜及時攻採，以期逐漸推廣。著即將籌辦情形，據實迅速覆奏。總之，開辦礦務以金銀礦務爲最先，各該省如能實力訪查，確有金銀礦地，設法興辦，自較煤礦等項得款爲鉅等因，欽此。』仰見聖主深宮焦勞，推廣利源之至意，下懷欽悚，莫可名言。

查雲南五金各廠，承平時計有六十餘處。兵燹以後，除銅項一務，已蒙特派唐炯督辦外，其餘金銀錫鐵各廠，計尚有三十處之譜。或洞老山空，久經停歇；或從前極旺之地，現在積水過深，無從著手；或現雖開辦，而所出無多，僅敷成本；或官雖封禁，而附近無業貧民不時私自採取。種種情形，不一而足。當此時需款孔亟，允宜收此天地自然之利，以裨國用而裕度支。奴才身受厚恩，天良具在，敢不竭力圖維，冀紓宸廑？當飭藩臬，會同善後局司道妥議詳辦。現擬遴委熟習礦務之員，分赴各屬，先將舊有金銀各廠會同各該地方官一律查勘明確，分別何處可辦，何處不能辦。再設法籌備官本，在於礦苗最旺之處認眞開採，以期得款較鉅。一面廣集商股，加委妥員，逐漸擴充辦理。併將錫鐵各廠，亦次第興辦。緣雲南地處邊瘠，兵燹後實鮮富商大賈，若不先發官本，商民仍多觀望，必致日久無濟，徒誤事機。且查雲南礦務從前承平之時，均係用本地工匠開採煎煉，歷著成效。此次亦擬不設機器廠，不用外洋礦師，以節糜費而杜後患。務使開一分利源，中國即得一分利益。惟是天財地寶，半皆應運而生，消長盈虛，非可先機而決。應懇天恩俯准，敕部將一切例章略爲變通，並寬予限期，俾奴才得以督飭承辦各員，招集紳商，廣爲開採，斷不敢畏難苟安，一奏塞責，自干咎戾。除俟委員查勘明確，並將辦理情形詳細具奏，暨咨明户部查照外，理合先行恭摺覆奏。伏乞皇上聖鑑訓示。再，雲貴總督係奴才本任，毋庸會銜，合併陳明。謹奏。

奉硃批：『户部知道。欽此。』

刑部遵議武營扣餉缺額罪名摺

奏爲遵旨議奏事。

内閣抄出浙江道監察御史彭述奏武營扣餉缺額，積弊已深，請嚴定罪名一摺。光緒二十二年四月初一日，奉上諭：『御史彭述奏武營扣餉缺額，積弊已深，請嚴定罪名一摺，著刑部議奏。欽此。』鈔出到部。據該御史原奏内稱：『竊維自彊之計，實以講求武備爲先，風聞各營扣餉缺額，所在恒有，雲南、江南、安徽、奉天、廣西等省，經該將軍、督撫先將奏參在案，或請革職永不敘用，或請革職，或請降調。在該省將軍、督撫體念時艱，極力整頓，固已破除情面，其有原請降調，奉旨改爲革職者，皇上權衡至當，尤爲欽佩莫名。抑更有請者，近來將領提鎮居多，無可再陞，遂絶上進之志。缺分較少，除授頗難，雖官職已至一二品，而未經除授，彼若不以爲榮。即令除授有期，而禄俸所入不如統領所入之多。故有補缺多年，並非得力統將，而仍留帶防營。如衛汝貴者，無非意在戀棧，求滿慾壑，縱有發覺之日，革職永不敘用，亦若不自顧惜。且一旦有警，既短兵勇之餉，又屬短額之營。驅之赴敵，兵勇必懷怨望，不願竭力，以衛其主。即令臨時補足，未經訓練，見敵必逃。統將勢孤，將恐不能自保。平日扣餉缺額，罪止革職，永不敘用，猶可坐擁厚資。在忠勇廉潔之統將，固明致身之意，其貪黷而扣餉缺額者，趨避極熟，飽則思颺，反以永不敘用爲得計，以致提鎮以下，與夫文職之爲統將，而不知自愛者，亦復不免。所以，上年雖有雲南奏參之案，而江南、安徽、奉天等省繼之，今年廣西又繼之。雲南雖參曾紹梅等，而張以仁繼之。江南雖參馮士元，而沈茂盛等繼之，劉祖賢等又繼之。安徽雖參周雲田，而徐忠思等繼之。皆由懲治從寬，不足儆一戒百。當此時勢萬難之際，外而彊敵環視，要狹甚多；內而回匪未平，偏災時見。皇上宵衣旰食，一息難安。統將帥師，徒飽私橐。匪惟度支奇絀，糜餉可恤，設遇緩急，尤爲大局所關。所有武營扣餉缺額等弊，相應請旨，飭令刑部嚴定罪名。嗣後，如敢再犯，按律懲治，以肅軍政，而儆效尤』等因。奏奉諭旨，著臣部議奏。

臣等查律載：『管軍官吏冒支軍糧入己者，計贓准竊盜論。』注云：『取之於軍，非取之於官也。若軍已逃散，不行扣除而入己者，以常人盜官糧論。若承委放支而冒支者，以監守自盜論。』又例載：『盜竊漕糧數至一百石以上者，擬絞監候。』又，『監守盜倉庫錢糧入己，數在一千兩以上者，擬斬監候』各等語。是管軍官吏冒支軍糧及承委放支而冒支，與軍已逃散，不行扣除而入己，分別取之於官，取之於軍，照例以常人盜、監守盜計贓，擬以斬絞監候。律例各有治罪專條，文職身爲統將及武職將領，有犯扣餉缺額等弊，一經審實，即按照律例，分別科斷，無虞輕縱。今據該御史彭述奏：『武營扣餉缺額，罪止革職永不敘用。懲治從寬，不足儆一戒百。請嚴定罪名，以儆效尤等因。』查近年以來，各路統帶、管帶、兵勇、員弁，扣餉缺額等弊，誠屬不少。該御史奏請嚴定罪名，蓋以因時勢多艱，此弊不除，一旦有警，驅之赴敵，勢必各懷怨望，不肯竭力。自係爲大局攸關，力加整頓起見。惟定例：『管軍官吏冒支軍糧及承委放支而冒支，與軍已逃散不行扣除而入己，分別取之於官，取之於軍，照例以常人盜、監守盜計贓，擬以斬絞監候。』立法已屬詳盡，全在各省督撫及各路統兵大員認眞稽查，有弊必究，有犯必懲，自足以儆貪婪而懲玩法。若徒事瞻徇，不肯切實究辦，即冒充軍糧各律例，亦成虛設。復行嚴立科條，亦恐有名無實。溯查此等案件，自光緒十一年以來，僅止已革臺灣道劉璈一案，係監司大員兼統營務，因冒支公夫月餉，虛開招勇船價。經欽派大臣審明計贓，照監守盜倉庫錢糧例，擬斬監候在案。此外並不多見。即或偶爾參劾，不以爲擬請降調，即以爲革職永不敘用，從無按照律例定擬之件。誠有如該御史所奏者，於軍營殊有關繫。臣等公同酌議，與其另立新章，何若申明舊例？相應請旨，飭下各省督撫及各路統兵大員，嗣後遇有武營扣餉缺額等弊，一經審實，即行查照律例計贓，分別治罪，不得以『革職留營及永不敘用』等語含糊完結，以除積弊而肅軍政。再，此摺於四月初三日鈔出到部，合併聲明，所有臣等議奏緣由，謹恭摺具奏。請旨。

總理衙門議覆福建船政摺

奏爲遵旨議覆事。

光緒二十二年四月二十一日，准軍機處鈔交閩浙總督邊寶泉奏查明船政情形一摺，奉

硃批：『該衙門議奏。欽此。』欽遵到臣衙門。

據原奏内稱：『船政之設，經營垂三十年，糜帑至千百萬，若不及時整頓，設法擴充，則墮棄前功，殊屬可惜』等語。臣等查船政始於前大學士臣左宗棠，成於前兩江督臣沈葆楨，樸實耐勞，實事求是。其所用又多本地寒士布衣，草笠親執，朴以巡功，故弊絶風清，爲各省官廠所僅見。近十餘年來，泰西製造日精日新，閩廠出洋回華學生雖不無穎悟之資，能自出圖製樣，而才力短絀，既不能添機擴廠，又不能製料儲材。自光緒八、九年以來，購買現成機器，就廠合櫳，製就寰泰、鏡清、開濟、平遠各快船後，即得有更新之法，亦因無機無廠，不能如法更製。而木質輪船如同治年間所製之琛航、靖遠等船，經費較輕、馬力較微者又不合於時用。於是製造日稀，人多閒曠，不得已而裁汰歸併，苟爲省費儲貨之謀。至於急迫用船，則勢須勉捐重貲，種種吃虧，展轉而購諸外國，既傷財力，復誤事機，誠可惜也。所請造船，宜求實際，添置機器，募精於工作之洋員，督率在事員匠，認眞講求，所造新

式巨艦各節，應請旨飭行，以期有裨實用。

原奏又稱，『物料宜由内地採辦，閩省礦務現已遵旨委查，一經興辦，當可就地取資。其鍊鋼鎔鐵機器，必須依法仿造，自成機杼』等語。查一船價值，料居七，工居三。各料之中，如煤、鐵、土、木之類爲生料，有産自中國者，有不産自中國者。如鋼甲、鐵甲、帆纜之類爲熟料，有中國現能自製者，有必待僱匠添機拓廠而後能自製者，應由船政大臣督同洋匠、學生隨時考究，奏明辦理。至煤、鐵各礦，雖經該督委查，將來興辦，能否速效應用，尚無把握。應請飭下該督，不准猾吏蠹役、土豪劣紳阻撓擾亂，以期刻日課功。

原奏又稱，『學生宜認眞造就，從前出洋學生期限太蹙，初無心得；經費太鉅，財力未逮。不如延致教習，在廠督課』等語。查船政本有前後兩學堂。前學堂習法文，學製造。後學堂習英文，學駕駛。學成擇其尤爲聰穎者，派令出洋。在中國既學有根底，再令游學泰西各大學堂及各國礮臺兵輪，以資練習、廣見聞。此必非在廠一師教授之所能及。前據船政大臣會同南北洋奏請設立肄業局，委派監督，帶同出洋，已歷三届。即所謂置之莊嶽之間也。日本現在執政大臣多與我第一届出洋學生同堂肄業，豈中國學生資質盡出人下哉？蓋用之則奮發有爲，人人有自靖自獻之思；不用則日就頽落，人人有自暴自棄之境。聞船政學生學成回華，皆散處無事，飢寒所迫，甘爲人役，上焉者或被外國聘往辦事，其次亦多在各國領事署及各洋行充當繙譯。我才棄爲彼用，我用轉需彼才，揆諸養才、用才之初心，似相剌謬。若以此而並廢出洋之舉，是因噎廢食，從此更難儲上品之才矣！應如該督所請，延致教習數人在廠督課，其尤爲異等者，仍照成案，絡繹出洋。俾後出更新之法，不至絶無聞見。至學成回華之學生，如所造尚淺，仍令再行出洋。其業有心得者，應令分別有差、無差咨報臣衙門，聽候調取考驗，咨送各督撫，酌量位置，以昭激勸。

原奏又稱，『經費宜籌的款。船政經費向由閩海關洋税每年撥解六十萬，按月分解，數年前不過解至二三十萬，近則並不及二十萬。請沿江、沿海各省通力合作，即以購船之費分年撥解，又請如户部原奏，簡派廉幹精覈大員來閩接辦』等語。臣等查，船政用款初由閩海關六成項下月三萬兩，四成項下月二萬兩。其養船經費則隨時由善後局撥解，本無定數。光緒二、三年以前，前兩江督臣沈葆禎、前福建撫臣丁日昌任内，位望較崇，隨時將需款爲難情形據實奏明，每奉特旨催解，各將軍、督撫亦氣誼交孚，力籌應付，故經費裕而成船多。此後，船政大臣黎兆棠、張夢元、裴蔭森皆以兩司調管船政，不能不事事稟承督撫、將軍，名爲專管，實與司道兼權無異，所謂權勢較輕，不足振全局、擴前功者也。所以光緒四、五年以後，閩海關積欠幾至三百萬兩，善後局積欠亦不下百萬兩。從前但製木質輪船，每年六十萬兩尚可敷用。現既責令改造鐵甲、鋼甲，僱募洋匠，一船之費，動直百十萬金，洋匠薪水，費亦不貲，斷非月款數萬金所能敷用。况此數者，又皆不能應手。至各省通力合作一層，非有一定章程，恐亦徒成畫餅。可否仰懇天恩，俯念船政爲海防根本，較邊防尤爲吃緊，飭下閩海關及該督將每月應解五萬兩並養船各經費，仍照光緒二、三年以前按月清解。倘解不足額，請照甘餉、邊餉之例，由臣衙門嚴定功過，奏明請旨辦理，並飭下南北洋大臣及沿海、沿江各督撫，應定何項快船、甲船，繪成圖式，估價若干奏明。由臣衙門會同户部指款，分期派撥。其造不如式以及愆期告成者，應請將該大臣及在事人員分别議處。果有限内告竣及堅固速率如法者，亦准擇尤優奬。該督所稱總督事繁，勢難兼顧，自屬實在情形。應請援照舊案，欽派大臣馳往督辦，隨時與該省將軍、總督、南北洋大臣會銜具奏，一切兵輪各船，統歸節制，以重事權。所有遵議整頓船政，擬請援案特派大臣督辦緣由，是否有當，謹具摺復陳，伏乞皇上聖鑑，請旨施行。謹奏。

御史陳璧請仿行印税摺

奏爲籌餉術窮，請仿行印税之法以集鉅款而濟時艱，恭摺仰祈聖鑑事。

竊維和議定後，户部竭力籌餉，歲有的款者，祇扣廉俸一百二十餘萬爲一大宗。裁兵折漕未能遽舉，鹽斤煙酒加抽無幾，捐輸既成弩末，息借又作罷議。計歲增出款且二千萬兩，是所籌者未及十分之一二也。而善後諸大端陸續待辦，皆不容緩。於此欲求歲籌鉅款確有把握，不病商、不擾民之策，則維有仿行印税一法而已。查印税創自荷蘭，盛於英吉利，今則徧行各洲，無國無之。謂之印税者，蓋令民間買國家所製之印花，粘於各項契券字據之上，以爲納税之證也。其造之之法，應於京師設廠，並購辦製紙、製印二種機器，雇匠創造。其紙則中藏紋理，其印則細極毫釐，以杜作僞。如或一時開廠未成，可仿日本造鈔之例，令英廠暫行攬辦，嚴立合同，防其偷漏。俟官廠能製，即行自辦。其行之之法，應取各國税則參較，詳定章程，務從簡便，先行頒示天下。然後於各省會城普設督銷局一所，爲總賣印花紙之地，將此項印花轉發民間，各市鎮鋪户代爲零賣。每百兩中，鋪户應得一兩，官收九十九兩。其查之之法，應嚴定漏私罰款律例，凡一切契券字據不粘印花者，皆作廢紙，事發照例議罰。遇有詞訟，官不爲理。印花既粘於紙，應即行勾抹，以禁再用。其有已粘而未勾者，亦行議罰。凡印税之大略如此。

緣此税取之買主，而責成則在賣主，是以毫不擾累。加以所取至微而罰則至重，是以民皆易從。核其情形，實屬有利無弊。今英、俄、德、法諸國，此項歲征皆約一萬萬至二萬萬，倭地最小，亦征二千餘萬。若以中國之大，仿而行之，開辦之始，不妨疏闊，民覺其便，必將競趨，約計每歲所集，當不下一萬萬。則不特洋債易於清還，從此罷抽厘、停捐納，舉數十年欲除而未能之弊，一旦廓清，全局轉機，必在於此矣。蓋自我朝丁賦並完，取民之輕，不徒千古所無，實亦萬國所未有。今民智漸開，莫不知外國租税之苛重，即加行一印税之法，臣敢決其相安無事。伏願我皇上斷而行之。即飭總理衙門轉電出使各大臣，將各該國現行印税律例章程詳譯一分，並取現用各種印花列粘於册，注明用法，限期馳奏，進呈御覽。然後發交户部，速籌興辦，不過一年，可以試行。既紓目前之急，又除從來之弊。臣誠竊見時艱日亟，不宜拘守成法，故擇諸國之通行有效尤爲易舉者，敬陳於我皇上之前。是否有當，伏乞聖鑑訓示。謹奏。

御史陳璧請整頓船政摺

奏爲船政整頓伊始敬陳管見以備采擇，恭摺仰祈聖鑑事。

竊臣前奏，請另簡專員規復船政。仰蒙聖明洞鑑，近日敬聞命福州將軍裕禄兼充船政大臣。朝廷知人善任，以榷税之官兼將作之選，工程款項並責諸裕禄，觀成可指日而待矣。然臣有不能已於言者。泰西以水師爲命源，水師以船政爲根本。外國幅員不及中國二三行省，製造之廠林立，養廠養船之費，君臣上下並力任之。中國沿海萬餘里，所占海面最廣。左宗棠、沈葆楨議創福建船政，實海防第一要著。自由德國購鎮遠、定遠數船歸後，侵蝕虛冒，無有發其覆者。且照例有異常勞績保案，將校無搴旗斬將之功，坐致專閫；委員無經商服賈之勞，立成巨富。蠅營狗苟，傾軋成風，勢不至詆毀船政，使師船盡出於購買不止也。豈知船政所製之寰泰、鏡清、開濟，較南洋之南琛、南瑞爲優，已見諸劉坤一之奏。船政新致之平遠鋼甲，較北洋定購之致靖、經來，式不甚遠，費且大減。大東溝之役，並駕齊驅，屢受巨彈，船身並未損裂。謂自製之船不足以任戰，豈平情之論哉！

今朝廷以船政委裕禄，若以裕禄爲國勳舊，休戚相關，必能任怨任勞，力顧大局。然後以籌款專責將軍，而户部、總理衙門便可不問，則海關一出一入，各有指撥。即使按月五萬舊案掃解，於製造鐵甲一年一船之用，猶恐不敷，況其力顧京餉及新派洋款考成，解數斷不能足，則船政屬之將軍與屬之總督何以異乎？沈葆楨在船政前後十年，廉以持己，嚴以率屬。取廠中一草一木者，立案軍法，令行禁止。其取材多用士人，成效必獲信賞。人無異念，咸有競心。臣居同里閈，實親見之，亦中外所備聞，而無異詞者也。蓋以船政關係重大，非他省機器等局可比，不以軍法從事，則整齊畫一之規模不立；不多用士人，則官場習氣删除不净。老成規畫，用意至爲深遠。自英將琅威理回國，北洋海軍之操演虛；自出洋局之監督撤，船政學生之肄業廢。工用濩落，消息阻絶，解款日蹙，成船日稀，良可惜也。夫上海製造局以道員管理，每年造礮數尊，江海關二成洋税按月劃濟，歲約百萬。船政以專派大員責成製造師船，解款又不及十之二三，無米爲炊，在事雖鋭意翻新，其可得耶！應請飭户部及總理衙門，於三五年之間，每年籌的款二百萬兩交船政大臣，爲製船開礦之用。並由總理衙門照會德國外部，由該國國家代中國精選洋總監工一員，洋匠數員，礦師二三員，立定合同來華，交裕禄委用。限定每年成船若干，得礦若干，即以此爲船政大臣之考成。數年之後，成船可敷海軍之用，礦産可濟船工之窮。縱使一時無可籌畫，多借洋款，一氣呵成，未爲失算。裕禄任安徽巡撫、湖廣總督甚有政聲。將軍衙門旗務極簡，且有副都統同城，足以助理。所管海關各口，多在沿海一帶。船政離省水程五十里，往返不便。前此督臣兼管，每月涖工僅一二次。駐工之員奔走稟承，尤多曠職。則此次裕禄之兼辦船政，非移駐船署，躬親督率不可。甲申之役，穆圖善出駐長門，敵船恐塞出路，不敢登陸以迫船廠，是其明證。閩省海口，重山疊嶂，波流紆折。若兩岸礮臺得力，水陸控制得宜，敵船斷難飛越。船廠既屬深藏，新成之羅星塔船塢尤占形便，一切新式鐵甲出入，俱屬相宜，儘可自製。是爲船政計，將軍應專駐船政；爲控制海防稽察税務計，將軍亦應移駐船政也。

抑臣更有請者，船政員紳薪水本不甚優，雖屬在官，無異寒士。而海關處脂膏之地，在事員役積習相沿，由來已久。雖將軍正己率屬，一時亦驟難轉移。應請飭下該大臣查照舊案，遴選官紳士人分執其事，勿得參用海關員役，致壞風氣。所有督催工程驗收、料物支發款項、稽查工課，皆按開廠初年成法而加密焉。在事官紳人等，濫竽者革逐，舞弊者治罪。弁役盜竊官物者，立時以軍法從事。俾人心知儆，耳目一新。將軍任滿之日，應如何特加委任，使奏全功，則朝廷自有權衡，固非微臣所敢妄擬。

總之，以船政責成裕禄者，實爲朝廷破格用人之異數，不得視爲將軍照例應得之兼差；籌船政款項爲中外臣工之公職，非裕禄一人之私責，則船政幸甚，大局幸甚。臣爲海防根本起見，理合具摺瀝陳，伏乞皇上聖鑑訓示施行。謹奏。

山西巡撫胡聘之請變通書院章程摺

奏爲時事多艱，需才孔亟，擬請變通書院章程，併課天算、格致等學以裨實用，恭摺仰祈聖鑑事。

伏查上年欽奉諭旨：『自來求治之道，必當因時制宜。況當國事艱難，尤宜上下一心，圖自强而弭隱患。朕宵旰憂勤，懲前毖後，惟以蠲除痼習，力行實政爲先。疊據中外臣工條陳時務，詳加披覽，採擇施行。著各直省將軍、督撫，各就本省悉心籌畫酌度辦法等因。欽此。』遵查，升任順天府府尹胡燏棻等條奏内，如練兵、籌餉諸大端，皆爲當今急務，應由臣酌核情形，次第奏明辦理。惟裁改書院一事，關繫人才之消長，學術之純疵，不可不熟籌審議。

夫國家書院之設，固欲多方造就，廣育人才，以備任使。自教失其道，名存實亡，合天下書院，養士無慮萬人，而朝廷不免乏才之歎，從而議裁議改，疇曰不宜，然苟不探其本，眩於新法，標以西學之名，督以西士之教，勢必舉中國聖人數千年遞傳之道術而盡棄之，變本加厲，流弊何所底止？臣觀西學所以擅長者，特精於天算、格致，其學固中國所自有也。考周禮，賓興賢教習國子，皆於德行而外，次以六藝。孔門七十二子，史特以身通六藝表之。數者，六藝之一也，漢魏以降，代有專家。至宋胡瑗教士，其治事一齋，亦以算數分科。是中土教法，本自賅備無遺。且凡西土遞創新法，動謂中土所未聞者，如地圓、地行、地轉之説，大戴禮、尚書考靈曜及張子正蒙皆言之鑿鑿；光學、重學，墨子經上、經下篇奥旨可尋，並在西人未悟其理以前。即就算術言，西法之借根，遠遜中法之天元，後乃變爲代數。若宋秦九韶正員開方〔四〕、元朱世傑四元玉鑑，西法終莫能踰。對數爲法絶詣，然推算極繁，自李善蘭著對數探源，省算不啻百倍，突過西人。可見同此一理，祗在善用其心，不必盡棄所學。

方今外患迭起，創鉅痛深，固宜有窮變通久之方，以因時而立政。但能不悖於正道，無妨兼取乎新法。顧深詆西學者，既滯於通今，未能一發其扃鑰；過尊西學者，又輕於蔑古，不憚自決其藩籬。欲救二者之偏失，則惟有善變書院之法而已。查近日書院之弊，或空談講學，或溺志詞章，既皆無裨實用，其下者專摹帖括，注意膏獎，志趣卑陋，安望有所成就？宜將原設之額大加裁汰，每月詩文等課酌量併減。然後綜核經費，更定章程，延碩學通儒爲之教授。研就經義，以窮其理；博綜史事，以觀其變。由是參考時務，兼習算學，凡天文、地輿、農務、兵事與夫一切有用之學，統歸格致之中，分門探討，務臻其奥。此外，水師、武備、船礮、器械及工技、製造等類，儘可另立學堂，交資互益。以儒學書院會衆理以挈其綱維，而以各項學堂操衆事以效其職業，必貫通有所宰屬，然後本末不嫌於倒置，體用不至於乖違。臣前在藩司署巡撫任内，察看士風樸質，類能好學深思，曾就省城令德書院，勖其專治實學，兼習算教。因院長已革御史屠仁守嘗受學於同文館，總教習李善蘭於天算格致頗能通曉，爰屬其併教諸生，俾識途徑。臣此次到任後，調閱算學課卷，所有三角、測量、代數、幾何諸題，多能精核，相繼來學者人數亦增。惟未嘗議定章程，另籌膏火經費，博收廣厲，其道無由。今幸明奉諭旨，頒發條陳，整頓書院，誠爲陶鑄人才之大機。臣與學臣錢駿祥再四籌商，擬就令德書院別訂條規、添設算學等課，擇院生能學者，按名註籍，優給膏獎。省外各府屬如有可造之士，由臣與學臣隨同甄録調院。並於天津、上海廣購譯刻天算、格致諸書，俾資講求。其一切費用，即於各書院汰額減課項下量爲挹注，或有不敷，由臣等設法捐籌，不另開銷公帑。庶經費省而事易集，課程立而人知奮。遇有材能超越新法，明通兼達時務者，不拘年限，由臣咨送總理衙門考試，以備器使。

此外，學者有心得算法通曉者，准令分教外府屬各書院，遞相傳習，藉資鼓舞。如此變通辦理，自可收實效而祛流弊。擬請旨飭下各省督撫，於現在所有書院詳議推行，不惟其名惟其實，不務其侈務其精，收禮失求野之近效，峻用夷變夏之大防，學術愈純，人才日衆，庶幾自强之道，無在外求矣。臣愚昧之見，是否有當，謹會同山西學正臣錢駿祥恭摺具陳，伏乞皇上聖鑑訓示。謹奏。

總理衙門議覆李端棻請推廣學校摺

奏爲遵旨議奏事。

光緒二十二年五月初二日，軍機處鈔交刑部左侍郎李端棻奏請『推廣學校以勵人才』一摺，本日奉上諭：『著該衙門議奏。欽此。』

臣等查該侍郎原奏所陳各節，大抵以時事多艱，人才凋乏，朝廷之旁求雖切，薦剡之奇杰罕聞，因推原於立學之方、育才之術，蘄以樹風聲而開趨向，淺學擴其聞見，通才益便精研，其在於今，誠爲切要。綜觀環球各國，三十年來，莫不以興教勸學爲安内攘外之基。崇學者積治以富强，虚僞者積衰以貧弱，事如操券，成效炳然。則今日廣勵學官，誠屬自强本計。惟是施行，宜爲之次第條理，必致極精詳。近日風氣大開，士崇新學，詞林郎署願就同文館肄業者，頗不乏人。外間各省書院，亦多有斟酌時宜，於肄業經古以外，增加算學、製造諸課者。臣衙門於去年十二月，議覆御史陳其璋推廣學堂奏内，請旨飭下沿江、沿海將軍督撫，於已設學堂者，量爲展拓；未設學堂者，擇要仿行。聽令官紳集貲，奏明辦理。亦即該侍郎所謂推廣學校，勵人才而資禦侮之意。業經奉旨，通行各省遵辦在案。如内地各府縣紳耆聞風嚮慕，自可由督撫酌擬辦法，或就原有書院量加程課，或另建書院肄習專門。果使業有可觀，三年後由督撫奏明，該衙門再行議定章程，請旨考試録用，以昭激勸。其藏書樓、儀器院、譯書館三節，均可於新立學堂中兼舉並行。西人報例有專談時務者，有專談藝學者。時務之報譯者尚多，藝學之報譯者寥寥，而爲用甚廣，亦不妨令學堂中選擇譯之，以收知新之助。凡此皆朝廷所樂爲鼓舞，惟在地方官之勸導有方，而興學校以嘉惠士林，要仍視人士之樂於向學，若地方自安僻固，無意講求，惟加提倡，固亦無益也。該侍郎所請選派游歷一節，與臣衙門奏派同文館學生出洋學習所議章程大意略同。游歷誠多多益善，而過多亦慮經費之難支。應請嗣後游歷諸學生由學堂選派者，即由學堂籌給資斧；由商局選派者，即由商局籌給資斧。出洋時仍由督撫給與文憑，到洋後仍由出使大臣一體照料。推廣之中，仍存限制，庶幾事無窒礙，可以經久常行。

以上各節，均係就臣衙門奏定成案，量與擴充。如蒙俞允，恭候命下，即由臣衙門通行各省，責令實力奉行，以期得收實效。至該侍郎所請於京師建設大學堂，係爲擴充官書局起見，應請旨飭下管理書局大臣察度情形，妥籌辦理。所有臣衙門遵議緣由，理合恭摺具陳，伏乞皇上聖鑑訓示遵行。謹奏。

校　記

〔一〕素　當作『庶』。
〔二〕廉　當作『兼』。
〔三〕目　當作『甘』。
〔四〕員　當作『負』。

奏議輯覽初編卷第四

工部尚書孫家鼐議覆開辦京師大學堂摺

奏爲遵籌京師建立學堂大概情形，懇恩撥款開辦，恭摺覆陳，仰祈聖鑑事。

本年七月十三日，准總理各國事務衙門咨開議覆刑部左侍郎李端棻奏請推廣學校以勵人才摺內，京師建立大學堂一節，係爲擴充官書局起見，請飭下管理書局大臣察度情形，妥籌辦理等因，奉旨：『依議。欽此。』欽遵咨行到局。臣查本年正月，總署原奏請立官書局，本有建設學舍之說。臣奉命管理書局，所奏開辦章程，亦擬設立學堂，延請教習。是學堂一議，本總署原奏所已言，亦即官書局分内應辦之事。刻開辦書局，時近半年，各處咨取書籍、譯印報章，草創規模粗有眉目，惟苦於經費不足，祇能略添儀器，訂購鉛機，蒐求有用之圖書，採摭各邦之郵電，俾都人士耳目見聞，稍加開拓而已。若云作育人才，儲異日國家之大用，則非添籌經費，分科立學不爲功。獨是中國京師建立學堂，爲各國通商以來僅有之創舉。苟僅援前此官學、義學之例，師徒授受以經義帖括，獵取科名，亦復何裨大局？

即如總署同文館、各省廣方言館之式，斤斤於文字語言，充其量不過得數十繙譯人才而止。福建之船政學堂、江南製造局學堂及南北洋水師武備各學堂，皆囿於一材一藝；即稍有成就，多不明大體，先厭華風。故辦理垂數十年，欲求一緩急可恃之才而竟不可得者，所以教之之道，固有未盡也。此中國舊設之學堂不能仿照辦理也。泰西各國近今數十載，人才輩出，國勢驟興，學校徧於國中，威力行於海外。其都城所設之大學堂，規模閎整，經費充盈。教習以數百計，生徒以數萬計。其學有分四科者、五科者、六科者，仍廣立中學、小學，以次遞升，暗與中國論秀書升之古制相合，遂以爭雄競長，淩抗中朝，犖犖羣才，取之宫中而皆備，非僅恃船堅礮利爲也。當兹事變日多，需才孔亟，以蓄艾臥薪之意，爲懲前毖後之方，亟應參仿各國大學堂章程變通辦理，以切時用。第各國分科立學，規制井然而細，繹其用心致力之端，終覺道器分形，略於體而詳於用。故雖勵精圖治，日進富强，而雜霸規爲，未能進於三代聖王之盛治者，亦其學限之耳。況外國學校經費充溢，千狐集腋，非一日所成。驟欲一蹴而幾，安得有此財力？此外國大學堂之法，亦有不能全行仿辦者也。臣與在局諸臣悉心籌議，深知此事定制之難，創始之不易。且中國堂堂大國，立學京師，尤四海觀瞻之所繫，一或不慎，則徒招譏議，無補時艱，反不如不辦之爲愈矣。刻仍内外函商，周咨博訪，務求悉臻美善，以期仰副聖明。謹先將現在籌辦大概情形，臚爲六事，縷析爲我皇上陳之。

一曰宗旨宜先定也。中國五千年來，聖神相繼，政教昌明，決不能如日本之舍己芸人，盡棄其學而學西法。今中國京師創立大學堂，自應以中學爲主，西學爲輔，中學爲體，西學爲用；中學有未備者，以西學補之；中學有失傳者，以西學還之。以中學包羅西學，不能以西學淩駕中學，此是立學宗旨。日後分科設教及推廣各省，一切均應抱定此意，千變萬化，語不離宗。至辦理章程，有必應變通盡利者，亦不得拘泥迹象，局守成規，致失因時制宜之妙。

二曰學堂宜造也。書局初開，爲節省經費起見，暫賃民房，一切已多不便。今學堂將建，則講堂齋舍必須爽塏宜人，儀器圖書亦必庋藏合度。泰西各國使署密邇闉中國創立學校，亦將相率來游，若湫隘不堪，適貽外人笑柄。擬於京師適中之地，擇覓曠地，或購民房，創建學堂，以崇體制。先建大學堂一區，容大學生百人。四圍分建小學堂四所，每學容小學生三十人。堂之四周，仍多留隙地，種樹莳花，以備日後擴充建設藏書樓、博物院之用。

三曰學問宜分科也。京外同文、方言各館，西學所教亦有算學、格致諸端，徒以志趣太卑，淺嘗輒止，歷年既久，成就甚稀，不立專門，終無心得也。今擬分立十科：一曰天學科，算學附焉；二曰地學科，礦學附焉；三曰道學科，各教源流附焉；四曰政學科，西國政治及律例附焉；五曰文學科，各國語言文字附焉；六曰武學科，水師附焉；七曰農學科，種植水利附焉；八曰工學科，製造格致各學附焉；九曰商學科，輪舟、鐵路、電報附焉；十曰醫學科，地産、植物各化學附焉。總古今，包中外，該體用，貫精粗，理索於虚，事徵諸實，立格以待奇傑，分院以庋圖書，風會既開，英才自出，所謂含宏光大，振天綱以賅之也。雖草創規模，未能開拓，而目張綱舉，已爲萬國所無。他日并包六合之機權輿於是矣。

四曰教習宜訪求也。大學堂内應延聘中西總教習各二人。中國教習應取品行純正，學問淵深，通達中外大勢者，雖不通西文可也。外國教習須深通西學，兼識華文，方無扞格。如實難其選，則擬先聘一人，修脯必豐，禮敬必備。中西教習一律從同，此燕昭築黄金臺以待天下賢士之意也。四小學堂，每堂延中西教習各一人，亦須學正品端，足爲師表者乃膺其選。西師所教，先以英法方言，如能兼習德俄，尤便繙譯書籍，應俟届時察酌辦理。

五曰生徒宜慎選也。大學堂學生年以二十五歲爲度，以中學、西學一律賅通者爲上等，中學通而略通西學者次之，西文通而粗通中學者又次之。仍分三班，發給薪水。頭班月八金，二班六金，三班四金。由同文、方言各館調取，内外各衙門咨送，及舉貢生監曾學西文者自行取結投考。惟中西各學均須切實考驗，第其優劣，分别去留。仍須性行温純，身家清白，方能入選。四小學之學生年以十五歲爲度，便於習學語言。創辦時，額數無多，暫由滿漢各官員子弟中報名投考，亦須中文粗通，識字稍多者方能入選，不足再出示招考，由鄉鄰具結確係讀書世家，乃准與考。考取入學，自備薪水，不出束脩。數年後中西各學俱通，升入大學堂，始給薪水，以示鼓勵。

六曰出身宜推廣也。學而不用，養士何爲？用違其才，不如不用。中國素重科目，不寬予以出身之路，終不能鼓舞人才。擬參酌中西，特闢三途，以資激勵：一曰立科。光緒甲申，禮部議覆潘衍桐摺，請立算學一科，以二十名取中一名，然屢屆人數均不滿額。擬援此例，立時務一科，包算學在内，鄉會試由大學堂咨送，與考中式名數定額宜寬，應俟學堂規模大定之時，請旨辦理。一曰派差學生應試不中者，由學堂考驗，仿西例獎給金牌文憑，量其所長，咨總署派往中國使館，充當繙譯隨員，或分佈南北洋海軍、陸軍、船政、製造各局帮辦一切，以資閱歷。一曰分教泰西各國有所謂師範學堂者，專學爲師。大學堂學生如不能應舉爲官者，考驗後仿泰西例，獎給牌憑，任爲教習。各省立學之始，皆先向京師大學堂咨取充當，則師資有用，俯仰無憂，京外各學堂亦可聯爲一氣矣。

此六事者，準今酌古，原始要終，實已兼包中外。以後詳細辦法，或應行推廣一切未盡事宜，容當博采羣言，隨時奏明請旨。惟是開辦之始，籌款爲先。泰西各國學校歲需幾與官俸、兵餉相等，有多至華銀八千餘萬兩者。英京大學堂歲支九百萬鎊，故爾規模閎整，俊彦雲興。中國總署同文館歲費二十餘萬兩，天津醫學堂歲費十萬兩，各省同文方言各館、水師武備各堂歲費十餘萬、數萬兩不等，大抵草率狹隘，日久因循，卒未聞成就一人，足以上濟國家之急。固緣辦理之未善，亦苦於經費之不敷耳。今京師創立大學堂，款太多則籌措維艱，款太少則開銷不足，思維再四，昕夕旁皇。伏念學堂一事，屢經臣工條奏，明旨飭行。良以時局多艱，亡羊補牢，非有人才，不能自立。今設學堂於輦轂之地，耳目近接，稽察易周。臣等仍當慎選眞才，力求核實，以上副聖主寤寐求賢之至意。内外諸臣受恩深重，以人事君之素志具有同心，豈宜惜此區區，致撓盛舉？應請旨飭下户部，飛飭南北洋大臣，無論何款，按月各撥銀五千兩解交户部，作爲京師學堂專款。自奉旨之日爲始，由臣飭派局員，按月領取，俾得從容布置。刻期一載，當可告成。此款比之泰西，固屬泰山之毫末；即較之各省學堂同文各款，亦尚係酌中之數、得半之閒，而不敢斤斤於體制所存率請多撥者，實以無徵不信，創始維艱。俟他日成效已彰，人才漸出，續行奏請添撥款項，廣置生徒，以漸推行於各省，庶循名核實，慎始圖終，海宇傾風，賢才輩出，師師濟濟，爲國干城，内治外交，永不必借材異地。此則皇上之洪福，臣等之素心，抑亦宗廟社稷之神靈所默爲阿護者已。所有籌議學堂大概情形及請撥款開辦緣由，謹繕摺上陳。伏乞皇上聖鑑訓示。謹奏。

湖廣總督張之洞請緩征值百抽十之税並改定存儲關棧章程摺

奏爲兩湖商務風氣初開，華商用機器製造貨物，懇請從緩加税，並請改定存儲關棧章程，以勸商業而裕民生，恭摺仰祈聖鑑事。

竊照光緒二十二年五月，總理各國事務衙門具奏，『機器製造貨物酌定税則，奉旨允准，續據總税務司酌擬章程九條，經總署核定，由南北洋大臣通行各國』在案。伏查，光緒八年，北洋大臣奏准，上海織布局只完正税一道，概免沿途税釐。此後，各省機器紡織皆援此例。此聖主愛養民生之深仁，而即古來興國者通商惠工以致富强之至計。天恩覆庇，感頌同聲，從此中華商務駸駸漸有生機矣。此次加税之舉在總署，原意謂洋商得在中國設廠造貨，人工運費種種省便，利益甚優，故議酌加税則。洋商既加，則凡華商用機器造貨，亦應一律照加，以免洋商藉口。此總署謀國裕課，統籌中外之深心。臣雖至愚，亦能領解。特是詳察商情，知機造各貨加税一層，不免有損多益少之病，有不敢不爲我皇上陳之者。

溯自馬關定約以後，臣在署南洋通商大臣任内，欽奉閏五月十三日電旨，飭令招商多設織布織綢等局，廣爲製造。臣當即宣布德意，廣爲勸諭，招徠中國商民。知外人得來内地設廠造貨，莫不感慨奮發。思有以防内蠹外漏之患，而又深悉朝廷恤商輕税之章，其議集股分，圖占先著者，頗不乏人。凡各處稟請購器造貨者，臣多從允准，且爲之籌備廠地，歸併釐税，計畫銷路，曲意維持。江南、湖北紗絲各廠，更屢奏明，助給官本鉅款之舉。總冀厚集商力，以挽此外溢之利源。計數年以來，江浙、湖北等省陸續添設紡紗、繅絲、烘繭各廠約三十餘家。又此外，機造之貨，蘇滬、江寧等處有購機製造洋酒、洋蠟、火柴、碾米、自來水者。江西亦有用西法養蠶、繅絲之請。陝西現已集股開設機器，紡織局已遣人來鄂，考求工作之法。四川已購機創設煤油並議立洋燭公司。山西亦集股興辦煤鐵，開設商務公司。至於廣東海邦，十年以前即有土絲、洋紙等機器製造之貨，近年新增必更不少。天津、煙台更可類推。湖北、湖南兩省已均有購機器火柴及榨棉油者。湖北現已考得機器製茶、機器造塞門德土之法，正在督飭税務司勸諭華商興辦。湖南諸紳現已設立寶善公司，集有多股，籌議各種機器製造土貨之法，規模頗盛。似此，各省氣象日新，必且愈推愈廣。彼洋商雖亦聲稱集鉅資設大廠，而迄今造就者，只上海二三家，他處未之有也。無如華商智慮初開，行銷未廣，已成之廠獲利無多，未成之廠集資非易。洋商見我工商競用新法，深中其忌，百計阻抑，勒價停市。上年江浙、湖北等省繅絲、紡紗各廠無不虧折，有歇業者，有推押與洋商者。以後華商有束手之危，洋商成獨攬之勢，商民延頸舉踵，正以寬恤保護之法望之朝廷。兩湖風氣初開，商力甚薄，尤爲惴惴。此近年來商務之實在情形也。

臣愚以爲，洋商在内地改造土貨，本於華商生計有妨，是以舊約懸爲厲禁。今迫於事勢，不得已而允之，則又當就已成之局而熟權利弊，庶免我華商有累上加累之虞。竊謂今日各洋廠設否聽之，而華商機器製造之税如故。洋商開一廠則華工習一法，洋商創一貨則華民曉一用。大抵華商性情憚於精思創物，而樂於摹仿爭利。華商用度較儉，土産較熟，足可與之相勝。果使華商本輕利穩，愈開愈多，洋商見華廠已經充牣，利息愈分愈薄，則續開者自少。即如湖北織布局一開，而江海關進口之洋布已歲少十餘萬匹可爲明徵。目前華廠已將十倍於洋廠，是機器製造之利，洋商得其二，華商得其八。且就華洋各廠合計，出貨自多，税額雖輕，税數必溢。此有益於民生，而仍有益於國計者也。即使洋廠因税輕而爭開不已，然洋廠所獲之優利，亦華廠之所同沾。其出貨之數，分利之勢，自足相敵。且洋廠所在，其一切物料必取之中國，工匠必取之中國，轉移間民必資之中國。彼華商所得者，商本盈餘之利，而其本中之利留存於中國者仍復不少。是華商之利雖去其半，而中國農工、畋漁之利仍得其全。華民沾其利又曉其工，則華商購機製造之廠必不能絶，從古未有農工盛而商獨衰者。此目前不求有益於國計，而必無損於國計，且尚不盡有損於民生者也。至於華商鼓舞，方見萌芽之時，遽行加税，則華商困阻於内，洋商抑勒於外，數年之間，已成者歇業，未開者絶響。是九洲之地産物力，萬國之巧法厚利，盡爲洋商壟斷之資。如謂明文則一體加税，暗中則曲予維持，目前，中華局勢，外洋情形，竊恐未能辦到。且洋商之究竟肯加税與否，亦尚不知何時，而華商則已先敝矣。即使洋商於華造者遵加，而其來自外洋者仍不能加，明知華商不能再開機廠，則不造於中華而專運之於本國，銷流日廣，貨價日增，徒存内地製造加税之虚名，而受華商阻塞利源之實害，此有損於民生，而仍無益於國計者也。從來華民最樸，不曉物宜；華工最拙，不諳機器；華商最散，不籌鉅本。是以拘守舊法，坐棄萬物之菁華，不究阜財之大用。今幸而鑑於鉅創，怵於强鄰，一旦幡然，捐棄故智，爭講機器，暢土貨，集公司之法，正是中華自振之機。若再從而泥之，以後更復何望？私憂過計，不勝悚懼。

近日與江蘇巡撫臣趙舒翹、浙江巡撫臣廖壽豐往返電商，均以暫緩加税，爲保護華商之至計。合無仰懇天恩，飭下總理衙門，將機器造貨值百抽十之新章暫行緩辦。一俟商務大盛，而各國又一體允加進口税之時，再行舉辦。彼時洋貨價漲，華貨即使加税，尚且相抵。而目前不致無自立之患，大局幸甚。又，總税務司所擬章程第一條，『凡有製造之貨，均須一律存儲關棧俟撥』等語，在總税務司之意，只爲杜絶透漏。然商民成貨，待價而沽，瞬息變易，有失之須臾而盈虧迥判者。又如機器造甎、機器碾米、機器造水泥火泥，此等笨重之物，如何搬運？如何封存？又如機器造煤油、機器造火柴，此等危險之物，同棧之貨孰不畏其延累？設有損失，恐洋關賠不勝賠矣。大抵商情樂簡而惡繁，喜活便而畏膠滯。若一概存儲關棧，交貨看貨，動須報關，即使不至留難，而貨主既嫌經官之周折，又不如本廠自存之放心，種種窒礙，必至紛紛歇業。至洋商則仍出納自如，此明明力窒華商之生機，而暗暢洋商之銷路矣。竊謂宜在運貨出口時切實查驗，不在貨成後概予封藏。應請一併飭税務司重改章程，方爲妥善。此乃農工商民公共之利害，中外貧富强弱之樞機。臣爲自强大局、力固根本起見，反覆焦思，不敢不言。所有機器製造土貨，懇請暫免加税，並貨物免儲關棧各緣由，理合恭摺具陳，是否有當，伏乞皇上聖鑒。謹奏。

御史華煇請講求務本至計以開利源摺

奏爲歲入不敷，民貧財匱，請講求務本至計以開利源，恭摺具陳，仰祈聖鑒事。

竊自各國通商以來，每歲出洋之銀爲數甚鉅。近更通行内地，小民生計日益艱難，而户部出款歲增數千餘萬，内外臣工紛紛建議，皆曰清逋賦也，核釐金也，加捐税也，皆取財之法也。天下之財，止有此數，取之過度，民力不足以供之，則亂端起矣。有變而爲節財之説者，則曰裁額兵也，除中飽也，汰浮費也。有變而爲通財之説者，則曰興工作也，振商務也，修鐵路也，設銀行也。此二説者，固較勝矣。而原本則不在是。夫國用何出？出於民；民財何出？出於地；地利何出？出於物。工作之成，成以此也；商物之通，通以此也；輪舟鐵路之運，運以此也。故董勸農桑，講求物産，爲古聖王生財之道，即今日養民致富之眞源也。民力有所不足，必須官爲補助者，可分爲二大端：一曰廣種植，一曰興水利。謹縷析爲我皇上陳之。

自兵燹以來，各省樹木芟伐殆盡。地之腴者忽瘠，民之富者忽貧。蓋果品材木足以供生人之食用者，其利視五穀爲尤豐，所謂一年之計樹穀，十年之計樹木也。乃上下因循，不知栽培愛護，往往山童壤赤，一望荒涼，小民亦菜色流離，無復承平景象，則官吏之玩視民瘼也亦已久矣。夫種植之大利，其在南方者二：曰桑，曰茶。黄河以南之省分，近水者無不宜桑，近山者無不宜茶。苟能由官籌款，購買桑秧茶子，散給民間，並講求養蠶製茗之方，不數年而風行各省矣。其在北方者二：曰葡萄，曰棉花。黄河以北之省分，天寒而地燥，惟此爲宜。葡萄可以釀酒，棉花可以紡綫織布，苟能博求良法，勸導民間，則餘利豐盈。偶有水旱偏災，無虞凍餒矣。此四事者，辦有成效，立可行銷外洋，自收權利。然地方官吏必將畏難苟安，諉於土性之不宜也，民情之不願也。天下無論何土，必有相宜之樹；無論何樹，必有可收之利。此則南北各省皆有之，皆宜之，無所容其欺飾者也。今請定一勸民種植之法，民間有能於舊有樹木外，種樹至五萬株、十萬株以上者，官爲酌給奬賞，以示鼓勵。並請定一戕害樹木之禁，有無故戕害樹木一株者，貧民罰種兩株，富民罰錢千文，以充公用。中國膏腴既廣，寒暑適平，他日百産餘盈，闢一分利源即增一分税課，天下尚憂貧乏哉！此生財之道在廣種植者，一也。

中國水利惟江南各省最爲講求。自髮捻搆亂以來，舊日河渠亦多湮塞。民既無力修復，官亦置若罔聞。至於山僻省分，及北方高燥、中原寥廓之區，則地方各官直不知水利爲何事，惟日持三尺法，以催比征徭而已。甘肅、陝西等省田地尤多荒廢，水利之不修，河患所由日亟也。興修水利，古今中外良法頗多，約而舉之，厥有八事：一曰引泉。兩山之間必有河，建堰引泉，咸資利賴。然一人之力不能成，須董以官紳，乃可集費鳩工，肇興大利。此爲牧令者於境内泉源必應確知其數，而詳求其用也。二曰築塘。泉源之大者，開泉以引之；其細者，必築塘以蓄之。可購山間高地築塘置閘，派公正紳耆專司啓閉，需水者稍納公費，爲購地、修塘、建閘之資，所謂民財民用耳。三曰開渠。無論江河溪澗，相度高下，於其上流開渠以引之，必須畎澮距川，有經有緯，旱收其利，雨水不爲災，方爲盡善。四曰通潮。沿海之區，鹹地爲多，日炙雨淋，鹹去則草木繁昌，遂成沃壤。此等海濱漲地，廣墺無垠，棄之則可惜。亟宜招民墾闢，廣開港汊，通引海潮，數月之間，即可種植。興地利、養間民〔二〕、增税額，一舉而數善備焉。五曰開井。丁寶禎爲山東巡撫，教民開井汲泉，以資灌溉，民食其利。今外洋開井機器，每副僅數百金價值，一省購數機，則高地居民永免旱熯之患。惟開井必擇有樹之地，庶用力少而成功多。六曰蓄水。北方溪澗無多，亦有雨水，惟南人知蓄水，北人不知蓄水耳。誠就低窪之地深濬爲湖，掘出之土，培隄種樹，湖寬至十丈以上，水深至五尺以上，日光不能消爍，可積至兩月不乾。七曰用車。桔槔汲水之法，工拙而事勞，惟南方之龍骨車可汲水至十餘丈。苟購置多副，雇覓熟手，分教北人，事半功倍，即可汲河水以溉田。西人柳條各車，近今水法，益加修備，並宜擇善而從，以興水利而減水患。八曰填石。西人近得新法，每田十畝，四圍掘一深溝，寬一二尺，深三四尺，填以碎石，高出地面。石能吸水，雨潦則泥濘，皆乾石能含水，久旱亦土膏脈潤。亦西法可採之一端也。斯八事者，有水可引之處，固可因地勢以暢其流；無水可引之處，亦可藉人力以收其用。此生財之道，在興水利者，又一也。

夫鄉曲細民，終歲勤動，農田所入，究有幾何？而額賦科征，急於星火。地方官吏又復視同膜外，不能教養成全。比年，各省偏災，官賑民捐，動逾百萬兩，飢寒疾苦，顛連溝壑者，仍不可計算。皆由地方官吏不能先事預防，且水利之與種植相因爲用，亦相濟而成。嘉樹密林，既能引泉致雨，可免旱災，而根蟠土中，葉蓋地面，當大雨時行，高處泥沙不致隨流而下，凡壅壓田畝、淤塞河流之患，亦可減輕。誠能以種植爲經，以水利爲緯；以水利爲體，以種植爲用，行之十餘年，而地利不日興、民生不日富、國計不日豐者，未之有也。或猶以爲迂，天下安有更捷於是者？否則雖有工作，其如無物可製何？雖有輪舟鐵路，其如無貨可運何？此又各國通商以來，濟變之良謨，救時之要策，而不可一日緩者也。應請皇上明發諭旨，責成各省督撫，轉飭府、廳、州、縣各官，將種植水利兩端，就臣摺内所已言者，因地制宜，認眞興辦；所未言者，亦實心實力，漸次擴充。果其實政及民，卓著成效，臚陳事實，送部引見，優予升階功效，稍次者酌量保奬。其藉端擾民，奉行故事者，立行參撤。仍請飭下吏部、户部妥議考核章程，通行各省，三年大計，將此二端歸入考成，庶幾積習頽風，一時丕變，貨不棄於地，富可藏於民。由是振興工作，開闢商途，出中華不涸之源，易外國無窮之利，雖各省通商，亦復何患之有？是爲生財大道，本源中之本源也。臣愚昧之見，是否有當，伏乞皇上聖鑑訓示。謹奏。

户部
工部　議覆御史華煇條陳摺

奏爲遵旨議奏事。

内閣鈔出河南道監察御史華煇奏，『歲入不敷民貧財匱，請講求務本至計以開利源』一摺，光緒二十二年八月二十三日，内閣奉上諭：『御史華煇奏請講求種植水利以開利源一摺，著該部議奏。欽此。』

據原奏内稱：『自各國通商以來，小民生計日益艱難，故董勸農桑，講求物産，爲古聖王生財之大道，即今日養民致富之眞源也。民力有所不足，必須官爲補助者，可分爲二大端：一曰廣種植，一曰興水利。自兵燹以來，各省樹木芟伐殆盡。蓋果品材木足以供生人之食用者，其利視五穀爲尤豐。夫種植之大利，其在南方者二：曰桑，曰茶。其在北方者二：曰葡萄，曰棉花。此四事者，辦有成效，力可行銷外洋，自收權利，此生財之道在廣種植者一也。中國水利惟江南各省最爲講求，古今中外良法頗多，約而舉之，厥有八事：引泉、築塘、開渠、通潮、開井、蓄水、用車、填石。斯八事者，有水可引之處，固可因地勢以暢其流；無水可引之處，亦可藉人力以收其用。此生財之道，在興水利者又一也。且水利之與種植相因爲用，亦相濟而成。嘉樹密林，既能引泉致雨，可免旱災；而根蟠土中，葉蓋地面，當大雨時行，高處泥沙不致隨流而下，凡壅壓田畝、淤塞河流之患，亦可減輕。應請皇上明發諭旨，責成各省督撫，轉飭府、廳、州、縣各官，將種植、水利兩端，因地制宜，認眞興辦』等因。

臣等查，廣種植、興水利，實爲裕國切要之圖。然必地方官平素講求，認眞經理，方能漸收實效。自兵燹以後，舊河湮塞日多，良法廢弛已久，以致水患日亟，水利不興，兼之種藝之經亦多不講，地之腴者忽瘠，民之富者忽貧。現當庫款奇絀之時，正宜設法修復，以開水源。該御史所陳，自係目前當務之急。惟各省風氣互異，南北形勢不同。因地制宜之方，臣等無從懸揣，未敢率行定議。應請將該御史所奏各節，鈔録通行各省督撫、將軍等，轉飭所屬，體察情形，奏明辦理。總期廢無不舉，利無不興。庶於國計民生，兩有裨益。至如何勸懲之法，應請旨飭下各省疆吏，申明定章，認眞考查，毋得視爲具文，於激揚鼓舞之中，寓圖賈於豐之意。所有臣等遵旨議奏緣由，謹恭摺覆陳，伏乞皇上聖鑒訓示。再，此摺係工部主稿，會同户部辦理。因往返片商，是以具奏稍遲，合併聲明。謹奏。

江蘇巡撫趙舒翹奏報蘇州開關日期摺

奏爲恭報蘇州新關開關日期，仰祈聖鑒事。

竊蘇州開埠通商，設立税關，奏准派蘇松糧儲道兼充監督，由部頒發關防，轉飭開用在案。茲據蘇州關道陸元鼎詳報，遵照總理衙門電諭，於光緒二十二年八月二十五日開關，按照章程照則徵税等情，詳請奏咨前來。臣維蘇州設關徵税，事屬創辦。現章土貨准華商請領報單，免納内地釐金，仍完子税。所收税項能否抵所失之釐，難以預必。釐金關繫餉需，容俟開關數月後，由臣察酌情形，通籌辦理。除分咨總理衙門、户部查照外，理合將蘇州新關開關日期會同通商大臣、兩江總督臣劉坤一恭摺具陳，伏乞皇上聖鑑。謹奏。

總理衙門請設鐵路總公司摺

奏爲統籌南北鐵路，擬請設立總公司，以一事權而便展拓，恭摺仰祈聖鑑事。

光緒二十二年八月初九日，直隸督臣王文韶、湖廣督臣張之洞復陳蘆漢鐵路另籌辦法各摺片，奉旨：『王文韶、張之洞會奏請設鐵路公司並保盛宣懷督辦一摺，直隸津海關道盛宣懷著即飭令來京，以備咨詢。欽此。』當經臣衙門恭録電寄王文韶、張之洞欽遵辦理，并准軍機處鈔交王文韶、張之洞摺片。八月十六日，盛宣懷親賫咨文來署。臣等公同接晤，遵旨咨詢，并據盛宣懷呈遞説帖，所論官辦之難，商辦之難，合洋股之難，借洋債之難，均確有見地。所擬招股四千萬兩，先借用部款一千萬兩，由南北洋撥官款三百萬兩，招集商股七百萬兩，借洋債二千萬兩，洋債則擬借諸美國，此其大略也。部款一千萬兩，臣等自當如數籌濟，以彰國家維持鐵路公司之盛意。南北洋之三百萬兩，係現成存款，亦不難就近撥用。至該道所擬先收商股七百萬兩，事權有屬，當可招徠。即擬借洋債二千萬兩，亦歸該道自行籌辦，由公司訂借商借商還條理，亦甚明晰。覈之王文韶、張之洞原奏，大致吻合，自應妥速定議，毋爲道旁築室之謀。

臣等以爲，鐵路亟宜興辦，官款不吝通融，惟事期有成，總當前後貫澈。臣等擬就英德款内提存銀一千萬兩備撥。俟該道將商股招足，洋債借定，即行應付，以符王文韶、張之洞原奏一面招商、一面備款之意，庶幾官商維繫，成兹巨工。惟此公司自必合南北統籌，始能展拓，蘇滬、粵漢亦當次第舉辦。督辦之員，亦必隆以事權體制，然後呼應始靈。王文韶、張之洞所奏，誠不易之理也。臣等更有請者，中國擬辦鐵路規畫逾年，既定以蘆漢爲幹路，各國觀聽所屬，非雙軌不足爲各路之倡，雙軌加費，亦復有限。況湖北鐵廠，鋼軌精良，則雙軌之工，更不宜惜。此外，測量道里，製造工需與夫設棧用人，一切未盡事宜，條緒紛繁，應由王文韶、張之洞與盛宣懷逐一詳議，奏明辦理。所有臣等統籌南北鐵路請設總公司緣由，理合恭摺具陳，並將盛宣懷所遞説帖，一併鈔呈御覽。伏乞皇上聖鑑訓示。謹奏。

謹將盛宣懷擬辦鐵路説帖，敬繕清單，恭呈御覽：

竊維蘆漢爲南北一大幹路，於拱衛京師大有益，於轉運商貨在其次。此中利弊，謹縷晰陳之。

或曰官本官辦，直捷痛快。無如鉅款難籌，尤恐將來督撫志趣各殊，辦理紛歧，因噎廢食。如福建船政創辦之初，左宗棠、沈葆楨言之，何其鄭重，卒至虛糜公費，不能推廣。造船在人以爲利器，在我以爲漏巵。以彼例此，勢必相同。此籌官辦之難也。

或曰商本商辦，便宜乾淨。無如華商眼光極近，魄力極微，求利又極奢。問工路何日可成，答以四五年。問路本實需若干，答以四千餘萬。問路息歲獲若干，答以四五年全工未竣，無利可給。聞者無不爽然而去。夫華商本無遠識，紳富則暗置恆産，有錢惟恐人知；商賈則挾資營運，一日不能無利。此集華股之難也。

或曰併合洋股，款足易成。無如洋人合股之公司，事權全屬洋人。此路原爲徵調而設，苟遇緊急之秋，彼守局外之例，不准運兵餽餉，實與造路本意相左，恐這一路予人以開端，各執利益同沾之例相與要求，必將路路被人佔造。今日路屬何國，即他日地屬何國。此合洋股之難也。

或曰借用洋債，事半功倍。無如國債向以海關實款質抵，故各國趨之若鶩。儻由公司出名，商借商還，祇能以鐵路抵押，而路未造成之際，本利全屬蹈空，洋人以操爲縱，勢必多方要挾，仍須國家批准，保其本利有著，而後可行。此借洋債之難也。

又查，蘆漢地當上游，東南各省之貨客，江、浙兩省之漕糧，由滬至津與由滬至漢輪船運費、日期相埒。萬無輪船由滬運漢之後，再轉輪車之理。是車運僅有雲、貴、川、湘之貨客，路長而費繁，本重而利輕，華商熟籌已久。況路經鄂、豫、直三省，無甚富商大賈，故欲專指蘆漢而招股，恐直無人過問。

蓋洋務商務，惟粵、滬風氣先開，乃居粵、滬之商人而視蘆漢之公司以爲遠矣。此鐵路專指蘆漢而招股尤難也。

又查，此項幹路，據德國工師錫樂巴云：由信陽州形似弓絃，約二千八百里。由襄樊形似弓背，約三千二百里。照津蘆二百十六里估價二百四十餘萬兩，約平路每里將及一萬二千兩，加之黄河大橋並鑿山填湖，共估四千萬兩左右。勘路繪圖，分頭開造，至速必須四五年。似此艱難曠遠之鉅工，付諸位卑望淺之外吏，士夫讀書稽古，必詫爲曠代未有之奇。不解公司條例，銀錢俱屬股商，公舉之總董經手，或仍誤會利權操於一人，稍不遂欲，謗議横生。能使功成而後退，成敗自有定論；若竟事墮半途，一身不足惜，其如大局何？此鐵路委諸宣懷而任事尤難也。

以上情形，宣懷在津、在鄂業已據實稟明。兹奉飭傳到京，仰蒙咨詢所及，遵當直抒所見，以備採擇：

一，請特設鐵路總公司。先造蘆漢幹路，其餘蘇滬、粵漢等處，亦准該公司次第議請展造，不再另設公司。似此西北造路，東南商股方能號召，且可泯各國窺伺之心，斷卻無數葛籐。即使各國來議，或可援照電線飭交公司查照公法議論，亦可稍助公家之力，隱消萌蘖不少。

謹查，直督、湖督會奏蘇滬鐵路歸併蘆漢公司，不再另設，係恐南北兩路同時並舉，商力愈難，更恐南商專力南路，轉致北路落後，莫如通力合作，庶可先成北路。及八月初四日，調回新加坡領事張振勳到滬，面稱南洋各埠及粵港華商均以蘆漢不願入股，無法招徠，准其帶造廣東鐵路，粵人方願入股等語。查許應鏘招股章程内，本有續由漢口接至廣東，以期筋節靈通之語。擬請現立公司不以蘆漢限制，並非迹涉恢張，實係注重幹路。

一，請由鐵路總公司招集商股四十萬股，每股銀百兩，共總收齊計銀四千萬兩。自開工日起至工竣日止，擬先收商股七百萬爲公司根基。並請暫入官股三百萬兩，爲天下倡率。官股亦照商股，掣發公司股票，申送户部存儲。俟大工告成之日，官商股分一律收利，將來或永遠列作官股，或俟商股充足，隨時歸還，悉聽官便。

謹查，南洋請辦吴淞至金陵鐵路原奏内稱，估計七百萬兩爲度。所借瑞記洋款尚餘二百五十萬兩。體察兩年後，兩淮鹽務尚可再籌一百萬兩，共計可得三百五十萬兩，足敷成本之半。其餘一半概招商股，先令造吴淞至蘇州一路，再令造蘇州至鎮江一路，以達金陵等語。今會奏請將蘇滬鐵路歸併蘆漢，合一公司所有備存。蘇滬造路官款二百五十萬兩，可否照原奏撥作鐵路總公司之官股。至兩淮鹽務之一百萬兩，恐不可靠。擬請將直隸所收海防捐款撥銀五十萬兩，共成官股三百萬兩之數。目前擬先造吴淞至上海一路，將來續造上海至蘇州一路，俱無庸再請官本。

一，請由公司先借官款一千萬兩，續借洋款二千萬兩，五年之後，分作二十五年歸還，每年應還官債本銀四十萬兩，洋債本銀八十萬兩。按商股四十萬股，每股每年僅須繳付本銀三兩，中國商民不富而庶，零星積攢輕而易舉。照西例買票後有需錢用者，股票聽其售與他人。但執票者不准不依限續繳，如不繳即作廢紙。約至十餘年後，各人已執有股票五十兩，以六釐利息計之，即可將利繳本矣。

公司忠信爲主，揣度此票似可通行。

謹查，商股必在路成之日有利可收，方能招集洋債；亦須俟工將及半有路可指，方能抵借。所以除官商股分千萬之外，必須先借官債千萬，趕緊造軌，分道開工。俟造成軌道一段，再向洋商代借一款，擬以實抵，不作空欠。先與該洋商訂定合同，庶不致受其要挾。至公司請借官款，官亦無非將所借之洋款挪撥。一俟路工造成，即當與公司洋債一律按期繳息，分限歸本。惟路工未完之先，暫免繳利，仍俟將來餘利充足，如數補繳。並擬定公司股分，得利在一分五釐之外，酌提餘利，一半歸官，藉伸報效。

一，請鐵路悉照公司章程辦理。應遴選各省公正殷實、聲望素著之體面紳商，舉充總董十二員，又選身家殷實、熟悉商務之帮董二十四人，公同招股。再由三十六人公舉銀錢總管、工程總管、參贊監察諸執事，俱按西國規模，盡除官場習氣。如有絲毫弊竇，准由有股商人指實究辦，並由户部及直湖兩督隨時派員到工查察。如果查出員董有弊，即可隨時指發究辦。一面由鐵路督辦，另議撤換。

謹查，鐵路必先遴選頭等工程洋師勘路繪圖，謀定後動。否則，毫釐千里之謬，難以半途更改。擬借何國之款，即募何國之匠。美國未貸官債，並於中國無所覬覦，鐵路工程尤精，如借美債、用美匠，各國忌心稍遜。中國於鐵路工程，尚無專門之學駕馭。洋匠教習華徒，考求工料，研究地形隨在，俱關緊要。而用人理財尤非精神貫注，不能取精用宏，風清弊絶。宣懷管窺蠡測，略貢所知，斷難驅策羣材，肩斯重任。惟乞另簡賢能，早成要舉，大局幸甚。

候補四品京堂盛宣懷臚陳自强大計摺

奏爲自强大計當舉其要，謹就管見臚陳梗概，恭摺仰祈聖鑑事。

竊自海防事起，中外上下競言自强，讜論嘉謨，日有獻納。上年經日朝之釁，藎臣志士益慨然於强弱利鈍之故，欲盡取歐洲之新法，變易華夏之舊習。朝廷深維至計，惟舉其大者遠者，於是有創辦南北鐵路之役。顧臣以爲，鐵路者所以速徵調、通利源，爲自强一端，非幹路既成即可坐而俟其强也。泰西諸邦用舉國之才智，以興農商工藝之利，即藉舉國之商力以養水陸之兵，保農工之業。蓋國非兵不强，必有精兵然後可以應徵調，則宜練兵。兵非餉曷練？必興商務，然後可以擴利源，則宜理財。兵與財不得其人，雖日言練、日言理而終無可用之兵、可恃之財，則宜育才。臣頃蒙召對，略陳愚慮。嗣軍機大臣復奉旨傳詢，俾罄蠡管窺測之微。仰見聖人兼聽，並觀邇言是察，不揣愚昧，謹以三事爲我皇上條析陳之：

一曰練兵之要。中國三代，寓兵於農。唐宋以降，專用召募，兵民久分，各國皆然。近年，東西諸國兵制，皆由募兵，而復爲徵兵。世變所趨，中國豈能獨不然哉？顧今日既糜餉千餘萬，以養無用之緑兵；復糜餉千餘萬，以養有用之練勇。髮捻平定二三十年，所謂有用之勇一旦臨敵，其僨事與緑兵等。方事之棘，各路添募，倉猝成軍，臣所目覩，多有不能持槍施放者。蓋募兵一事，無賴亡命兼收並蓄，來無所考，其弊一。少壯從軍，衰老除汰，去無所歸，其弊二。聞警增募，類驅市人，不教謂棄，其弊三。事定遣散，多爲盜賊，遂貽民害，其弊四。近者，議裁緑營，而減兵不能汰官；議建洋操，而餉重不能多練。況勇餉與兵餉不同，新勇與舊勇餉復不同。餉厚者不免相矜，餉薄者自甘廢弛。軍制愈紛，餉力愈絀，兵氣愈弱。現除京營外，各省實存緑兵練勇八十餘萬人，更新而不去舊，無此財力。制兵而不劃一，非善治軍。宜將天下畫分十鎮，海疆邊疆爲重，腹地、僻地爲輕，堅强樸實之地多徵，膏沃柔脆之區少選。參酌西法，簡練新兵三十萬人。就各鎮形勢輕重差等，兵數多寡，徵選户籍可稽，未經罪犯、年在二十以上二十五以下、體質身幹合格者，録爲常備兵，入營教練。期以三年，退爲豫備兵；亦期三年，退爲後備兵；亦期三年，退爲民兵。期以五年，除其兵籍。自豫備兵以下，平時在家服農，有事以次徵集。豫備兵每年一次，召集屯營，與常備兵合操；後備兵每年一次，召集便宜地方，使之演習；皆視道里遠近給路費。民兵不集操，在籍者皆免本户徭役。每歲十月，由各鎮揀派選兵官分赴各屬，會同州縣，驗選合格者註於籍，隨時徵充常備。壯者入營而老者退籍，老者退而壯者又復入營。歷三年，而一兵之餉得二兵之用。歷六年，而一兵之餉得三兵之用。九年以後，歲額三十萬人之餉，常得一百二十萬人之用。兵皆土著，游惰不録，其利一。更遞進退，室家可歸，其利二。事至徵召，人皆練習，其利三。事畢歸農，不流爲匪，其利四。各鎮營制餉章統歸一律，各營槍礮器械統歸一式。舉緑營、勇營悉去之，以其歲餉三千餘萬兩，練常備兵三十萬人，重訂餉章，祇期核實，不必過優，歲約不逾二千萬兩。其餘以備洋教習薪水，豫備後備兵調操路費及酌留緑營之餉，計無不足。此事爲强弱關鍵，雖加籌款項，亦所應爲。況就餉練兵，尤難濡緩。但持之貴堅，行之宜漸，或每鎮先練三分之一，練成後再行添練，以足額爲止。裁革緑兵營勇亦如之。至緑營向有城守防汛之責、護餉解犯等差，或酌留若干，屬於州縣，略如各國警察巡捕之意，而責成整飭之，自無偏廢之虞。應請特簡知兵重臣，會同兵部、户部，查明兵數、餉數，並採取英、德、俄、法、美、日諸國練兵之法，決擇參酌，釐定章程，奏准施行，永爲定制。

一曰理財之要。理財有二義，開源、節流盡之矣。今之廣製造、興礦政，以開源也。紗布各廠，成本之重，不足敵洋産；五金各礦，收效之速，不足濟急需。今之併局卡、裁冗費以節流也，減併者百一，無裨國計之大節。裁者錙銖，何當中飽之鉅？言常用則歲出歲入不相抵，言通商則輸出輸入不相抵，言洋債則竭内外之力而更無以相抵。欲求足國，先無病民；欲收商利，在挽外溢。加税之議，事未就緒。聞西人以釐金爲詞，蓋窺我國用之絀，必不能停收釐金也。應機決策，莫若徑免天下，中途釐金加關税，爲值百抽十，令彼無所藉口。釐金既免，即仿行西國印税之法，辦理得宜，計加收之關税，新收之印税，合之當倍於釐金。而免釐則出口土貨，易於流通；加税則進口洋貨，或稍清減。取益防損，利在無形。所謂足國而不病民，且陰以挽外溢之利者，此也。西人聚舉國之財，爲通商惠工之本，綜其樞紐，皆在銀行。中國亟宜仿辦，毋任洋人銀行專我大利。中國銀行既立，使大信孚於商民，泉府因通而不窮。仿借國債，可代洋債，不受重息之挾制，不喫鎊價之虧折，所謂挽外溢以足國者，此其一也。墨西哥國以九成之銀鑄錢運行中國，易我十成之銀，歲耗以萬億計。近來中外臣工多議自鑄銀元。廣東、湖北、北洋、南洋先後鑄造，分兩輕重，悉准墨銀。臣愚以爲，國家圜法，自古及今，皆自爲制度。隨人趨步，各國所無。既不能廢兩爲元，各庫出入，仍需元寶，必致無銀可鑄。查光緒十二年十月，海軍衙門奏請將應放南北洋經費及東三省餉項，均按二兩平核發，是餉需改用京平，已有成案。今宜在京師特設銀元總局，以廣東、湖北、天津、上海爲分局，開鑄銀幣，每元重京平九成銀一兩，再鑄金錢及小銀錢，使子母相權而行。凡出款俱用官鑄銀幣，各省關收納地丁、錢糧、鹽課、關税、釐金，俱收官鑄銀幣，元寶小錠概不准用，惟收款仍照庫平十成銀計算。庫平較京平，定以每百兩加平六兩。十成銀較九成銀，每百兩應加色十兩。除各庫上兑津貼銀一兩，定以每百兩加色九兩，如應交庫平足銀一百兩者，實收銀幣一百十五元。無輕重高下之別，無減平扣色之弊，易簡理得，婦孺難欺。每年度支八十餘萬，户部約可盈餘平色銀一千二百萬兩。較向來各省撥解平餘，多收當不下千萬。所謂挽外溢以足國者，又其一也。此外，商務鉅細萬端，設施有序，應請特簡通達中外商務之大臣專司商政，會同户部，取法鄰國，實見施行。興起商學，鼓舞工藝，利源無外溢，藏富於商民。君孰與不足？國何患不强？

一曰育才之要。西國人才之盛，皆出於學堂。然考其所爲學堂之等，入學之年，程課之序，與夫農工商兵之莫不有學，往往與曲臺之禮，周官之書，左氏、公羊之傳，管、墨諸子之説相符，蓋無人不學，無事不教，本三代學校之制。特中國去古既遠，寖成文具，而泰西學堂闇合道妙，立致富强，益以見古聖人之道，大用大效，小用小效，文軌雖殊，而莫能外也。近日，刑部侍郎李端棻推廣學校一摺，洞見本源，當蒙採擇。竊謂各府、州、縣驟難遍設學堂，宜令各省先設省學堂一所，教以天算、輿地、格致、製造、汽機、礦冶諸學，而以法律、政治、商税爲要。先設武備學堂一所，教以築壘、測地、槍炮製造、彈丸發送、隊伍分合、馬騎控御諸學，而以兵律戎機、有勇知方爲要。在下之趨向，全視在上之用舍。同文館、廣方言館出洋學生，糜費不少而得人不多。文科之八股試帖，武科之弓刀石，不待督責而莫不致力，其明證也。今不能盡改科舉之制，似宜專設一科，裁天下之廣額，爲新學之進階，明定功令，使文武學堂卒業者皆有出身之正途，齊仕進於科第，則聞風興起，學校如林，人才自不可勝用。應請特簡通知時務學行俱懋之大臣專司學政，會同禮、兵二部，提挈綱領，一新海内之勸聽。有志之士不自奮於有用之學者，未之有也。

以上三端，參酌歐美致富致强之術，實不外聖經足食足兵之謨。舉而措之，要在知人用人而已。所慮拘牽舊制，難以變通，又或慨然於物窮則變，意在振興，而尤慮天下督撫心志不齊，難以統籌全局。恐年復一年，外人眈眈，視我一無足恃，肆彼要求，得步進步。無兵則不能保守利權，無餉則不能充養兵力。二者互爲掣肘，甚至洋債不能再借，邊土不能自保。至其時，始悔七年之病，不蓄三年之艾，殆已晚矣。自古國家政事之張弛、强弱之機括，皆繫於君臣之謀慮，一轉移間，其效立見。臣惟國耻不可忘，邦交不可恃。伏願皇上鑑覆轍之在前，審宇宙之大勢，發憤自强，毅然定斷，勿敷衍而畏難，勿回惑於疑議。王大臣等皆公忠體國，臥薪嘗膽，同贊聖謨，國富兵强，遠人自服。此薄海臣庶所延頸企踵以俟之者也。臣管見所及，謹冒昧瀆陳，伏乞皇上聖鑑訓示。謹奏。

候補四品京堂盛宣懷請招商設立中國銀行片

再，銀行昉於泰西，其大旨在流通一國之貨財，以應上下之求給。立法既善於中國之票號錢莊，而國家任保護，利權無旁撓，故能維持不敝。各國通商以來，華人不知務此，英、法、德、俄、日本之銀行，乃推行來華，攘我大利。近年，中外士大夫灼見本末，亦多建開設銀行之議。商務樞機所繫，現又舉辦鐵路，造端宏大，非急設中國銀行，無以通華商之氣脈，杜洋商之挾持。議者謂國家銀行當全發帑本，簡畀大官，通行鈔票由部造發，如英、法等國，財賦皆出入於銀行，是户部之外府也。然中外風氣不同，部鈔殷鑑不遠，執官府之制度，運貿易之經綸，恐窒礙滋多，流弊斯集。或致委重西人，取資洋款，數千萬金，咄嗟立辦。其詞甚甘，其權在彼，利害之數，未易計度。臣惟銀行者，商家之事。商不信則力不合，力不合則事不成。欲慎始而圖，終必積小以成大。擬請簡派大臣，遴選各省公正殷實之紳商，舉爲總董，號召華商招集股本銀五百萬兩，先在京都、上海設立中國銀行，其餘各省會、各口岸以次添設分行，照泰西商例，悉由商董自行經理。臣前在上海，與開設粤閩、浙滬、江漢各海關官銀號之紳商、候選道嚴信厚議及銀行之事。嚴信厚顧全大局，情願以其獨開之銀號歸併公家之銀行，使其氣局寬展，并照匯豐銀行規，以精紙用機器印造銀票，與現銀相輔而行。按存銀之數爲印票之數，以備隨時兑現。各省官司向銀行借貸，應照西例，由總行稟明，户部批准，以何款抵還，方能議訂合同。歐洲國債數千百萬，皆由銀行籌辦，印發借券。應收年息，歸行取付。大信不渝，集事自易。嗣後，京外撥解之款，可交匯以省解費；公中備用之款，可暫存以取子息。官造銀元，尚不能通行盡利者，可由銀行轉輸上下，官得坐收平色之利。銀行用人辦事，悉以滙豐章程爲準則，合天下之商力以辦天下之銀行，但使華行多獲一分之利，即從洋行收回一分之權。並照西例，俟有餘利，酌量提捐歸公，預定章程遵守。商民既交得其便，國家即陰受其益。俟將來官商交孚，内外政法變通盡利，再行籌設國家銀行，與商行並行不悖。庶幾早見指施，以免空言無補。謹附片陳請，伏乞聖鑑訓示。謹奏。

候補四品京堂盛宣懷請在京滬設達成館以儲使才片

再，使命不辱，專對稱能，自非學人莫任斯選。邇者環球通商，皇華載道，泰西各國來華使臣，類能尊主庇民，克舉厥職。雖憑藉國勢，要其才行，多有本原。日本維新未久，觀其來者，亦往往接武西士。中國遣使交鄰，時逾廿載。同文之館，培植不爲不殷；隨使之員，閱歷不爲不廣，然猶不免有乏才之嘆者，何歟？毋亦孔孟義理之學未植其本，中外政法之故未通其大，雖嫻熟其語言文字，僅同於小道可觀，而不足以致遠也。

臣上年在津海關道任內，籌款設立學堂，招選生徒，延訂華洋教習，分教天算、輿地、格致、製造、汽機、化礦諸學，稟經直隸督臣王文韶奏明開辦。本年春間，又在上海捐購基地，稟明兩江督臣劉坤一籌款議建南洋公學，如津學之制而損益之。俟籌款就緒，再當陳奏。綜厥程課收效，皆在十年之後。且諸生選自童幼，未有一命之秩，既不能變更科舉，即學業有成，亦難驟顯擢〔二〕，予以要任，相需方殷，緩不濟急。日本明治初元，麑島、馬關戰屢失利，諸藩皆擇遣藩士翹楚，厚其資裝，就學外國。今當路諸人，率出於此。擬請略取其意，在京師及上海兩處各設一達成館，取成材之士，專學英、法語言文字，專課法律、公法、政治、通商之學。期以三年，均有門徑，已通大要，請命出使大臣，奏調隨員，悉取於兩館。俟至外洋，俾就學於名師，就試於大學，歷練三年。歸國之後，內而總署章京，外而各口關道使署參贊，皆非是不得與。資望既著，即出使大臣、總署大臣之選也。其入館之法，兩館各以三四十名爲額。京官取翰林編檢、六部司員，外官取候補候選州縣以上、道府以下。令京官四品以上，外官三品以上，各舉所知，出具切實考語，保送特簡。專使學政大臣考取，分發京師、上海兩館，其常年經費、延請洋教習及館舍膏獎、書籍食用各項，每年兩館約需銀十萬兩，請由臣在所管招商輪船、電報兩局内捐集解濟，以伸報效。其設館之地，京師由專司學政大臣酌定，上海附於南洋公學。詳細章程，俟奉俞旨後，由專司學政大臣核定奏咨照辦。

抑臣更有陳者，孔門以德行爲首科，西學以修身爲根本。必先貞固，乃爲幹事之材，未有華士可當重遠之寄。保送之人，必以志操堅卓、器識深穩爲指歸，勿震聲華，勿牽私故，庶幾行己有恥，可使四方。此則内外諸臣所共知，而在臣特爲鰓鰓過慮者也。謹附片具陳，伏乞聖鑑訓示。謹奏。

御史孫賦謙請武場考試變通舊制摺

奏爲武場考試技勇仍請變通舊制，以急先務而濟時艱，恭摺仰祈聖鑑事。

竊維道與時爲轉移，政隨時爲改革。自古聖人御世，未有蹈常襲故而不因時以制宜者也。矧當外患迭乘，前車可鑑，尚可拘於成例，不急思禦敵之方乎？臣於去年九月二十八日，具摺請停試刀石，而改槍砲，以儲將才。奉旨交兵部議奏，嗣經兵部奏駁，引嚴禁私藏火藥之例，謂如改試槍砲，是火器爲士子演習所必需，官不能禁其私藏；倘藉睚眥小怨，滋生事端，恐啓紛爭之釁。所奏著毋庸議。惟令營用武進士及落第武舉之發標者在營練習洋槍洋砲等因。奉旨：『依議。欽此。』在部臣恪遵定例，過患未萌，誠屬杜漸防微之意。然臣竊謂部臣所見，猶未即天下大局而統籌之也。昔人云：『兩利相形取其重，兩害相形取其輕。』今以槍砲論之，弛其禁而紛爭，恐傷人命；嚴其禁而考試，不得將才。人命之傷，所傷者數人，即至多亦數十百人。然將才不得，則敵以巧利相攻，我以笨拙致敗，其被傷者雖千萬億兆而不止。一則下爲閭閻之害，一則上貽社稷之憂，此其害果孰輕孰重乎？夫人苟有仇讎，必期致之死地，即刀劍亦足逞兇。不禁刀劍而禁槍砲，遂能防其滋事耶？再如各省大盜皆執洋槍以行劫，而良民拘於例章，反不能執槍以禦之，故明火截路之案，傷亡者因以滋多也。況近日洋槍盛行，民間處處皆有，雖禁實不能禁。地方官吏安得比户而稽之？風聞廣東械鬬，不但羣放火槍，而且環列大砲，官吏又烏能禁之乎？刻下吏治廢弛，患在粉飾具文而不實事求是耳。若事事認眞，自强亦何難之有？方今外洋諸國皆由武備學堂拔取將士，以期精益求精。而我但令營用進士、落第武舉練習槍砲，是以中下之材敵上駟，欲並駕齊驅而不能，尚安望其捷足先登也哉！然則，爲我國家計，與其嚴槍砲之禁，博虛名而受實禍，何如弛槍砲之禁，選將材以練兵戎？

時務之急，大局攸關，其考試之法，臣前摺已略言之。應請宸衷獨斷，熟權利害，明降諭旨。俾各督撫、學政出示通行，自明年歲考爲始，凡武試諸場，皆停刀石而習洋槍砲，則以之禦敵無難矣。臣爲時宜起見，故再瀆陳，伏乞皇上聖鑑訓示施行。謹奏。

校記

〔一〕間　當作「閒」。

〔二〕據文意，「驟」下當有「膺」字。

奏議輯覽初編卷第五

軍機大臣等議覆盛宣懷條陳摺

奏爲遵旨妥議具奏，恭摺仰祈聖鑑事。

光緒二十二年九月二十六日，軍機處抄交候補四品京堂盛宣懷條陳自强大計暨設立達成館並開設銀行各摺片。奉旨：『著軍機大臣、總理各國事務衙門、户部妥議具奏。欽此。』

臣等查原奏内練兵一條所稱：『近年中國既縻餉千餘萬以養緑兵，復縻餉千餘萬以養練勇。計各省實存緑兵練勇八十餘萬人，更新而不去舊，無此財力；制兵而不畫一，非善治軍。宜將天下畫分十鎮，海疆、邊疆爲重，腹地、僻地爲輕。堅强樸實之地多徵，膏腴柔脆之區少選。參酌西法，簡練新兵三十萬人。就各鎮形勢輕重差等、兵數多寡，徵選户籍可稽，年在二十以上、二十五以下，體質身幹合格者，録爲常備兵，入營教練，期以三年退爲豫備兵，亦期以三年退爲後備兵，亦期以三年退爲民兵，期以五年除其兵籍。自豫備兵以下，平時在家服農，有事以次徵集。豫備兵每年一次召集屯營，與常備兵合操。後備兵每年一次召集便宜地方，使之演習，皆視道里遠近，給予路費。民兵不集操，在籍者皆免本户徭役。每歲十月，由各鎮揀派選兵官分赴各屬，會同州縣，驗選合格者註於籍，隨時徵充常備。壯者入營，而老者退籍，老者退而壯者又復入營，歷三年，而一兵之餉得二兵之用，歷六年而一兵之餉得三兵之用。九年以後，歲額三十萬人之餉常得一百二十萬人之用。各鎮營制餉章統歸一律，各營槍礮器械統歸一式。舉緑營、勇營悉去之，以其歲餉三千餘萬而練常備兵三十萬人。重訂餉章，歲約不逾二千萬兩。其餘以備洋教習薪水、豫備後備兵調操路費等用，計無不足』等語。臣等查，添練新軍，必須寬籌的餉。上年臣户部籌款奏内，奉旨令各直省將緑營兵額裁七留三。嗣經先後奏到，除山東請減五成，自本年始陸續裁汰，將每年節存餉項銀數開單奏咨辦理，奉旨允准外，其餘各省所裁兵數多寡不一，現已時閱年餘，辦理情形究竟若何，均未據續行奏到。擬請旨飭催各直省，將裁減兵數及切實辦法速行奏明，毋得仍以含混延宕之詞一奏塞責。近來内外軍務均已平定，如江南之榆關撤回各營，陝西之善後防軍固應一律盡裁，即直隸之練軍、旅順之毅軍、長江之内河水師，亦擬請旨，飭令分别核實裁減，以節虚糜。以上二項騰出之餉，專款存儲，以備添練新軍之用。以目前情形而論，亦只有就北洋袁世凱、聶士成兩軍及江南自强軍、湖北洋操隊將西法切實講求，認眞訓練，悉成勁旅。俟裁減兵勇，節省銀兩，核明確數，再行逐漸推廣。盛宣懷所奏分畫十鎮，簡練三十萬人，舉緑營、勇營悉去之，約計海疆、邊疆已屬不敷分布，而腹地、僻地過形空虚，亦非所宜。且三年退换，一弛不張，諸多窒礙，應請毋庸置議。至各營槍礮宜歸一律，内外臣工條奏多持此説。本年七月督辦軍務處奏請飭下劉坤一、張之洞將新製槍式，彼此較準，畫一辦理。迄今尚未復奏，相應請旨飭催，並令將上海、湖北兩局廠每日可出快槍若干枝，每枝合價銀若干，迅速具奏。

其理財一條所稱：『欲求足國，先無病民；欲收商利，在挽外溢。加税之議聞洋人以釐金爲詞，蓋窺我國用之絀，必不能停收釐金也。應機決策，莫如徑免天下，中途釐金加關税，爲值百抽十，令彼無所藉口。釐金既免，即仿行西國印税之法，辦理得宜，計加收之關税、新收之印税，合之當倍於釐金。西人通商惠工之本，其樞紐皆在銀行。中國亦宜仿行。』及另片所奏『遴選各省公正殷實之紳商舉爲總董。招集股本銀五百萬兩，先在京都、上海設立中國銀行，其餘各省會、口岸以次添設，由商董自行經理。』摺内又謂，『墨西哥國以九成之銀鑄錢運行中國，易我十成之銀，歲耗以億萬計。近來廣東、湖北、北洋、南洋先後鑄造銀圓，分量、輕重悉准墨銀，既不能廢兩爲圓，各庫出入仍需元寶，必致無銀可鑄。擬請在京師特設銀圓總局，以廣東、湖北、天津、上海爲分局，開鑄銀幣，每圓重京平九成銀一兩，再酌鑄金錢及小銀錢，使子母相權而行。凡出款具用官鑄銀幣，各省關收納地丁、錢糧、鹽課、關税、釐金，俱收官鑄銀幣，元寶小錠概不准用。惟收款仍照庫平十成銀計算，庫平較京平，定以每百兩加平六兩，十成銀較九成銀每百兩應加色十兩。除各庫上兑津貼銀一兩，定以每百兩加色九兩，如應交庫平足銀一百兩者，實收銀幣一百十五圓，無高下輕重之别，無減平扣色之弊。以每年度支八千餘萬計之，户部約可盈餘平色銀一千二百萬兩，較向來各省撥解平餘，多收當不下千萬』等語。臣等查，各省設卡抽釐，爲近來入款之一大宗。如果洋税可以加至值百抽十，將釐卡一律裁撤，非惟入款足以相抵，抑且體恤商艱。無如值百抽十之議，各國多方齟齬，尚未定局。且釐金爲我自主之權，洋貨可免，土貨未能一律全免。印花税雖擬仿行，將來辦理能否得法，亦無把握。此徑免釐金之説，此時未便遽行者也。至開設銀行一節，業已奉旨責成盛宣懷選擇殷商設立總董，招集股本，合力興辦矣。其所稱開鑄銀圓酌加分量一節，是以維持利權之一策。臣等公同商酌，亦擬責成盛宣懷俟銀行辦成後，准其附鑄一兩重銀圓，以十萬圓爲率先在南省試行。如果可以流通，毫無窒礙，再由户部妥議章程，奏明辦理。

其育才一條，所稱西國人才之盛，皆出於學堂。中國各州縣一時未能徧設，宜令各省先設省學堂一所，教以天算、地輿、格致、製造、汽機、礦冶諸學，而以法律、政治、商税爲要。先設武備學堂一所，教以築壘、測地、槍礮製造、彈丸發送、隊伍分合、馬騎控御諸學，而以兵律戎機、有勇知方爲要。文武兩科不能盡改舊制，似宜專設一科，裁天下之廣額，爲新學之進階。明定功令，使文武學堂卒業者皆有出身之正途，齊仕進於科第，則聞風興起，有志之士無不自奮於有用之學。並另片所奏京師及上海兩處，各設一達成館，取成材之士專學英、法語言文字，專課法律、公法、政治、通商之學。兩館各以三四十名爲額，京官取編檢、六部司員，外官取候補、候選州縣以上、道府以下。令京官四品以上，外官三品以上，各舉所知，出具切實考語保送，另簡大臣考取分發兩館。每年一切經費約需銀十萬兩，由盛宣懷所管招商輪船、電報兩局捐集解濟各等語。臣等查，學堂之設，已由臣總理衙門於上年十一月議覆御史陳其璋所奏，請旨飭下沿海將軍、督撫於已設學堂者量爲展拓，未設學堂者擇要仿行。及本年七月議覆侍郎李端棻奏請推廣學校摺內，令内地各府州縣，或就原有書院量加程課，或另建書院肄習專門。業經先後奉旨允准，通行各省遵辦。至武備學堂，現已設立者，僅有南北洋數處，自應酌量推廣，擬請旨飭下各省將軍督撫，體察情形，能否於各省省會中一律添設之處，妥籌辦理。至所稱在京師、上海兩處各設達成館一節，自係爲急求人才起見，應請照准，此事爲國家重大之舉。所有常年經費擬由户部籌定的款，按年撥給。未便如盛宣懷所奏，由招商、電報兩局集股解濟，以崇體制。至館中一切章程及應送何項人員入館肄業之處，俟建造房屋落成，請旨簡放大臣後，再行詳議具奏。

所有臣等遵議各緣由是否有當，伏候聖裁。再，此摺係軍機處主稿，合併聲明。謹奏。

禮部議覆秦綬章請整頓各省書院摺

奏爲遵旨議奏事。

光緒二十二年八月二十四日，軍機處片交本日翰林院侍講學士秦綬章奏『請整頓各省書院預儲人才』一摺。軍機大臣面奉諭旨：『著禮部議奏。欽此。』鈔録原奏到部。

查原奏内稱：國勢之强弱，視乎人才；人才之盛衰，繫乎學校。欲補學校所不逮而切實可行者，莫如整頓書院之一法。各省書院之設，每府州縣多或三四所，少亦一二所。其陶成後進爲最多，其轉移風氣亦甚捷。整頓書院約有三端：一曰定課程。宋胡瑗教授湖州，以經義治事，分爲兩齋，法最稱善，宜仿其意，分類爲六[一]：曰經學，經説、講義、訓詁附焉；曰輿地之學，測量、圖繪附焉；曰算學，格致、製造附焉；曰譯學，各國語言文字附焉。士之肄業者，或專攻一藝，或兼習數藝，各從其便。制藝試帖，未能盡革，每處留一書院課之已足。一曰重師道。書院山長必由公舉，不論爵位年歲，惟取品行端方，學問淵博，爲衆望所推服者。其算學、譯學，目前或非山長所能兼，則公舉諸生中之通曉者各一人，立爲齋長分課之，而仍秉成於山長。省會書院規模較廣，山長而下兼設六齋之長，分廛列舍，與諸生講習其中。一曰籌經費。各屬書院，或田畝或公款生息，或官長捐廉，或紳富樂助，皆有常年經費。即或僻陋之區，容有不足，就本地公款酌撥，亦屬爲費無多，此整頓書院之大概章程也。

蓋經學爲綱常名教之防，史學爲古今得失之鑑。掌故之學，自以本朝會典、律例爲大宗，而附以各國條約等則，折衝樽俎，亦於是儲其選焉。輿地尤爲今日之亟務，地球圖説實綜大要；其次，各府州縣以土著之人隨時考訂其邊界要隘、水道土宜，言之必能加詳。再授以計里開方之法、繪圖之説，選成善本，尤能補官書所未備。算學一門，凡天文、地理、格致、製造，無不以此爲權輿。譯學不獨爲通事傳言，其平日並可繙譯西學書籍，以資考證。若夫武備、學師、機器、礦務等學堂，則必於江海衝要之地，都會繁盛之區，統籌大局，以次振興，固非書院之所能該而其端實基於此等語。臣等查，各省建立書院，本爲育才之地。本年山西巡撫胡聘之奏請變通書院章程，併課天算、格致等學，奉旨允准，經臣部通行各省在案。又刑部侍郎李端棻奏請推廣學校，量加書院課程，亦經總理衙門議准有案。近日，各省整頓書院，其見諸奏報者，如江西之酌裁友教書院童卷，移設算科；陝西之創設格致實學書院，均經議有章程。今該侍講學士所擬定課程、重師道、籌經費各條，亦爲實事求是起見，應請一併通行各省督撫、學政參酌采取，以擴舊規而收實效。

又原奏内稱：學成必期於致用，設科尤貴乎得人。今擬於考試之中略仿選舉之法，凡各屬書院肄業諸生中有學業成就、超越等倫者，由山長會同府縣咨送省會書院，甄别入院，肄業再於省會拔其尤，由山長咨送學政存記。其童生即由學政歲科酌量取進。貢監諸生則如鄉試時，由學政造册咨送監臨，於卷面編號外，另加標識如經學、史學等字樣，或經學兼某學等字樣，以待考官酌定取中。三場策問經史而外，本得以掌故輿地爲問，可著爲定式，並略弛時務之禁。其算學、譯學，由學政咨送總理各國事務衙門，予以正途進身之階，或别設專科等語。查，光緒十三年御史陳琇瑩奏請，將明習算學人員量予科甲出身。經臣部會同總理各國事務衙門議，以試士之例，未容輕議變更；而求才之格，似可量爲推廣。擬令各省學臣於歲科試時，生監中有報考算學者，除正場考試以四書經文詩策外，其考試經古場内，另出算學題目，果能通曉算法，即將原卷咨送總理各國事務衙門，覆勘註册。俟鄉試之年，按册咨取，赴總理衙門試以格物、測算及機器製造、水陸軍法、船砲、水雷或公法條約、各國史事諸題，其明通者録送順天鄉試，不分滿合貝皿等字號，如人數在二十名以上，統於卷面加印算學字樣，與通場士子一同試以時文策問，比照大省官卷定例，每二十名於額外取中一名。但文理精通即爲合式卷數，雖多亦不得過三名，以示限制等因在案。乃自議准以後，祇十四年戊子科鄉試，報考算學者三十二人，照章取中舉人一名。此後歷科鄉試，均以不滿二十名散入大號。推原其故，厥有二端：一以各省學堂之設，所肄習者不過繙譯之事、製造測繪之能，而不讀詩書，未諳功令，雖觀光有志，終不免就試乏人。一以天姿英敏之人，制藝之外，力能兼通西學，一經編入算學，雖有佳文，反致限於額數，不能取中，遂各不願報考。

現議整頓書院，采西學之長而仍以中學爲根柢，體用兼備，洵足以儲遠大之材。惟如該侍講學士所奏，諸生中學業有成者，鄉試時由學政造册咨送監臨，於卷面另加標識經學、史學等字樣，待考官酌定取中等語。按之科場條例，殊多窒礙難行。至算學、譯學别設專科，尤非一時所能遽議。臣等公同商酌，擬仍查照光緒十三年會議成案，各省生監有通曉算法及格致等學者，由學政考取，咨送總理各國事務衙門覆加考驗，録送順天鄉試，不分滿合貝皿等號，均編入算學字號，與通場士子一同試以時文策問，每二十名取中一名。如果人數衆多，文理優長，應請毋庸拘定三名限制，以廣其登進之路。至三場試策，一切時務，並無例禁命題明文。嗣後，鄉會試策問應准考官兼問時務，除語涉譏刺標榜仍屏斥不録外，如有精通中外各學而議論恢閎、實能自抒所見者，即首次場文字稍平，亦准酌量取中。又學政經古場内已有考試算學之例，並令兼試時務策論，録取者予以補廩入泮。其省會書院肄業各生有學問淵通、材藝卓著者，准山長隨時咨送學政存記。此外，考選優生及選拔各場，亦以通經致用爲主，不得仍沿舊習，專於詩賦楷法中求材。以上各節，亦第就科舉成法量爲擴充而推行，尚無流弊。該督撫學政等果能留心培植，甄拔眞材，風氣既開，人才亦當日出矣。

所有臣等遵議緣由是否有當，伏乞皇上聖鑒訓示遵行。爲此謹奏。

御史陳其璋請各省開礦摺

奏爲鐵路既興宜開礦利以裕度支，恭摺仰祈聖鑒事。

竊以周官理財列丱人之職，漢史地志詳銅鐵之官，誠以有國利賴。農桑之外，厥惟礦利爲大。近年已屢經各督撫奏請開採，奉旨允准者，如漠河之金礦、開平之煤礦、平泉之銅礦早經興辦，他如嶧縣、新疆、湖北尚有數處，每苦於運售不易，故風氣未能大開。茲鐵路公司已奉特旨准辦，數年之内，必可觀成，則各省有礦之處，皆可陸續辦理。轉運既便，開採尤有把握。今將有礦處所及利益情形，敬爲我皇上陳之。

中國五金煤鐵之富甲於地球，久爲西人所豔羨。癸酉年，西報稱德人游歷中國，曾遵直隸、山東、湖南、湖北等省探悉，礦産極富，煤礦尤多。復聞山東、山西、雲南亦然。奧國博物院謂中國煤産以江西樂平、山東萊州、浙江江山及湖南等處爲最，而莫多於山西。比利時議院謂中華土厚人稠，金、銀、鐵、錫四金之礦所在多有，通國煤産十倍於英。李提摩太時事論謂，山西礦産曾經德人游歷，稱該省煤鐵之礦品居多至三十萬餘英方里。礦産之見於西人稱述者如此。其見於臣工奏摺者，如前兩江總督沈葆楨覆陳洋務事宜疏，謂福建古田等處産鐵甚旺，洋人用之，皆以爲鐵質勝於西洋。前福建巡撫丁日昌海防條議，稱磁縣、平陸、大同、太平、米脂等處皆煤多而佳，濰縣、萊蕪等處皆有煤而魂亦大，鎮江之東南山煤鐵五金似皆可採，浙江之金華、福建之平定則有煤井，各省産鐵尤多，廣東之芝麻鐵尤有堅力。近日出使大臣許景澄所譯俄圖，稱新疆和闐至羅布淖爾一帶，共有金礦十七處，皆經俄人測繪可憑。礦産之見于臣工奏報者又如此。富蘊含積，既若是之多，外洋測探，又如此之確。擬懇皇上飭下各督撫、將軍，遴派熟悉礦務之員，相度地脈，擇要開採。既可以固邊防，并可以裕餉項。

查光緒六年西報，稱西伯利亞與中國接壤，每座界石相距三百里，界間有二水直注俄境，而發源則在中國境内。近得金礦之總脈，亦在江水發源處。如界綫作弓背形，則江水之源應在俄國。又英人卡卜登議云：『中俄之隔，僅界一綫，提封迤邐而南，漸入佳境，五金之礦徧于地中，俄苟有意并吞，何必舍近求遠。』前出洋大臣薛福成日記稱：「東三省内外，蒙古地方産金最多。土謝圖部與俄人接壤，東西數百里，到處産金。恰克圖迄西之切貴河分流諸水，金沙尤多。俄人在切貴河挖金，往往侵入華疆，尤爲邊圉之急患。況近者法人議約，即以雲南礦務爲言。與其漫藏而資以盜糧，何如克事而絶其窺伺？此礦務之有益于邊防也。

又查，列國歲計政要載礦税一項，計布國礦利二千三十萬九千六百八十大拉，合銀八百九十三萬六千餘兩。俄國金礦餘銀二兆六十九萬八百四十二磅，合銀一千七十六萬三千餘兩。比利時礦捐六十二萬八千福蘭格，合銀十一萬九千餘兩。英美兩國礦産至旺。各國徵收鑛税之法，皆可仿行。此鑛務之有利於餉項也。大約辦理之法，邊塞要地可采，籌洋芻議之言，就近調集兵營，以資開採。至腹地繁區，可仿照西洋公司之例，集股興辦。商股如不足，以官款濟之，十年之後，美利無窮。居今日而策富强計，無便於此者。又四國日記稱：俄人設鑛學、鑛律以經理其事，税入之數，例取什一。

臣備員臺諫，竊見時局之難，庫儲之絀，不敢安於緘默，謹臚列具陳，是否有當，伏乞皇上聖鑑施行。謹奏。

湖廣總督張之洞奏設武備學堂摺

奏爲鄂省設立武備學堂以教將領之材，恭摺具陳，仰祈聖鑑事。

竊照光緒二十二年閏五月二十八日奉上諭：『練陸軍、整海軍、立學堂，皆應及時舉辦等因。欽此。』又光緒二十二年十一月初二日奉上諭：『武備學堂能否於各省會一律添設，著妥籌具奏等因。欽此。』亟應欽遵辦理。臣查自強之策，以教育人材爲先；教戰之方，以設立學堂爲本。湖北地據長江上游，南北樞紐，又將來鐵路所發端，尤爲用武之邦。當此時勢多艱，自宜開設武備學堂，以儲將材而作士氣。臣於上年回鄂後，即經欽遵前旨，力籌舉辦。一面電致外洋，選募洋員教習，一面規畫籌款，建堂招考學生等事。查近年外洋各國講求兵事，益爲精密。向來中國學堂所教，多係俊秀幼童及各營兵勇，文理既昧，氣質亦粗，斷難領會精要，且資地寒微，出身尚遠，數年之中，斷不能遽膺文武官職，安望其展轉倡率，廣開風氣？況所教學生若僅可充末弁兵勇之選，則一堂之經費、數年之功力，止成就弁勇百餘名。多設則爲數不貲，少設則無裨實濟。

大率外洋武備學堂分爲三等，小學堂教弁目，中學堂教武官，大學堂教統領，學術淺深難易，以此爲差。今中華爲救時之計，雖不能遽設大學堂，而教武官之學堂則不可緩。取材精而經費省，用功約而收效多。今擬專儲將領之材，專選文武舉貢生員及文監生、文武候補候選員弁以及官紳世家子弟，文理明通、身體强健者，考取入學堂肄業，緣上項諸人皆科名仕宦中人，將來效用於國家，引伸會同，展轉傳授，上則可任帶兵征戰之事，次亦可充營務募府軍械局所之官。蓋此輩即或未能有衝鋒決勝之才，然於考核弁兵、籌備餉械、整飭製造各局、察閱礮臺營壘諸事，則固優爲之矣，裨益多而收效速，似乎無逾於此。嘗惟兵事爲國之大政，古者學校中人無不先習射御，實我朝八旂文員兼習騎射之意相同〔二〕。而司馬法一書列入禮家，故卿士大夫皆爲軍官，伍兩卒旅悉入鄉校。春秋傳云：『雖有文事，必有武備。』此先聖身體力行之效，經義昭然。以至孔門諸賢多能戮力行間，執戈衛國。唐宋以後，文武分趨，殊失古人教士良法美意。泰西諸國民皆爲兵，將皆入學，頗於古義有合。今擬合文武爲一途，雖曰因時制宜，實則反經復古也。

查武備學堂功課，分講堂、操場兩事。講堂以明其理，操場以盡其用。講堂如軍械學、算學、測繪、地圖學、各國戰史，營壘、橋道製造之法，營陣攻守轉運之要。操場功課如槍隊、礮隊、馬隊、營壘工程隊、行軍礮臺、行軍鐵路、行軍電線、行軍旱雷演試、測量、演習、體操等事，皆須次第講習通曉，始有實用。經臣於上年電致出使德國大臣許景澄，向德國兵部商派都司法勒根漢、千總根次二洋員來鄂教習。曾與德兵部議定到華後，法勒根漢加給副將銜，根次加給游擊銜，令其體制較優，以資表率管束。並議定歸總辦道員節制，惟學生百餘人，教習僅止兩人，不敷講授，疊據該洋員堅請，添募數人，以資協理。現經電商兩江督臣劉坤一，於江南自强軍洋員中，調撥洋員三人來鄂。乃法勒根漢挑選甚嚴，僅留德守備斯忒老一員，令入武備學堂，隨同教習，尚短一員，允俟隨後再行訪募。其餘何福滿、賽德爾兩員，派入護軍營洋操隊教練弁勇。其功課章程，令洋教習酌議，總辦道員核議轉稟，由臣核定飭辦。洋教習課程餘暇，即令其誦讀四書，披覽讀史兵略，以固中學之根柢，端畢生之趨向。另派華教習經理考選學生百二十名，並選派粵津學堂出身、久充教習者十二員爲領班學生，按照洋教習講説課程，譯成華文華語，轉述指授。諸生入堂以後，無論何項功名，統爲學生，均須恪遵規矩，虚心授教，違章者即行屏除。除火食操衣均由學堂供給外，每月給贍銀四兩。分定月課、季課、年終大課，以考其優劣。如果將來學有成效，擬請援照直隸江南奏定學堂年限章程請奬，並擇委差缺，以示破格鼓勵。

茲於湖北省城東偏黄土坡地方購地，建造武備學堂。該堂未造成之先，暫借鐵政局及該局附近暫賃房屋爲棲止之所，派委署江漢關道湖北候補道蔡錫勇總辦該學堂事宜。令該道督同洋教習妥定課程，認眞激勸。並委奏調分省知府錢恂、浙江候補府聯豫充學堂提調，令其考核經費，約束學生，整飭一切。責令該員等與洋教習商酌協助，隨時維持，以期有實效而無流弊。查武備學堂歲費甚鉅，鄂省之力本難辦此，然當此時艱事急，間暇不易得，人材不易成，若再一因循，蓄艾已晚，反覆焦思，不能不勉力爲之。現擬暫在鹽務雜款及銀元局贏餘項下設法凑撥。惟此係國家經武儲材之要政，倘若零星凑補，勉强支持，亦爲非體，將來尚須籌定常款，奏明辦理，以期經久。除咨總理衙門外，所有設立武備學堂緣由，理合會同湖北巡撫臣譚繼洵恭摺奏陳，伏乞皇上聖鑑。謹奏。

直隸總督王文韶奏陳北洋辦理善後新增用款摺

奏爲北洋辦理善後，新增獵艇練船學堂船塢修理槍廠，及各船附練教習學生練勇新餉公費等項用款繕單，恭摺具陳，仰祈聖鑑事。

竊臣統籌北洋海防摺内，奏請照原定章程大加收束，購配機件，量設工役，派員經理軍械局、醫院、濬澳船隻、指泊員役等項，勢所必需，亦應酌量舉辦。並整理各學堂，簡選練習，以儲將才，嚴飭各練船認眞操巡，以嫻兵備，器械之應添購修理者，督飭隨時籌辦等因，欽奉諭旨轉行遵照在案。兹據海防支應局司道詳稱，旅順船塢業經開辦，應需修整。各工程、運卸各船隻，均應次第經理調遣供差，其飛霆、飛鷹兩船，餉費係由糧臺移交，該局接支；建靖一船，改名通濟，亦經告成。並照案添設練勇學堂，由局起支薪餉。天津奏設俄文館以習俄文，軍械局增修槍廠以修槍械，種種用款，均遵照奏案，將應需各額薪餉數目撙節酌擬，稟奉核准，分別日期起支，於北洋海防經費内動撥，年終彙案造銷。此外，未盡事宜，容再隨時核擬詳辦，開單造册詳請奏咨立案前來。臣覆核無異，除清册分送户兵工部查核外，理合謹繕清單，恭摺具陳，伏乞皇上聖鑒，敕部立案。謹奏。

直隸總督王文韶覆陳試辦磁州煤礦片

再，磁州煤礦前經御史陳其璋奏，奉諭旨，飭臣揀派熟悉礦務、辦事實心之員，認眞履勘，擬定辦法，據實具奏等因，欽遵在案。

查磁州之西五十里彭城鎮，右倚太行山麓，與山西潞安府、河南彰德府毗連，素産煤鐵。居民以土法開挖，不能深取，往往時興時廢。其中吳家窪之煤最爲著名，名爲大紅炭，可備鎔鍊鋼鐵及輪舟、火車各項機器之用。舊有煤井十二座，停止年久，積水甚深。經臣飭委候補知縣葉溶光前往履勘，擬就舊井，先購機器，吸水試行，開採挖煤皆用人工，俾本地窮民得有生計，所出之煤以供本地磁窑灰窑等用，銷路亦暢。該處爲蘆漢鐵路必經之地，將來鐵路告成，即可資其煤以爲用，而該處煤鐵各礦亦可逐漸擴充。目前實爲發軔之始，臣復飭候補知府陳忠儼會同葉溶光，將招股購器諸事認眞妥籌辦理，茲據酌擬章程稟請奏明試辦前來。臣查，直省可開之礦，如臨榆、撫寧、平泉、建昌、朝陽、赤峯等處，皆經臣先後委派道員徐潤、同知錢鑅等分投查勘，次第經營，而磁州煤礦尤係奉旨飭辦之件。該員等所擬辦法均尚妥協，自應准其試辦。除批飭認眞經理外，理合附片覆陳，伏乞聖鑑。謹奏。

兩江總督劉坤一奏陳江甯等處礦務情形摺

奏爲籌辦江甯等處礦務，謹將大略情形恭摺仰祈聖鑑事。

竊查光緒二十二年二月初九日，欽奉諭旨：『據御史陳其璋奏，鎮江之東南山煤鐵五金皆有可採，著派熟悉礦務、辦事實心之員，按照所指地名，認眞履勘，擬定辦法具奏等因。欽此。』臣等伏查，目下時局，非廣興礦產不足以資利用。年來風氣漸開，雖商民亦知開礦，惟須先行由官勘驗確實，然後再分官商辦法，步步從實，庶免復蹈故轍。當經臣等分委江甯鹽巡道胡家楨、常鎮通海道呂海寰招延礦師，各就轄境，分投履勘。又，以沿江一帶，前因羣情疑阻，曾禁開挖。復將辦法示諭居民，俾知事實爲利國便民之舉。嗣據吕海寰勘得，鎮江丹徒縣屬西面曹王山中段，山名中德古，有石如鉛似炭，質與鐵同，鎔去炭質而見鐵渣，其質似佳。又離江十餘里，山名西德古，有千層紙石，其色黄土，民誤以爲金，並有鐵石露出。又毗連曹王山之先頭山，有吸鐵石露出，丹約鐵六七分，可練精鐵。試挖察看，似鐵較厚。惟須附近覓有礦煤，方便鎔化。現在委勘，尚未覓到礦煤。又據胡家楨勘得句容縣屬之龍潭，上元縣屬之棲霞山、林山、祠山、胡山、圓山、青龍山、馬扒井、石瀾山等處，均有煤苗，當飭設局派員雇夫分别採挖。雖煤層厚薄不等，煤質優劣互異，然均係可採之礦。惟龍潭一處試開兩井，煤層忽有忽無，斷續不定，尚須另行探驗。現就各礦酌定官商辦法。查有青龍、石瀾兩山，驗係煙煤，煤質有油，火力亦足，堪供輪船、機器廠之用。南洋廠船用煤多資洋産，該兩處現定酌撥經費，由官開採，將來煤層果能寬厚，即可供廠船之用。其餘各礦或産柴煤，或係鐵煤，種數不一，或爲商辦。現已由紳民分請承領，飭令集資接辦，仍由官局隨時稽察。將來各礦出煤應完税釐，按照利國、貴池各礦定章分别徵收，據各該道等將籌辦情形詳請核奏前來。查煤礦之利，雖不若金銀諸礦之優，近來商務盛興，機器林立，需煤至鉅。苟能廣爲開採，亦屬要圖。惟南方地勢低窪，土脈薄弱，濱江之處，開採尤易見水。現飭酌購應用機具，妥定章程，實力籌辦。俟有頭緒，再赴各屬，次第履勘，如有可開之礦，仍當接續酌辦。鐵礦需費較巨，且必就地產有合用之煤，方便取以鎔鍊。仍飭俟覓有煤礦，即行鎔化試驗，分別稟辦。除咨部查照外，謹合詞恭摺具陳，伏乞皇上聖鑒。謹奏。

福州將軍裕禄陳明泉州船塢事宜片

再，泉州船塢工程業由前兼船政臣邊寶泉督修完竣，奏報施行。奴才接任後察看該處，依山臨江，地勢軒敞，船塢規制足可供備鋼鐵戰艦修理之用。此塢工大費鉅，歷任大臣經營數載，刻雖告竣，而管塢購機以後，尚多應辦之事，必當隨時請求，次第舉辦，以期周密經久。惟核塢創造時，均係由製船項下層累而成，並未另請專款。且現祇專備塢工所用抽水機、拉船機及起卸船物機器，其修船應用機器，雖設有房屋，而器具尚待購備。今值整頓之際，欲造大號新試鋼鐵戰艦，亟須接續預籌。至如塢中一切零星歲修及妥募管塢工匠並添備挖泥機器，以防潮湧沙淤阻礙閘路，亦當妥爲籌備。塢工並無專款，所有以上待辦之事，當由奴才隨時察度情形奏明辦理。應用款項，請仍於製船經費項下動撥造報，以資修繕而重要工。理合附片陳明，伏乞聖鑒。謹奏。

校記

〔一〕六　據下文當作『四』。

〔二〕實　當作『與』。

奏議輯覽初編卷第六

户部請裁汰冗兵摺

奏爲冗兵耗財過鉅，亟宜大加裁汰，以紓餉力，以濟時艱，恭摺仰祈聖鑒事。

竊維方今之計，莫急於理財。理財之急，莫急於節用。節用之計，莫急於去冗兵。是以近年臣部因需款緊要，先後奏請裁減緑營七成，勇營三成，騰出餉銀，聽候撥用。均奉諭旨允行。上年軍機大臣、總理各國事務衙門會同臣部議復盛宣懷條陳自强大計摺内，亦請飭催各直省，將裁減兵數及切實辦法速行奏明，毋得含混延宕。並聲明内外軍務均已平定，如江南之榆關撤回各營，陝西之善後防軍，固應一律盡裁。即直隸之練軍，旅順之毅軍，長江之内河水師，亦應分別核實裁減，以節虚糜。奉上諭：『練兵一條，爲各省將軍、督撫專責。不論緑營、勇營，當此餉項支絀，均應大加裁汰。該將軍、督撫等奉到此旨，務須脚踏實地，見諸施行，毋得粉飾因循，一奏塞責。欽此。』是裁減兵勇一事，朝廷本期必行。乃自臣部奏准行知各省以來，惟山東巡撫李秉衡請將山東制兵，分限五年，裁減五成；又請裁減防勇一萬六千餘人，練軍一千九百餘人，最爲認眞辦理。其餘各省緑營，除同治年間裁減兵數毋庸併計，及近時湖廣總督奏請酌量裁減，尚無成數可計外，四川則裁減一成，廣東、廣西則裁減二成，江蘇、江西、安徽、河南則裁減三成。各省勇營，除東洋事定，罷遣各營，及近日旅順毅軍裁減緑營不計外，四川則裁減一百二十餘名，江蘇則裁減四百八十餘名，安徽則裁減一千八百餘名，湖北、福建各裁減三千餘名，此各省裁減兵勇之大略也。

查各省兵勇約共八十餘萬人，歲需餉銀約共三千餘萬兩。而裁減兵數勇數僅止如此，此亦奚濟於事哉！夫各省之所以不肯裁減兵勇，與夫稍爲裁減而不肯大爲裁減者，在腹地則曰伏莽堪虞，在邊陲則曰外侮可慮耳。然如山東一省，西接河南則腹地也，東濱大海則邊陲也，二者蓋兼而有之，山東兵勇既可大爲裁減，他省獨不可大爲裁減乎？自古兵愈多者國愈弱，史策所書，不可枚舉。我朝廷定鼎中原，當時所用，僅八旂勁旅而已，無敵於天下。其後額設緑營制兵，多或六十餘萬人，少亦五十餘萬人，較之八旂勁旅，不啻倍蓰。乃粤匪、捻匪、川匪、回匪之亂，制兵竟不足恃。於是加餉挑練，而有練軍；招募勇丁，而有湘軍、楚軍、淮軍、毅軍。及日本之役，練兵、練勇又不足恃，於是仿照西法，添設新軍，而有袁士凱、聶士成兩軍及湖北之洋操隊、江南之自强軍。夫明知制兵不足恃而終不肯大爲裁減，明知練兵、練勇不足恃而亦不肯大爲裁減，豈非甘棄有用之餉，空養無用之軍乎？且招募之勇丁，以有事而來，即當以無事而罷，此亦古今之通義。乃昔之日因粵匪、捻匪、川匪、回匪而招募者，今粵匪、捻匪、川匪、回匪事定垂三十年，而勇營猶未盡去也；昔之日因越南搆爭、日本開衅而招募者，今越南罷戰已逾一紀，日本講和將及兩載，而勇營亦未盡去也。無事而於緑營制兵數十萬人之外，又養此數十萬招募之勇丁，歲費帑金二千餘萬兩，庫款幾何？民力幾何？豈能堪此？在昔乾隆年間，增兵六萬餘名，增餉二百餘萬兩，當時大學士阿桂已言後難爲繼。及嘉慶十九年，阿桂之言果驗。仁宗睿皇帝乃特降諭旨，令廷臣會議裁汰。嘉慶二十五年，宣宗成皇帝御極之初，復諭令各督撫核復抽裁。夫國家全盛之時，增兵六萬餘名，增餉二百餘萬兩，似於庫儲尚無大礙。而三十年後，竟以帑藏不支，一再議裁，况今日之增勇數十餘萬人，增餉二千餘萬兩，而可聽其長年耗蠹，竟無可已時乎！

現在中外相交，兵事利鈍，已可概見。謀國者祇當以先籌賠款爲急務，各省兵勇但取足爲鎮撫之用而止，誠不宜因仍舊習，耗鉅費而擁多營，以致借無可借，抵無可抵。民生日蹙，而國計因之愈窮。擬請飭下各省將軍、督撫等恪遵上年十一月初二日諭旨，脚踏實地，不論勇營、緑營，迅速大加裁汰。其直隸之練軍、淮軍，旅順之毅軍，長江之内河水師，亦即切實裁減。他如江南之榆關撤回各營，浙江、河南之新募各營，陝西之善後防軍，尤應一律盡裁，毋得藉詞推宕。至裁減勇丁，或應分別遠近，酌給一兩月遣餉，以資旅費；裁減制兵，或應體恤貧苦，酌給半年一年餉銀餉米，以資生計，均聽各該將軍、督撫體察情形，奏明辦理。其裁減兵數、勇數及節省餉銀，統限文到一月内切實復奏。各將軍、督撫素著公忠，當不致瞻徇情面，意存見好，而不念冗兵之弊，不顧公家之急也。除將直隸緑營、練軍留防，淮軍、南洋防軍、河南浙江各防營專案奏明辦理外，所有臣等請催各省切實裁減兵勇緣由，理合恭摺具陳，伏乞皇上聖鑑。謹奏。

户部請飭裁南洋防軍片

再，查軍費，北洋最多，南洋次之。自古養兵多者，國未有不貧且弱者也。前任總督曾國藩於議定長江水師經費之時，即謂宜多裁緑營。其後論及海防，亦謂國家此後練兵，惟有多裁冗軍。蓋深有念於國計之難支而生財之別無他術也。自東方肇衅中國，兵事利鈍已可概見，此時誠不宜多養防軍以自斃。但合内外全力早還償款，而於凋敝之民，勿蹙其生，則内患不萌，外患或不遽作。此實目前切要之圖，而各省疆臣所宜合力維持者也。南洋防營尚多，亟宜汰併。南洋大臣劉坤一夙以國計民生爲念，擬請飭下該大臣從長計處，切實裁減，以期共維大局。所有南洋防軍應行裁減緣由，理合附片具陳，伏乞聖鑑。謹奏。

總理衙門議覆褚成博奏洋商改造土貨應籌抵制摺

奏爲遵旨議奏事。

光緒二十二年十二月十七日，軍機處交片，本日給事中褚成博奏『洋商改造土貨，請飭籌抵制』一摺。軍機大臣面奉諭旨：『該衙門議奏。欽此。』欽遵鈔録原摺，交臣衙門。

查，原摺内稱：『上年與日本定約，准在内地改造土貨，各國援照條約，皆可一律仿行。從此，華人自有之利權盡歸外人掌握。查改造土貨，莫大於絲紗兩宗。絲銷外洋，皆由内地運去。紗銷内地，反自外洋販運。如係就内地改造，則工價較廉，獲利自鉅。日本請於蘇杭設埠，其注意不外乎此。即西人乘機奮起，其肯綮亦不外此。若不設法抵制，勢必喧賓奪主，絶我生機。上年署兩江總督張之洞深知繅絲爲織綢之本，紡紗爲織布之本，因先於蘇州、鎮江、南通州、無錫、金匱等處勸諭紳商，開設紗廠。又擬撥款專在無錫開設絲廠，以冀逐漸推廣。總督劉坤一回任後，亦以此爲當務之急。伏思洋人每爭一利，必合上下財力慘澹經營；而華商勢涣情暌，力分財絀，自非官力爲護持，壹志齊心，痛除向來官商隔膜錮習，斷難與彼族爭權。應請旨飭下南北洋大臣，各先籌款一二三百萬，在內地廣設絲紗機廠以爲倡導。並飭下各將軍、督撫酌度土宜，一體興辦。奉天、直隸等處，又宜添設織造呢羽氈毯之廠。其緊要關鍵，首重得人，應令嚴定章程，公舉殷實廉幹商人分任廠務，由官認眞督查，不准絲毫瞻徇。並准本省各官暨京外大小官紳量力附股。每屆年底，將章程款目由總廠詳刊送閱。如有弊混，不論何人，皆准赴廠辨詰，並許附股之人赴京呈控。查實後，除經管之人勒賠重處，並將督轄之大吏量予處分』等語。

臣等查，絲紗爲土貨大宗，欲設廠製造，抵制洋商，自非官商合力，廣籌鉅款，不能集事。上年閏五月間，欽奉諭旨，命多設織布織綢等局，廣爲製造。即據署兩江督臣張之洞、江蘇撫臣趙舒翹電稱：將息借商款銀二百二十六萬兩，移爲開辦商務局之用。先於無錫設繅絲廠，兼開繭行。此外各廠，擬設於上海或蘇州。至織布紡紗機廠，約費銀一百萬兩，籌款另議。各省督撫臣先後陳奏，類能仰稟聖謨，設局招商，各就本省物産之宜，量籌製造，似於向來官商隔膜之弊已漸次消除。惟辦理經年，究竟籌款若干，設廠幾處，有無成效，迄未奏咨。即張之洞、趙舒翹擬移息借商款開辦商務局，究竟已否辦成，亦無續報。該給事中請由各省將軍、督撫酌度土宜，集股設廠，官助商本，逐漸推廣自足，濬利源而杜外溢，應照行。

原奏所稱：『公舉殷實廉幹商人分任廠務，由地方官認眞督查，並准官紳量力附股，至年底將章程款目詳刊』一節。前年十二月間，臣衙門議覆御史王鵬運設立商務局摺内，擬由各商公舉殷實穩練之紳商派充局董，仿照總税務司貿易總册式樣，年終由督撫咨送，臣衙門以備參考，業奏准通行遵照在案。此次絲紗各廠，應仍由各省將軍、督撫查照前奏辦理。各廠中如有弊混，自應將經管之人勒賠重處。第須附有股本，始能入廠查詢。

原奏所稱『不論何人，皆准赴廠辨詰』，恐滋紛擾。至督轄大吏原當竭力維護，嚴剔弊端，但祇能握其要領，不能瑣屑躬親，似難深悉廠中有無弊混。若有人舉發，而該管大吏不爲查理或竟迴護，自應如該給事中所奏量予處分，以儆玩泄。相應請旨飭下各省將軍、督撫，各就本省情形，切實籌辦，毋得徒託空言。至南北洋大臣能否各籌二三百萬兩以爲倡導，應並請旨飭下王文韶、劉坤一迅籌辦理。所有臣等遵議緣由，理合恭摺具陳，伏乞皇上聖鑑訓示。謹奏。

奉硃批：『依議。欽此。』

盛京將軍依克唐阿請調員開辦遼東礦務摺

奏爲調員招商開辦奉天東邊銀鉛礦務緣由，恭摺仰祈聖鑒事。

據翰林院編修貴鐸、散館分部呈改知縣繆潤紱等會銜呈稱：竊維利國首在富强，而富强以開採爲急務。奉天礦産饒裕甲天下，如岫巖、寬甸、懷仁、通化一州三縣，礦山林立，五金並産。貴鐸等祖居奉天，曾眼同礦師詳勘〔一〕，得邊外寬甸縣屬之小荒溝、小湯石、北弔幌子一帶，山勢蟬聯十數餘里，鉛苗顯露，膚面皆是。又勘得懷仁縣屬之涼水泉子、老營溝、礦洞子等處，深林陡澗之中，銀沙顯露，苗質頗佳；夾道子、大東溝二處，現有銀綫，亦頗暢旺。又勘得通化縣屬之大小廟兒溝至大小羅圈溝，其間數十百里，金、銀、鉛、鐵各礦苗質頗旺。又勘得邊裏岫巖州屬之黑島，斜長二十餘里，横亘十餘里，鉛綫銅苗漫山遍地；木耳山南尖頭一帶，砟鐵並生。統計各地，勢均與禁山相距遥遠，或三四百里至八九百里不等，實與永陵龍脉無關，且係僻壤荒山，與民間廬墓田園全無妨礙。若得及時興辦，不惟有裨奉天一省，而軍餉之供、度支之裕可以計時而待。貴鐸等前曾將銀鉛砂石逐細鎔鍊，每鉛砂百觔出淨鉛十餘觔，銀砂千觔傾出足色紋銀十五兩。是功效既不難求，而需款尚非甚鉅。

今擬自寬、懷所屬之小湯石等八處爲始，先辦銀鉛兩項，暫依土法開採，其餘勘定未開各礦廠，應俟試辦得手，逐漸擴充。惟通盤核算，將來買山置廠、建屋、修路、砌蓋爐座、購備柴炭、延請礦師、雇覓大匠以及薪工膏火各項費用，約估本銀須二十萬兩方可集事。貴鐸等現已招集商本兩千股，每股百兩，共計銀二十萬兩整，業經寄存殷實鋪户，以備臨時提用。請自開工之日起，予限半年，試辦有效，隨時報聞等情。並詳擬章程，繪具圖説，呈請具奏前來。

奴才伏查，奉天礦務自弛禁開採以來，商股零星散布，並無提綱挈領之人，以致辦理半年，迄無成效。又以銀鉛各礦工本太鉅，集資非易，置爲緩圖。奴才曾於上年九月間奏報試辦金礦期滿未能暢旺情形。欽奉諭旨，仍著督飭承辦各員招集殷商，多籌經費，另定妥善辦法，務期成效克臻，將金、銀、煤、鐵各礦逐漸推廣，不得畏難苟安等因。當經欽遵行知承辦各員妥議章程，至今無進一善策者。想見辦礦不獨集資爲難，即得人亦難。今貴鐸等集資二十萬金，呈請試辦銀鉛各礦，俟得手後漸事擴充，亦是先難後易之意。所議章程各條，尚覺切實，不事鋪張，但能經理有人，或不至於虛糜工本。查貴鐸才長心細，堅定有爲。前年軍興，奉旨發交奴才軍營差遣，曾派充幫辦全營翼長，代籌布置，頗合機宜。以之督理礦務，斷不至一無展布，有初鮮終。合無仰懇天恩，准調翰林院編修貴鐸來奉督辦東邊銀鉛礦務，以廣利源。惟事關奏調京員，且核閱所議辦法尚未詳盡，謹將遞到章程二十二條，繕具清單，恭呈御覽。仍請旨飭下總理各國事務王大臣核議，以昭鄭重。除咨呈總理衙門督辦軍務處查核，並咨户部查照外，所有調員招商集資開辦奉天東邊銀鉛礦務緣由，理合恭摺具奏，伏乞皇上聖鑒訓示。謹奏。

奉硃批：『該衙門議奏。單併發。欽此。』

謹將翰林院編修貴鐸等酌擬開辦奉天東邊礦務章程繕具清單恭呈御覽。

一，奉天東邊，自光緒元二年間始分疆畫界，地脈休養日久，礦産暢旺。現經履勘，得岫巖州、寬甸、通化、懷仁一州三縣，産五金之礦者約十餘處，均與啓運山風脈無關。但若同時舉辦，貲本較鉅，頭緒亦繁。今擬先從寬、懷屬境之小荒溝、小湯石、北弔幌子、涼水泉子、老營溝、礦洞子、夾道子、大東溝等處，試辦銀鉛兩項，庶幾費省效速，其餘自不難循序漸進。

一，寬、懷屬境銀鉛礦産，曾依土法鎔鍊，每鉛砂百觔出淨鉛十餘觔，銀砂千觔出足色紋銀十五兩，餘均眼同礦師試驗〔二〕，係確有把握。除報課及開鎔工本一切費用外，約計尚可獲有贏餘。

一，開採設局，現特招集商本二十萬兩，分作二千股，每股京市平松江銀百兩。仿照各礦務局成章，填掣股單息摺給商收執，以憑支付，官利贏餘。其經管銀錢，責任至重，應由總理商董協同股商，公舉其人，必須家道殷實，素行公正；設有虧短之處，責令賠繳。

一，集股二十萬兩，自合如數收足。惟現擬先辦寬、懷屬境銀鉛兩項，只依土法開鎔，先收四成之一，辦理較爲妥實。如礦産過旺，相度機宜，或須添購洋爐，需本甚鉅，即行登報通知，預定收足日期，另換收足股票。倘逐漸推廣，尚須添本，先儘舊股加增，如舊股不願加時，另招新股補數。

一，寬、通、懷、岫四屬，礦山甚多。現只就寬、懷屬境之小荒溝等八處入手，俟有成效，其餘即行次第開辦。但人情趨利，恐有黠徒，或稱自備資本，或另集商股，前來分採，則創辦者爲其難，繼起者享其成。應請先行立案，所有寬、通、懷、岫屬境礦山，凡與啓運山風脈無關者，統歸一手經理，庶免掣肘而息爭端。

一，招集商股，先須發給股單息摺。至局中諸事宜有應移會地方者，有須隨時稟報者，應請刊發奉天礦務總局關防一顆，以資信守，而昭慎重。

一，招商開採與官廠不同，一切局中事宜統照商情辦理。凡邀請商董及司事友人，雖原係候補候選人員，概不得立作委員名目，以昭畫一。

一，承辦礦務，首貴得人。查各礦局章程，凡股商資本在一萬兩至五千以上者，准酌爲一友入局任事。倘薦非人，致有貽誤、侵欺各等弊，一面由總辦撤退，一面知照原人，另薦妥人前來接辦。如有虧短挪移，責令原人賠補。

一，入股之人，務將姓名、籍貫詳細開列，或非中國籍貫託名附入及暗將股票轉售外國人者，一經查出，立將股本銀繳送入官，另招新股，並由局移行地方官，請提售股之人追還洋商本銀，以免轇轕，别生枝節。

一，開礦夫、匠人等專用本地有家業之人，俾附近貧民，藉得自食其力，且免易聚難散之虞。並取具連環的保，方准入廠工作，工食從厚，而約束從嚴，免其滋事。仍請地方文武營汛，隨時彈壓照料。如有因開山、鑿石、挖洞、取砂等事致遭危險或至殞命者，各安天命，除由局酌給恤賞，報官驗明立案外，其親族不得藉端訛索。

一，股本銀收齊後，擇殷實錢莊票號分存生息。開辦礦務一切應行需用之處，隨時提用。

一，股本銀係開採要需，在股者不得移作別用。或因有事故，只准將股票轉售，不得抽回。其轉售之先，須持票赴局挂號，以杜影射而重礦本。

一，開辦之始，必須廣爲招徠。現擬總局之外，於京師、奉天、上海立分局三處，曰京局、藩局、滬局，以期呼應靈通。至交銀售票以及支付官利贏餘等事，均可就近辦理。

一，設局開辦，務求節省。所有局中公用及辦事司事書算等，自不能不開支辛俸〔三〕，至總辦薪水，則議俟開廠後，諸事就緒，再行開支，以重公本。

一，集股開採，自應依照各礦局章程，盈虧一聽諸商。其稅則釐金，仰懇查照奏咨專章，援案辦理，以重帑項。

一、出入銀錢，最關緊要。每日立有流水簿，每月立有月結簿，每年立有總結簿，由總辦商董協同司事公同核算，年清年款，登載申報，俾大衆咸知。平時賬簿，凡附股之人，均得入局查閱，以示大公。

一，各商股本官利，各礦局章程，有以交銀日按年一分起息者，有以見紅後按月一分起息者，二者均未得其平。今仿照磁州礦局新章，擬以交銀之日起，年終核算莊利，共得若干，登明申報。於次年正月，按股分支，俟一切辦理裕如，常年一分起息，不計閏按月支付，以昭平允。

一，各商股單息摺，如有遺失，須邀公正殷實之人作保，報明單號商名，由局查核外，仍由該商將因何被失及單摺名號登載各新報作爲廢紙，俾人人皆知，兩月後無人過問，方准補給。此後倘有葛籐，俱惟該保人是問，與本局無涉。

一，商董執事各友薪資，應由總辦酌核定數，登明册簿，按月開支，分文不准預支挪移。除局中房租、飯食、油燭、筆墨紙張各項開銷公賬外，其餘概不得濫行支取。

一，結賬分紅，應先明定章程。茲擬按年清結，一次以十二月爲期。除完税課及局中公費薪水外，所有盈餘以十成核算，八成作爲股商溢利，按股均分；其二成作爲紅股，論功分派，以示鼓舞。

一，開辦基始，同人備極艱辛。辦成之後，或因他故，或年老不再入局，除薪水開除外，所有酬勞應酌給十五年，以昭獎勵。

一，到山開採，應購地設棧及雇覓人夫，暨收放運銷運解各事宜，統俟開辦後酌核情形，再當續議，刊刻俾供衆覽。

總理衙門等議覆安徽巡撫鄧華熙請添設學堂酌擬切實辦法摺

奏爲遵旨議奏事。

光緒二十三年正月十二日，准軍機處鈔交安徽巡撫鄧華熙籌議添設學堂，酌擬切實辦法一摺。奉硃批：『該衙門議奏，欽此。』

臣等查原奏内稱：『今之講求西學，必須實事求是。若但於舊有書院令其兼習，究虞造就難成。應請各省均於省城另設學堂，學生自十三歲至十五歲止，擇其讀過經書，略通文理，姿性聰穎，體質結實，身家清白者，核實考選，入堂肄業。堂設華文、西學各正副教習。華文教習由本省延請，教以書法、朱子、小學、史鑑、輿地略、策論等學。西學教習由京、滬大學堂揀派，教以語言文字、繙譯、策學、各國史鑑、格致、測量等學，是爲二等學堂。現京師、上海奏准設立大學堂，即屬頭等學堂；各省議設二等學堂，所以開頭等之先路。擬請於各省正款内，每年撥銀一萬兩或八千兩，以作束脩、膏火各項之費。學生以四五十人爲額，四年之後，每年由各省將軍、督撫會同學政面試一次，如果學業有成，即取若干名，作爲生員，並拔其尤者，升送頭等學堂肄業。如係自行從師傳習，有志上進，准由地方官取結保送，一體與考。各教習四年之内，殷勤教授，實效可觀，由將軍、督撫出具考語，分別保奏。各府州縣紳民，有自籌款項，另設學堂，其教習所教學生，有堪選送頭等學堂，暨取作生員，在十名以外者，亦與省城學堂教習一律請獎。若頭等學堂教習誘掖生徒，精益求精，三四年後均成有用之材，應如何優以仕途，或再加考試，作爲舉人、進士，由管理大學堂大臣議章奏辦。儻各省二等學堂四年期滿，可造者多，該省自欲建頭等學堂，應屆時體察情形，另行議奏』等因。

查該撫請於各省省城另設二等學堂，講求西學，學成拔取尤者升送頭等學堂肄業各節，係遵照上年十一月初二日欽奉上諭，切實辦理。與臣衙門同文館近年咨調各省學堂學生來館肄業之例亦屬相符，與泛言設學者有別。自應准如所請，如蒙俞允，即由臣衙門咨行各省一體照辦。其所請四年之後，每年由各省將軍、督撫會同學政面試一次，如果學業有成，即取若干名，作爲生員一節。查同治三年，廣東議設同文館，經臣衙門奏定，該同文館學生，如三年學成後，駐防滿漢旗人應准作爲繙譯生員，准其繙譯鄉試並文鄉試，漢人世家子弟准其作爲監生一體鄉試。今該撫請即取作生員，有妨學額，且與向章不符，應請嗣後如有駐防省分，即照廣東奏定章程，作爲繙譯生員。各該省向無駐防旗籍，即照漢人世家子弟之例作爲監生，均准一體鄉試。

至所請各教習，四年之内，殷勤教授，實效可觀，由將軍、督撫出具考語，分別保奏一節。查光緒十八年新疆設立俄文館，擬定章程，如教習三年期滿，著有成效，係有官職人員，准保加陞階一層；係無官職人員，比照同文館，作爲繙譯官，再留三年，始終不懈，准以府經歷、縣丞，歸部銓選，業經奏准遵行在案。該省延聘教習，事同一律，應即照新疆奏准章程辦理。但論所教有成，無庸限定所教名數，以收實效。其西學教習由京、滬大學堂揀派一節，原可照辦。惟京、滬大學堂未立以前，應由各省督撫咨由臣衙門同文館揀派前往，各州縣學堂亦稟由各督撫咨商揀派，以免懸宕。該教習六年差滿，無論有無保獎，仍可回同文館供差。至此項教習，由臣衙門存記，遇有洋務差事及出使隨員酌量派委一節，應由各出使大臣隨時酌量奏調。至所稱如係自行從師傳習，有志上進，由地方官取結保送，一體與考，及各府州縣有自籌款項另設學堂，其教習由本省大吏考驗派往各節，是否能歸畫一，應由各該省自行酌辦。

至如所稱頭等學堂教習誘掖生徒，精益求精，應如何優以仕途，或再加考試，作爲舉人、進士各節。查臣衙門自設同文館以來，該館學生每届三年，大考一次，擇其學業精進、考取前列者，量予保獎，或分部學習，或分發省分，或由出使大臣調充參贊、繙譯等官，近且有徑請簡派出使大臣者，仕途不爲不優。即在館肄業生徒，每值鄉會試，歷科中式舉人、進士者，亦復不少，正不必再加考試，此可毋庸置議。其各省一等學堂四年期滿，有欲自建頭等學堂者，當係成效漸著，應令届時奏明辦理，以昭鄭重。

至所請撥款一節，應由各該省妥定辦法，即行奏明，請旨飭下户部，酌量指撥。

所有遵旨議奏緣由，理合恭摺具陳。再，此摺係總理衙門主稿，會同户部、禮部辦理，合併陳明，伏乞皇上聖鑑訓示。謹奏。

奉硃批：『依議。欽此。』

總理衙門議覆郵政事宜摺

奏爲遵旨議復，恭摺仰祈聖鑒事。

竊臣衙門光緒二十三年二月十六日，准軍機處鈔交御史徐道焜奏：『各海關附設郵政局所議章程，須防流弊。姑舉二事，以例其餘：一，帶信之罰太嚴也。中國託人帶信，習以爲常。今搜出一信，罰銀五十兩；船上搜出一信，罰銀五百兩。萬一有内地船户商民，未知禁令，忽然搜出，則雖罄囊橐、蕩身家不足以償罰金，是便民者轉以擾民，此應更正者一也。一，寄報之費太重也。日報以廣見聞，外國銷行最暢。寄報之費，多不過每紙一文。今局中所定寄報之費，中國紙每張五釐，外國紙每張一分。其值與報費相等，是阻報館銷行之路，即阻華人閲報之機，此應更者二也。二事雖小，頗有關係。擬請旨飭下總署，議定通行』等因。奉旨：『該衙門議奏。欽此。』又於光緒二十三年二月二十六日，准軍機處鈔交兩廣總督譚鍾麟奏，郵政局瑣碎煩苛，衆怨沸騰，無裨餉需，徒傷政體。查郵政局章程，皆外國之法。每信一函重二錢五分，取銀二分，原不爲多。然重至二錢六分，則取四分。層累遞加，以至七錢二分。局中稱量，未必悉准，細民不皆攜秤以往，輕重高下，每至齟齬，以錢折銀，價有參差。商人計較錙銖，爭競喧呶，蓋所不免，其尤甚者，在於苛罰商民。書信來往，或專人投遞，或附信行彙寄，原聽其便。今則一函漏報，罰銀五十兩；倘信内帶有物件，罰銀五百兩。罰款不歸公而歸私，故局中人役專以搜刮爲利，客商所帶箱籠，必傾筐倒篋，逐件窮搜。税務司以一外洋人斂怨於衆，萬一事起倉猝，地方官無從保護，此不可不深慮也。且郵政局所入亦甚微。查粤海四關自正月初一至月底止，共收信資一千五百餘圓，七折合庫平一千零數十兩。除補水一成，每月尚不及千兩，綜計一年一萬一千餘兩。合無仰懇天恩，將郵政局一體裁撤等因。

奉硃批：『該衙門議奏。欽此。』

又，臣衙門近接閩浙總督邊寶泉電稱：『據浙江温處道稟，郵政不准信帶銀洋，有礙小民生計，羣嫌不便。上海招商局輪船恐干苛罰，公件亦不准收。又秤用洋碼，民皆不諳，人心惶惶。請電總理衙門轉飭總税務司核議，速電各口，免生事端等情。郵政瑣屑煩苛，商民胥怨，嚴搜重罰，尤爲紛擾。可否奏撤，抑寬定章程』等語。臣等查，郵政一事，有裨餉源，外洋各國行之已久。臣等再四考求，時閱數年，始行奏辦。因郵政書信往來各國甚多，事關中外交涉，請飭令總税務司赫德參酌試辦。惟創辦之初，各口商民於章程詳細多未通曉，人言嘖嘖。誠如該御史、該督等所陳各節，亟應設法變通，以順輿情而免滋事。當經臣衙門一再飭令總税務司悉心妥議辦法，務令有利無弊，以期經久可行。兹據該總税務司申覆，罰款一節乃專防商民船隻私帶郵政局應寄信件，實無飭令局中厮役搜查旅客之事。如有爲朋友便帶書信，或專人投遞信件，儘可隨意，由水陸各途行走，斷不至阻滯盤詰。寄費一節，俟行之一年後，若查有應減應加，自可酌改。

至兩廣總督所稱郵局章程皆外國之法，殊屬不然。蓋中國郵局宜分爲兩端，故所定之章程，半係遵守聯約各國之公法，半係仿照現有民局之規條，參核訂定。其所定寄費，原不爲多。

至謂以錢折銀，不免爭競喧呶，查各項交易，此等折合情事，勢所不免，非待郵局開辦始有之。正因欲免喧呶，故早經酌示，兑换一定之準數。如以銀交易，須付若干分；以錢交易，須付若干枚：如此清算，何能爭競？

又謂局中人役專以搜括爲利，所帶箱籠必傾筐倒篋，逐件窮搜一節，夫罰款乃各處辦公均有之事，不但郵局爲然。即以郵局而論，所罰亦非輕率，如有爲朋友便帶信件，或專人投遞書信，並無阻滯。但包攬書信，彙總代寄，即與走私無異，始行議罰。其實拆驗箱籠，非爲信件，乃爲搜查私貨，係於郵政未設之先即有之事。曾有華洋商人報運行李書籍，原應放行，因先有眼線密報，經海關查出洋藥、手槍、綢緞等情，故此章未便更改。

至謂郵政局所入甚微一節，查郵政局於開辦之首月，即收有此數，行之既久，始能收有鉅款。中國之郵局，計議多年，始奏奉諭旨允行。且已知會各國，未便中廢。惟粤省與香港、澳門附近，情事與他口有别，應酌定專章，以期因地制宜。已派總辦郵政之税務司葛顯禮前往香港，參酌粤省情形，通融酌擬專章。

至閩浙總督電稱郵政不准信帶銀洋一節，查匯寄銀款之事，郵局現時雖未興辦，然統共章程内已列有此條，本年夏間即可舉行。至謂招商輪船不收公件，儘可將公件或逕交郵局寄遞，或交文報局轉由郵政局代送，均無不可。至謂秤用洋碼，民皆不便。查，當時特將洋碼若干合中國秤碼若干，於章程内詳細載明，似不難諳悉。郵政局係奉旨開辦之件，總税務司未敢擅擬裁撤。惟章程漸將琢磨盡善，共爲耐性遵行，期在終底於成等因。臣等查，該總税務司申覆各節，尚屬實在情形。然事當創辦，不厭詳求，制貴因時，宜期盡善。如所稱以錢折銀及秤用洋碼等事，早經酌定準數，詳載章程，商民易諳，自不至窒礙難行。

至寄報及匯銀兩層，既據申稱，隨時酌辦，自應毋庸置議。惟罰款、搜查兩端，頗有關係。即據申稱，罰款係專指包攬書信彙總代寄者而言，若爲朋友便帶書信或專人投遞信件，並無阻滯。其拆驗箱籠，乃關吏搜查私貨之故，非爲信件。亟應妥定辦法，逐款申明，俾衆共知，庶浮言永息，此事可底於成。應由臣衙門飭令該總税務司，酌定簡明辦法，刊刻報單，張貼各口岸設局處所，并散給各口、各處信件及寄信之人，務令家喻户曉，人人咸知利便。並飭令各口税務司認眞經理，不准郵政厮役人等藉端滋擾，庶幾推行盡利，要舉不致坐廢半途矣。

所有臣等遵議緣由，恭摺復陳，伏乞皇上聖鑑。謹奏。

郵政局章程解釋 附

一，明片信 即不封口信 每張收洋銀一分，封口信每件計重 二、四、六 錢以下，收洋銀 二、四、六分，餘類推。每洋一分合京當十錢五枚，外省足制錢十枚。寄外洋信酌加。

一，章程内有商民擅自代寄信件者，每件罰銀五十兩。輪船行主、船主、水手搭客違章、代寄信函者，每次罰銀五百兩。係專指私帶郵政局應寄之信而言。如有人爲朋友便帶書信，或專人投遞信件，僅可隨意由水陸各途行走〔四〕，斷不致阻滯盤詰。

一，搜查一節，本局實無飭令厮役人等搜查旅客之事。如有不肖關胥及假冒厮役婪索等弊，許受害人赴關喊告。至商民私帶違章漏税貨物，經海關搜罰者，與郵政局無干。

總理衙門議覆依克唐阿調員開辦遼東礦務摺

奏爲遵旨議奏事。

光緒二十三年二月十五日，軍機處鈔交盛京將軍依克唐阿奏調員招商開辦奉天東邊銀鉛礦務一摺，奉硃批：『該衙門議奏。單併發。欽此。』臣等就原奏所陳，詳爲核度。東邊道所屬州縣，山深林密，物産蕃滋。鴨緑江環抱西流，其東岸韓境諸山礦産爲西人所稱羨，北岸氣通壤接五金之脈，足資開採。編修貴鐸等生長東邊，邀請礦師勘驗，所稱均與啓運山風脈無關，又有裨奉天軍餉。據稱既經招集商本兩千股，共銀二十萬兩，如果確有把握，自應如所請。准令先將寬甸、懷仁二縣境内金、銀、煤、鐵各礦次第開辦，以闢利源。所擬章程二十二條，係兼採各省礦局辦法，亦尚周詳謹慎。惟第十五條所稱『税則釐金，查照奏咨，專章援案辦理』，第二十條所稱結賬分紅各節，係將來核計盈虧之本，文猶簡略。應令於續議時熟籌詳列，分咨部署，以備稽查。編修貴鐸係翰林院衙門人員，應否准令前往，理合請旨遵辦。如准其奏，調所請刊發礦務總局關防，應即查照漠河金廠舊章，由該將軍刊發，以歸劃一。所有遵議緣由，恭摺覆陳，伏候聖鑑訓示遵行。再，此摺係由總理衙門主稿，會同户部具奏，合併聲明。謹奏。

山西巡撫胡聘之議開晉邊蒙地摺

奏爲議開晉邊蒙地以興屯利而固邊防，謹將籌辦大概情形，恭摺具陳，仰祈聖鑒事。

竊惟田制詳於周官，屯政興於漢代。墾闢以盡地利，乃經國之大猷；繕屯以實邊防，尤安邦之要策。鄧艾積穀，遂爲平吳之基；充國屯田〔五〕，用成破羌之烈。屯墾之利，自昔爲昭。我朝道光中，富俊於雙林堡，林則徐於新疆，皆以墾荒辦屯著有成效。方今款絀時艱，中外臣工莫不以開源節流議圖補救。然開礦經商效難驟覩，裁兵撤勇省亦無多，求其上裨國計，下益民生，程功速而興利溥，莫若廣開蒙地一事較有把握而無流弊。謹就管見所及，爲我皇上縷晰陳之。

晉邊伊克昭、烏蘭察布二盟旗地，川原饒沃，水陸交通。漢置朔方、九原二郡，唐置天德、定難諸軍，有明至今稱爲河套。若北假、臨沃之田，受降、豐州之地，備載往籍，歷稱上腴，形勢之雄，甲於西北。自來保障并雄，經營朔漠者，靡不措意於此，是以前協辦大學士沈桂芬有籌費開屯以紓國計之奏，升任撫臣張之洞有軍屯固圉之議，前領隊大臣臣長庚、升任撫臣剛毅，先後有纏金屯田之奏。諸臣鑑遠識微，規畫周至，惜俱議而未行。

臣到任後，博採衆論，體察邊情，深知固圉開屯爲方今第一要務，因於上年冬間派員赴邊履勘。當經查明，西二盟所屬之三湖灣、纏金等地二十一段，多屬膏腴。道光年間，曾奉旨准其租種抵欠，因未妥立章程，致滋事端，奏明封禁。今惟五大村山後等地，尚私自放租，而承種者怵於違禁，莫敢公然墾闢，以致數十萬頃濱河沃壤悉變汙萊，深爲可惜。本年二月，復經派員與該旂領事人等會商屯墾事宜，並諭以與其違禁私阻，動致釀爭貽患，何如官爲經理，按則收租？應得蒙地租銀，從寬議給，既可裕蒙民生計，更可濟國家餉需，較爲有利無弊。該旂員等雖亦領悟，惟據稱此地曾經封禁，必須明奉諭旨，方能遵辦。擬俟籌議章程，即行奏明，請旨辦理。茲於四月十四日，承准軍機大臣字寄光緒二十三年四月初九日，奉上諭：『國子監司業黄思永奏内蒙古伊克昭西、烏蘭布通二盟牧地，縱横數千里，土田沃衍，河套東西尤屬膏腴。山西纏金牧地，如令民多私墾，不如官爲經營，請飭籌辦等語。著王文韶、陶模、胡聘之、魏光燾體察情形，詳晰籌畫，妥議具奏。原片均著鈔給閱看，將此各諭令知之。欽此。』欽遵移知綏遠城將軍，轉飭蒙盟並行知該委員等，一體遵照去後。茲據該委員等籌議大概辦法，稟覆前來。臣詳加酌核，參以近今時勢，約舉其利，蓋有數端：

邊外廣漠無垠，無險可扼。昔之勃勃、元昊，諳達濟農，皆據有河套，長驅犯邊，屢擾腹地。我朝聖武布昭，邊境謐然。而康熙之代準寇披猖，同治之年回匪滋擾，重煩兵力，始獲敉平。邇來互市日增，强鄰日逼，形勝所在，亟宜預爲之防。今既議開蒙地，擬請兼置兵屯。如墾地萬頃，即屯兵千人，按名撥給田畝，以資耕種，酌提租銀，以爲製備軍火、津貼口糧之用，不另給餉。仿乾隆時伊犂屯田之制，而略爲變通，以一半認耕，一半認操，農隙則一律操練，使成勁旅。既可衛蒙盟以安耕作，并可供征調以應緩急。邊徼數千里，棋布星羅，聲勢聯絡，以實邊備，其利一。

蒙地水草豐饒，牲蓄蕃息〔六〕，向多以游牧致富，今則生計日蹙，牧羣漸少。凡有可耕之地，類多私自招墾。蓋其所以謀生者，已不在牧而在租，自不必務虚名而損實惠。且各旂地多閒曠〔七〕，儘堪租種，無礙游牧。查雍正年間，曾奉旨派員於阿拉善河西牧場之地創開渠道，溉田數十萬頃。近如吉林長春府墾田，即郭爾羅斯牧地；奉天昌圖府墾田，即科爾沁牧地：並不聞其有礙也。況蒙古貧弱，至斯已極。若不早爲設法，勢將無以自存。今既議租以贍其身，復置兵以衛其地，爲蒙民策安全，計無逾於此者，以恤藩部，其利二。

近來時事艱棘，國用浩繁。此馬關訂約以來，驟增數百兆償款。司農仰屋，幾於羅掘俱窮，乃猶舍地利而不興，置田功而弗講，甚非計也。查西人富國，首在開地，往往鴻荒未闢之野，榛蕪磽确之鄉，如三藩謝司戈、澳大里亞，不數年間，遂成都會。今西二盟蒙地，乃古之郡縣，韓重華、婁師德屯田故迹，歷歷可尋。雖云墾荒無異復舊，較之西人所開，何止事半功倍？現據委員查明，晉邊境内可開之地不下三十萬頃，若能全行墾闢，除議給蒙租及一切費用外，約歲可得官租二三百萬兩。況生聚日繁，商民輻輳，闤闠相望，泉貨流通，關税釐金，所收必倍。於帑藏空虚之際，歲增鉅款，以裨度支，其利三。

蒙地未封禁以前，口外糧食由黄河運入腹地者源源不絶，除接濟本省外，並可分給陝、豫。光緒元年，前大學士左宗棠用兵西陲，各軍皆由包頭設局，採運兵糧，並資騰飽。丁戊大祲，前升任撫臣曾國荃亦經派員赴包頭一帶，採買糧石，藉充賑需。迨封禁後，地荒糧少。十八年，臣在護撫任内，辦理口外災賑，因本地糧米不敷，派員赴寧夏採買，始克濟用。以後設有偏災，必至更難措手。雖迭經奏明籌款儲穀，而爲數無多，難期有濟。今既重開蒙地，糧食自必充牣。擬每歲酌提租銀，秋後由官收買。凡薩托清等廳，太、汾、平、蒲各府，所屬沿河村鎮，皆擇地建倉，廣爲儲積，以備災荒，其利四。

至現擬辦法，約舉大要：

一曰設局開屯。放墾事務殷繁，必須派員專理，以昭慎重。擬在三河灣地方設立屯政局，派員總司其事。其收支款目、發審案件、辦理文札、照料工程以及一切應辦事宜，均需派員分理，仍歸總辦之員稽核，以專責成。遇有屯兵滋事，即會同營員辦理。

一曰籌費。創辦伊始，凡開闢道路、丈量地畝、修築渠壩、建造房屋以及委員薪水、各役工食，無不需費。查奉天吉林屯墾局皆有經費辦公。晉省事同一律，自應准其酌提租銀以充公用。現地租尚未徵收，擬先在歸綏道庫存押荒等款内提動銀數萬兩，以備各項開支，一俟地租收有成數，即行陸續歸款。

一曰定租。查西二盟地固多膏沃，然亦有水地旱地之别。水地以瀕河開渠、利於澆灌者爲上，泉水地次之，旱地又次之。地既分上中下三等，自應就地之肥瘠定租之多寡，聽商民自行租種。所入租銀，除應給蒙租外，其餘概作官租，仍酌提三成，以一成充局用，一成儲倉穀，一成津貼屯兵，餘悉報部充餉。

一曰駐兵。口外游民衆多，一經招墾，勢必聞風麕聚，其中良莠不齊，慮滋事端。擬抽調大同練軍三營旂就近前往，分駐彈壓。並派令開通道路、帮修渠堰，以節工費。仍酌撥田畝，俾令先行試墾，以爲屯兵之倡。俟兵屯辦就，即將練軍調回歸伍。其餘一切詳細章程，容臣分别飭議，妥爲籌酌，再行奏明辦理。

抑臣更有進者，方今外患紛乘，世變日亟，海上之藩籬盡撤，長江之鎖鑰空存。東南各省，凡敵艦可到之處，類皆防不勝防。一旦有事，計惟秦晉一隅可以畫疆而守耳。誠宜廣積倉儲，精練士馬，爲未雨綢繆之計，免臨事倉猝之虞，則辦屯其首務也。查西二盟壤地毗連數省，縈繞河流，不特晉邊境内土田沃衍，其與陜、甘鄰界者，可墾之地尚多。果能一律開辦，漸推漸廣，行見西連瀚海，北亘畿疆，户盡知兵，人皆足食，飛芻輓粟，供内地之轉輸；列戍分屯，屹神京之保障。縱異日海波騰沸，而西北萬里之形勢仍可固於磐石，鞏若金甌。此尤根本之要圖，國家之至計，微臣所爲日夕經營而迫不容已者也。緣奉諭旨飭議，用敢不揣冒昧，縷晰上陳。所有議開蒙地暨現籌辦法各緣由，理合恭摺具奏，伏乞皇上聖鑒訓示遵行。謹奏。

雲南督撫奏設算學館片

再，臣等前准禮部咨議覆翰林院侍讀學士秦綬章『請整頓各省書院豫儲人材』一摺。光緒二十二年十一月十八日具奏，奉旨：『依議。欽此。』並准鈔録原奏，咨行到滇，當經轉行司道，通飭各屬，一體遵辦去後。

查滇省地居邊徼，舊有五華、育材二書院，僅課詩文兩項，以致讀書之士見聞甚隘。光緒六年，前督臣王文韶等創設經正書院，添課經古，奏請頒賜匾額，各士子耳目始覺一新。然亦衹經史雜作，共相研求，而於天算、格致諸學，仍無人過問，不知古者六藝數在其中，我朝定制，國子監亦設算學，蓋治經史所必習，抑今當務之急也。惟滇省風氣未開，學者不知門徑，特就省城經正書院隙地創建學舍數楹，名曰算學館，分議章程，出示招考，並勝選精通算學之人立教其中，一俟肄業諸生揣摩有得，再行添課天文、格致、輿圖諸學，以期逐漸擴充。此外，各屬亦據該州縣先後具報，並於舊有書添課算學。爲邊隅開風氣，即爲國家育人材。據雲南布政使裕祥會同鹽法道普津詳請具奏前來。臣等覆查無異，除咨總理各國事務衙門暨禮部查照外，謹合詞附片陳明，伏乞聖鑑。謹奏。

御史陳其璋請飭户部添鑄銅圓摺 附片

奏爲各省制錢缺乏，民困維艱，請飭户部添鑄銅圓以維圜法而濟民困，恭摺仰祈聖鑑事。

竊維圜法之壞，至今已極。各省督撫或請購外洋機器以鑄銀圓，或請減制錢銖兩以節銅耗，因時制宜，無非爲國用民生計也。現在創造銀圓，如直隸、湖北、廣東等省，業已盛行。即如河南、山西等省，亦皆附鑄。鄂省以資行用，風氣所開，愈推愈廣，數年而後，已不難收利權以塞漏卮矣。然近來各省錢價之昂，日甚一日，每銀一兩僅易制錢一千一二百文，每一銀圓僅易七八百文。民間則搭用竹籌，官場則發給紙券，眞僞雜出，民情驛騷。當此振興商務之時，尤須錢布流通，以資周轉。若不設法補救，恐生計日蹙，民不聊生，難保不激成變故。臣一再籌思，計維仿照外洋，添造大小銅圓，以補制錢之不足。蓋以銅圓者制錢之母，制錢者銅圓之子，兩相濟則自然流通，一不備則諸多窒礙。查外洋銅圓，分爲三品：上品重四錢，中品半之，下品又半之。三品均用紅銅，每百觔價銀二十兩。若以白鉛搭配，則爲黄銅，每百觔價僅十三兩五錢。而上品大銅圓可鑄四千枚，除去火耗、薪工，以八五折核算，每枚作制錢二十文，計可得制錢六十八千，中品、下品以次遞減。成本既少，獲利自多。而議者或謂銅圓無異當十大錢，與其改造銅圓，何如整頓大錢？尚屬我行我法。不知大錢雖係當十，而輕重不一，大小不齊，勢不能信用於各省。且私錢充斥，禁用爲難。若以機器改造銅圓，則其利何可勝算？需銅少而值錢多，其利一。成式定而抵值準，其利二。分作三品，市廛適用，其利三。不穿中孔，工省價廉，其利四。銅色精瑩，人知寶貴，其利五。往來商賈，便於取攜，其利六。鼓鑄愈多，則銀價自長，其利七。行用既廣，則物價亦平，其利八。

然此僅言利之説也。以言乎弊，則不禁自絶者。四花紋精工僞造，難以摹仿，一也。銖兩分等私鑄，不能混射，二也。值錢既多，燬鎔無可圖利，三也。抵值既準兑换，無可低昂，四也。或者謂銅圓利厚，難保無私購機器，以僞亂眞。然奸民設鑪，須求隱僻，機器重笨，豈能暗藏？ 況一經查拏，即機器亦必歸官，是所得不償所失也。 或又謂洋人仿製，更不難奪我利權。 竊思香港專鑄一仙、二仙等錢，獲利已久，從未聞別國洋人有奸偷爭利者。 況註明中國年號，豈洋人所願爲耶？ 擬懇皇上飭下户部，妥議章程，先於直隸、兩江、兩湖、兩廣等省，備用鼓鑄銀圓機器，預行試辦。 其餘各省，如有殷實紳富願照官銀行辦法集股興辦，即由藩司給照，責成該紳經理，仍令藩司董其成。 所需銅觔，就礦購買。 其無礦之處，則由該紳領照採買，照章納税。 每具機器日可鑄銅圓若干枚，核其歲入之利，酌提幾成，以助鐵路歲修經費。 如此變通辦理，於庫儲、兵餉、民用、商務、鐵路均有裨益，而其最要關鍵，尤在庫中各項收發及各省釐税錢糧。 准將銅圓一律行用，無庸再照咸豐初年當十大錢章程，限定搭用成數，致多窒礙。 庶商民便於行用，歷久通行矣。 臣備員臺諫，竊見各省錢荒民困情狀，全局有關，不敢安於緘默。 謹將管見所及，繕摺具陳，伏乞皇上聖鑑施行。 謹奏。

再，錢法本無善策，自古已然。 重則私燬，輕則私鑄。 杜私鑄難，杜私燬尤難。 然盡力訪拏，或不難以懲治也。 乃臣聞洋人在滬，往往運錢出洋，錬作白銅，以製器皿。 私燬而出於彼族，則又非國法所能禁者矣。 近年來東南各省洋銅器皿更多，鑴色較華貨爲佳，而價值反賤，是洋人之燬錢製器確有可憑。 舊錢既盡被搜羅，新錢又以資接濟，我鑄彼燬，適賫盜糧。目今時事艱難，持議者動言變法，而所辦多係瑣務，究何補於國計民生？若錢法一項因循舊章，不思變計，恐朝廷之鼓鑄不能供彼族之銷鎔，再閱數年，勢必無錢可用。公私兩匱，關繫匪輕。可否請旨飭下户部，悉心妥議，先事預籌。如果銅圓可行，則每一銀圓應易大銅圓五十枚，計每重四錢，共祇重二十兩，似洋人燬以製器，亦屬無利可圖，其弊當不禁自絶矣。謹附片具陳，伏乞聖鑑。謹奏。

校 記

〔一〕同 疑爲「見」之訛。
〔二〕同 疑爲「見」之訛。
〔三〕辛 當作「薪」。
〔四〕僅 當作「儘」。
〔五〕兖 當作「充」。
〔六〕蓄 當作「畜」。
〔七〕礦 當作「曠」。

奏議輯覽初編卷第七

山東巡撫李秉衡奏駁總稅務司重議土藥稅釐摺

奏爲部議總稅務司所籌征收土藥稅釐辦法窒礙多端，流弊甚久，仰懇天恩，飭部照舊稽征，無庸改議，以存政體而恤商民，恭摺瀝陳，仰祈聖鑒事。

竊臣准户部咨稱：據總稅務司赫德開呈手摺，按近年土藥出產各省總計三十三萬四千擔，若釐稅並征，每擔六十兩，歲可得銀二千萬兩。通行各直省試辦，妥定詳細章程，專案奏報等因。奉諭旨：『依議。欽此。』欽遵咨行到臣。在部臣以籌款維艱，無可設法，欲借此以擴利源，自是救時之意。然臣就赫德所定之數反覆參稽，實見有窒礙難行及行之而其利未收，其害先見者，敢爲我皇上敬陳之。

鶯粟一物，非肥沃地畝不能繁茂。愚民貪圖重利，將宜穀膏腴之土栽種鶯粟，馴至糧價日昂，浸爲民患，故從前久懸爲厲禁，嗣因利之所在，種植日多。光緒十六年，總理各國事務衙門會同户部奏請加征稅釐，欽奉上諭：『果能設法稽征，認眞辦理，既可裨益餉需，並可以征爲禁，隱寓崇本抑末之意等因。欽此。』聖謨洋洋，洵正俗坊民之要道也。今若明定數目，某省擔以萬計，某省擔以千計，將使九州之上腴盡棄嘉禾而植惡卉，必致畝無棲糧，家無儲粟，樂歲既少蓋藏，凶年更坐以待斃。往者秦晉大祲，餓殍載道，其禍實中於此。以害稼賊民之事，爲損上益下之謀，我國家愛育黎元，重農貴粟，不宜有此政體也。且夫謀國計者，計事理之是非，尤當權利害之輕重。果其此令一下，而二千萬之款即能歲輸於司農，則謂見其利而遺其害，猶可言也。然今天下民力竭矣，即朝廷維正之供，綜計地丁、漕項、雜賦等款額，征銀三千六百萬兩有奇。近年各省實征不過七成，約短征銀一千一百萬兩有奇。乃土藥之税與則壤成賦之正供相提而並論，此必不可得之數也。臣請以山東言之，山東土藥所産，多在省城西南兗、沂、曹、濟各屬。光緒十六年，前撫臣張曜遵奉諭旨，籌辦土藥税釐，在省城專設總局，於産土地方派定經紀，開設行棧，俾便稽查，復派印委各員會同管理。查東省土藥，每擔約值銀二百餘兩，每價銀一百兩，征落地税銀八兩。釐金銀八兩。如由各海關出口，則加收關税銀八兩。計每擔共收銀四十八兩。自十七年奏辦以來，多者不過七萬餘兩，少則四五六萬餘兩不等。

今赫德所議，山東土藥一萬擔，以每擔六十兩計之，應征銀六十萬兩，較從前數且十倍。是即於向所不産之處，教之樹藝，多方搜括，猶未必能盈其數。揆之事理，既有所不可，微臣愚拙之性，亦實力有所不能。復查赫德所開，自山東而外，如山、陝、直、豫、江、皖、閩、浙等省姑不具論，他如四川十二萬擔，應征七百二十萬兩；雲南八萬擔，應征四百八十萬兩；貴州四萬擔，應征二百四十萬兩；吉林六千擔，應征三十六萬兩；甘肅一萬擔，應征六十萬兩。此五省中，以四川爲最富庶，而額征地丁、雜税不過六七十萬兩。今所議土藥税多至十餘倍，恐竭全省之財力，亦有未逮。至雲南、貴州、吉林、甘肅四省，皆所入不敷所出，全賴部撥鄰省爲之協濟。上年户部攤還俄、法、英、德借款，此四省中除雲南蒙自關外，其餘皆未指撥，蓋以該四省本係缺額之區，無可籌措也。今如赫德所議，以邊陲瘠薄之地而責以數百萬、數十萬之税，恐雖以劉晏之才、商鞅之法〔二〕，亦不能强無而爲有矣。當兹庫藏奇絀，債負纍纍，部臣持籌之苦衷，疆臣亦當共喻。使能歲獲鉅款，如原奏所稱，不加税而税裕，固所樂聞。然此栽種土藥之地畝，固即國家已有正供之地畝也。我朝列聖相承，深仁厚澤，蠲租減賦，史不絶書二百五十餘年，官吏恪守定章，罔敢苛斂，土藥雖獲利稍厚，征税以示裁抑，其亦可矣。乃於地畝正賦之外，復浮計其出産，加征或相倍蓰、或相什百之多，即令如數取盈，已非聖朝寛大之政。況財者，國之脈，民之命，竭地利之所出，不能饜其誅求，必至商賈裹足，怨讟繁興。現在蜀、滇、黔、粤正强敵環伺，使民不堪命，勢必包藏禍心，迭起事變，患且不可勝言，利於何有？是二千萬之數，斷不可得，何必虚懸詰令，爲此得不償失之謀哉！

欽惟我皇上聖德如天，愛民如子，籲懇收回成命，敕下户部暨總理各國事務衙門，仍照現辦土藥釐税章程，通飭各省，實力稽征，毋任隱匿中飽，以期上可裕國，下不病民。至攤還洋債，上年經户部分别派定，凡常年應解之款，無論如何爲難，臣當督同司道各員，設法騰挪，如期清解。各直省疆臣均受恩深重，當能各清各款，上紓宵旰之憂，正不必另議新章，洋款已不至無著。臣尤伏願皇上，聖敬日躋，恭儉爲德，念損上方能益下，竭澤必至無魚，常存撙節愛養之心，力屏土木遊觀之樂。其在《易》曰『節以制度，不傷財，不害民』，《大學》言『用之者舒，則財恆足』。果能取之有制，用之有經，則小民蒙浩蕩之恩，聖祚有無疆之慶矣。臣仰沐恩慈獨厚，未能少報涓埃，管窺之愚，不敢緘默，伏冀聖明採納，臣不勝悚懼屏營之至。謹恭摺具奏，伏乞皇上聖鑑訓示。謹奏。

奉硃批：『該衙門議奏。欽此。』

禮部議覆給事中褚成博奏考試策問請准引用本朝人名書名摺

奏爲遵旨議奏事。

光緒二十二年十二月十七日，准軍機處交出給事中褚成博奏：考試策問請准引用本朝人名書名。軍機大臣面奉諭旨：『禮部議奏。欽此。』欽遵到部。

查原片内稱：科場條例，第三場不得以本朝臣子學問人品策問士子。乃近來試官誤會例意，竟將人名暨所著書史概禁引用，以致士子動多避忌，恆有引其言而匿其名者。請飭部申明例意，嗣後各項考試策問，凡本朝人名、書名悉聽引用，惟不准逞其臆見，妄肆褒譏等語。臣等查，鄉會第三場策問，不准涉及本朝臣子人品學問，原以防黨同攻訐之風。惟溯我國家右文制治，代有名儒，所著各書，非無援古證今、堪資博採者，若概禁引用，則士子臨場避忌，轉不足剴切敷陳。臣等公同商酌，應如該給事中所奏，嗣後考試策問，但求學識淹通，即本朝臣子人名、書名亦聽引用，惟不准逞其臆見，妄肆褒譏，以符定制。所有臣等遵議緣由是否有當，謹恭摺具奏。

奉旨：『依議。欽此。』

總理衙門議覆御史張仲炘奏臺灣土貨進口照洋貨抽税摺 附總税務司赫德清單

奏爲遵旨議奏，仰祈聖鑒事。

竊准軍機處鈔交光緒二十三年五月十八日御史張仲炘奏『臺灣土貨請照洋貨收稅』一片。本日奉諭旨：『該衙門查覈具奏。欽此。』欽遵鈔出到臣衙門。

查原片內稱：『臺灣既歸日本，其有該處所產各物，自應比照洋貨收稅，不得仍前辦理。擬請飭下總署轉飭稅務司，改照外洋進口稅章抽收，以裕餉源等語。臣等遵即札飭總稅務司妥籌申復。嗣據呈稱：『馬關定約以後，情事改變，臺灣一處，應作爲外國看待，開具洋貨、土貨進出口徵稅辦法四款。並聲稱此項臺貨入內地時，領有入內地之稅單。釐卡委員以其貨與土貨相似，不肯遵照稅單放行，應飭各釐局免徵放行』等因。臣等查，臺灣既非內地，該處進出口貨物，非改照通商各口稅章辦理，不足以照畫一。該御史所陳，不爲無見。既據總稅務司申復各款，覈與通商各口稅章辦法相同，自應查照辦理。至該總稅務司所稱『臺貨與土貨相似，凡領有入內地之稅單，應飭各釐局照章免征』一節。核與領單之洋貨入內地不再重征之章相符，亦應准如所請，以免轇轕而杜口實。如蒙俞允，應俟奉旨後，由臣衙門咨行南北洋大臣、閩浙總督、福州將軍、兩廣總督並札行各海關道、總司稅務一體遵照辦理。謹將總稅務司所擬辦法四款另繕清單，恭呈御覽。所有遵議臺灣土貨進口征稅緣由，理合恭摺覆陳，伏乞皇上聖鑑。謹奏。

謹將總稅務司赫德所擬臺灣土貨進口征稅辦法四條開具清單，恭呈御覽。

一，凡臺灣之土貨，自今以後應作爲洋貨看待，於運進中國口岸時，征收進口正税。若運入内地，或按中國辦法逢關納税，遇卡抽釐；或在新關完納子口半税，請領入内地之税單，運赴單内載明之處，概免各項税捐，悉聽貨主自便。若復運通商他口，應給免税執照；若復運外國，應給存票。

一，凡中國之土貨運往臺灣，於出口時應完納出口正税，不給何項單據。如該貨自臺灣運回中國他口，則視爲洋貨，應完進口正税後，與他洋貨辦法無異。

一，凡洋貨已在中國完納税餉者，若限内運往臺灣，應給存票。

一，凡船隻已在中國完納船鈔，領有四個月爲期之專照，如駛赴臺灣，所領專照無礙行用。

户部議覆李秉衡奏駁重議土藥税釐摺

爲議奏事。山東巡撫李秉衡奏『部議總税務司所籌征收土藥税釐辦法，窒碍多端，懇恩飭部照舊稽征，無庸改議』一摺。光緒二十三年六月初十日，奉硃批：『該衙門議奏。欽此。』欽遵由軍機處鈔交到部。

據原奏内稱：『山東土藥所産，多在省城西南兖、沂、曹、濟各屬。前籌辦土藥税釐，在省城專設總局，於産土地方派定經紀，開設行棧，俾便稽查。每擔約銀二百餘兩，每價銀百兩，征落地税銀八兩，釐金銀八兩。如由各海關出口，則加收關税八兩，計每擔共收銀四十八兩。自十七年奏辦以來，多不過七萬餘兩，少則四五六萬兩不等。今赫德所議山東土藥一萬擔，以每擔六十兩計之，應征銀六十萬兩，較從前數且十倍。是即於向所不產之處教之樹藝，多方搜括，猶未必能盈其數。揆之事理，既有所不可，亦實力有所不能。懇仍照現辦土藥釐税章程實力稽征，毋任隱匿中飽。至攤還洋債，上年經户部分别派定，凡常年應解之款，無論如何爲難，當督同司道各員，設法騰挪，如期清解。各直省疆臣均受恩深重，當能各清各款，上紓宵旰之憂，正不必另議新章，洋款已不至無著』等語。臣等伏查，前因洋債過巨，籌款維艱，不得已議將土藥税釐另行設法整頓。隨據總税務司赫德開呈手摺，擬改由奉天之山海、江蘇之鎮江、四川之重慶、雲南之蒙自各關試辦征收。當經臣部商酌，歸各省征收，則責成督撫；歸四關征收，則責成税司。土藥爲中國出産，釐金係地方專責，斷無不信督撫而委任税司之理。是以就赫德所開土藥擔數，每擔擬收銀六十兩，奏准通行各省，設立總局，試辦税釐并征。各省接到此次部議，自應將該省土藥實在出産數目妥定征收章程，專案詳細奏報，方爲切實辦公之道。若專持己見，輒以窒礙難行爲詞，於土藥一切利弊，仍舊未能興革，不惟使好議論者轉以土藥不歸洋關征收爲失計，將來續解洋款，無可籌還，致失信於外人，届時又誰執其咎哉！即如山東土藥一萬擔，該撫稱多方搜括，未必能盈其數等因，查赫德於摺内開甘肅、陝西、山東、山西、河南、直隸六萬擔，原就各省多寡之數籠統合計，並未指定山東一萬擔。且山東縱不及萬擔之數，究竟各屬出產若干，該撫亦未能確切指出。至征收土藥税釐，該省每擔共銀四十八兩，係按分次交納之數先後並計，并非一時征足。然征落地税以後，未至局卡以前，銷售偷漏者已多矣。既納釐金以後，未至各海關以前，銷售偷漏者又多矣。名爲每擔征銀四十八兩，實則不知若干擔方始征收足數。似不如就土藥繁盛處所，設立總局，一次征足，不再重征，庶免掛漏。

復查部議土藥一疏，現惟山東登復，其餘各省尚未奏報。乃該撫於山東以外論及四川，而謂其財力不逮。兼論及雲南、貴州、吉林、甘肅，而謂其入不敷出。並念蜀、滇、黔、粵强敵環伺，恐致商賈裹足，怨讟繁興，包藏禍心，迭起事變，洵爲通籌全局起見。然四川等省土藥固不能强無而爲有，未嘗不可化私而爲公。究應如何征收，須俟各省覆奏到日，再行酌核，未便預爲擬議。若謂以加重税釐之故，商賈不獲厚利，未免動以浮言，則是觀望者不過運銷土藥之人，而各項商賈自若也；怨讟者亦衹吸食土藥之人，而各項農民自若也：何至包藏禍心，迭起事變？

總之，土藥本害人之物，愚民貪利忘害，以致種植日多。因其種植之多而酌加税釐，嚴查私販，正與光緒十六年諭旨以征爲禁，隱寓崇本抑末之意相符。該撫轉疑『使九州上腴盡棄嘉禾而植惡卉』，亦可謂必無之事矣！抑臣部有難已於言者：上年攤還洋債，分別派定，該撫聲稱無論如何爲難，當設法騰挪，如期清解，自是公忠體國之意。惟是日本償款，除已付一萬萬外，尚有未付一萬萬，勢必續借洋債，方能清償。既續借洋債，以後仍須分攤各省，方可籌還。而各省同一拮据，此盈千累萬之巨款，究由何項指撥，臣等日夜紓籌，萬分焦灼，亟思就已有之利，剔蠹積弊，爲得尺得寸之謀，終慮多寡懸殊，不能補苴萬一。倘各省疆臣果如山東撫臣所奏，各清各款，上紓宵旰之憂，不必另議新章，洋款不至無著，則臣部幸甚，大局幸甚！所有議奏緣由，理合恭摺具陳，伏乞皇上聖鑑。謹奏。

國子監請增算學助教摺

奏爲算術爲時務所尚，國學之風氣宜開，擬請增置算學助教員缺以資訓迪，恭摺仰祈聖鑑事。

竊惟數爲六藝之一，周禮保氏以之教國子；近今富强致用之術，尤莫不以算學爲階梯。第業屬專門，必得所師承，而後收事半功倍之效。臣監向有額設算學助教一員，掌分教算學生於六堂。肄業諸生，職不相攝，於南學訓課諸事，例不與聞。雖南學間有講求算法之士，而苦乏師資，難臻極詣。臣等伏查，各直省近來變通書院，設立學堂，皆經先後奏准在案。況國學薈萃人文，職司作育，安可不廣開風氣，以儲有用之才？臣等公同商酌，擬請增置算學助教一員，隸屬六堂。俾南北學有志習算之士，皆可得門而入，庶觀法有資而程功較易。謹將變通員缺辦法，酌擬四條，伏候聖裁。

一，助教得人，方收實效。擬請由臣監咨行在京各衙門，由該堂官各舉平日所知正貢、舉人、進士中品學兼優，并通中西算法，著有成書，堪膺斯選者，保送臣監，照考試漢算學生例案，會同管理算學大臣公同考取，擬定名次，帶領引見，聽候記名録用，挨次補缺。

一，六堂助教，本係漢缺，兹請增置算學員缺，其俸銀、俸米與俸滿截取等事，自與漢助教事同一律。但不准歷俸六月，報捐俸滿，呈請分發，庶免視缺爲傳舍，輒易生手，訓課不專。擬請視漢助教六年俸滿之例，略寬期限三年，俸滿准予截取。於不准捐俸之中，略示體恤之意。

一，向例六堂助教等官輪赴南學值日住宿，自光緒初年整頓南學，於輪赴值日之員，揀派二員常川往宿〔二〕，爲南學正副管學官，以專責成。辦理已久，尚無流弊。兹請增置算學助教，擬加派爲南學管學官常川住宿，如一員訓課不逮，則擬於候補算學助教中選員副之，庶收相助爲理之益。

一，算學助教新增之始，暫行咨取考試。既經設官課士，將來精算之生必多，當謀録用，方無棄才。臣監例載肄業生三年期滿，如果堪膺保薦，奏請留監，俟再三年請旨考試，引見擢用。嗣後，擬照則例，擇精算諸生正途出身者，奏留保薦，請旨會同管理算學大臣，過監考試引見，請以算學助教用。如届期候補算學助教員數尚多，或精算之生非正途出身，應於摺中聲明，請旨外用。則内外皆有登進之階，多士益資觀感矣。

以上四條，皆本臣監則例，稍事變通，較之外省學堂更易舉辦。朝廷增一末秩，而多士皆得良師，數年之後，算學蔚興，於製造、格致諸學必有能因其性之所近而業就專家者，似於造就人才，不無裨益。如蒙俞允，即由臣監咨行各該衙門次第遵照辦理。所有擬請增置算學助教員缺緣由是否有當，伏乞皇上聖鑒訓示。謹奏。

旨：『依議。欽此。』

通政使參議楊宜治請仿造金銀錢摺

奏爲外洋鎊價日增，請變通成式造金銀錢以弭鉅虧，恭摺仰祈聖鑒事。

竊查，七月二十五日江海關道劉麒祥來電稱：本日英金鎊價規平銀一兩合二先令四本士。二十六日並轉詢總税務司赫德聲稱：近日以來，鎊價自七兩已漲至八兩有奇，月内尚須續漲，不知所止等語。鎊價愈漲，則中國征收所入、使費所出，無不加倍吃虧，借款一項吃虧尤鉅而久，我中國國家商民交困，其患俱在有形。獨此鎊價遞昂，耗物力於無形之中，日加一日，誠爲奇厄，莫可挽救，元氣就竭，伊胡底止。論者謂鎊價故昂，蓋西人之蓄意陷華，待其困極而唆之，愚憒亦以爲然，久而知其説之億逆而不經也。考中國周、秦、漢之世，貨布泉刀，率皆以銅，而金銀亦不甚貴。漢賜臣工，敕曰黄金數十斤。漢書謂：外域以銀爲錢，錢如其王面。維時中國銅山甚富，外域銀産初開，故各尚有土宜，以一國家之圜法。今數十年以來，外域銀礦充塞，轉而重金；中國黄金已耗，降而重銀。又直省均准開局鑄錢，各異銖分，任郡縣商民自爲權量，遍地私鑄，不能如律禁止。當圜法大壞之故，適各邦整齊之日，烏在其不困也？於人乎何尤？洋貨入口，售得華銀，除買土貨外，賺得之銀，悉在上海銀行兑换鎊票及各國銀紙回國。蓋中國未鑄之銀，西國視同貨物，不能易幣，祇可鑄器。西國秤匝無非銀質，是其明證。此金鎊日貴而華銀日賤之由也。

欲挽積弊弭大虧，非率宇内之權量整齊而畫一之，定準圜法，以與各邦平均往來不可。若徒憒憒於人之困我，坐以待斃，此自窘之道也。近來中外臣工條陳圜法，不知凡幾。或慮其紛更騷擾而不忍遽行，或偶爾開鑄銀元而未能流通收效。意者尚未扼其要領，參酌時宜，使宜舉而易行歟？臣曩年周歷各國，見其圜法，無不自定極準之式。如法之佛郎、德之馬克、俄之盧布皆銀質，三國皆有金錢三等之幣，皆由國家定準價值，入其國者必遵之。各國之幣，皆可通行，惟金錢尤便。各國金錢輕重稍別，而以英金鎊爲準，故鎊價視英金爲定。按華公砝平約計，英金每鎊重二錢二分，英銀錢一先令重一錢五分，一金鎊合二十先令，一先令合十二銅質本士。同治年間，每鎊合中國規銀三兩三錢三分。光緒十三年春，每鎊合規銀四兩一錢六分五釐，規銀一兩合四先令。今則一金鎊合規銀八兩有奇，二先令四本士合規銀一兩，是英銀三錢五分合中國銀一兩矣。燃眉之急，莫切於此。擬請諭旨，准予變通，先按先令分兩成色式樣鑄造銀錢，務令京師直省一律通用。專聘英國匠師購英國機器，在京滬地方審定一處開鑄，俾與畫一，嚴禁僞造。並請一面飭下各直省將軍、督撫速採金礦，聘匠開挖。將來再仿英鎊一樣鑄造金錢，並嚴禁内地黄金出洋，以杜漏溢。聞漠河一處，每歲採金不下數萬兩，皆運上海銷售，宜照時價收回。銀錢既鑄，金錢續成，由是可仿英式製造鈔票。金銀錢存儲國庫、直省庫，視存錢之多寡爲準。則鈔票輾轉流通，無用之金錢將同土壤矣。一轉移，間不加賦，不事捐輸，不求人加税，立即挽回利權三倍，富國救貧之策，無捷於此。所有擬請整頓圜法，冀弭鉅虧各緣由，謹就管見所及，恭摺具陳。是否有當，伏乞皇上聖鑑訓示。謹奏。

奉旨：『該衙門依議。欽此。』

陝西巡撫魏光燾請設游藝學塾摺

奏爲省城創設游藝學塾，捐款試辦，奏明立案，恭摺仰祈聖鑒事。

竊維自强之道，以作育人才爲本；求才之要，以整頓學校爲先。近年以來，内外臣工稟承諭旨，莫不以添設學堂、儲才製器爲急務。光緒二十二年，刑部左侍郎臣李端棻奏請推廣學校一案内，開各内地各府、廳、州、縣興格致等學肄習專門，果使業有可觀，三年後由督撫奏明請旨，考試録用。本年二月，安徽撫臣鄧華熙奏請各省均於省城另設格致學堂，並准奏明指撥的款各等因，均經欽奉硃批允准，由總理各國事務衙門咨行在案。臣查，現在京師設立大學堂，天津、上海等處奏設頭等學堂，其東南各省或另立書院，講求樸學；或就現有書院，更變章程，綱舉目張，均有起色。國家需才孔亟，即在偏隅亦應設法籌辦，以收鼓舞振興之效。

陝省爲文獻舊邦，歷代以來，名臣大儒輩出。我朝深仁厚澤，涵濡二百餘年，文物之美，尤稱極盛。近經兵燹，原氣未復。而關中宏道、味經各書院肄業諸生多能研求實學，恪守前賢矩矱，其間，忠義勃發、蠲除錮習之士亦往往而有，良由風俗質樸、士氣果毅故也。竊維圖治之本，尤以興學育材爲亟亟，迭經通飭府廳州縣，各就地方書院增設算學、格致等課，多已漸次遵辦。其涇陽新建崇實書院，兹已落成，經臣會同前學臣趙惟熙奏陳辦理情形在案。復據督糧道姚協贊轉，據舉人薛信等稟請開設格致書院，風氣漸開，士知向學，自應於省城創建學堂，俾得薈萃羣材，益資講習。惟開辦之始，務須先得要領，不可徒託虛名，經費既應妥籌章程，尤須明定。當經檄行司道，會商詳覆去後。旋據該司道等稟稱：現在款項未充，難於另建書院。擬暫借省城崇化書院房舍，創設格致學堂一所，名曰『游藝學塾』。本年由署臬司姚協贊於糧道任内先後捐用經費銀四千兩，以後常年經費並議後任糧道每年籌捐銀一千二百兩。又，署藩司李有棻詳明，由各州縣每年捐銀四千兩。又，升任藩司張汝梅籌撥生息銀一萬五千兩，遴派公正官紳經理興辦，延請教習，考課生徒。一面於津滬各處購買圖書儀器，以爲講求製造之用。並分立條款，妥定課程，期諸生爭自奮勉，俟著有成效，更請指撥的款。三年之後，如果諸生學業成就，再送總理各國事務衙門考試録用等情，詳請奏明立案前來。臣覆查，省會建立書院，尤繫人才之消長，學術之純疵。拘守舊章，既滯於通今，末由一發其扃鑰；徒尚西學，又或輕於蔑古，不憚自抉其藩籬。欲救二者之偏，惟有尊崇經訓，以端其趨；博綜子史，以觀其變。由是參考時務，兼習算學，舉凡天文、地輿、兵、農、工、商與夫電、化、聲、光、重、汽一切有用之學，純歸格致之中，分門探討，務臻其奥。而語言文字尤爲初學階梯，亦應設立教習，俾知塗徑，然後本末不嫌於倒置，體用亦可以兼賅。至於受益有遲速，所造有淺深，又不外示之升降以寓勸懲，驗之製造以定優劣。該司等設法措籌創辦要舉，實屬先其所急。所擬各條，亦能因地制宜，均臻妥洽。核與京師、津、滬及各省添立學堂辦法尚屬相符。從此實力振作，漸次擴充，知河嶽靈秀之區，必有奇才異能奮發而起，庶幾仰副皇上崇尚實學、造其人才之至意。除將所立章程咨送總理各國事務衙門查核，並俟辦有成效，再行請撥部款，暨三年後照章咨送肄業優等諸生，懇請考試録用外，所有創設游藝學塾、捐款試辦各緣由，謹會同陝甘總督臣陶模合詞恭摺具奏，伏乞皇上聖鑑訓示。謹奏。

奉硃批：『該衙門知道。欽此。』

總理衙門請酌定寶星式樣摺

奏爲酌定寶星式樣，請旨遵行，恭摺仰祈聖鑑事。

竊臣衙門於光緒七年十二月十二日奏定寶星章程。奉旨：『依議。欽此。』歷届欽遵辦理。嗣於二十二年三月二十一日復奏：『請將頭等、第二、第三寶星頒給限制立案聲明。』奉硃批：『依議。欽此。』近日邦交益密，往來贈答，事類繁多。上而列國君主之周旋，下及貴戚臣工之頒賜，典儀所在，義貴精詳。寶星取象列星，外國製造，多爲光芒森射之形，以顯昭明而彰華貴。中國舊式，形方且重，與内地功牌相近，外人往往以艱於佩用，似無以達彼嚮風拜寵之忱。臣鴻章奉使歐洲，於請旨頒給洋員寶星案内，曾將應行釐定情形附片陳明在案。現臣等公同酌議，嗣後寶星式樣應請與變通，參酌歐洲各大國通行式樣，加以星芒，改定形模，精工鑄造，藉示恩榮。其名目、藻飾、鏨刻，一切均照舊章。其鑄造事宜擬選募津滬良工，範以銀模，俾臻精美。其大小佩帶均無庸加繡龍形，似此斟酌變通，其於樽俎雍容頗爲宜稱，亦慎固邦交之一道。謹將新擬寶星式樣繪圖恭呈御覽。如蒙俞允，即由臣衙門遵照改定，照會各國使臣暨知照南北洋大臣、各省督撫、出使大臣，一體遵照辦理。是否有當，伏候聖鑒訓示遵行。謹奏。

奉硃批：『依議。圖留中。欽此。』

都察院左都御史徐樹銘請廣興蠶利片

再，國用之富，藏之於民。民富則君不至獨貧，民貧則君不能獨富，古之訓也。今户部籌款，剖析毫釐，無非取之於民。大亂之後，民氣未復，何以支持？然則莫如振斯民自有之利，使之通力合作，以收天地生産之精華。而通商惠工，以輔國用之不足者，爲亟亟也。從古大利在於農，而阨之以天時之水旱，不能全收其利。是以西陵氏教民養蠶，以補農政之不足。周之祚延八百數十載，而豳風一篇，諄諄於『爰求柔桑，以伐遠揚，載績獻功』，與農政並重者，所以導民以養蠶之政，而可以爲教化之本也。孟子言王道曰：『五畝之宅，樹牆下以桑。』殷殷爲時君言之至再至三，誠以爲欲重民生，不能舍本務而圖末藝也。況浙江之湖州、湖北之武昌、直隸之保定，皆已舉行，收有成效。海内至廣，高原宜山蠶，下隰宜澤蠶，北方養蠶晚，南方養蠶早，無不可以充民食、資賦税。安忍舉此南北東西數萬里中之膏腴沃土而廢棄之，不難而畏難，苟安而不振，以誤生靈而不求富積？然則國用籌兵餉之大者，全在乎此。其效與農等，而無蠲租賑濟之害；其利大於鹽，而無鹽梟偷漏之害：何所畏而不爲哉！理合附片瀝陳，仰懇上諭飭令各省督撫，一體飭令府、廳、州、縣地方官，將蠶政事理一一舉行。遵者保薦，違者參劾，不得姑寬，亦不得聽其揑辭搪塞，庶從古自然之利可以興矣。臣謹附片具陳，伏乞聖鑑訓示。謹奏。

總理衙門、户部　議覆停止商辦關外礦路摺

奏爲遵旨議覆事。

竊查，奉天將軍依克唐阿奏關外商辦礦路一事。前經臣等會議，黎耀森以一微員，虚稱集資一千六百萬兩，且路長二千餘里，二年半便可告成，言之過易，請飭下該將軍切實查明，請具保結，俟商款有著，再行議章奏辦。於光緒二十三年三月十八日，會同户部具奏。奉硃批："『依議。欽此。』當即咨行該將軍去後。七月三十日，復准軍機處抄交依克唐阿奏，查明關外商辦礦路資本妥議章程一摺，奉硃批："『該衙門議奏。單併發。欽此。』欽遵到臣衙門。嗣准該將軍將各總董姓名、籍貫及京中商號、兑存銀數電知前來臣等因。所稱『存京商號銀數較多，恐未確實，復經行文順天府，按號確查』，兹據覆稱："密查得黎耀堂即候選縣丞黎耀森之胞兄，係英醫德貞所開寶華公鋪中副買辦。高錫九、陸漁舫、孟畢廳係京城各衙門書吏。吕慶才係錫慶堂老米鋪掌櫃。崇佑之、崇建侯係前粤關監督海緒之子。其餘如李益橋、成治卿、李詩侯皆在瀋陽，無從悉其根底。所開京城各爐房，並無『俊義聚』字號，或即『仁義聚』之筆誤，業已歇業多年。永順並義合銀號，查無此鋪。同信恒布號資本無多，業將倒閉。義合行係帳局，同義興亦係小帳局。泰興鋪係首飾樓，帶做换錢。

小鋪義合當鋪，係崇宅所開。亨豐與寶豐當鋪，係海宅所開。詢及所存鋪四百十六萬兩，皆屬空存條一紙。聲稱俟奏准承辦後，統歸德貞之寶華公錢店擔保。而寶華公資本僅銀五千兩，即嘗誑攬借款者。初則使劉鶚、吕慶麟、孫郁田出名，在督辦軍務處具呈謀攬蘆漢鐵路；繼則使李光漢等出名，在北洋具呈謀攬天津至瓜口鐵路。並又使方鏡等出名，在順天府遞呈謀攬西山鐵路。此外，如蒙古礦務、山西鐵路，無一不思插手，意在攬到利權，爲招摇賣票地步。爲之指使者，或冀坐亨其利，或冀厚得其酬等語。臣等查，近來紳商僅饜開礦路之利，並未諳造路之法。故首鼠者未有輕擲鉅貲，而無賴者藉以招攬生事。且華股集貲不易，勢必藉重洋商。殊不知平日與無賴紳員及一二京官子弟往來，皆慣習華情之人，亦徒託空言者也。夫公家借款，尚再三索抵而不稍輕貸焉。有商借商還，而不求以礦路抵押之理乎？若聽其私立合同，許以開辦。不獨華紳領股者藉以招摇，而包攬者總其權利，兼恐洋款未集而華股先輸，成則紳商等無利可圖，不成則華股受其毒，洋款亦徒受其愚。而因以爲利之輩，輕則席捲而去，無處索償，重則貽害國家，轉求賠抵。該府尹所謂『插手者，意在攬權賣票；指使者但冀坐亨酬謝，均不可靠』各節，尚係見到之語，種種詐僞，爲患將來，非但紳商爲其所惑，亦該將軍所未能深悉而逆料者也。臣等公同商酌，既經查明黎耀森中西商董名號半屬子虛，所稱存驗之四百十六萬兩，但屬空條一紙，並無實銀。

應請將關外商辦礦路之議即行停止。惟念國家於此事方廣招徠，該紳商等爲人所愚，事經具呈，並未開辦，尚無招摇實據，應請免其深究。所有議覆停止關外商辦礦路緣由，理合繕摺具陳，伏乞皇上聖鑒訓示。再，此摺係總理各國事務衙門主稿，會同户部辦理，合並聲明。謹奏。

奉旨：『依議。欽此。』

總理衙門奏京員創設通藝學堂並援案准予獎勵調考摺

再，臣衙門於本年正月間，接據刑部主事張元濟等呈稱：『聯合同志，分籌款項，賃房開館，學習西國語言文字，請發給同文館書籍等因。』當經照准撥給在案。兹於八月二十四日，復據張元濟等呈稱：『設立學堂，來學者多係京員及官紳子弟。現在定立課程，先習英文及天算、輿地，其兵農、商礦、格致、製造等學，俟洋文精熟之後，各就性質所近，分門專習。』伏查，二十一年十二月，總理衙門議覆御史陳其璋推廣學堂一摺，准令官紳集資創建，奏明辦理。今試辦半年，規模粗立，來學者衆，自應援案呈請具奏，並援案請將學堂教習比照成案，酌給獎敘，暨學堂成業學生仿照廣方言等館學生例調考録取等因。臣等查，近日中外交涉事宜條目日繁，需才益亟。僅恃臣衙門之同文館、上海之廣方言館、廣東之同文館及南北洋閩廠學堂數處學生有限，不足應各省之取求。前議推廣學堂，通行各省，而官紳創辦尚屬寥寥。該員等居京師首善之地，籌款設立通藝學堂，自行講習，造就人才，留心時務，志趨實屬可嘉。其所請酌獎教習一節，應比照安徽成案，略與變通。擬俟三年期滿，著有成效，由該學堂出具考語，稟由臣衙門核辦。有官人員，准其保加陞階。無官人員，准其作爲監生，一體鄉試；再留三年，始終不懈，准以府經、縣丞歸部銓選。其成業學生情願投效同文館者，應准其隨時報名，聽候調考。惟必須由該學堂出具憑單，將該學生所習何業、成就分數、考試等第詳悉註明，由同文館查核，再行調考，以防冒濫。所有京員集資自建學堂緣由，理合附片具陳，伏乞聖鑑訓示。謹奏。

奉硃批：『依議。欽此。』

都察院御史聯名密陳膠澳主戰摺

奏爲德患未弭，衆敵交乘，請旨允款備戰，以杜繼起而絶奸謀，恭摺仰祈聖鑑事。

竊惟德人藉故興兵，佔據膠澳，旁略州縣，擊斃民兵。朝廷慎重戎機，慮勢力之不可與爭，隱忍求全，未肯輕開兵釁。詎要索之款延宕而未定，英倭之船聯綴以俱來，相繼而起者更不知凡幾。瓜分之局已成，挽回之術匪易。而或者尤冀六條議定，德人無所藉口，當能還我疆土，仍歸於和。又或謂俄艦已來，顯爲我助，英、德等國畏其强大，必可隱戢貪心。臣等竊以爲必不然也。

蓋瓜分之謀，羣定于數載以前，久已蓄志待發。逮中俄訂立新約，各國不知所云，於是疑愈深而謀益亟。特英以印度不靖，日以償款未清，瞻顧徘徊，未肯輕動。而德則内逼於法人仇怨之積，外怵於俄人鐵路之成，國勢富强，兵力閒暇，故敢出爲戎首，以遂其狡焉思啓之心，固不必因有教案而來，又豈肯僅了教案而罷？觀於膠州既踞，六款已開，中國方且曲意交歡，拱手退讓，而彼國主猶復遣其親弟，迭派兵船，叵測之懷，略可概見。似此大舉，豈能默爾息兵？此德之志在得地，不無可慮。至俄之於中國，固未嘗無相助之意，究不免有自利之心。其三艦之來也，非爲中國也，爲旅順耳；非阻德之窺中國也，阻英、日之窺旅順耳。即如日本之役，俄但索還遼地，而不爭臺灣，可爲明證。假令德久踞膠州或索他城，俄必不問也；英、日不來旅順而圖南方，俄亦必不問也。西伯利亞之鐵路未成，東方洋面之戰船無幾，俄安肯與各國開釁，又安肯代中國受兵？況德人此行，其君若后固已早請命於俄耶？是但可倚以保旅順，而絶不可恃以阻瓜分也。然則，既不能麾德人而使去，復不能阻英、日以不來，俄人又不足深恃。理勢俱窮，除備戰之外，更無他策矣！夫以中國將才之絀，兵數之單，軍械糧餉之缺，臣等豈不之知？顧念今日之事，不戰必亡，戰則猶可以不亡。即戰而敗，則仍不至於遽亡。與其不戰而畀地於德，各國從而效尤，曷若戰敗而失地於德，尚可杜各國利益均霑之說也。

現在天津聶士成、袁世凱兩軍練習有素，徵調不難，擬請旨酌派一軍，剋期進紮膠州，聽候進止。起程之後，即請飭令總署大臣會晤德使，議准六條，毋庸駁詰。並備具公牘，告以該國，索款既已全允，所有戰踞各處，應請於十月内全行退出，否則定加轟擊。一面由總署將允款訂和、勒期示戰各情，徧行照會各國，作爲證據。如德人遵我約束則已，倘或限期已踰，仍復公然盤踞，則豫令我軍按期進剿，悉與殲除，戮力同心，事蔑不濟。即或屢敗不勝，事出萬難，亦不過割地講和，與不戰同屈辱。而英、俄等國究不能援以爲例，無故要求。此諸葛君所謂坐以待亡，孰與伐之也。又況德軍不過二千，當章軍進紮之時，德人惶急開砲，未嘗無懼我之心。我進則彼退，我前則彼卻。師直爲壯，曲爲老，理有固然，德人固未敢出於戰，中國亦未必定至於敗也。不然，觀望趦趄，任聽魚肉，羣謀既合，衆艦俱來。或以管理財政爲言，或以割質土地爲請，日蹙百里，瓦裂土崩，國勢既衰，人心已去，雖欲練兵籌餉，求一戰而不可得矣。

臣等智術短淺，區區之意，不僅在德患之難弭，而尤在衆敵之交乘。意見相同，用敢合詞上瀆，伏乞皇上聖鑑訓示。謹奏。

兵部請整飭戎行摺

奏爲武職獲咎較重人員不准投效及奏調、咨調，以杜鑽營而防冒濫，恭摺仰祈聖鑑事。

竊查，近日各直省各路軍營平時講求操防、認眞訓練、潔己奉公、與士卒共甘苦者固不乏人，而恇怯模棱、不知檢束、濫竽充數之員，亦所恆有。一經徵調，則張惶失措，漫無紀律，臨陣勢必觀望不前，退縮潰逃，遺誤事機，實非淺鮮。雖經各督撫及統兵大臣隨時嚴參治罪，事平之後，輒復夤緣請託，設效各路軍營及河工省分〔三〕，並謀調出洋差使，以爲將來開復地步。夫此等巧滑劣員，畏懦性成，一旦僥倖復職，設遇有事之秋，安望其臨陣摧堅、踴躍用命哉？是投效及奏調、咨調兩途，專爲若輩開冀倖之門，營伍安能改觀，軍事從何整頓？臣等公同商酌，凡於臨陣退縮不前、救援不力、畏葸無能、巧滑逃避獲咎武職人員，除已經投效各員姑從寬免其撤回以觀後效，並由各督撫及統兵大臣隨時考其是否得力，分別去留，專案報部外，其尚未投效各員，擬請嗣後除特奉諭旨錄用者，臣部遵旨辦理外，其餘概不准投效軍營及河工省分，並奏調咨調出洋，希圖開復，以重名器而嚴軍律。經此次定章之後，各該督撫等如再將此項獲咎人員濫行録用，臣部即分別奏參，請旨交部，照徇庇例議處。如蒙俞允，應俟奉旨後由臣部咨行各直省督撫、提鎮、各路統兵大臣一體祇遵。臣部爲整飭戎行起見，是否有當，伏乞聖鑑訓示。謹奏。奉旨：『依議。欽此。』

户部請通飭各省具報釐税收支實數摺

奏爲各省釐税狃於外銷，遂至隱匿，請旨通飭切實具報以憑考核，恭摺仰祈聖鑑事。

本年十一月二十五日欽奉上諭：『前曾諄諭各省將軍、督撫嚴杜釐金中飽。旋據陸續覆奏，並未將釐金中飽之數和盤托出等因。欽此。』臣等竊查，各省釐金中飽，弊在承辦委員不肯和盤托出。各省例不應支，而事非得已者，輒於釐税收款提留自用，所謂外銷者也，各省院司類有案存，原非自謀肥己。然既有外銷之事，即有匿報之款，否則從何羅掘？無惑乎人言藉藉，僉謂各省釐税實收之數竟數倍於報部之數矣。現在中飽之弊已奉上諭，飭令各該將軍、督撫激發天良，認眞整頓，各該將軍、督撫自不致仍前泄沓。惟是外銷之數若不和盤托出，則釐税實收之數亦終不能和盤托出。臣部總握度支，各省歲出歲入不合，藏頭露尾，致臣部無可勾稽。即外銷款目不能驟行全裁，亦宜咨報臣部，權衡緩急，庶幾内外一氣，共濟時艱。譬之各省局卡，亦援院司報部辦法，該將軍、督撫一面將該省外銷各款數目，向來取給於釐税者具實奏明，分别裁減；一面將該省所收百貨釐、鹽釐、茶釐、土藥釐及常税雜税等項銀錢數目據實報部，毋事欺飾。統限奉旨後三個月奏咨，不得違逾。自光緒二十四年正月起，按季具報。其從前造報不實或外銷糜濫，擬乞聖恩寬其既往，並准將外銷最要之款切實聲明，臣部量予留支，使免窘於公用。惟各省通年進出款項，不得再有隱匿，俾臣部無隔閡之慮，各省少掩著之煩。倘經此次通飭之後，各省仍有隱匿甚或巧立名目，謬稱入不敷出，則典守之官不能辭咎，臣部亦難曲爲之諒也。所有擬令各省將釐税收數及外銷支數據實具報緣由，理合繕摺陳請。是否有當，伏乞皇上聖鑑訓示。謹奏。

總理衙門奏定山東教案要犯罪名摺

奏爲山東教案拿獲要犯分别擬定罪名恭摺仰祈聖鑑事。

光緒二十三年十月十六日，奉旨：『曹州殺斃洋人一案，著李秉衡速派司道大員馳往該處，根究起釁情形，務將兇盜拿獲懲辦等因。欽此。』當由臣衙門電咨前山東撫臣李秉衡欽遵辦理。旋據該前撫電稱：委派臬司毓賢、兖沂曹濟道錫良，馳往鉅野縣澈底根究。嗣由該臬司等督飭該縣會同防營，先後拿獲惠二啞吧等九名，並起獲贓物等情送經照録，恭呈御覽。

兹據李秉衡咨稱：『緣惠二啞吧即惠潮現，雷協身即雷繼參，張高妮即張沁椿，王大腳即王莽，又名王衍漬，賈東洋、高大青、蕭盛業、姜三緑、張允分隸鉅野、嘉祥等縣，平素游蕩度日，均先未爲匪犯案。雷協身探知鉅野縣張家莊教堂存有錢物，起意行竊，説允高大青及惠二啞吧、張高妮、王大腳、賈東洋、蕭盛業、姜三緑、張允並不識姓名二人，於光緒二十三年十月初七日傍晚時分，在鉅野縣楊家樓村外空地會齊，即於是夜二更時分，惠二啞吧、張高妮、王大腳、賈東洋各攜帶尖刀，高大青持棍鞭，雷協身、蕭盛業、姜三緑、張允及不識姓名二人分攜刀棍，行至中途，蕭盛業、姜三緑、張允三人畏懼同逃，惠二啞吧等偕抵張家莊教堂門外，惠二啞吧、雷協身爬牆進院，開啓大門，放張高妮等進院。惠二啞吧撬撥屋門未開，教士能方濟、韓理驚覺，由窗孔開洋槍轟傷不識姓名兩人，隨各逃逸。惠二啞吧因夥被傷，氣忿莫遏，起意行强。雷協身允從惠二啞吧，即與雷協身砸開窗户，進屋開門，放進張高妮等。惠二啞吧用刀札傷教士肚腹，雷協身亦用木棍抵格。隨即搜劫贓物，分攜逃逸。亦有將贓物、刀棍撩棄路上者。詎教士能方濟、韓理傷重，旋各殞命。經教士薛田資報驗棺殮，獲犯詳訊，審供不諱，詰無另犯別案。將惠二啞吧、雷協身均依例擬辦』各等因。

臣查，惠二啞吧等夥竊德國教堂，因教士能方濟等驚覺，開槍轟傷夥犯，輒敢起意行强，與雷協身首先拒傷教士，實屬罪無可逭。應如該撫所擬，惠二啞吧即惠潮現，雷協身即雷繼參，均依强盜殺人奏請審決梟示例擬斬立決。至張高妮、王大腳、賈東洋、高大青四犯供詞尚有出入，應監候待質。其蕭盛業、姜三緑、張允三犯應從重監禁五年。其在逃之馬東武、朱得法兩犯，應懸賞勒緝，務獲歸案懲辦。臣等查此案，惠二啞吧、雷協身兩犯首先發難，因偷竊教堂，慘殺教士二命，以致釀成巨案，實堪痛恨。若由該撫照案奏交刑部核議，再會同臣衙門具奏，輾轉需時，致令該犯幸稽顯戮，殊非止辟明刑之道。應由臣衙門請旨即行正法，以昭炯戒。至該撫咨稱不能禁約爲匪之犯父兄等照例提責，並已獲之贓，經主認領，屍棺亦經教堂領葬，起獲之凶刀存庫，均應如該撫所咨辦理。被槍轟傷之不識姓名二名，尚未弋獲，應與在逃之馬東武、朱得法兩犯，責令現任撫臣張汝梅一併緝拏，無稍寬縱。所有臣等擬定曹州教案要犯罪名緣由，理合恭摺具陳，伏乞皇上聖鑒訓示遵行。謹奏。

總理衙門奏辦結教案議租膠澳與德使商定情形摺

奏爲曹州教案辦結、膠澳劃界議租，謹將與德國使臣商定情形，恭摺仰祈聖鑒事。

本年十月間，山東曹州地方殺斃德國教士二名，德國兵船遽襲膠州，該使臣海靖致臣衙門照會要求六款，勢將決裂，業經具摺奏聞，並將續來照會及臣等照復並問答節略隨時呈覽在案。臣等仰稟宸謨，與該使臣往復商論，分別准駁，該使臣照會以山東巡撫李秉衡屢違朝旨，不受中國政府之命，釀成巨案，請將李秉衡革職永不敘用。臣等堅持不允，議令删去『永不敘用』四字，但將不可再任大官之意，奏請准行。德主教安治泰，本在濟寧倡建教堂，適有曹州教案，該使欲隆保護之名，請賜匾額，請給工料銀兩。臣等議定，酌照成案，用『敕建天主堂』五字，酌給工料銀六萬六千兩。至懲辦盜犯，償恤教士，原係教案中應辦之事。該使以被殺兩教士並無家屬領賞，只可建造教堂作爲償恤，議定曹州城内及鉅野縣屬張家莊各建教堂一所，由官撥給地段，不逾十畝。即照濟寧辦法，每處各給銀六萬六千兩，匾額仍用『敕建天主堂』五字，統於教堂門首勒碑，以爲保護之據。被失去之款，另給銀三千兩了案。該使復以現在教士租賃房舍甚難，擬請於鉅野、荷澤、鄆城、單縣、武涉、曹縣、魚臺七處，爲教士各建住房一所，共給工料銀二萬四千兩，均作爲已殺教士償恤之用。

現獲盜犯，照例懲辦。失察之地方官從重參處。該使又索中國應保以後永無此等事件，臣等駁以保護教堂條約所准，惟盜賊猝發，豈能永保其必無？該使語塞，因與議定。請皇上明發諭旨，飭地方官照約儘力保護。特該國教堂究有幾處，臣衙門無案可查，並令將各府州縣，凡有教堂處所，開送臣衙門查核。該使亦經答允。庶於保護之中，稍寓稽察之意。此案失事之地方官或調往他省，或從重參懲，均由中國自行酌辦。該使借教案旁索商務，擬請嗣後山東一省，如開辦鐵路，旁近礦務先儘德商估辦。旋又請設立德華公司，築造山東通省鐵路，並許開通省及鐵路旁近之礦，意在仿照俄華公司利益。臣等力與磋磨，允由膠澳至濟南省城築造鐵路一段，俟此段造成後再行商造後段，與中國自辦幹路相接，均由德商、華商集股領辦。聲明不佔山東地土，並另立合同，無庸比照他國章程，以爲中德自商之証。該使又以德國辦理此案所費之銀，請中國賠償數百萬兩，尤爲無理取鬧。臣等告以此案中國無賠償之理。惟顧念數十年邦交及前此相助之誼，另籌辦法，與教案絶不相涉，須截分兩事，期杜他國藉口，斷不能認賠一錢。該使以候其國命爲辭，延宕經旬。臣等迭次催問，漸次就緒，已允撤兵下船，退出所據之地，賠費作罷。初訂明在臣衙門互換約章，適曹州地方復有驅逐教民、殺害洋人之説，該使頓翻前議。又照會臣衙門，仍請將李秉衡革職，永不敘用。復經臣等力與駁論，並欽奉諭旨，將曹州鎮總兵萬本華撤省訊問。該使始無可置辨，於本月十二日來臣衙門，會晤臣等，即將繕定教案六條照復一件當面交訖，以符先結教案之議。

臣竊維中德兩國向無嫌隙，衹以助歸遼東，索報未遂。該國注意所在，則英、法、俄等國均佔有東方海口，而該國獨無停輪屯煤之所，不足與各大國均勢，疊准出使大臣許景澄函電相聞，而膠澳又爲該國所垂涎。故本年正月，臣等有請在膠州創修船塢之奏，即已籌慮及此。十月，教案初起，奉旨令李秉衡查拏兇盜，有德方圖借海口之諭。敵謀之狡，早在聖明洞鑑之中。此次借殺斃教士起釁，遽派兵船襲據膠澳，分兵略地，直窺即墨縣城。德君又派其弟率領師船來華，用心實爲叵測。該使所開教案六條，堅請照辦，並無一語退還膠澳。臣等僅恃筆舌與爭，苦無卻敵之策，再三辨論，該使始允。該國提督畫佔之地，分別退還，膠州亦在所退之内，餘則作爲租用，略如各口租界辦法，周圍以一百里爲限，按歲輸納租錢。該地自主之權，仍歸中國。送來租地照會五款，大致以保全兩國睦誼爲詞。臣等逐款覆核，租以九十九年爲限。所定租界，將來兩國派員立界時，認定周圍一百里之限。膠澳海面，中國兵商各船任便出入。膠澳外各島險灘，准德國設立浮樁。惟中國兵商各船往來進出，概免納費。至德國嗣後自願將膠澳歸還中國，所有德國在澳費項，中國應許賠還。另擇相宜之處讓與德國一款，此指租期未滿讓還租地而言，亦可照允。惟須訂明租期未滿以前，中國原有税卡照舊設立，德國不得驅迫；租地之外，德兵應即全行撤回，應交租項若干。再與該使面商，均無異詞。翌日備文聲敘，作爲完案。其一切應辦事宜，恭候命下，臣等再當咨行山東巡撫妥爲籌辦。

此案德國發難，各國多欲干預，中外新聞、電報絡繹，殊駭觀聽。臣等握定中德自商，不願他國調停。因知他國無實意相助，即貌爲居間而潛相要結，則中國受害益重。萬一各國互爭，竟以中國爲戰地，尤難收束。只可速結此案，徐圖自强。然計非騰出的餉，訓練精兵，不足以禦外侮。容臣等隨時奏辦。所有商結德案情形，理合恭摺具陳，並將臣衙門與德國使臣海靖結案照會問答恭録呈覽，伏乞皇上聖鑑訓示遵行。謹奏。

協辦大學士榮禄請參酌中外兵制設武備特科片

再，武備之設，原期得折衝禦侮之才。自火器盛行，弓矢已失其利，習非所用，與文科舉時文試帖之弊略同。積習之端，未始不由於此。雖經廷臣屢次條奏，皆以格於成例，難議更張。查應試武童，每縣少則百餘人，多或數百人、千人不等。約而計之，縣以二百人爲率，合計天下數可三四十萬。教練成，其利有五：年富力强，無老弱濫竽充數，利一。弓馬嫺習，教練易成，利二。有志上進，與謀衣食者不同，利三。姓名鄉里有籍可稽，無逃亡之弊，利四。有室有家，散則歸農，不至流爲盜賊，利五。且近在鄉里，養兵之費自輕，此尤勝於召募者。若每省延聘兼通西法、精於操練教習數十人，就地教練。一歲之後，可成精兵，足以充役。二年，作爲武生，選其材武聰穎者，每省設一武備學堂，挑入學習，重學化學、格致、輿地諸學，分砲隊、馬隊、工程隊諸科。限以三年，由各省督撫詳加考試，凡考列優等者，作爲武舉人，其名數略參科場舊制，分別大省、中省、小省，各不得逾本省原額十分之五，此爲武備特科。其三年一試之武科，暫准照舊舉行。但須酌減舊額一半，以期相濟爲用。試之有效，再將舊制停罷。立將此項特科武舉人咨送京師大學堂，限以三年，由兵部奏請欽派王大臣考試分別，優等者作爲武進士，其名數與常年會試中額各得其半，仍恭候廷試。各就本科，驗其膂力、技藝，詢以方略，以侍衛守備分用。届時並令各路軍營，自哨長以上，均用此項武舉人、武進士人員充補，俾得效力行間，以備干城之選。似此參酌中外兵制，造就人材，其用至廣，其效至速。各國聞此舉動，或稍戢其狡焉。思啓之心，於國事實有裨益。應請飭下廷臣會議，奏請宸斷施行。奴才愚昧之見，是否有當，謹附片具陳，伏乞聖鑑。謹奏。

校記

〔一〕鞍　當作『鞅』。

〔二〕往　當作『住』。

〔三〕設　疑爲『投』之訛。

奏議輯覽初編卷第八

總理衙門、禮部　遵議開設經濟特科摺

奏爲遵旨議奏事。

光緒二十三年十一月二十三日，軍機處鈔交貴州學政嚴修奏請設專科以收實用一摺。軍機大臣面奉諭旨：『著總理各國事務衙門會同禮部妥議具奏。欽此。』臣等查，該編修原奏所陳各節，大抵以近世士大夫頗多講求實學，然書院學堂之設，所成就者僅及於少年新進，而耆儒宿學及已經通籍之人，不入院堂肄業，轉無由邀朝廷特達之知。因請設經濟特科，仿照從前博學鴻詞之例，由京官四品以上、外官三品以上，以及各省學政核實保送，不限京官外官、未仕已仕，一體考試，分別録用。其所擬科立專名、不限額數，試憑保送、嚴責成、破資格、籌經費六條辦法籌畫亦頗周密。方今時事多艱，需材孔亟，誠非有破格非常之舉，不足以聳外人之視聽而鼓舞海内之人心。第原奏請設特科，又請設立年限，揆之事理，竊恐難行。夫既曰特科，事固不能歲舉，而歲舉之事，行之科目，亦斷不能概加超擢，與以破格之遷除。朝廷立賢無方，議法必通而後久，非特科無以動一時之耳目，非歲舉無以供歷久之取求。二者兼資，可分辦而不可合辦。

查國朝康熙、乾隆年間，兩舉博學鴻詞，本依據唐人銓目，以網羅海内人材。唐制：舉博學鴻詞者，大抵皆明經、進士、律算諸科。有出身人復經朝官薦送，試之吏部，優等或竟除給舍，若陸贄、韓愈等，皆由此以登清要，當時號爲得人。宋沿唐制，所薦送者亦皆已由科目出身，若洪邁、王應麟諸人，皆以進士召舉，非布衣所能與也。康熙、乾隆年間，意在訪求遺逸，故不限布衣及朝官、外職，一皆薦送。而一時炳牘，山林之數倍於搢紳。立法因時，各收宏效。其在於今，則宜仿康熙、乾隆年間特科舊制，甄録學堂書院外之人材，准現今科目階級，以登進學堂書院中之髦俊。一爲歲舉，一爲特科，先舉特科，次行歲舉，庶幾楨幹不遺，亦且施行有序。臣等公同商議，其特科擬略宗宋臣馬光十科、朱子七科之例，以六事合爲一科：一曰内政，凡考求方輿險要、郡國利病、民情風俗諸學者隸之。二曰外交，凡考求各國政事、條約、公法、律例、章程諸學者隸之。三曰理財，凡考求税則、礦産、農功、商務諸學者隸之。四曰經武，凡考求行軍布陣、駕駛測量諸學者隸之。五曰格物，凡考求中西算術、聲光化電諸學者隸之。六曰考工，凡考求名物象數、製造工程諸學者隸之。其保送應請如該編修所奏：飭下京官三品以上、外官督撫學政，各舉所知，無限疆域，無論人數，悉填姓名、籍貫、已仕、未仕並其人何所專長，咨送總理衙門定期考試。由臣衙門會同禮部奏請試期，欽命題目，簡派閱卷大臣在保和殿試以策論，差次優劣，分別去留。録取者再請殿廷覆試一場，另請簡派閱卷大臣詳定等第，以昭慎重。試後，由臣衙門會同禮部帶引見。應如何量材擢用，或悉照鴻博成案，略與變通。鼓舞出自聖裁，非臣等所敢擅擬，應臨時由軍機大臣請旨辦理。此爲特科，或十年而一舉，或二十年而一舉，統俟特旨，不爲常例。此特科議辦之大略也。

若設爲年限之科，則即以新增，講求算藝，各書院學堂爲造端之始。每屆鄉試年分，由各省學臣調取各書院、各學堂高等生監，鄉會試皆以策問試之。初場試專門題，次場試時務題，三場仍試四書文，以端趨向。中式者另爲一榜，名曰『經濟正科舉人、貢士』，其覆試、殿試、朝考仍與尋常舉人貢士合爲一場，同試一題，第於卷面另編字號，不責以楷書，不苛其訛脱，一以學問爲高下，自不至屈抑眞材，而亦可免諸生之歧視。此爲常科，三歲一舉。此臣等就該編修所請考試年限，酌與變通之議辦大略也。

臣等竊維學問以磨勵而後成，人材以激揚而愈重。察近來風尚，上之所求與下之所學、精神所注，未嘗不並出一途。徒以科舉未開，故相需殷而相遇疏。當官每歎乏才，而處士恆嗟不遇。誠使丕焕綸音，廣開賢路，風聲所樹，羣士響臻，因風尚以激揚，較之藉激揚以開風尚者，其勢彌順，其程效亦當彌捷。拔十得五，理可預期。惟其間詳細章程，或需咨商外省，或需參考舊章，斟酌施行。兹先將大概辦法，恭摺具陳。如蒙特旨諭允，恭候命下之日，再由臣等分別咨商，擬定詳細章程，開列清章，進呈御覽，請旨定奪。所有遵議開設經濟專科緣由，理合恭摺具陳。伏候皇上聖鑑訓示遵行。再，此次摺係總理衙門主稿，會同禮部辦理，合並聲明。謹奏。

給事中高燮曾請設武備特科摺

奏爲議設武備特科，敬陳管見，仰祈聖鑑事。

竊臣恭請光緒二十三年十二月二十六日上諭：『榮禄奏請設武備特科，參酌中外兵制，造就人才等語。著軍機大臣會同兵部議奏。欽此。』仰見皇上整軍經武，發憤爲雄至意，臣不諳軍旅，然蒿目時艱，竊欲貢一得之愚，以備芻蕘之採。

朝廷准設特科，自與尋常武試迥異。若但較量技勇，即成就可觀，不過得一兵之用而止。擬請飭下軍機大臣等詳議章程，始也求之有道，寬其途，嚴其格，不拘文武，不拘已仕未仕，總以能勝將帥之任爲指歸，令内外三品以上大員各舉所知，懸五事以爲之的：一，嫻韜略兼貫中法、西法。二，熟輿地，工測繪。三，練身善擊刺。四，習洋槍洋礮及中國擅長火器。此四者闕一不可。五，精製造，創新械。此則於四者之外别爲一格，或專長，或兼長，皆可保薦。其有名實相符者，詳其姓名以聞。至京考校合格者，分别給予職官，俾爲武備學堂教習。教有成效，准予超擢。由是而教之，方可言矣。京師設武備學堂，徧及於各行省，亦教以上所陳五事。外省兩年報滿，拔其尤入京師武備學堂，仍令肄習一年、三年。學成請欽派王大臣一體考校，分别等第，以備任使。或充各營教習，或充哨官營官。其穎異者，令充出使大臣隨員，以廣聞見。卓著勳勤，乃升統帶。似此條理略具，但使王大臣、各疆吏懃懃懇懇，實事求是，勿徇情面，勿尚應酬，日漸月摩，必有名將出乎其閒。臣管窺所及，是否有當，伏乞皇上聖鑑。謹奏。

中允黄思永奏請特造股票籌借華款摺

奏爲籌借華款，請造自强股票，特諭内外大小臣工激發天良，倡舉急務，恭摺仰祈聖鑑事。

竊維時事孔棘，庫藏空虚，舍借款無以應急，舍外洋不得巨款，前已種種喫虧。近聞各國爭欲抵借，其言愈甘，其患愈伏。何中國臣民如此之衆，受恩如此之深，竟無以借華款之策進者？若謂息借商款，前無成效，且有擾民之弊，遂不可行，此誠因噎廢食之説也。不知在外洋與在通商口岸之華民，依傍洋人買票借款者甚多，不能自用，乃以資人。且搢紳之私財寄頓於外國銀行，或託名洋商營運者不知凡幾，存中國之銀號票莊者又無論矣。小民不足責，應請特旨，嚴責中外臣僚，激以忠義奮發之氣，先派官借，以爲民倡，合天下之地力、人力、財力，類別區分，各出其餘，以應國家之急。似乎四萬萬之衆，不難借一二萬萬之款。臣聞外洋動輒以萬萬出借，非其素蓄，不過呼應甚靈，每股百兩，且有扣折。甲附股以售與乙，反掌間即可加增。以爲恆產傳之子孫者，不願歸還，即輾轉操縱，亦有贏餘。股票勝於銀票，故舉國信從，趨之如騖。每得中國電報借款，議成即由銀行造票，登新聞紙出售。雖萬萬兩之多，剋期立盡。中國風氣若開，豈難漸收成效？擬請敕下户部，速造股票。先按官之品級，缺之肥瘠，家道之厚薄，酌定借款之多少，查照官册分派。漸及民間，亦仿西法，每百兩爲一股，每股分期收繳，還以十年或二十年爲度。每年本利共還若干，預定准數，隨股票另給票據。十年則十張，平時准其轉售，臨期准抵交項。蓋分期寬則交款易，交款易則股本方肯多入，歸款亦不爲難。出入皆就近，責成銀行、票莊、銀號、典當代爲收付，不經胥吏之手，無詐無虞，確有憑信。可售可抵，更易流通。大抵鄉閭通緩急，集腋乞鄰，視爲常事，況在軍國之重，君父之尊，苟有天良，安忍推諉？特不用力者舉一羽而不足，不同道者拔一毛而不爲。誠能人人以謀身之智謀國，智不可勝用矣；人人以爲己之力爲公，力亦不可勝用矣。其實聚之爲多，分於一人，所用其智力者亦無幾。若慮激之不動，倡之不應，督之不前，是眞可與共富貴而不可共患難者，當不到此。臣謂先派官借者，亦鑑於因循之習已深，又恐因噎廢食，依然徒託空言耳。抑或能借巨款給獎敘以資鼓勵，亦是一法。

頃奉上諭：『開經濟特科，既重專門之學，求應變之才，斷非空談名理，徒習虛文。凡一切講武訓農、通商惠工之實事，刻不容緩，需款正多，舍己求人，終不可恃。無論洋款如何，華款總當併力圖之，專責任之，剋期待之，志在必成。』臣愚揆度時勢，非急求所以自强者無以自立，非反求所以自足者無以自强。足食足兵，爲自强之本。民信又爲兵食之本。我朝深仁厚澤，民志尚孚，於此次借資民力之處，務須格外核實，格外認眞，有言必踐，無弊不除，人人曉以休戚相關之理，人人動其忠君愛國之忱。内有可恃，外自不敢生心。不待兵食既足，即此民信之先聲出人意外，已足震而驚之矣！縱借洋款，患必較輕。洵爲今之急務，故借華款股票，謂之自强。再，中國集股之舉，慣於失信，人皆望而畏之。即鐵路、銀行、開礦諸大端，獲利亦無把握，收效未卜何時，故信從者少。若因國計自强派股，皇上昭示大信，一年見利，既速且準，自非尋常股票可比，安見將來風行之盛不如外洋？　如蒙聖明采納，臣非空言，請先派籌借若干兩，定限繳齊，逾期請治臣罪。　其力數倍於臣、數十倍於臣者，如恆河沙數，聚沙成塔，祇在人爲。　惟懇皇上宸斷，令出惟行，則頹風可振，衆志成城，轉弱爲强之機，反求即是矣。　愚昧之見，是否有當，謹恭摺具陳，伏乞皇上聖鑑。　謹奏。

户部奏准自造股票籌借華款摺

奏爲速議具奏事。

軍機處交出右春坊右中允黄思永奏籌借華款請造自强股票一摺。　光緒二十四年正月初九日，奉諭旨：『户部速議具奏。　欽此。』據原奏内稱：『時事孔棘，庫藏空虛。　舍借款無以應急，舍外洋不得巨款，前已種種吃虧。　近聞各國爭欲托借，其言愈甘，其患愈伏。　何中國臣民如此之衆，竟無以借華款之策進者？　若謂息借商款，前無成效，且有擾民之弊，遂不可行，此誠因噎廢食之説也。　在外洋與在通商口岸之華民，依傍洋人買票借款者甚多，不能自用，乃以資人。　且搢紳之私財寄頓於外國洋行，或託洋商營運者不知凡幾，存在中國之銀號票莊者又無論矣。　小民不足責，應請特旨嚴責中外臣僚，激以忠義奮發之氣，先派官借，以爲民倡，合天下之地力、人力、財力，類别區分，各出其餘，以應國家之急。似乎四萬萬之衆，不難借一二萬萬之款。聞外洋動輒以萬萬出借，非其素蓄，不過呼應甚靈，每股百兩，且有折扣。甲附股以售與乙，反掌間即可加增。以爲恆産，傳之子孫者，不願歸還，即輾轉操縱，亦有贏餘。股票勝於銀票，故舉國信從，趨之若鶩。每得中國電報借款議成，即由銀行造票，登新聞紙出售。雖萬萬兩之多，剋期立盡。中國風氣若開，何難漸收成效？擬請敕下，速造股票，先按官之品級，缺之肥瘠，家道之厚薄，酌定借款之多少，查照官册分派，漸及民間。亦仿西法，每百兩爲一股，每股分期繳還，以十年或二十年爲度，每年本利共還若干，預定準數，隨股票另給票據，十年則十張，平時准其轉售，臨期准抵交項。蓋分期寬則交款易，交款易則股本方肯多入，歸款亦不爲難。出入皆就近，責成銀行、票莊、銀號、典當代爲收付，不經胥吏之手，無詐無虞，確有憑信。可售可抵，更易流通。抑或能借鉅款，給獎敘以資鼓勵，亦是一法。臣非空言，請先派籌借若干兩，定限繳齊，逾期請治臣罪。其力數倍於臣、數十倍於臣者，如恆河沙數，聚沙成塔，祇在人爲。惟懇皇上宸斷，令出惟行，則頹風可振，衆志成城，轉弱爲强之機，『反求即是』等語。

臣等伏查，日本償款，數鉅期迫。原擬息借洋債以應急需，乃需用愈急，息借愈難。或甫有頭緒而不免紛紜，或已立合同而終成反覆。計自去年以迄今日，借債一事，其旋議而旋停者，蓋不知凡幾矣。現在限期日緊，洋債仍無成説。臣部正議息借華款，爲補救萬一之謀。今中允黄思永請特旨嚴責中外臣僚，激以忠義奮發之氣，先派官借，以爲民倡，並請速造股票，先按官之品級，缺之肥瘠，家道之厚薄，酌定借款之多少，查照官册分派，漸及民間。亦仿西法，每百兩一股，每股分期繳還。以十年或二十年爲度，每年本利共還若干，預定准數，隨股票另給票據，十年則十張，平時准其轉售，臨時准抵交項等因，自屬籌款之一法。第缺之肥瘠，家道厚薄，一時既難周知，且按官之品級以定數之多少，亦恐迹近抑勒，窒礙難行。臣等公同商酌，擬令官紳商民均量力出借，無庸拘定數目。先由臣部印造部票一百萬張，名曰『昭信股票』，頒發中外。隨後，再製造息摺，給予本人收執。每部票一張，註明庫平紋銀一百兩銀元，亦准折合抵交。凡中國官民領取部票，繳納款項，或在部庫、藩庫兑交，或寄存某字號票商，但使無悮提撥，均聽其便。此項借款照洋款辦法，周年以五釐行息，訂用二十年。前十年每年還息一次，後十年本利並還，期以二十年本利完訖。在京由部庫發給，在外由藩庫發給，斷不准絲毫需索延誤。平時，股票准其轉相售賣。每届還期，准抵地丁、鹽課、釐金，以冀通行而昭大信。夫商民食毛踐土，各懷忠義之心。而内外大小臣工，受國厚恩，際此帑絀時艱，尤當熟計安危，出家資以佐國用。況朝廷不責以報效，不强令捐輸，一律按本計息，分期歸還。誰無人心？誰無天良？斷不忍觀望遲回，一任大局之潰裂。

該中允原奏『先派官借，以爲民倡』，所論誠爲扼要。擬請諭旨，飭令在京自王公以下，在外自將軍督撫以下，無論大小、文武、現任候補候選各項官員，均領票繳銀，以爲商民之倡。在京大小官員出借銀若干，應領票若干，由該旗該衙門開單報部，請領轉發。在外大小官員出借銀若干，應領票若干，由各該省將軍、督撫開單，請領轉發。至地方商民人等，願借者亦復不少。在京即責成順天府府尹，在外即責成將軍、督撫，將部定大概章程先行出示，隨即揀派廉幹之員，剴切曉諭，勸令紳商士民一體量力出借，仍不得苛派勒捐，致滋紛擾。一面由臣部將印票分別省分酌量給發，一面由地方官將出借銀數隨時報部聽候撥還。日本償款無論何項，不准挪移動用。惟此項借款，待用孔亟。各直省應自奉旨之日起，限兩個月内將籌借辦法及已借銀數趕緊電報，不得稍有遲逾。如派辦籌借人員多方勸諭，能借巨款十萬以上，准從優獎敘；五十萬以上准破格獎敘，以示鼓勵。除將息借華款給發股票息摺詳細章程另行核議外，所有速議緣由，理合恭摺具陳，伏乞皇上聖鑑。謹奏。

總理衙門奏辦津鎮鐵路摺

奏爲道員容閎請辦津鎮鐵路以廣商務，恭摺仰祈聖鑑事。

竊光緒二十三年十二月二十六日，江蘇補用道容閎呈稱：『由天津經山東德州至江蘇之鎮江府，爲南北往來孔道，必宜專築一路，以爲便民興利之圖。現值德人藉口教案，欲修軌道直達濟南。倘我先造南北幹路，則德人修路至濟南後，令其就近與我幹路聯接，使不能再加展拓，最爲要著。是自修津鎮鐵路，實爲抵制之方。利權固在所必爭，大局尤刻不容緩。擬即糾合富商巨賈，集成巨款興築由天津達鎮江幹路，呈請奏明，准照光緒二十一年十月間諭旨，由該道自行設立公司，假以事權，俾得從速集資開辦，以廣利源。並附呈章程二十二條』等因。

臣等查，鐵路之設，無事用以通商，有事用以轉運。歐西各國鐵路縱横四達，密如蛛網，用收富國强兵之效。中國蘆漢鐵路經大理寺少卿盛宣懷遵旨籌辦，勘路、籌款漸有端倪。若照該道容閎所請，再築津鎮幹路一枝，則展拓愈廣，實足與蘆漢幹路相輔而行，且可預杜外人覬覦之漸。所呈章程二十二條，臣等詳加酌覈，亦均妥協。惟所稱招集洋股一節，應令改爲籌借洋款，乃聲明商借商還，以符歷届奏案。如蒙俞允，即由臣等札飭該道建立公司，妥籌開辦，仍將勘路事宜隨時呈明。臣衙門及經過各省督撫，酌覈勸辦，以期詳慎。所有道員請辦津鎮鐵路緣由，理合恭摺具陳，伏乞聖鑑訓示遵行。謹奏。

奉硃批：『依議。欽此。』

謹將道員容閎擬辦津鎮鐵路章程敬繕清單恭呈御覽。

一，鐵路以勘繪地圖爲首務。自天津至瓜鎮二千二百餘里，估計工費未易猝成。其一切沿途起止，測量丈尺以及岔道、碼頭、車站、棚廠，暨山渠、河梁等事，均俟奉准後，始能詳確查繪。

一，鐵路自天津至瓜鎮二千二百餘里，河堤延亘綿長。鐵路必有由堤行駛之處，無論里數遠近，准公司就近稟商該督撫及該營道府，協同妥勘地勢，查明丈量尺寸，上則高築堤身，下則深築堤底，務期堅實，使堤身加高且固，兼可免朝廷歲修之費，於河工亦有裨補。

一，現經集股，已有一千萬兩之譜。開辦之後，其有不敷，再行招集。内有美商願入股者，由本公司與之議立合同，毋庸稟請國家作保，只須將全路作抵，且經營伊始，情殷報效，得藉輸誠。擬請先提股銀二百萬兩，以充朝廷要需。定期出票，於鐵路開工，安設軌道時，先繳一百萬兩，俟全工告竣，再繳一百萬兩。

一，鐵路款項係集股所成。將來全工告竣，擬請除各項應支經費修補股息按年週息以外，所獲餘利，按照四分之一報效國家，解交户部飭收。按年彙報，年清年款，不得拖欠，以重公用。

一，報效銀兩本係集股商等，不敢仰邀獎勵。惟乞奏明准自設公司，假以事權，用專責成，兼請札飭各地方官力爲保護。至一切應辦事宜，當隨時稟請總署飭遵。

一，鐵路勘用民地，原産主每年應完若干税課，本公司照數完納。倘全路告成，限期未滿以前，朝廷建議欲將鐵路歸官，請比照當年股票市價漲落，核明發還原銀，由公司自行收回股票，以清款目。否則，應由公司按照定章，以四十五年爲限，自全路工竣爲始，滿限後所築幹路即爲國家所有，無庸官給價值。

一，鐵路工程以五年爲期，俟將全路勘估後，各料運齊起算，屆時仍當稟明立案。

一，鐵路沿途地段，凡民間山場、地畝、園林、井社以及城鄉、市鎮，必視其衝僻及土地肥瘠、生熟分别定價。擬由公司會商地方紳董，酌量給價，以期主客相安。倘偶實在刁抗居奇，即稟由地方官公斷。應比照蘆漢鐵路公司章程辦理。

一，鐵路本取直線，如遇民間廬舍、墳墓必須繞越者，從權辦理。若間有一二塋宅自願償費遷移，由公司會同地保、紳董公同酌議，優給價值。

一，鐵路所經水陸市鎮城廂，以及沿途車道兩旁所有應行修造站鋪、碼頭、屋宇、貨倉、車廠等項，民地由公司或租或買，官地由公司稟請地方官核准，仍每年按畝納課。

一，公司購運鐵軌、汽機、車輛、墊木等項，概免入口行坐釐税。

一，開車後搭載客位貨物，按收脚費以道路遠近酌議一定章程。遇有應調兵差、量餉、器械，必憑部院督撫統兵大員印票，方准照章給費一半。若尋常官差來往，雖有印票文，仍照章全收。

一，漕運爲國家大政。遇有阻水守風、沙灘擱淺以及催趲趕運，若須雇用公司輪車，由鐵路起撥轉運者，無論數百里或數千里，所有裝運使費，應由地方大員及解運官與公司商議給價。本解官自行押運，不得藉公挾制，强令裝載。至糧石上車後，如有偷漏短少攙雜等弊，應惟公司是問。

一，遇軍務緊急，奉有地方大吏札諭，飭令暫將鐵路應專歸官用，不得别載客貨，所有公司本息、日用人工、煤炭、口糧等項，俟事竣後由地方官補給，或按月日准其呈請彙案報部。

一，鐵路創辦之初，一切測量繪圖、購製機器、監造管車人等，必須選用洋人數名，概歸公司管理約束。日後華人技業精熟，自能接理，不煩重資延雇，庶可稍節縻費。

一，宜擇地設立鐵路學堂。凡測量、繪圖、使車、製科等事，均宜選聰穎子弟習學，以爲造就人才之地步。

一，鐵路宜俱用雙軌。惟初辦之始，造成單軌，俟客貨興旺，再行添築雙軌。其軌道狹闊，均遵照現修官路一律通行。至於鋼條，尤宜加厚加重，因路長貨多且重也。

一，公司鐵路一切工程，商款商修，應免造册報銷。

一，鐵路公司所有聘請管事及雇募匠役各色人等，均應訪察詳慎穩重可靠之人，方許留用，仍隨時稽察，庶少疏虞。若有官長薦舉，友人請託，概不收用。

一，鐵路之旁，准公司設立電線，以便知照開車時刻，且免一往一來，兩車相礙。此電線應由公司承辦管理，專爲便於行車起見。

一，凡有鐵礦、煤礦與幹路相近之處，准公司分築支路，稟明開採，以便就近取煤取鐵，製造鐵路各料之用。

一，鐵路必須四通八達，始便行駛。現擬自瓜鎮起工至天津告竣，其沿途水陸鎮市、碼頭處所，均宜次第開通，庶幹路可保無滯。

户部遵議科收鋪税並設立藥牙摺

奏爲遵旨議奏，恭摺仰祈聖鑒事。

黑龍江副都統景祺奏請專設鋪税藥牙以清償款一摺。光緒二十三年十二月十八日欽奉諭旨：『户部議奏。欽此。』欽遵由軍機處抄交到部。

據原奏内稱：『奴才邊疆承乏，牧圉是司，軍國大猷，非敢妄議。特以時事日棘，宵旰憂勤，苟有所知，豈容緘默？奴才見聞所及，天下有可收之利而舉辦不致驛騷者，厥有二端：一曰鋪税。將市廛鋪户觸其契買之税，而令按間納税，大致以深廣一丈爲一間，每間歲徵鋪税錢自五百文至三百文爲率。其鋪略分上、中、下三等，如鹽典、綢布、金銀、皮張、藥材等鋪爲上等；米麵、醬料、油糖、煙酒、雜貨等鋪棧爲中等；手藝工作等鋪店爲下等。上等每間歲税制錢五百文，中等每間歲税制錢四百文，下等每間歲税制錢三百文。行令各直省將軍、督撫、府尹酌量情形，或責成地方印官，或另委妥員，照例開收。一切薪水、公費仿照釐金章程，不得過十成之一。正税之外，不得復有絲毫規費。在商賈所出税項，上等極大之鋪，每年不過數千文；下等極小之鋪，每年僅止數百文。於四季之首分徵。開設及閉歇者，仍按開閉月日，報明起止。似此出諸商賈者爲數甚微，裨于帑藏者已數百萬矣。一曰藥牙。查洋藥、土藥一項，爲害無窮，而民間沾染習用，幾與米鹽無殊。其初懸爲厲禁，既刑法之俱窮；其繼併徵税釐，又外域之梗阻。此外，如膏捐燈費，或行之未效，或散漫難稽，所收甚微，無濟實用。而洋人之寄居我國者，則香港收膏捐矣，上海收燈捐矣，商民出於其途，奉法維謹，其故何也？則以我之章程未得以簡馭繁之要也。奴才以爲，國家鹽法，其權一操於官，其課爲天下最。今略師其意，行令直省州縣於城市、鄉鎮概設洋藥土藥行牙，分爲引地，預發部帖，交各州縣正官稽徵。凡售賣洋藥土藥，必須請領部帖，方准行銷。如無票私銷，貨房全數入官，仍照十倍科罰。平日即令有帖之牙自相查詰，稟官罰辦。每帖一紙，分繁盛、次盛、簡僻爲三等。繁盛者徵銀一千兩，次盛者徵銀七百五十兩，簡僻者徵銀五百兩。一年例换一次，即納税一次。承充之後，凡有洋藥土藥交易，悉由該牙經手約取用錢，並准該牙自行營運販賣，獨專其利。如一縣而有數行，則一行各有一牙，無論買賣多寡，均勻分利。若止一行，則歸一牙承辦。惟不准一縣境内不設一牙。分居他縣之人，不得購用此縣之藥，違者以十倍科罰。至洋土兩藥熬膏出售，則另設煙膏部帖，每帖一紙，亦年繳牙税，分繁盛、次盛、簡僻三等。繁盛者歲徵銀五十兩，次盛者四十兩，簡僻者三十兩。請帖之處，始准開燈賣膏。私開者立予查封，房貨入官，仍十倍追罰。所繳膏税准由地方佐雜或委員經徵，仍收加一部飯公費。加一費内，以一成解部，其餘九成歸經徵員役各項費用。以上繁盛、次盛、簡僻，請以二千户以上爲繁，一千户以上爲次，五百户以下爲簡僻。若合二十二省併計，歲入不下千萬。奴才伏思理財之要，在乎得人；得人之方，務在給其所求，養其廉恥。故公費之給必資十成之一，乃可杜意外之需索。無意外之需索，則商民易知易從，雖取之而不爲虐。其有取于什一之外者，應請特設專例，輕則流遣，重則軍法，并各予查抄。如果成效昭然，亦立即擢陞序補，不託空言。蓋朝廷馭衆之權，端在信賞必罰，理財、用人、治軍、飭吏無不由之。是在部臣堅意持之於内，疆臣實力奉行於外』各等語。臣等竊維時局艱難，償款既未能全清，洋債復無從再借，而一切應行籌備緊要待支之款，更復紛至沓來。所賴中外大小臣工，目擊阽危，共籌利濟。本年正月，臣部因償款期迫數鉅，是以議准籌借華款，頒發昭信股票，由京外官員提倡，爲商民先。臣部忝領度支，亦知天下財力有限，斷不忍過爲搜括，重困商民。故凡籌濟餉需，總期無損於民，有益於國。此臣等持籌之苦衷，可爲天下共諒者也。

該副都統所陳鋪税、蘗牙兩端，亦謂天下有可收之利，而舉辦不致驛騷。并期臣部持之以堅，疆臣行之以力。臣等詳加參酌鋪户納捐一事，即古人廛法遺意。光緒二十二年，湖廣督臣張之洞曾行之於漢鎮。咸豐、同治年間，京師及江蘇、廣東各省亦均有行之者。大致按鋪户租價之多寡，按月各酌提租銀數成納之公家。夫房主按月憑摺收租，住客按月憑摺交租，其租價自必確有可據。若如該副都統所奏，按間架之大小、廣狹及商人所業工藝强分三等，不特辦公繁難易滋騷擾，且恐叢生弊混，轉開胥吏需索之門。應請旨飭下順天府府尹及各省將軍、督撫，遴派妥慎之員，會同地方印官，查明城廂市鎮共有鋪户行店若干，無論資本之重輕，獲利之厚薄，與夫間架之大小、廣狹，均按所賃房屋租摺，每月實繳銀數，自本年四月初一日爲始，於十成租價内酌提一成歸公。此一成内房主與租客各占其半。如每月租價十兩，提銀一兩，房主與租客各出銀五錢，按月彙集，或由地方印官查收，或另派妥員分收。該員等應需薪水，准由該管上司於收租價内酌量提給，不得於此外復有絲毫規費，以杜弊端。此外，自行蓋造鋪屋，但係經商，雖無租摺，亦應比照同行，所繳銀數照收一成。一俟洋款本息還清，再行酌量停止。

至洋藥土藥一項，迭經臣部會同總理衙門奏請整頓，并奏令各省於土藥出産之地，照每擔六十兩之數徵收。先後據各省聲覆，或已照數開征，或請暫從緩辦，或有原收税釐之外加抽二成，或照抽收地税之法加收畝税。至商賈營運之後，煙土如何行銷，熟膏如何售賣，應否再行收稅，臣部實未議及。現據該副都統聲稱：凡售賣洋藥土藥，必須請領部帖，方准行銷。熟膏出售，另設煙膏部帖。大致分繁盛、次盛、簡僻三等，責令牙行按年領帖納稅。細譯原奏，亦以此等藥物爲害無窮，由是藉徵爲禁之心，多取誠爲不虐。應請旨飭下順天府府尹及各直省將軍、督撫，按照該副都統所陳各節，查明各城廂市鎮售賣洋藥土藥及出售煙膏各行店共有若干，分別地面繁盛、次盛、簡僻三等，迅即酌定章程報部。自本年四月起，一律分設牙行，請領部帖。各省地方有司及印委各員，自應共體時艱，秉公辦理。如有抑勒苛派、浮收侵蝕及縱容家丁、吏胥藉端訛索或包庇徇隱等弊，一經查出，應即從嚴究治。該商等食毛踐土，具有天良，際此時艱，自必量力樂捐，以濟公家之急。一俟各省辦有端倪，通計全省能收鋪捐若干，藥牙稅銀若干，均限本年三月概行據實覆奏，不得藉詞推諉延宕，致誤要需。所有臣部遵旨議奏各緣由，理合恭摺具陳，伏乞皇上聖鑑。謹奏。

河南巡撫劉樹堂奏豫省礦務請由商人自借洋款承辦摺

奏爲豫省礦務請歸商人自借洋款承辦，謹照繕該商議定合同開具清單，恭摺仰祈聖鑑事。

竊臣於覆奏練兵籌餉案内，將豫省礦務現有商人自借巨款前來認辦等情附陳在案。現據翰林院檢討吳式釗、分省補用道程恩培呈稱：與義大利國商人、北京福公司代理羅沙第立定合同，借款一千萬兩設立公司，請辦豫省礦務，擬名爲豫豐公司。并於原呈暨合同内聲明所借之款，商借商還，將來如有虧折，歸該公司自理。所得礦利以百分之三十五分報效朝廷，較之官銀行以餘利百分之二十分報效實屬加增。且開辦六十年以後，所置辦礦産業全數報效。送到華洋文一樣合同三分，保款票一紙，章程一分等因。其保款票者，保其所借之款有著也。其合同所議，則自借款以迄開礦，永遠遵行之信券也。其章程則皆該公司開辦以後自行之事例。合同保款票兩項，均已由義大利公使薩爾瓦葛填蓋印押作保。臣詳加察閲，知其借款委實非虚；所擬合同九款，大致亦尚妥協。惟其中稍有隱飾之處，臣以私意揣之，大約洋商出財，華商出力，名爲自借洋款，實則以洋商而借洋債。據吳式釗、程恩培亦直言不諱。而臣之愚見尚以爲可行者，竊以開礦非巨款不辦，巨款非集股不成。集洋股甚易，集華股則難，而定章則以集華股爲先，集洋股爲禁。是以洋商歆於美利，欲染指而無由；華商絀於貲財，願效勞而寡助。近年言礦利者紛然，成效茫無所睹，職此之由。竊查借洋債與集洋股不同，向爲功令所不禁。而以華商而借洋債，與以洋商而借洋債，情形尤爲有異。況爲洋商自借之債，託名於華商，在華商則有借款之名，並無借款之實，賠累可以無虞。在洋商雖平分開礦之利，並不總攬開礦之權，操縱依然在我，事之便利，計無有過於此者。且即以華商獨辦而論，無論貲本或集或借，而開礦鍊礦之器具，驗礦化礦之工程，仍須仰給於外人，是以自有之財辦自有之礦，利仍不免外溢。況此貲本實出自洋商也，且查合同第三款所開有該公司執事人等，除西大班、礦師、機師、工程師、化學師外，儘用華人等語。該洋商所有之權，明有限制，實與華商自辦礦務無甚懸殊。

臣先後接見吳式釗、程恩培等，深知其明於大義，志在濟時，必能力顧大局。若准其承辦此項礦務，當克勝任。現在時局日殊，已准洋商在華設廠，製造土貨。此項礦利，尤所覬覦。若不爲先發之謀，恐難禁代庖之請。惟事關交涉，微臣未敢擅便，謹照繕該商等議定合同，呈請聖裁。如蒙俞允，再由臣將合同加蓋臣衙門關防，分別存發，俾昭信守。并發給執照，指派地方，以便開辦。臣爲開濬利源起見，所有礦務請歸商辦緣由，并照繕合同清單，謹恭摺具陳。是否有當，伏乞皇上聖鑑訓示。謹奏。

山西巡撫胡聘之奏晉省籌辦礦務擬先修鐵路摺

奏爲晉省籌辦礦務，擬先修鐵路以通運道而擴利源，恭摺仰祈聖鑑事。

竊維晉省煤鐵之利甲於天下，潞、澤、平、孟等處所産最旺，而質亦最佳，誠宜及時開採，以興礦務而佐國用。臣到任後迭奉諭旨飭辦，即經詳加體察，妥爲籌議，並將派員查驗礦苗，總核運費，俟確有把握，再行集資試辦各情形奏明在案。嗣各屬呈送礦質，復經分寄津、滬各廠化驗。據云：煤較開平，鐵較大冶，均有過而無不及。其鐵質之最精者，並可敵外洋紅色、棕色等礦。若能仿照西法，購機設廠，鎔鐵煉鋼，獲利必倍。徒以太行艱險，不能遠道運售，欲圖暢銷，非修鐵路不可。業經調派洋工程司分赴潞安、平定等處詳細測勘。據言，東陽關及四天門兩路皆可設法興修，惟出境後仍須由水路運津。而直省河道淺狹，節節阻滯，所費不貲，以致迄未定議。現幸蘆漢鐵路不日動工，晉省祗需趕築支路，或由潞安至邯鄲，或由平定至正定，與之相接，即可暢行無阻。且與海軍衙門核覆張之洞原奏亦屬相符。誠以鐵路爲自强之本，必須支幹相連，方能合成西北大勢，又不僅爲晉省礦務計也。惟所需經費過巨，專恃本省集股斷難有成。計惟有由外省殷商包辦，可期迅速。現據京師、皖、粵各紳商情，願自行籌借洋款，由商務局呈請來晉，設立公司，攬辦礦務鐵路，並聲明所貸之款，概歸商借商還，無庸國家作保。按：丁酉冬間，業已借定俄華銀行銀六百四十萬兩，專充山西鐵路之用，疊經晉撫奏報有案。每年所得餘利，仍酌提十分之二歸公，作爲報效。遇有軍需賑務、調兵運糧，均照常價酌減等語。查核所擬辦法，尚屬周妥。且借洋款，究與集洋股有别，與總理衙門通行案牘亦不相悖。擬即歸該商等承辦，冀可大興礦利，有裨時局。如蒙俞允，臣仍當調驗合同，察其款項是否屬實，辦法有無流弊，再行發給憑單，以昭慎重。其一切詳細章程屆時再行飭議，由臣核定後分別奏咨辦理。所有擬修晉省鐵路以興礦利緣由，理合恭摺具陳，伏乞皇上聖鑒訓示。謹奏。

軍機大臣兵部　議覆榮禄請設武備特科摺

奏爲遵旨會議具奏，仰祈聖鑒事。

光緒二十三年十二月二十五日，内閣奉上諭：『榮禄奏請設武備特科，參酌中外兵制，造就人材等語。著軍機大臣會同兵部議奏。欽此。』光緒二十四年正月初六日，内閣奉上諭：『給事中高燮曾奏請設武備特科一摺，著軍機大臣會同兵部，歸入榮禄奏請參酌中外兵制特設武科片内，一並議奏。欽此。』欽遵先後將原奏二件抄出。

臣等伏查，榮禄所奏請設武備特科，分别格致諸學、鎗礮諸科以爲之目。舊制之武鄉會試，姑仍其舊，其應特科之人，由武童層遞，作爲武舉、武進士。每次限以三年，略取九年大成之意，不必與舊科同歲舉行，止須將原有中額之半撥入特科，試之有效，再將舊制全停。自係轉移風氣，造就人材起見。臣等伏維武科定制，沿自有明。從前火器尚未盛行，即泰西各國亦迴不如今日之精。我朝龍興遼瀋，八旗勁旅騎射絶人，因而武科亦沿用馬步、箭刀、弓石各項技藝，在當日原屬制勝之具，今則製造鎗礮，考校準頭，精益求精，西人謂之藥彈世界，弧矢誠不足威天下，習非所用，與制藝取士流弊正同，改絃更張，自宜首議及此。惟是變法之始，貴乎耳目一新，使天下曉然知上意之所在，無不踴躍奔赴，始足以振作士氣，鼓舞人材。舉行之年限可稍遲，而中額不宜分半。應用之鎗礮必畫一，而流弊亦宜豫防。當兹時勢多艱，辦事務求核實，無取鋪張，亦不必有特科名目。臣等謹按照原奏各條，細心紬繹，擇其輕而易舉、簡而可行者，爲我皇上縷晰陳之。

查武場改試鎗礮係屬創舉。武童初試，必用教習，多用則經費難籌，且精於操練、兼通西法者，一時亦難數覯；少則又苦不敷分布。但使一省之中，各就府廳直隸州酌爲延聘，而武童各安土著，距所屬本府州廳遠者或至數百里，平時院府兩試已苦跋涉之艱，若令就地教練，充役三年，始准作爲武生，誠恐資斧不繼，閲時過久，轉至半途而廢。惟是國家功令之設，不過懸的以招；至於儲材待售，則視其人之自爲。但使明定章程，通行各省，立定年限，自某科爲始，廢馬步、箭刀、弓石不用，所有武場一律改試鎗礮。其向應武試者決不至因此輟業，自必購求利器，磨礪以須。猶制科之詩賦、策論、八股屢易其體，士人無不爭自濯磨，所謂利禄之途使然，初不煩官爲督責也。章程既定，届時武童應考，仍由各該省學政按臨考試，合格者照額取中武生。則進取有資，人思自奮。取中武生之後，人數較武童爲少，而且發軔伊始，已有上進之階，應請即如原奏所擬，由地方官酌量設法每省籌立武備學堂一區，擇武生之材武聰穎者，或年富力强、有志觀光、自願入堂肄業者，酌照省分大小核定人數，按名挑入學習。重學化學、格致、輿地諸學，分馬步、礮隊、鎗隊、工程隊諸科，派定總分教習，督同訓練。其挑選教習之法，如南北洋、湖北等省，先經設有武備學堂，止須酌添教習員數。他如直隸之新建陸軍、江南之自强軍以及各省所練之洋鎗礮隊，熟於以上諸法、堪勝教習之任者，自不乏人。擬請無論官弁勇丁，一體就近酌量派充。其餘各省由該督撫籌定款項，自行延聘。學堂功課聽總教習按照人數匀撥教練，官中派員認眞稽查。其未經挑入之武生，仍令回籍自行學習。鄉試届期，合一省之武生，無論堂内堂外，一律由該督撫用改試鎗礮新章詳加考驗，列入優等者照額取中武舉。其内場默寫武經，原屬具文，且易滋弊竇，應請即行裁去。新武舉咨送會試，即將本届新武生挑選換入學習。嗣後，按照科分，挨次輪換。風氣一開，互相傳習，挽蹶張者廢然思返，不必仍留舊額之半，亦不患應試乏人矣。

各省既設武備學堂，整齊畫一，新中武舉人數裒然可觀，京師首善之區，自應設立武備大學堂，以薈衆材而光盛典。惟是大學堂規模較之各省尤爲繁重，一切應訂章程、應用器具，亦非倉猝所能集事。且各行省既經徧設學校如林，其八旗順天武生，由該管地方官先行設立尋常學堂，或就近往天津學堂學習，均無不可。京師大學堂之設似可稍緩，各省武學亦毋庸再限三年，在京肄業。擬請每届武會試之年，先期由各省督撫將此項武舉咨送兵部，由部奏請欽派王大臣考試，仍照鄉試之例，以鎗礮中靶之數爲斷，擇其優者取中武進士，名數與常年中額相同。其殿試兩場，尚有應行略爲變通之處，擬請先期由兵部奏明，請旨辦理。至給事中高變曾所奏，專爲求將帥之材，備教習之選，先設京師武備學堂，然後徧及各行省，所陳五事，除練身體、習鎗礮二條外，餘三條皆專門名家所難。倘責令武生、武舉等躐等而進，必至有名無實，徒滋繁費。餘與榮禄所奏大致略同，應請毋庸置議。

以上各節，臣等悉心核議，參酌中外，擇善而從。寓營制於科舉之中，陰以兵法部勒之，與泰西預備兵、留後兵之意相合。各疆吏誠能認眞舉行，需以歲月，有勇知方之士必有脱穎而出者，即緑營練勇亦可收互相觀摩之益矣。其未盡事宜及應准應駁緣由，摺内未及詳敘者，另開簡明章程十條，開單恭呈御覽。

抑臣等更有請者，國朝軍政，自提鎮以下，一切武職本以行伍爲正途，武舉、武進士原不過聊備一格。道光以前，姑不具論，即如咸豐、同治以來，蕩平粤捻，在事將帥，滿洲如多隆阿、塔齊布，漢人如鮑超、劉松山皆係行伍出身，蔚爲名將。武科所得，率多偏裨奔走之材，斷不能與文場鄉會試相提並論。即歐美各國請求武備，如英國、德國之水陸軍大書院，美國之委士盤大書院，皆情願入伍之人始准入堂學習。學成之後，即令分隸各營，充當士卒，並無所謂武科也。今欲建威銷萌，折衝樽俎，宜就各省勇營認眞挑選，厚其贍資，嚴其功課，腹心干城之寄，在彼不在此。至於武科改制，臣等今日所議已得其大概。宋臣蘇軾所謂『取士之法不過如此，不得謂區區一科，遂足盡天下之人材也』。所有臣等遵旨會議緣由，謹恭摺具陳，伏乞皇上聖鑑。再，此次摺係軍機大臣主稿，會同兵部辦理。協辦大學士、兵部尚書榮祿因係原奏大臣，應行迴避，未經列銜。合並聲明。謹奏。

謹將臣等會議按照原奏，分別准駁緣由，約舉十條，開單恭呈御覽。

一，事關變法，必須提綱挈領，然後簡而易行。倘如原奏所擬，就地教練，充役三年，作爲武生，是童試可裁矣。不知變法伊始，其機括全在童試。業經改用槍礮，小試其端，得有進步，且不肯改而之他。若裁去童場，徑令赴省鄉試，所謂就地教練者，究屬有名無實，臨場報考，必至人數寥寥。

一，心思平日專用則靈，況乎科場大典，其所以專心致志、百折不回，非此無以爲制勝之具也。今既明定章程，改試槍礮，若仍參用舊制，酌分中額之半，必俟試之有效，再將舊制全停，則是雖經釐定舊技不必盡捐。人情狃於守舊，難與圖新，必至用槍礮應試者，不敷中額。

一，馬步、箭地、毬刀、弓石等項，相沿雖久，在今日則爲無用。槍礮兩項原屬武人分內應行學習之事，以此試士，不得謂之特科。其舉行年分不可太驟，亦不宜太遲。應請飭下兵部通行各省，立定制限，由地方官出示，諭以改章伊邇，各生童武舉赶緊學習，毋得自誤。現在各省業經舉行，本届歲試未及改用新章，應自本届武生録科起，即行照改。鄉試自光緒二十六年庚子科始，會試自光緒二十七年辛丑科爲始，童試自下届歲試爲始，一律改試槍礮。其本年戊戌科會試，姑仍其舊。

一，改章之後，舊制取中之武生武舉，應准其照新章一體應鄉會試，毋令向隅。如仍欲廣爲招徠，則緑營制兵、防營練勇在省城附近駐紮者，不妨准其報名鄉試。如距省太遠，不准藉此告假赴考。

一，武備學堂之設事極繁難，各省萬不能同時建齊，必有先後參差之處，立法之始，必須略予變通。其未經設立武備學堂省分，應先准其改用新章鄉試。如有願附他省學堂學習者，亦聽其便，惟應考則須本籍。

一，近年以來，槍枝礮位，名目繁多，日新月異。武場應用之件，必須價值較廉而又堅固耐久者，始可通行無阻。惟是利之所在，弊即因之。如坊間石印書籍，因便於攜帶，每遇鄉會試年分，購取既衆，獲利不貲。今武科各場需用槍礮甚夥，久之必有一種窳敗惡劣之器，專爲武科射利而作，製造不精，手法亦壞，演習既久，授以精品，反不能用。立法之始，宜預防流弊，應請於小口輕快槍、陸路快礮擇其合用者，指定名目，由該衙門奏准，官爲代購。肄業之武舉生童等，繳價給領，並行知各省，必須畫一，不得任意濫用。

一，私藏火器，例禁綦嚴。赳赳武夫，尤多獷悍之氣。從前疊經臣工奏請改章，部議不准，且有深意。

今欲開拓風氣，使之學習鎗礮，藥雲彈雨，如取如攜，誠宜加意防閑，立法限制。擬請由各該地方官查明轄境之内武舉、武童肄業者若干名，並教習姓名、學堂坐落以及槍枝之件數、礮位之有無、鎗礮之名目，按件報明該管州縣存案。所有鎗礮必須存放學堂，酌派教習或學長收管，不准私自攜回，似亦慎重之一道。

一，新章既定，武童在家自行操演，武舉給咨會試，無庸在京學習。其在各省城武備學堂肄業者，止有武生一項，較之原奏，已屬簡而易行。惟是辦事務求實際，武生雖有籍可稽，勝於招募，究不及兵勇人數之多。各省建立武備學堂，煞費經營，自非專爲武生而設。應請明定章程，武生入堂肄業者，通覈人數不得過十分之四，其餘名額留爲他項人員肄業之資。

一，武舉、武進士既經改定新章，加意教育，得人必較盛於前，誠宜廣其登進之途，俾得及時自效。譬之土産製造既精，必求銷路也。榮禄所請各路軍營，自哨長以上均用此項武舉、武進士充補。高燮曾所謂分别等第以備使，或充各營教習、哨官、營官，其穎異者令充出使大臣武隨員。是否可行，亦或略仿其意，另定章程之處，應請飭下該衙門詳細覈議。

一，事關科舉，不厭其精。其考試詳細章程及武備學堂規矩，有應由部臣釐定者，有應由各省疆臣學臣籌辦者。一切未盡事宜，嗣後隨時奏明請旨辦理。

軍機大臣兵部 議覆胡燏棻請酌設武科片

再，正在繕摺間，欽奉正月二十六日上諭：『胡燏棻奏酌設武科章程等語，著軍機大臣會同兵部歸入榮禄等前奏内一並議奏。欽此。』查該府尹所奏，亦主改試鎗礮，與榮禄等原奏大致略同。其所請以馬二、礮二、步六分成取中，先由兵部核定額數一節，窒碍良多。加以人數分别馬步礮，則武場非營陳可比，無所謂馬隊、礮隊、步隊也。如就一人所試各項分别成數，即使照該府尹所擬，首場仍試騎射，次地毬改爲步法、手法，次弓刀石改爲鎗礮，亦難强分爲三六成。原奏聲敘既未明晰，兵部亦無從核定額數，應請毋庸置議。至各省會設大學堂，各府廳設中學堂，各州縣設小學堂，似乎章程明備。然現在各省議設各種學堂已非易易，若專爲武備一項，安得如許物力廣爲分設？且武舉生童等風氣甫開，自不如久經訓練之勇丁較爲得力。勇丁且未能多設學堂，何論武科？又如默寫武經一場改試策論，取其熟習韜略並洞明行軍之法，方爲中選等語。查武科内場從前本試策論，嗣後默寫武經，誠以韜略精微，非粗通文字之武人所能猝辦。若仍改策論，徒屬具文，應毋庸議。他如鎗礮之名目，中靶之成數，教習之功課，考選之多寡，事關變法，必應逐細講求，或待臨時斟酌，皆非臣等所能懸擬。國家定制，貴在簡明，若節目太繁，必有不能推行盡利者。該府尹所奏各節，業經臣等於議覆榮禄等摺内分別准駁。其詳細章程，應由兵部隨時會同京外承辦各衙門斟酌妥議，分別奏咨辦理。謹附片具陳，伏乞聖鑑。謹奏。

奏議輯覽初編卷第九

户部奏定給發昭信股票詳細章程摺

奏爲擬定給發昭信股票詳細章程，請旨遵行，仰祈聖鑑事。

竊臣部議覆中允黄思永奏籌借華款請造股票一摺，光緒二十四年正月十四日具奏，奉上諭：『著依議行等因。欽此。』查臣部前奏，略陳借款大概情形，至一切詳細章程，聲明另行覈議。自奉諭旨通飭遵行以後，臣等連日督同司員，熟計始終，兼權利弊，擬定章程十七條，内五條係臣部辦法，十二條係中外通行辦法，繕列清單，恭呈御覽。一俟命下，即由臣部知照禮部，迅速鑄造昭信局印，並分别咨行各省欽遵辦理。再，臣部原奏製造股票一百萬張，每股銀一百兩。現在遵旨詳議章程，統覈辦法，酌製股票，每票一百兩者五十萬張，每票五百兩者六萬張，每票一千兩者二萬張，合銀一萬萬兩。每股仍作銀一百兩，按認股銀數領票，以便什襲。合併聲明，謹繕摺具陳，伏乞皇上聖鑑。謹奏。

一，由户部印造昭信股票，編列字號。每票一百兩者造五十萬張，計股銀五千萬兩。每票五百兩者造六萬張，計股銀三千萬兩。每票一千兩者造二萬張，計股銀二千萬兩。共合一萬萬兩。由户部設立昭信局，遴選司員經理。

一，股票式樣。前幅擬用四圍龍邊，恭録奉旨年月，並開每張銀數。下半分二十小方，書明年分、銀數，每年付還一次，裁去一方。後幅刊列簡明章程。每票編列號數，紙心及騎縫各蓋印一顆，印花用朱色印泥。每票除聯票外，另繕號册，以備稽查。

一，擬咨行鑄印局，鑄造銅印一顆。文曰『户部昭信局印』。遵用滿漢篆文，以符定制。

一，選派廉勤司員經理。昭信局分任責成局，内設給票處、收銀處，各有專司，不致紛雜。先收銀，後給票。收銀處將收過銀數付至給票處，驗明圖記花押，即將股票登明册簿，將股票當面點交本人。稽覈之員，逐日將收銀給票數目列單呈堂，以備覈對。册簿、登簿、收掌皆司員專責。至鈐印覈算，則由司員督同筆帖式及人役辦理。該司員等始終出力，應照異常勞績奏奬；倘有疏忽貽誤，罰亦從之。人役舞弊營私，即交刑部按律治罪。

一，製造股票刷印章程及各項經費，應將需用數目覈寔給發。至局中常年辦公人役工食，由臣部飯食項下酌量撥給。

以上五條係户部辦理章程。

一，撥在京師及各直省籌集庫平紋銀一萬萬兩，略仿中西集股成式印造股票，每票一百兩者五十萬張，每票五百兩者六萬張，每票一千兩者二萬張，合成庫平紋銀一萬萬兩。如有以各項平色及銀圓交納者，均准折合庫平，就認股數目給與股票，以昭信守。

一，此款限二十年還清。周年以五釐行息，遇閏不加增。前十年還息不還本，後十年本息並還。本還則息減，每届還期，官紳商民人等來取者，隨帶股票呈驗。自第一年起，每付還一次，即剪去一方塊。至第二十年本息還訖，即將股票繳銷。

一，户部既設昭信局，各省藩司亦應設昭信局，冠以省名，如直隸省即曰昭信直局，各省以此類推。東三省由各該將軍派員設局，以昭一律。在京認股，款交户部，昭信局照章領票。在外認股，交各該省昭信分局領票，或交殷寔號商代爲領票，款存該號，候撥無悮，亦可通融辦理。惟該號商須有各商號連環保結，報部報司有案，始准承辦。至認股之人，或開列官閥姓名，或堂名別號，悉聽其便。股票未發以前暫給印收，俟股票刷成互換，届時分別諭知。

一，起息日期，以交銀領票之日爲始。原應扣足一年，付息一次。惟領票有先後，即日期有參差，將來難以截算，擬第一年交銀給票之日起，均扣至十二月底止。將周年五釐行息息銀攤匀按日計算，共得本年息銀若干，發票時填明數目，取息時照付。光緒二十四年爲集股第一年，應付息銀，以光緒二十五年二月初一日起，至二月底止付訖。先期一月由户部及各省藩司出示曉諭，俾認股者無誤取息之期，若逾期不取，歸入下期並付。以後，第二年至第十一年，均按周年五釐付息。第十一年起，每年付息時每百兩並領還本銀十兩。第十二年以後至第二十年，均按照股票内所載年限及本息銀數辦理。自第一年至第二十年，每年付息還本均以二月初一日起，至二月底付訖，仍先期出示曉諭。

一，歸還本息，在京由户部昭信局，在外由各省藩司昭信分局，届期憑票照章付給，裁剪息票一方塊存局備查。各省年終彙報户部，以憑綜覈。仍准殷寔號商代持股票赴局代領，局中驗明票據，照數付給，仍照章裁剪息票備查。京外各商號，自持票呈驗至發還本人，均不得稍有遲延及勒索剋扣情事；一經查出，嚴行懲辦。至該商號承辦收發股票，本息亦宜略酬其勞，擬令京外匯兑此項票款，概交該商號專辦，以資津貼。

一，股票每年應得本息准抵地丁鹽課一節，原爲便民起見。第思有股票之人，未必皆有應交地丁鹽課之款。若輾轉相抵，又恐轇轕不清，自以概由各局發給現銀爲妥。俟各省集有股票若干，報部後覈明每年應給本息若干，先期由部指撥地丁鹽課等款，如數截留，以備臨時按票發給，總期隨到隨發，不稍遲逾。

一，京局、省局收銀給票及付還本息，各顧考成，斷無絲毫出入。倘各州縣印委及經手勸集之人，有藉端擾累勒措者，准人告發。或别經訪聞的確，即分别治罪。如地方軍民人等有假造股票誆騙情事，一經查實，即照僞造印信例，爲首者斬。

一，股票准其輾轉抵押售賣，與産業券憑無異。惟抵押售賣，仍應報局立案。京外官局，認票不認人，各宜謹慎收儲，倘有遺失，應將股票某字某號如何遺失情形，在京逕投户部昭信局，在外逕投藩司昭信局。如離省稍遠，即報由該州縣轉報。各該衙門立即出示，將此票禁止抵押售賣。每届付還本息之期，如有持原票來取者，即行扣留根究。如失主隨時將原票尋獲，亦即呈明原報地方官轉報存案。倘三年不獲，由局給予憑單，將原票作廢。所有應付失票之息本，仍按認股年例給發。

一，凡京外官員認領股票後，或調任他省，或一再遷調，或回原籍，准在原領票處呈報，即於底册内註明，另給憑單一張，註明股票號數，蓋用印信。如一人而票多者，亦衹給一憑單，註明票數、號數，令其持赴所到之省，將憑單、股票一併呈驗。一面將發過憑單行文知照該省備案，並報部查考。該省將憑單驗明蓋印，連股票一併發還本人。以後應付本息之期，即在該省支領。若再遷調他省，將所領憑單繳銷，另换憑單，仍前辦法。各省凡有請領憑單之票，另立一册，逐年登載。每年各省各將收發憑單若干號，年終截清報部，以憑稽覈。其各省商民有在他省認領股票後，如有他故回籍者，其呈報給單取息辦法均照此辦理。

一，各省官紳商民，有一人勸集商民股款至十萬兩以上及五十萬兩以上者，准各省將軍督撫分别奏請，由部覈給奬敘。其由公款提湊者，不在此例。

一，各省收有成數，聽候臣部撥還。洋款不作别用，並不准勒令捐輸。至以何款付息還本，臣部責無旁貸，自應寬爲之備。現籌裁減兵勇，加增當税，覈扣減平養廉，鹽斤加價，漕糧減運，丁漕折錢盈餘各的款，每年新增銀五六百萬兩，歸還利息，尚有盈餘。至十年以後，滙豐、克薩洋款已減後，可騰出銀數百萬兩，每年應還本利，斷不至逾期。

一，除利息數目及還本年限永不更改外，如有未盡事宜應行變通，隨時奏明辦理。

以上十二條係中外通行章程。

户部議覆依克唐阿請行鈔法摺

奏爲核議具奏事。

光緒二十四年二月初三日，盛京將軍依克唐阿奏覆陳籌餉練兵要策請行鈔法一摺。軍機大臣面奉諭旨：『户部核議具奏。欽此。』欽遵抄交到部。查，原奏内稱：『方今時勢急迫，倉猝聚億萬之財，收億萬之利，舍鈔法别無良圖。欲行鈔法，舍銀行無以取信。考鈔法，仿前漢之皮幣，唐、宋、遼、金歷變其制，以相沿用，元始盛行。其時賦税極重，兵役極煩，卒賴鈔法以濟。明初亦行寶鈔，直至宏治始廢。我朝順治初年，造行鈔貫，歲有定額。至十八年因庫儲充裕而止。嗣後舉行，以立法不善，遂因滋弊而罷。故今人論鈔法者，不深究利之所出，輒引前弊以相戒，於是鈔法不行於中國而轉行於泰西。夫泰西各國之富，猶賴鈔法以濟用，則行鈔之利可知矣。查，日本維新以前，國勢寖弱，行鈔法而即轉弱爲强。俄羅斯昔時地廣民貧，行鈔數十年，國用充裕，至今賴以周轉。此皆仿西法而著明效者。奴才於光緒初年在黑龍江副都統任内，親見愛琿商賈行用皆係俄帖。且華商購辦貨物，必須以銀易帖，始可易貨，以致邊界數百里，俄帖充溢不下數百萬。迨後調任琿春，見華俄互市，仍以俄帖爲重。由今思之，中國如早行鈔票，則以票换帖，自足相抵，亦可堵塞邊隅漏巵。矧此時帑藏告匱，償款未完，將來羅掘一空，勢不至虛行鈔票不止。奴才愚以爲，天地生財，祇有此數，酌劑盈虛，本仰賴朝廷妙用。行鈔雖屬權宜，但能虛實相因，得人而理，亦可與銀錢並行不悖。誠能於此時户部籌款，在京師設立總銀行，外省提用庫銀，於省垣各設分銀行，各處口岸則由關道籌款，設立通商銀行。仍由部印造鈔票，妥定章程。凡完納租賦税釐及一切報效上輸之款，准其銀鈔兼收。文武官員廉俸，旂緑各營防營兵餉以及薪工役食，俱以銀鈔發放，務使民間視鈔票與銀並重。而又精製造以防詐僞，行匯兑以資流通。預定額數，毋令擁擠；更易新舊，毋令廢棄。仍倣照西洋，於銀行慎選經理之人，兼行放息之法。如是則鈔票行矣。鈔票既行，不特練兵有費，暨造船購械，不難立辦，而開礦、火車、郵政之利，無不次第擴充』等語。

臣等竊惟鈔法興於前代，其利害不具論。我朝順治初年，歲造鈔十二萬貫，不久停罷。嘉慶十九年，學士蔡之定奏請行用楮鈔，奉諭旨：『此奏泥古，斷不可行。小民趨利作僞，必致訟獄繁興，罹法者衆，殊非利用便民之道。該學士著交部議處，以爲莠言亂政者戒。』又咸豐三年，户部奏請推行官票，奉諭旨：『依議速行。通飭各省將軍、督撫不可稍存畏難之心，朕已洞燭其微，久久行之，利國利民，無窮盡也。』又，是年户部覆奏推廣鈔法，奉諭旨：『朕酌古準今，定爲官票寶鈔以濟銀錢之不足，務使天下通行，以期便民裕國各等因。』臣等恭譯兩朝諭旨，謂楮鈔之不可行者，乃百年經久之規。謂官票寶鈔之可行者，亦一時權宜之計。祖宗成訓，義各有當。在後人自審緩急，酌劑盈虚而已。方今時局孔艱，財源告匱。將軍依克唐阿請印造鈔票，設立銀行，自屬救時之一法。惟是欲行鈔票，必先寬籌成本。刻值洋債困於外，餉糈耗於内，出入相抵，不敷甚鉅，何從籌大宗的款，爲鈔票成本之用？若成本少而鈔票多，則强輕爲重，强虚爲實，無論智愚皆知其不可。如該將軍盛稱日本、俄羅斯皆藉行鈔以致富强。然日本西鄉之亂，紙銀一元不敵銅錢二百；俄國歲計亦載銀俄羅般一易紙羅般六：可爲成本不足不能流通之明證，此行鈔票之難也。至銀行倣自泰西，通商惠工，皆以是爲樞紐，非徒爲取息而設，亦非僅造票一端。中國風氣未開，京師票號、錢莊，皆由商人自出資本，自爲營運，並未承領官款，是以力量甚微。而匯豐、華俄各洋行，遂先後開設都城，得以擅我大利。若國家於萬方輻輳之區，先開官銀行，爲各省提倡，内可通華商之氣脉，外可杜洋商之挾持，利國利民，裨益良非淺鮮。第官款既未易籌措，商股亦未易招徠，更恐經理不得其人，利未興而弊先見，此又設銀行之難也。光緒二十二年，京卿盛宣懷奏請先在京都、上海設立中國銀行，其餘各省會、各口岸以次添設分行，照泰西商例，由商董自行經理，並以精紙用機器印造銀票，與現銀相輔而行。核與該將軍此次所議各節大致相同。第查上海銀行，自奉旨責成盛宣懷選擇殷商，設立總董，招集股本，合力興辦，並發給官款一百萬兩以爲之創，以後是否確有成效，臣部未能遥度。應請旨飭下盛宣懷，查明上海銀行自開設以來果與原奏所擬，足以挽回利權，信乎商民，即行切實覆奏。屆時再由臣部酌度情形，預籌官本，奏請簡派賢員，在於京都創設銀行，精製銀票，妥議收放，以擴利源。其未覆奏以前，該將軍所奏行鈔法設銀行之處，應請暫緩置議。所有遵議緣由，理合恭摺具陳，伏祈皇上聖鑑。謹奏。

都察院御史聯名奏俄事緊急萬不可允摺

奏爲俄事緊急萬不可允，恭摺仰祈聖鑑事。

竊聞近日俄人無理要挾，一限再限，動稱開釁，迫以必從，此誠國家存亡危急之機，而俄人之情見勢絀，亦慨可知矣。俄之謀人國也，純用陰謀詭計，其分波蘭、滅芳蘭等國，皆以權術得之。與我聯盟之本意，即是暗用前法。蓋以爲中國爲所籠絡，各國如所離間，遼、直、朝鮮取之如反掌耳。而不意德人發難，隱破其謀，於是計無復之，不待西伯利亞鐵路之成，惱羞變怒，將其數年默運之本心和盤托出，咄咄逼人，而其寔無以爲力也。夫各國非眞欲分中國也，蓋迫於俄耳。英使臣之言曰：『中國若以遼、旅許俄，英雖不貪土地，亦不得不踞長江。』日使之言曰：『中國朝許俄，日本即夕以兵力取之。』然則，各國之分與不分，皆視乎中國之允與不允。皇上若懾於俄人之恫喝，慢圖目前之安逸，則是不但以東三省、大連灣許俄，而直不啻舉中國天下拱手奉人矣。顧或疑俄勢甚强，而不知不足慮也。俄戰船在東方洋面者只十四五艘，除防守海參崴及高麗各口外，極力勻撥，不過兩三艘。英船又皆處處尾隨，水軍不足慮也。俄精兵皆在泰西，遠莫能致。其海參崴之軍，率多疲弱，又爲日本所綴，此陸軍不足慮也。即或一旦失和，陸兵登陸，我不開口先許，尚有各國解圍。若漫然應之，各國皆不能爲力矣。安危之機，間不容髮。伏求皇上堅持定見，勿爲空言所嚇，勿以兵釁爲慮，永不許俄以土地，大局尚可挽回；不然，則中國非復皇上所有矣。謹合詞迫切上陳，伏乞皇上聖鑑訓示。謹奏。

御史文悌請拒俄聯英摺

奏爲洋人脅求無厭，中國疆土瓜分不忍坐視危亡，請捐軀拒俄聯英，少竭愚忠，恭摺仰祈聖鑑事。

竊奴才世受國恩，待罪京外，頃者冒上封事，干犯宸嚴，乃蒙皇上不罪，而臣之感激聖明，益思報稱。本擬將生平所知所見，次第陳諸黼座之前，以酬歷年恩遇，今不暇矣。奴才於三月初一日始聞俄人欲脅割我旅順、大連灣疆土，而廷議即將許之，惶駭錯愕，不解何故。我中國自臺灣被割後，洋人接踵生心，不數年德遂割我膠灣，不一月俄又割我旅順，此何理也？俄爲虎狼之國，有吞併大地之心，此言無月不見於洋報，天下所共知。奴才初尚謂其既興師拒日本，歸我疆土，彼異日不過奪我新疆西路，其爲害尚小尚緩，奴才正擬陳奏，設法以防備之。今乃有此異事，則前者與之聯盟，輸以鐵路，冀其保救，皆誤中俄人毒計。眞如洋報所云，待其西伯利亞鐵路告成，一舉併我，即德人割我膠灣亦全由備俄所致無疑矣。俄人既不救我膠灣，反藉端取我旅順兩島，始於伏義，終於攘奪，事勢至此，尚復何說！若仍許之，英法豈甘獨無利益？我土雖大，何堪洋人輪替屢割？我之危亡，翹足可待。奴才憂懼，三日夜不食寢，欲籌一策挽救，竟不可得。目下國勢已兆危亡，國若危亡，奴才豈能獨活？再四焦思，與其殉身於危亡之後，於國無毫髮之益，不若捐軀於此際，感敵人以忠憤，或免危亡，此誠所謂君辱臣死之秋，奴才將以一死報皇上矣。昔杞妻一哭而崩城，包胥不食而復國。奴才雖不才，而自問肝膽氣血，古人有者，奴才亦有。奴才惟有仰懇我皇上格外天恩，暫緩割地，特派奴才持國書赴俄國，面見俄國君臣，辨論此事。奴才當痛哭流涕，效法申胥，九日不食，竭誠相感。倘俄國君臣翻然，不索兩島，是則皇上之威靈，天下之幸事，奴才可歸覆主命。若俄國固執不能解免，則立即自盡，效法魯連蹈海而死，使歐洲各國知中國兵雖不强，臣節尚固，士氣尚壯，或當少戢其鋒。是奴才身死而國安，雖死之日，猶生之年也。惟奴才死後，皇上仍可暫緩割地，遣使佈告各國，云奴才上有遺奏，求乞英國出而評論此事，惟英國之命是從。俄與英國、日本不兩立久矣。況俄曾託公義以拒日本，今乃取兩島而自有之，日本亦必不甘心。有奴才以一死拒俄聯英，雖未暇求及日本，日本定出而同爭之。奴才聞正月間，英日有合盟保中高主權之議，得此機會，英日必出。奴才以死感動英日出而助我，則於大局必無礙也。然後我皇上聯盟英日，保中國十年太平，急修内政，急備戰守，事尚可爲。奴才雖不及見，亦可無恨也。望皇上勿惜奴才區區一人，奴才無父母在堂，無妻妾在室。雖有二幼子，有奴才之弟兵部筆帖式奴才文恮可託。以死報國，奴才蓄志已久，死得其所，可以感動地球萬國，使外人知中國有固結之人心，使天下知祖宗有養士之厚澤，奴才可以見先臣費英東、圖賴等於地下矣。宋臣岳飛有言：『文官不要錢，武官不怕死，天下太平。』奴才於不要錢人或有見有聞，今將以不怕死再使天下共見聞之，激厲海内之豪傑，所得甚大。且奴才嘗聞英美昔年偕攻日本，日有自屠於敵軍前者。英美感動，爲之退師。我堂堂中國孝弟忠信、禮義廉耻之邦，豈可無此？奴才實因事急勢窮，出此奇策，求皇上赦其狂妄，鑑其愚誠，許奴才所請，以冀少裨國事。奴才不勝憤躍待命之至，伏乞皇上聖鑒。謹奏。

總理衙門 户部 奏續借英德商款指定償款摺

奏爲續借英德商款訂立合同請旨遵行，恭摺仰祈聖鑒事。

前於光緒二十二年二月間，訂借英德商款一千六百萬鎊，約計庫平銀一萬萬兩，奏蒙允准在案。嗣經陸續提付日本賠款及威海軍費七千七百五十九萬餘兩，加以訂購砲船等項，僅餘銀三百數十萬兩，而日本賠款尚欠七千二百五十萬兩，若不續借鉅款，照約於二年之内全數還清，則已付之息不能扣回，威海之軍不能早撤，中國受虧甚鉅。且本年閏三月間，應付之一千七百餘萬兩，亦尚無從籌措。上年十二月，英俄兩國使臣迭向臣等商議，謂借其國家之款，息扣雖較商款爲輕，而所索利益互相關礙，難以允從。臣等籌思至再，祇可仍借商款，以免轇轕。然不先指定償款，則借款仍歸無著。中國借款，向指關税作抵。各關關税每年約收二千一二百萬兩。内提出使經費，各關經費船鈔等項，並提還以前借款，本息所餘無多，不敷抵借。至於鹽課、地丁雖皆有著之款，然均係每歲正供，不宜作抵。且所收數目，洋商無知。若准令照看，更礙於俄法借款一體均霑之條，益恐别生枝節。臣等通盤籌畫，擬將蘇州貨釐、松滬貨釐、九江貨釐、浙東貨釐、宜昌鹽釐、鄂岸鹽釐等項，酌照廣東六廠辦法，扎派總税務司赫德代徵，以便按期撥付本息，不致遲誤。此項貨釐、鹽釐每年約徵銀五百萬兩，抵償借款，當可取信洋商，而他國不致有所藉口。當將此意面告赫德，令向英德銀行商辦。經赫德與該行往復商論，訂期續借英金一千六百萬鎊，仍合庫平銀一萬萬兩，開具草合同呈送前來。臣等查合同所開，周息四釐五毫，八三折扣，四十五年還清。每四百鎊用費一鎊，雖較前次英德借款折扣較重，然前項周息五釐，三十六年還清現款，周息四釐五毫，四十五年還清，每年少還本息銀十三萬一千七百二十餘鎊，亦可稍紓財力。其餘各款，與前次合同不甚參差，較諸俄英兩國同時商借之款，利害相懸甚遠。既無悞日本償款之期，亦免諸多要挾。臣等公同商酌，自可照此定議，謹抄録合同底稿，恭呈御覽。臣等即一面照案飭令總辦章京、户部司員與該銀行董事畫押訂明如期交款，一面扎行總税務司，並咨行江蘇、江西、湖北、安徽等處督撫欽遵辦理。所有續借英德商款緣由，理合恭摺具陳。伏乞皇上聖鑑訓示。再，此摺係總理各國事務衙門主稿，會同户部具奏，合並陳明。謹奏。

總理衙門議覆河南礦務辦法摺 附片

奏爲遵議河南礦務辦法改訂合同，請旨遵行，恭摺仰祈聖鑒事。

光緒二十四年二月十六日，准軍機處抄交河南巡撫劉樹堂奏豫省礦務請歸商人自借洋款承辦一摺。奉硃批：『著總理各國事務衙門會同户部議奏。單併發。欽此。』查，原奏内稱：『據翰林院檢討吳式釗、分省補用道程恩培呈請，與義商羅沙第立訂合同，借款一千萬設立公司，請辦豫省礦務，名爲豫豐公司。聲明所借之款，商借商還，如有虧折，歸該公司自理。所得礦利以百分之三十五分報效朝廷。開辦六十年後，將所置辦礦産業全數報效。謹照繕該商等議定合同呈請聖裁，如蒙俞允，再行加蓋關防，分别存發，指派地方，以便開辦』等語。臣等正在核議間，復准軍機處片交給事中鄭思賀等奏河南礦務請飭禁借洋債一摺。軍機大臣面奉諭旨：『該衙門知道。欽此。』臣等就原定合同逐款查核，内惟第二款所獲餘利以百分之三十五分報效中國朝廷，雖較之山西礦利多得百分之十，而其餘各款於應征地賦及礦産落地税、出口税等均未開載，周息八釐亦嫌過重。給事中鄭思賀等請飭禁借洋債，與御史何乃瑩條奏山西路礦停借洋款同一用意。劉樹堂原奏，則以華商貲本難集，成效茫然，必須借資外人，亦不爲無見。臣等公同商酌，山西礦務既經臣等將合同章程逐加添改，奏准開辦。豫省事同一律，義、英駐京使臣日來催詢，自應照案辦理。當即督飭義國商人羅沙第仿照山西辦法，另擬合同章程二十條，與前定山西合同均屬相符。惟劉樹堂原擬第一款，准該公司承辦懷慶左右，黄河以南、西南諸山各礦，地段過廣，應改爲『懷慶左右，黄河以北』以示限制。謹照録合同章程，恭呈御覽。現准劉樹堂電稱，已派商董吴式釗、程恩培來京備問。所有遵議河南礦務辦法緣由，理合恭摺具陳，伏乞皇上聖鑑，訓示遵行。擬俟命下之日，即命該商董等與義商羅沙第在臣衙門畫押，以憑開辦。謹奏。

再，此摺係總理衙門主稿，會同户部具奏，合併聲明。謹奏。

再，正在核奏間，准軍機處片交御史鄭思贊奏，翰林院檢討吴式釗、候選道程恩培在河南攬辦礦務，借端漁利等語。軍機大臣面奉諭旨：『該衙門查明具奏。欽此。』復准軍機處片交李盛鐸奏，河南礦務請詳商辦法等語。軍機大臣面奉諭旨：『著該衙門查明辦理。欽此。』查，鄭思贊原奏内稱：『河南礦務吴式釗、程恩培實主其事，二人朋比爲姦，從中漁利。該處不肖官員，因其擅有利權，趨之若鶩。吴式釗託故出京，擅至豫省，孳孳爲利。程恩培生長紈袴，一無所知。此等劣員，何能經理礦務，用特據實糾參。』李盛鐸原奏内稱：『河南礦務由總理衙門議照山西章程辦理，自係爲畫一起見。惟河南原議章程，比之山西原議較爲妥善。即如由華董會同洋商辦理一語，改爲由洋商會同華董辦理，則洋商有權而華商無權，事關華洋商人合股辦事，不厭求詳。可否飭下總理衙門知照河南巡撫，詳商辦理』各等語。臣等查吳式釗、程恩培二員，承辦豫省礦務，是否從中漁利，此外有無劣迹。臣等無從訪查，應咨行河南巡撫劉樹堂查明復奏。至河南原訂礦務合同，於應完各項賦税均未聲敘。臣等既議照山西章程一體征收，非將合同各款概照山西辦理，無以折服洋商。惟合同第三款，凡調度商務、開採工程、用人理財各事一節，既據李盛鐸指稱有妨華商利權，不厭求詳，臣等復與英義兩國使臣論及，均以概照山西辦法本甚公平。再四磋磨，該使臣等以爲事有波折，持之愈堅。擬就該款内添敘出入數簿，由河南巡撫隨時派員稽查，尚不致利權旁落。總之，各省礦務果能自集華股，自行開採，原無所招致洋商，致增轇轕。無如股本既難猝招，礦務又未便停辦，不得已而借資異地，勢不能不予以利益，以覲厥成。現英義使臣屢向臣衙門催促畫押，臣等以吳式釗等既經被參，當電商劉樹堂另擇委員來京商辦。旋准復稱，豫省官紳拘守故轍，風氣尚未大開，强求恐滋貽誤，仍由臣等酌量辦理等語。臣等公同商酌，只令吳式釗先與羅沙第畫押，一面由劉樹堂隨時察看，如果有從中漁利情事，即行撤换，以肅礦政。謹附片具陳，伏乞皇上聖鑑訓示遵行。謹奏。

總理衙門遵議山西礦務鐵路辦法摺

奏爲遵議山西鐵路礦務辦法改訂章程，請旨遵行，恭摺仰祈聖鑑事。

光緒二十四年二月初八日，准軍機處片交，奉上諭：『都察院奏山西京官呈訴山西興辦鐵路流弊滋多，請飭停辦一摺。山西興辦鐵路，前據該撫奏稱，因所產煤鐵各礦須修鐵路方能運銷，現有皖粵各紳商籌借洋款，來晉開辦，當經降旨，允其開辦，並令預防流弊，酌定詳細章程，奏明辦理，迄今尚未奏到。茲據山西京官呈稱，該撫竟將潞安、澤州、沁州、平定三府一州典與洋人，深堪詫異。著將現辦情形及擬定章程刻日具奏。原呈所指方孝傑、劉鶚二員，聲名甚劣，均著撤退，毋令與聞該省商務。又左都御史徐樹銘奏山西礦務鐵路宜歸紳民自辦各節，著胡聘之一併詳議具奏等因。欽此。』是月二十四日，復准軍機處抄交山西巡撫胡聘之奏，遵旨覆陳晉省鐵路礦務現辦情形分繕合同章程清單呈覽一摺。奉硃批：『該衙門議奏。單三件併發。欽此。』臣等正在核議間，復於三月初六日，准軍機處片交御史何乃瑩奏山西鐵路礦務請停借洋款一摺。軍機大臣面奉諭旨：『該衙門知道。欽此。』三月十四日，准軍機處片交都察院奏山西京官條陳山西商務局借款章程，關繫重大，據情代奏一摺。軍機大臣面奉諭旨：『著歸入胡聘之前奏内一併議奏。欽此。』臣等當就山西巡撫胡聘之所訂合同章程，按之山西京官及徐樹銘、何乃瑩陳奏各節，悉心參酌，逐條覆核。

原訂借款章程利息既重，國家應得餘利幾同虛指，租税課等項概未聲敘，似於各國開礦程式尚多遺漏，自應酌量增改，以濬利源。而山西京官原呈，謂將潞安、澤州、沁州、平定三府一州典與洋人，徐樹銘原奏謂將鐵軌、開礦兩事包與商人，均屬言之過甚。即山西京官二次公呈，將合同章程逐層辨駁，亦多附會，無以折服洋人。何乃瑩奏請停借洋款，固屬正辦。惟泰西各國率皆經營路礦，以馴致富强，晉省煤鐵礦産之富，久爲西人所羡，若深閉固拒，轉恐利權旁落，何如豫爲之地，猶得操縱自如。現在中國商情，集股不易，僅用土法採辦，實係難成。方孝傑、劉鶚二員，奉旨撤退後，義國商人羅沙第、俄國商人璞科第，即各聳其公使先後來臣衙門催辦，謂合同業經山西巡撫遵照奏案批准，斷難更改，並謂已各報其本國政府。往復辨論至再至三，勢亦難於中止。臣等公同商酌，晉省路礦業經奉旨准借洋款開辦，果將合同章程斟酌妥善，於國於民均有裨益。當與各該使臣訂明，事關商務，非同别項交涉事件，應巡與洋商商辦，使臣不必攙預，以免糾葛。

臣等遂博考西國礦路章程，與義商羅沙第、俄商璞科第將原定章程逐一增改。礦章第一條，原稿僅敘辦理晉省盂、平、澤、潞等處礦務，語涉含混，改爲先與礦師勘定何鄉、何山、何種礦産，繪圖貼説，稟請山西巡撫查明。果與地方情形無礙，方准開採。並添敘如係民地，公平租買；如係官産，照該處田則加倍納賦。第五條聲明所開礦地遇有墳塋祠墓，必須繞越，毋得發掘。第六條增入所有礦産按照出井之價，值百抽五作爲落地税，報效中國。國家官利八釐改爲六釐，公積一分改爲逐年還本，仍隨本減息，用本還清公積即行停止。此外，所餘淨利提二十五分歸中國國家，餘歸公司自行分給，並聲明係商人籌借，如有虧折，與中國國家毫不干涉。第八條添入開礦所需料件機器等物進口，照開平各礦章程完納海關正税，礦産出口仍照關章納税。第十六條於租買民人已開之礦，添敘不得稍有抑勒。第十七條於添造支路轉運煤礦，添入應訂章程，届時另議。第十八條每年盈虧清册，添入各請華洋公正人一名，核算無訛，以符各國公司通例。又，鐵路合同第六條添入鐵路經過地段，如係民地，應向業主公平租買；如係官地，應與地方官議定租價，並照該處田則逐年納賦。第七條聲明路成後，中國於正定、太原鐵路兩處設官收税，與鐵路無干。第十條原議每年餘利以四成歸公司，二成報效國家，一成歸商務局，三成歸華俄銀行，現改爲以二成歸商務局，四成報效國家，一成歸商務局辦公之用，三成歸華俄銀行。仍聲明俟借款完清，此三成餘利，銀行亦即停收。原議第十四條鐵路初成，客貨稀少，恐不敷養路之費，准於附近鐵路地方酌開煤鐵礦數處，現今全行删除，以清界限。其餘各條，亦均逐句推敲，期於妥協。並將劉鶚、方孝傑所立公司名目一律删除，統歸山西商務局任辦，俾一事權。臣等與該洋商逐細磋磨，始經定議，分繕清單，恭呈御覽。

該洋商等守候日久，該國使臣屢催定議，勢難再緩。如蒙俞允，即由臣等飭令電調來京之山西商務局紳士曹中裕與洋商羅沙第在臣衙門畫押，以免稽延。至賈景仁被參各款，由臣等另片具覆。所有遵議山西鐵路、礦務辦法緣由，理合恭摺具陳，伏乞皇上聖鑒訓示遵行。再，此摺係總理衙門主稿，會同户部具奏，合併聲明。謹奏。

奉硃批：『依議。欽此。』

户部請酌量緩辦鋪税蘗牙片

再，據陝西巡撫魏光燾片，奏准户部咨議覆黑龍江副都統景祺奏請專設鋪税蘗牙一摺，奉准咨行至陝，當經行司派委妥員分赴查辦，約計甚需時日。兼以昭信股票現在委員勸借，商民財力有限，若同時並舉，誠恐顧此失彼，難期有濟，請暫爲展緩各等語。光緒二十四年閏三月十二日，奉硃批：『户部知道。欽此。』欽遵由内閣抄出到部。臣等查鋪税、蘗牙二事，原議令各省自本年四月起一律舉辦，並聲明按照該副都統所陳各節，限本年三月概行據實覆奏等因，奏准通行在案。現計已逾三月之期，各直省能否舉行，未據奏咨報部。惟陝西撫臣首先覆奏，所稱昭信股票現已委員勸借，商民財力有限，若鋪税藥牙同時並舉，誠恐顧此失彼，難期有濟，自係實在情形。且藥牙一事，該副都統原奏並非專指土藥辦法，尚須推求。臣等公同商酌，陝西一省如此，推之各省，情形當亦相同。應請旨飭下各直省將軍督撫都統，所有鋪税藥牙一律酌量暫緩開辦，以恤商艱。理合附片具陳，伏乞聖鑑，謹奏。

奉硃批：『依議。欽此。』

户部議覆工部郎中唐浩鎮條陳各省自闢利源摺

奏爲遵旨議奏，恭摺仰祈聖鑑事。

工部尚書淞桂等代奏工部候補郎中唐浩鎮請令各省自闢利源，以贍國用一摺。光緒二十四年三月三十日，欽奉諭旨：『户部議奏。欽此。』欽遵由軍機處抄交到部。

據原呈内稱：富國之本，首在足民；生物之功，資乎因地。今者世變益亟，財用内匱。各直省官員未聞以何地可興何項利益，何處可植何種樹木，詳籌以增國課。中國膏腴至廣，生産最繁，誠量各省土性之所宜，廣植物産，其已備者擴而充之，未備者購種給之，務使無曠土、無游民而止。

一曰蠶桑。中國産絲之區，以江浙爲最，江浙以近太湖者爲最。蓋湖水澄清，性肥而暖。故以水灌桑則葉茂，以桑飼蠶則絲韌。以太湖例之，鄱陽、巢湖、洞庭、大明、金明、滇池、昆明各省之湖，誠能推廣此意，徧植蠶桑，則所出絲繭皆能光白柔韌，遠勝於日本、意大利諸邦而收大利。

二曰葡萄。外國葡萄酒爲貨物之大宗，其酒税爲國課之大宗。考察奉天、吉林，土性皆宜葡萄。苟能廣種，購機以釀，復能推而行之直隸西山、北山，山西太行，陝西華山，山東泰山，河南嵩山泉甘土沃之區，則酒産日豐，酒銷日旺，而酒税大贍國用矣。

三曰種棉。中國棉花向推順天平谷，絲長色白，足與美國南海島種相匹。洋棉價貴，每百斤需洋銀三十三圓。華棉價賤，祇十七八圓。故華棉行銷外洋，以之紡紗織布，轉運中國銷售，尚有巨利。今江蘇、兩湖産棉亦旺，苟令各省凡土脉鬆厚、山陸高燥之地，廣爲播種，歲入不可勝計。

四曰種蔗。甘蔗爲中國獨有之利，西人試種愛爾蘭之地而不合土宜，且枯瘦無糖。故中國絲茶而外，蔗糖爲西人最嗜，雖法人之蘿葡糖、美國之楓脂糖不足比也。惟不用機器提製，色味不潔。若令江西、浙江、江蘇、安徽素常種蔗之地廣植豐收，購機製造，則歲增之利無算。

五曰種竹。竹之爲物，可製機，可造紙，獲利較他産尤速。中國除直隸、山、陝諸省不能豐植外，餘皆可種。産紙之區，向以浙江之紹興，安徽之宣城、甯國爲最。惟舂煮烘焙，仍嫌錘錬未精。若用洋機製造，和以菅麻，加其堅韌，則成紙速而銷場廣。每年洋紙數百萬之利可以抵制，而竹竿竹器出口之價亦可歲增。

六曰種樟。樟腦爲製炸藥所必需，其漲力可增至五千倍。日本與臺灣所産最旺。中國江西、湖南、安徽、廣西等省苟能廣植，十數年間即可熬腦。每十斤可值洋銀五圓，其利什伯於他産。

七曰種橡。西人歲剥橡樹皮，熬膠以製器物。續剥續長，獲利無窮。以之爲物，廣狹屈伸，各適於用。中國各省有之，雲南最多。西人名曰膠樹。今宜專收橡子，任民播種，數年即可剥膠，行銷外洋，足奪意大利及舊金山所産之利。

八曰種煙。與加非煙性能滌穢化痰，中國關東煙葉味較芳厚，第不善收儲，又不知卷成紙煙，致巨利爲人所侵。如令直隸、奉天擇其隙地，廣種煙子，收儲地中，一二年後，退其火性，購機卷製，即可行銷外洋。加非一物，始於斐洲，西人日用必需，銷路大廣。故各國市肆，俱設加非之館。近通商口岸華人俱嗜，與紙煙同。如令各直省添種加非之樹，其利較種茶尤厚。

凡此八利，如蒙諭旨，飭令直省各督撫，詳查地宜，購種發給，以郡守牧令總其成，以同知通判縣丞等任其事。各州縣能勸種樹木三十萬株以上，農利三百畝以上，考核得實，立與擢用。奉行故事者，罷黜之。地方官吏亦視種植之繁簡爲考成，按圖立册，就地課税。產既加多，税自益旺。足國之道，權輿於此各等語。

臣等竊維樹藝與耕耘並重，本天地自然之利，爲農民切要之圖。值此時局艱難，度支奇絀，各省地方有司尤當審量土宜，廣開利源，藉紓國用。迭經欽奉諭旨，飭令各省考核錢糧，稽核荒田，開辦蠶桑，振興商務。並行令各省督撫就地籌款，如有可興之利，隨時陳奏，以應急需。上年九月，御史華煇奏令各省講求種植、水利，亦由工部會同臣部通行在案。復據都察院左都御史徐樹銘奏請舉行蠶桑並護理，陝西巡撫張汝梅奏請通行各屬如蠶桑種植等項，凡有裨生計者，飭令興辦，亦已奏准咨行臣部郎中陳熾復編輯續富國策一書內，詳載種樹富民、種桑育蠶、葡萄造酒、種竹造紙、種樟熬腦、種木成材、種橡製膠、種茶製茗、種棉軋花、種蔗製糖、種煙及加非以供食用各說，業由坊間刊行。臣等職司農政，凡內外臣工條奏興利摺件，無不行令各省，設法振興。無如各省於種植一事迄未舉行，或土性實有種、種棉、種庶、種竹、種樟、種橡、種煙八利，實皆臣部郎中陳熾所輯續富國策中之言。臣等反覆推勘，亦知地利之可興，惟風土異宜，難必成效之可覩。即如蠶桑一事，前據廣西巡撫馬丕瑶奏稱興辦有效，未及兩載而桑秧、蠶子靡有孑遺。又如葡萄製酒，前據山東巡撫奏稱東海關道盛宣懷稟，仿照洋法製造，價廉味美，准該商專利十五年。又據山西巡撫奏稱，文水一帶所産葡萄最佳，誠宜設局開辦，現在是否確能釀造，能否行銷出洋，未據該撫等奏咨到部。此外，如軋花、製糖、造紙、熬腦、製膠、卷煙各事，非購買外洋機器，則貨物不精；非熟習商務情形，則獲利不厚。且未察物産之多寡，銷路之暢滯，更不講求製造諸法，亦恐未必有益。應請旨飭下各直省將軍、督撫，各就地方情形，詳加考察，認眞舉辦。如樹藝有合土宜，製造有可抵制外洋之處，應如何定章勸懲，即行奏咨立案，以重國課而開利源。所有臣等遵旨議奏各緣由，理合恭摺具陳，伏乞皇上聖鑒。謹奏。

奉旨：『依議。欽此。』

奏議輯覽初編卷第十

御史陳其璋請約開鐵路口岸摺

奏爲籌款維艱，請約開鐵路口岸，藉增關税，恭摺仰祈聖鑑事。

竊自泰西款關通商已閱五十餘載，所請口岸均係沿江沿海，其不請開内地口岸者，良由陸路車馬不便，難暢行銷。今中國鐵路勢在必行，轉運既靈，則將來商務之盛不在水而在陸。且西伯利亞鐵路估於辛丑年正月告成，各國貨物之來，勢必舍舟就車，直達内地。局勢既變，利在必趨。所有海關之税必至大減，而陸地馬頭又必爲外人之所要索。與其日後聽其挾取，不如由朝廷先派威望素著、熟悉洋務之大臣，先與各國公使密商，指定内地鐵路經過之處，加設口岸幾處，准其通商。欲沾此額外之利益者，則須先於現在各口税則值百抽十，爲他日内地通商之信約。某國不允，則將來内地口岸即不准同享利益。前聞大學士李鴻章出洋，曾與各國商加税則，其時鐵路尚未定議，各國並無希冀之心。此次鐵路志在必成，陸路口岸勢所必設，凡覬覦陸路之利者，定必欣然樂從。即有不願之國，深恐一落人後，他日牽涉各國，無可要求，亦不能不相率俯就。此議果成，其利有四：每年所增關稅約有二千一二百萬兩。即以此項盈餘作爲鐵路經費，抽彼族之税，築我國之路，十餘年中，内地邊隘鐵路可偏，其利一。内地既爲公共通商之所，雖有齟齬，莫敢首難，其利二。内地出口之貨不及洋貨進口之多，今鐵路既通，口岸自闢，則出口之貨較增，外溢之利可挽，其利三。各省釐捐本屬權宜之計，此次關税加增數可與釐金相抵，則釐捐亦可漸裁，其利四。或疑内地通商，外洋之銷路愈多，中國之利源愈隘，不思現在未通商之省，洋貨何嘗不行？鐵路既通，更不能禁之不運，不若外示和好，内增利權之爲得也。惟此事不必多派大員，致蹈推諉之積習。且内地祇准通商，不准藉口保護商民，紛調兵隊駐紮内地，此尤宜預爲訂明者也。再，洋人零星日用之物如煙酒等項，中國向不徵税，刻值修約之際，宜仿各國非公司不得享此權利之例，一律加徵，每年關税亦可約增五百萬兩。臣爲籌款築路起見，是否有當，伏乞皇上聖鑑施行。謹奏。

户部遵議更新兵制摺

奏爲遵旨妥速議奏事。

光緒二十四年四月初七日，江南道監察御史曾宗彦奏請精練陸軍改爲洋操一摺，軍機大臣面奉諭旨：『著户部妥速議奏。欽此。』欽遵抄出到部。

據原奏内稱：竊聞朝廷疊次寄諭各省，飭辦覈餉練兵事宜，誠握自强之勝算。惟各疆臣意見不一，勉强奉行，已苦於枝枝節節爲之，未能聯絡一氣。爲今日計，莫若先儘各省已有之餉，練各省洋操之兵，但求其精，不患其少。而置一大臣專課各省練兵事宜，以整率之，不特辦理神速，亦且呼吸靈通。可否飭下户部，迅將各省現存緑營、勇營及新式各軍所有兵額核明，分晰開單，恭呈御覽。除新式各軍尚有可用者勿庸遽議更張外，其餘各營餉額由樞臣通盤核計，一律改爲洋操。可練若干兵額，立一切實辦法，定一開辦日期，請旨特派樸實任事耐勞大臣一員，隨帶知兵洋將一員，洋教習十餘人，輕車簡從，馳赴沿海沿江各處。每到一省，調集舊有之緑營、勇營，嚴選丁壯，汰去老弱，選額不足，補以招募，全數練爲洋操。規模已具，即馳赴他省，以次興辦。就近與督撫會商，分紮要隘，必期餉無虚糜，兵無虚籍。東三省亦如之，其新式各軍已用洋操，倘有練不如法者，並由洋將再與研究，以期精益求精。所派之大臣偕洋將，均不必指定駐紮省分，隨時馳赴各省梭巡，或出其不意，檄召會操；或密加嚴訪，申其賞罰。務使日日如臨大敵，庶積弊一空，一兵得一兵之用，一旦有事，乃足以備緩急。練軍既壯，以練兵之精者教習民團，以沿江沿海辦法推之腹地，則我中國兵力隱然可恃，二年之後，成效必有可觀；五年之後，自强之軍立矣。總之，不急海軍而急陸軍，不急全局而急東三省。沿海沿江各省不急籌餉，以增軍額，而但就已有之餉，立陸軍之基，輕而易舉，可以剋期開辦。並將精練陸軍詳細辦法繕單恭呈御覽等語。

臣等伏查，時局日棘，外侮紛來，非練成勁旅無以拯救艱危，非改習洋操難以破除積習。近來疊奉諭旨，嚴飭各省裁汰勇營，騰出餉項，以備添練新軍。又諭令操演之法不宜拘守成格，變通盡利等因。是皇上整軍經武之意，早爲中外臣工所共知。今御史曾宗彦奏請剋期精練陸軍，改爲洋操。奉旨交臣部覈議。臣等謹就原奏所陳各省現存緑營、勇營、新式各軍兵額餉額各節，撮舉其大要言之。

緑營前議裁減七成，各省均未照案裁減。現在除已裁外，實存緑營四十餘萬人，每年需餉銀七百餘萬兩，而練兵尚不在其内。勇營前議裁減三成，各省亦未盡照案裁減。現在除已減外，實存勇營三十餘萬人，每年需餉二千餘萬兩，而練勇亦不在其内。又，新式各軍，如江南自强軍已募二千八百六十人，每年需餉四十萬兩，而夫役雜項尚不在内。天津新建陸軍已募七千人，每年需餉九十餘萬兩，而帳棚、衣履等項尚不在内。湖北洋操隊已募一千人，每年需餉七萬餘兩，而華洋教習薪資亦不在内。此現時新舊各軍之大略也。

夫緑營防勇糧額固不相侔，新式各餉章亦復不等。今擬各項勇營更換舊章，參用新式，即按照江南自强軍每年所需銀數計之，緑營三名乃練洋操一名，勇營兩名乃練洋操一名，各省緑營、勇營兩項，一年統計，需銀約三千萬兩，約練洋操二十餘萬人。若新建陸軍，覈計亦與自强軍大致相同。惟湖北洋操隊係仿照聶士成武毅軍新章，略爲變通，裁去長夫工食柴草價銀，添入官弁薪費，較自强軍新建陸軍銀數均有節省。此又各軍練習洋操之大略也。

臣等竊維今日事勢，練兵爲第一大政，練洋操尤爲練兵第一要著。然必總籌全局，統計餉需，先定議於朝堂，而後可責成於疆吏。就臣等所查兵數、餉數而論，三千萬之餉僅能練洋操二十餘萬人。天下之大，而以二十餘萬人分布之，無鐵路以通其脉絡，無海軍以爲之羽翼，恐不足以資鎮壓。即云不急全局，惟以東三省、沿江沿海爲急，固已半天下矣。況雲、貴、廣西均與鄰邦接壤，又可置爲緩圖乎！此臣等所以不敢輕議也。

近年各省勇營用土槍土礮者甚少，率多用前膛來復槍或毛瑟舊槍。所習技藝中西參半，終無成效。洋操步伐整齊，號令純一，槍礮精良，施放有準，非徒襲皮毛已也。就各省現有勇營改練洋操當復不難，惟須選教習以勤訓練，覈餉力以籌軍實。各省實有勇隊，嚴定去留，實支餉糈，量爲歸併。期以半年，如有端緒，然後將緑營一律挑練，並次第推及民團。

至原奏所稱請派樸實任事耐勞大臣，隨帶洋將教習馳赴沿海沿江各省，調練各營，以次興辦，就近與各督撫會商分紥一節。臣等查，洋操教練原須寬以時日。洋將雖極精能，斷不能馳驛一至，便能指點緑營，悉成勁旅，祇能考察勤惰，激勵營哨而已。該御史請派大臣分馳各省，原欲破各省因循之習，期練有用之兵，所請不爲無見。此時各省如何併餉加練，擬立何項章程，尚未議定，似不必遽行請派。又，重聘奥國洋將、教練尤爲精核。奥國陸軍，本甚講求，兵制略如德國。遠道招致，各省一律延用，員數多而辛俸巨；設或意氣不投，資遣亦較費力。且無譯官以通語言，口講指撥，終形隔膜。現在天津新建陸軍、江南自强軍均係德人教練。如北省勇隊改練洋操，可由新建陸軍酌撥營哨之學成者分往教練，南省則由自强軍酌撥營哨教練，營規號令如出一轍，似較易爲功。如蒙俞允，應請飭下各省督撫，查照辦理，於文到後六個月内，將併餉練隊及分紥處所妥議覆奏。

至於軍械，各國無不一律，中國何獨不然？自髮捻之役，各軍以洋槍礮制勝，於是各省紛紛購求。旋慮金錢外溢，又復分設機器製造各局，所製現未能精，其式又復不一。即購自外洋者，新舊夾雜，名目繁多，此皆向未講求之故。應令各省機器局酌定快槍快礮格式及槍子礮彈之造法，互相討論，折衷一是，然後較准尺寸，如式製造，精益求精，以期一律純良，俾臻實用。又，裁兵善後，宜擇地開墾地畝，即將遣撤兵丁妥爲安插。

至經費一項，現將就已有之餉改練洋操，自可無庸另籌槍礮。各廠均有常年指撥之款，亦無庸再行撥絡。即開辦屯田務須銀款，究竟何處可以開辦，何處需款若干，應候各省奏覆到日再行酌撥，此時尚難預計。所請將昭信股票指爲槍礮及屯田二者的款，及漕運折色濟其不及之處，應請毋庸置議。除將緑營、勇營、新式各軍兵數另開清單，所有遵旨妥速議奏緣由，理合恭摺具陳，伏乞皇上聖鑒。再，此摺係户部主稿，會同兵部辦理，合併聲明。謹奏。

總理衙門遵議特設商務大臣及特派近支宗室游歷外國事宜摺

奏爲遵旨議奏事。

光緒二十四年四月初四日，准軍機處抄交侍郎榮惠奏請特設商務大臣及選派宗支遊歷各國。又，十二日抄交御史楊深秀奏請特派近支宗室游歷各國等語。先後奉旨：『著總理各國事務衙門一併議奏。欽此。』查閱侍郎榮惠原奏稱：中國商人經紀之術不減東西各國，患在商情涣散，不能齊一。本有輕重，貨有良楛，價有高下，爭利傾擠，人各一心，商務所由日壞。若專派大臣設法整頓商務，必有起色，利權漸能收回。商賈販運，工司製造，工爲商源，商爲工委，工務尤爲緊要。而工務必以物産爲盈虚，物産之中又以礦務爲先。各省礦産最多，若設立公司，逐漸開採，利源甚溥。惟開創之初，人往往苦於貲本不足。若經商務大臣考核詳明，不妨請發官款，嚴定章程，官商合辦，俾底於成。請飭各省督撫，就本省三四品以上紳士，無論京外職官，但求精於榷算、能知大體者，保薦數員，聽候簡派，專辦本省商務、礦務，自能熟悉情形，考究的當，不用員役，一依經商之法，庶工商情無隔閡，上下一氣，利源必興等語。臣等查，該侍郎所稱整頓商務、礦務以開利源，自係當務之急。礦務業經奉旨准各省紳商集股設法開採。至商務專派大臣督辦一節，查臣衙門於光緒二十一年十二月二十四日，議覆御史王鵬運奏請講求商務一摺，業請於各省會設立商務局，由各商公舉殷實穩練、素有聲望之紳商派充局董，駐局辦事，將該省物産行情，綜其損益，逐細講求。其與洋商關涉者，如絲茶等貨，考其利病，何者可以敵洋商，何者可以廣銷路，若確有把握，准其逕稟督撫，爲之提倡。再由各府州縣於水陸通衢設立通商公所，各舉分董，以聯指臂。所有各該處物産價值漲落、市面消長盈虚，即由各分董按季呈報省局，彙總造册，仿總税司貿易總册式樣，年終由督撫咨送臣衙門以備參考。其各局所遇有稟官之事，無論大小，衙門均不得勒索規費。各局所地方長吏，月或一二至，輕騎減從，實心咨訪，以恤商之誠行護商之政各等因。奏奉諭旨，飭下各省督撫遵行在案。所籌非不詳盡，夫以官府親闤闠之事，終多隔膜。各省商務，不由官爲設局，而聽各商公舉總董，駐局辦事。又有分董以聯指臂，並遇事稟由督撫爲之提倡。是即該侍郎所稱聯絡商情、上下一氣之意，似毋庸另設大員督辦，徒擁虛名，仍無實濟。爲治不在多言，顧力行何如耳！應請旨飭下各省督撫查照上年奏案，實力遵行，毋得虛應故事。

又，榮惠原奏稱，東西各國俗尚游歷，國王之尊、儲貳之親，往往遍游地球，藉資閱歷，亦可爲邦交輯睦之證。滿洲王公宗室、貝勒貝子閎才偉略，必不乏人。擬請簡擇年力富强、才識通明者，輕裝減從，隨帶書記、繙譯，遊歷全球各大邦，令出使各國大臣妥爲照料，予以厚禄。凡山川風俗、政教律法、大小學堂、水陸營製、槍礮器械、礮臺戰艦、礦務工作，詳細考究，筆記成書，事竣歸國，足備任使。

又，御史楊深秀奏稱，三代之制，自王之世子、庶子，皆入太學。泰西猶用我經義，上自王子，旁及近親，皆先入學堂，與羣士齒，又學於兵艦，親爲水手；學於練軍，躬列卒伍。然後次第升擢，乃爲船主將校。稍長之後，必遍歷各國。或因其性之所長，其各學專習一業，數年而成。日本前派熾仁親王等出游泰西，分習諸學，故能歸而變政，克有成效。請特派近支王公之妙年明敏有才志者，游歷各國等語。臣等查，邦交以聯絡而固，人才以歷練而成。該侍郎請派王公貝勒等出洋游歷以聯外交而練才識，亦係因時制宜之要。楊深秀所論各國王子近親皆先入學堂與羣士齒，又學於兵艦，練由卒伍，升將校，乃使之遍歷外國，增長識見。此非以無本之學爲無益之游也。即如日前來京之德國親王，係學堂出身，現充水師提督，精通各國語言兵法，所至之處足令壇坫增光。今王公貝勒等如果有留心時事、學問淹通、志趣向上者，應否由宗人府查察保薦，會同臣衙門具奏請旨，飭令出洋游歷之處，臣等未敢擅便。所有遵議緣由，理合恭摺覆陳，伏乞皇上聖鑒。謹奏。

總理衙門遵議遴選生徒游學日本事宜片

再，准軍機處鈔交御史楊深秀片奏，泰西各學，自政治、律例、理財、交涉、武備、農工、商務、礦務莫不有學。日本變新之始，遣聰明學生出洋學習，於泰西諸學燦然美備。中華欲遊學易成，必自日本始。聞日本大開東方協助之會，願智吾人士，助吾自立，招我遊學，供我經費，以著親好之實。經其駐使矢野文雄函告譯署，伏乞飭下總署速議遊學日本章程，選舉貢生監之聰敏有才、年未三十者，在京師聽人報名，由譯署給照；在外聽學政給照等因。光緒二十四年四月十三日，奉旨：『著總理各國事務衙門議奏。欽此。』查，本年閏三月間，准日本使臣矢野文雄函稱，該國政府擬與中國倍敦友誼，藉悉中國需才孔亟，倘選派學生出洋習業，該國自應支其經費。又准該使臣來署面稱：中國如派肄業學生陸續前往日本學堂學習，人數約以二百人爲限。經臣等備函致謝，並告以東文學堂甫經設立，俟酌妥辦法再行函告。該使臣亦稱須豫議妥章等語。近年以來，日本講求西學，大著成效。又與中國近在同洲，往來甚便。既經該國函請，派往游學，臣等公同商酌，擬即妥定章程，將臣衙門、同文館東文學生酌派數人，並咨行南北洋大臣、兩廣、湖廣、閩、浙各督撫，就現設學堂中遴選年幼穎悟、粗通東文諸生，開具銜名，咨報臣衙門，知照日本使臣，陸續派往。即由出使日本大臣就近照料，無庸另派監督。各生應支薪水用項，由臣衙門核定數目，提撥專款，匯交出使大臣，隨時支發。該御史所請在京聽人報名，由譯署給照；在外聽學政給照，未免漫無限制，應毋庸議。所有遵議緣由，理合附片具陳，伏乞聖鑑訓示。謹奏。

遵籌開辦京師大學堂摺 附章程清單

軍機大臣
總理衙門

奏爲遵旨籌辦京師大學堂，並擬開辦詳細章程，謹繕清單，敬呈御覽，恭摺仰祈聖鑑事。

竊本年正月二十五日，奉上諭：『御史王鵬運奏請開辦京師大學堂等語，京師大學堂迭經臣工奏請，准其建立。現在亟須開辦其詳細章程，著軍機大臣、總理各國事務衙門王大臣妥議具奏。欽此。』臣等以事屬創始，籌畫匪易，當即查取東西洋各國學校制度暨各省學堂現行章程，參酌釐訂，尚未就緒。旋於四月二十三日奉上諭：『京師大學堂爲各行省之倡，尤應首先舉辦。著軍機大臣、總理各國事務王大臣會同妥速議奏等因。欽此。』臣等往返商榷，正在將章程妥議具覆，復於本月初八日奉上諭：『前因京師大學堂爲各行省之倡，特降諭旨，令軍機大臣、總理各國事務王大臣會同議奏，即著迅速覆奏，毋再遲延等因。欽此。』臣等跪誦之下，悚懼莫名。竊惟今日中國，亟圖自强，自必以育才興學爲要。綜考歐美各國富强之故，實由於無人不學，無事不學。其學校每年所需經費，英至九百三十餘萬鎊，每年約合華銀六千五百數十萬兩。法至四百餘萬鎊，每年約合華銀二千八百數十萬兩。其餘諸國亦數百千萬不等。以故負笈之士，成就遠大，政治學藝日異月新。近人至以學校之多寡覘國政之盛衰，非無因也。中國當更新之始，京師爲首善之基，創兹鉅典，必當規模閎遠，條理詳備，始足以隆觀聽而育人才。臣等仰體聖意，廣集良法，斟酌損益，草定章程，規模略具。舉其要義，凡有四端：一曰寬籌經費，二曰宏建學舍，三曰慎選管學大臣，四曰簡派總教習。提綱挈領，在此數者。

學堂養士數百，購圖書、儀器需款甚鉅，非有額撥常年專款斷難持久。而現在經營創始，所費尤爲不貲。臣等約計開辦經費需銀三十五萬兩，常年經費一十八萬兩有奇。其數似已甚多，然較諸西國尚不及千分之一。皇上垂注大學堂，屢發明詔，作人之意至勤勤矣！伏乞飭下户部，即速籌撥專款，俾得興辦。所有常年經費，亦預先指定，庶免延誤將來。如有推廣不敷支給，再由管學大臣臨時酌度請旨辦理。

現在開辦經費内，仰蒙聖恩撥給官地，亦可稍從節省。然黌舍未具，尚須興築。臣等竊思時事日殷，需才孔亟，若待從容築室，又當遲以歲月。查日本開學之先，皆權假邸舍以集生徒。今事當速舉，似可權宜。伏乞皇上先行撥給公中廣大房室一所暫充學舍，命官選士，剋日興辦。其大學堂仍應別撥公地，另行搆建，則規範既閎，而舉事不滯，學舍具矣。

任事需人。大學堂設於京師，以爲各省表率，事當開創，一切制度均宜審慎精詳，非有明體達用之大臣以筦攝之，不足以宏此遠模。況風氣漸開，各省已設學堂，近又疊奉諭旨，停試八股，講求西學，各省向課制藝書院，自應一律更改。將來學堂日有增益而無所統轄，必至各分畛域，其弊不可不防。伏祈皇上簡派大臣中之博通中外學術者一員，管理京師大學堂事務，即以節制各省所設之學堂。其在堂辦事各員，統由該大臣慎選奏派。

命官既須鄭重，而擇師尤關緊要。今士人學無本原，不通中國政教之故，徒襲西學皮毛，豈能供國家之用？欲轉移之，非精選總教習不可。苟得其人，學術正而道藝興；苟失其人，學術謬而道藝亦誤。伏維皇上孜孜興學，尤應慎簡教習，以收尊道敬學之效。總教習綜司學堂功課，非有學賅中外之士不足以膺斯重任，非請皇上破格録用不足以得斯宏才。若總教習得人，分教習皆由其選派，亦可收指臂之效。其餘一切擬辦事宜，悉具章程之内，謹繕清單，恭呈御覽。所有臣等遵旨籌辦京師大學堂並擬詳細章程緣由，理合恭摺具陳，伏乞皇上聖鑑訓示遵行。再，此摺由總理各國事務衙門主稿，會同軍機處辦理，合併聲明。謹奏。

籌議京師大學堂章程，呈單恭呈御覽。

第一章　總　綱

第一節　京師大學堂爲各省之表率，萬國所瞻仰，規模當極宏遠，條理當極詳密，不可因陋就簡，有失首善體制。

第二節　各省近多設立學堂，然其章程功課皆未盡善，且體例不能畫一，聲氣不能相通。今京師既設大學堂，則各省學堂皆當歸大學堂統轄，一氣呵成。一切章程功課，皆當遵依此次所定，務使脉絡貫注，綱舉目張。

第三節　西國大學堂學生，皆由中學堂學成者遞升。今各省之中學堂草創設立，猶未能徧，則京師大學堂學生之情形，亦與西國之大學堂略有不同。今當於大學堂兼寓小學堂、中學堂之意，就中分列班次，循級而升，庶幾兼容并包，兩無窒礙。

第四節　西國最重師範學堂，蓋必教習得人，然後學生易於成就。中國向無此舉，故各省學堂不能收效。今當於堂中別立一師範，齋以養教習之才。

第五節　西國學堂皆有一定功課書，由淺入深，條理秩然。有小學堂讀本，有中學堂讀本，按日程功，收效自易。今中國既無此等書，故言中學則四庫、七略，浩如煙海，窮年莫殫，望洋而歎；言西學則陵亂無章，顧此失彼，皮毛徒襲，成效終虛。加以師範學堂未立，教習不得其人，一切教法皆不講究，前者學堂不能成就人才，皆由於此。今宜在上海等處開一編譯局，取各種普通學盡人所當習者，悉編爲功課書，分小學、中學、大學三級，量中人之才所能肄習者，每日定爲一課。局中集中西通才，專司纂譯。其言中學者，薈萃經子史之精要及與時務相關者編成之，取其精華，棄其糟粕。其言西學者，譯西人學堂所用之書，加以潤色。既勒爲定本，除學堂學生每人給一分外，仍請旨頒行各省學堂，悉遵教授，庶可以一趨向而廣民智。

第六節　學者應讀之書甚多，一人之力，必不能盡購。乾隆間高宗純皇帝於江浙等省設三閣，盡藏四庫所有之書，俾士子借讀，嘉惠士林，法良意美。泰西各國於都城省會皆設有藏書樓，即是此意。近年張之洞在廣東設廣雅書院，陳寶箴在湖南設時務學堂，亦皆有藏書。京師大學堂爲各省表率，體制尤當崇閎。今擬一大藏書樓，廣集中西要籍，以供士林流覽，而廣天下風氣。

第七節　泰西各種實學，多藉試驗，始能發明，故儀器爲學堂必需之事。各國都會率皆有博物院，蒐集各種有用器物陳設其中，以備學者觀摩，事半功倍。今亦宜仿其意，設一儀器院，集各種天算、聲光化電、農礦、機器製造、動植物各種學問應用之儀器咸儲院中，以爲實力考求之助。

第八節　現時各省會所設之中學堂尚屬寥寥，無以備大學堂前茅之用。其各府、州、縣學堂尤爲絶無僅有。若不剋期開辦，則雖有大學堂，而額數有限，不能逮下，成就無幾。今宜一面開辦，一面嚴飭各省督撫學政迅速將中學堂、小學堂開辦，務使一年之内，每省、每府、每州縣皆有學堂，庶幾風行草偃，立見成效。

第二章　學堂功課例

第一節　近年各省所設學堂，雖名爲中西兼習，實則有西而無中，且有西文而無西學，蓋由兩者之學未能貫通，故偶涉西事之人，輒鄙中學爲無用。各省學堂既以洋務爲主義，即以中學爲具文，其所聘中文教習多屬學究帖括之流，其所定中文功課不過循例咿唔之事，故學生之視此學亦同贅疣，義理之學全不講究，經史掌故未嘗厝心。考東西各國無論何等學校，斷未有盡舍本國之學而能講他國之學者，亦未有絶不通本國之學而能通他國之學者。中國學人之大弊，治中學者則絶口不言西學，治西學者亦絶口不言中學。此兩學所以終不能合，徒互相詬病，若水火不相入也。夫中學，體也；西學，用也。二者相需，缺一不可。體用不備，安能成才？且既不講義理，絶無根柢，則浮慕西學，必無心得，祇增習氣。前者各學堂之不能成就人才，其弊皆由於此。且前者設立學堂之意亦與今異，當同文館、廣方言館初設時，風氣尚未大開，不過欲培植譯人以爲總署及各使館之用，故僅教語言文字，而於各種學問皆從簡略。此次設立學堂之意，乃欲培非常之才，以備他日特達之用，則其教法亦當不同。夫僅通西國語言文字之人，亦不能謂爲西學之人才明矣。西文與西學，二者判然不同。各學堂皆專教西文，而欲成就人才，必不可得矣！功課之完善與否，實學生成就所攸關，故定功課爲學堂第一要著。今力矯流弊，標舉兩義：一曰中西並重，觀其會通，無得偏廢。二曰以西文爲學堂之一門，不以西文爲學堂之全體；以西文爲西學發凡，不以西文爲西學究竟。宜昌明此意，頒示各省。

第二節　西國學堂所讀之書皆分兩類：一曰溥通學，二曰專門學。溥通學者，凡學生皆當通習者也。專門學者，每人各占一門者也。今略依泰西、日本通行學校功課之種類，參以中學，列表如下：

經學第一、理學第二、中外掌故學第三、諸子學第四、初級算學第五、初級格致學第六、初級政治學第七、初級地理學第八、文學第九、體操學第十

以上皆溥通學，其應讀之書，皆由上海編譯局纂成功課書，按日分課。無論何種學生，三年之内必須將本局所纂之書全數卒業，始得領學成文憑。惟體操學不在功課書内。

英國語言文字學第十一、法國語言文字學第十二、俄國語言文字學第十三、德國語言文字學第十四、日本國語言文字學第十五

以上語言文字學五種，凡學生每人自認一種，與溥通學同時並習，其功課書悉各該本國元本。

高等算學第十六、高等格致學第十七、高等政治學第十八、元注：法律學歸此門。高等地理學第十九、元注：測繪學歸此門。農學第二十、礦學第二十一、工程學第二十二、商學第二十三、兵學第二十四、衛生學第二十五元注：醫學歸此門。

以上十種專門學，俟溥通學卒業後，每學生各占一門或兩門。其已習西文之學生，即讀西文各門讀本之書；其未習西文之學生，即讀編譯局譯出各門之書。

第三節　凡學生年在二十以下，必須認習一國語言文字。其年在二十以上，舌本已强，不能學習者，准其免習。即以譯出各書爲功課，惟其學成得奬，當與兼習西文者稍示區别。

第四節　本學堂以實事求是爲主，固不得如各省書院之虚應故事，亦非如前者學堂之僅襲皮毛，所定功課，必當嚴密切實，乃能收效。今擬凡肄業者，每日必以六小時在講堂，由教習督課，以四小時歸齋自課。其在講堂督課之六小時，讀中文書、西文書時刻各半。除休沐日之外，每日課肄時刻不得缺少，不遵依者，即當屏出。

第五節　考驗學生功課之高下，依西例用積分之法。每日讀編譯局所編溥通學功課書，能通一課者，即爲及格。功課書之外，每日仍當將所讀書條舉心得，入劄記册中。其劄記册呈教習評閲，記注分數，以爲高下之識别。其西文功課，則以背誦、默寫、解説三事記注分數。每月總核其數之多寡，列榜揭示。

第六節　每月考課一次，就溥通學十類中每類命一題，以作兩藝爲完卷。其頭班學生習專門學者，則命專門之題試之，由教習閲定，分別上取、次取。其課卷劄記列高等者，擇尤刊布，如同文館算學課藝之例，布諸天下，以爲楷模。

第三章　學生入學例

第一節　學生分爲兩項：　第一項，諭旨所列翰林院編檢、各部院司員、大門侍衛、候補候選道府州縣以上及大員子弟、八旗世職、各省武職後裔之願入學堂肄業者。第二項，各省中學堂學成，領有文憑，咨送來京肄業者。

第二節　學生分作兩班：　其治各種溥通學已卒業者作爲頭班，現治溥通學者作爲二班。第一項學生投考到堂之始，皆作爲二班，以漸而升。第二項學生咨送到堂時，先由總教習考試，如實係曾經治溥通學卒業者，即作爲頭班；　若未卒業者，即作爲二班，俟補足後乃升。

第三節　恭繹諭旨『其有願入學堂者均准入學肄習』等語，似不必先行甄別考録，仰見廣大教澤之聖意。惟絶無節制，人數既多，其中咸有沾染習氣、不可教誨，或資質劣下、難以成就者在所不免。若令一體雜厠，恐於堂中功課有礙。今擬凡此各項人員願來就學者，取結報名投到，先作爲附課生。一月以後，由總教習、提調等察其人品資質，實可教誨，然後留學。庶幾精益求精，成就較多。

第四節　既不經甄別，則願來學者多少無定額，經費及學舍等亦皆不能懸定。今擬略示限制，暫以五百爲額，其第一項學生額設三百人，第二項學生額設二百人。若取額已滿，續行投到咨到者，暫作外課生，俟缺出乃補。外課生不住學堂，不給膏火。

第五節　額設學生五百人分爲六級。略依同文館之例，據功課之優劣，以第其膏火之多寡。略列表如下：

計　開

等次	額數	每月膏火
第一級	三十人	二十兩
第二級	五十人	十六兩
第三級	六十人	十兩
第四級	一百人	八兩
第五級	一百人	六兩
第六級	一百六十人	四兩

第六節　凡學生留學補額寧缺毋濫，六級遞升寧嚴毋寬，以昭慎重。其有本在優級者，或功課不如格，則隨時黜降，以優者補升。或犯堂規，輕者降爲外課，重者擯出。

第七節　於前三級學生中，選其高才者作爲師範生，專講求教授之法，爲他日分往各省學堂充當教習之用。

第八節　西國師範生之例，即以教授爲功課。故師範學堂每與小學堂並立，即以小學堂生徒，命師範生教之。今繹諭旨，凡大員子弟、八旗世職等，皆可來學，未指明年限。今擬擇其年在十六以下、十二以上者作爲小學生，别立小學堂，於堂中使師範生得以有所考驗，實一舉兩得之道。

第四章　學成出身例

第一節　前者所設各學堂，所以不能成就人才之故，雖由功課未能如法，教習未能得人，亦由國家科第仕進不出此途，學成而無所用，故高才之人不肯就學。今既創此盛舉，必宜力矯前弊。古者貢舉皆出於學校，西人亦然。我中國因學校之制未成，故科舉之法亦敝。現京師大學堂既立，各省亦當繼設，即宜變通科舉，使出此途，以勵人才而開風氣。

第二節　本年正月初七日上諭：已有各省學堂經濟科舉人、經濟科貢士各名號。今擬通飭各省，上自省會，下及府州縣，皆須一年内設立學堂。府州縣謂之小學，省會謂之中學，京師謂之大學。由小學卒業領有文憑者，作爲經濟科生員弁入中學；由中學卒業領有文憑者，作爲舉人升入大學；由大學卒業領有文憑者，作爲進士引見授官。既得舉人者，可以充各處學堂教習之職。既得進士者，就其專門，各因所長授以職事，以佐新政。惟録用之愈廣，斯成就之益多。

第三節　京師大學堂多有已經授職之人員，其卒業後應如何破格擢用之處，出自聖裁。其各省中學堂生如有已經中式舉人者，其卒業升入大學堂之時，亦即可作爲進士，與大學堂中已經授職之人員一體相待。

第四節　大學堂中卒業各生，擇其尤高才者，先授之以清貴之職，仍遣游學歐美各國數年，以資閱歷而期大成。遊學既歸，乃加以不次擢用，庶可以濟時艱而勸後進。

第五節　學生既有出身，教習亦宜奬勵。今擬自京師大學堂分教習及各省學堂總教習，其實心教授，著有成效，確有憑證者，皆三年一保舉：原係生監者賞給舉人；原係舉人者賞給進士，引見授職；原係有職人員者，從異常勞績保舉之例，以爲盡心善誘者勸。

第五章　聘用教習例

第一節　同文館及北洋學堂等多以西人爲總教習。然學堂功課既中西並重，華人容有兼通西學者，西人必無兼通中學者。前此各學堂，於中學不免偏枯，皆由以西人爲總教習故也。即專就西文而論，英、法、俄、德諸文並用，無論任聘何國之人，皆不能節制他種文字之教習。專門諸學亦然。故必擇中國通人，學貫中西，能見其大者，爲總教習，然後可以崇體制而收實效。

第二節　學生之成就與否，全視教習。教習得人，則綱目畢舉；教習不得人，則徒糜巨帑，必無成效。此舉既屬維新之政，實事求是，必不可如教習、庶吉士、國子監祭酒等之虛應故事，宜取品學兼優、通曉中外者，不論官階，不論年齒，務以得人爲主。或由總理衙門大臣保薦人才可任此職者，請旨擢用。

第三節　設溥通學分教習十人，皆華人；英文分教習十二人，英人、華人各六；日本分教習二人，日本人、華人各一；俄、德、法分教習各一人，或用彼國人，或用華人，隨所有而定；專門學十種，分教習各一人，皆用歐美洲人。

第四節　用使臣自辟參隨例，凡分教習，皆由總教習辟用，以免枘鑿之見，而收指臂之益。其歐美人或難於聘請者，則由總教習總辦，隨時會同總署及各國使臣向彼中學堂商請。

第五節　現當開辦之始，各學生大率初學，必須先依編譯局所編出之溥通功課卒業，然後乃學專門。計最速者，亦當在兩年以後。現時專門各學之分教習，如尚無學生可教，即暫以充編譯局譯書之用。

第六章　設官例

第一節　設管學大臣一員，以大學士、尚書、侍郎爲之，略如管國子監事務大臣之職。

第二節　設總教習一員，不拘資格，由特旨擢用，略如國子監祭酒、司業之職。

第三節　設分教習漢人二十四員，由總教習奏調，略如翰林院五經博士、國子監助教之職。其西人爲分教習者不以官論。

第四節　設總辦一人，以小九卿及各部院司員充。

第五節　設提調八人，以各部院司員充。一人管支應，五人分股稽查學生功課，二人管堂中雜務。

第六節　設供事十六員，謄録八員。

第七節　藏書樓設提調一員，供事十員。

第八節　儀器院設提調一員，供事四員。

第九節　以上各員除管學大臣外，皆須常川駐紮學堂。

第七章　經　費

第一節　西國凡一切動用款項，皆用豫算表、決算表之法。豫算者，先估計此事應需款若干，甲項用若干，乙項用若干，擬出大概數目，然後撥款措辦也。決算者，每屆年終，將其開銷實數，分別某項某項，開出清單也。中國向來無列表豫算之法，故款項每患舞弊，費帑愈多，成效愈少。今宜力除積弊，采用西法，先列爲常年豫算表，開辦豫算表，然後按表撥款辦理。

第二節　中國官制向患禄薄，今既使之實事求是，必厚其薪俸，使有以自養，然後可責以實心任事。除管學大臣不别領俸外，其各教習及辦事人應領俸薪，列一中數，爲表如下：

職名	人數	每人每月薪水銀	每年合計銀
總教習	一	三百兩	三千六百兩
專門學分教習西人	十	三百兩	三萬六千兩
溥通學分教習頭班	六	五十兩	三千六百兩
溥通學分教習二班	八	三十兩	二千八百八十兩
西文分教習頭班西人	八	二百兩	一萬九千二百兩
西文分教習二班	八	五十兩	四千八百兩
總辦	一	一百兩	一千二百兩
提調	八	五十兩	四千八百兩

藏書樓提調	一	五十兩	六百兩
供事	三十	四兩	一千四百四十兩
謄録	八	四兩	三百八十四兩

右教習及其餘辦事人薪俸豫算表第一，統計每年開銷銀八萬一千六百兩(二)。

學生分爲六級，每級以所領膏火之多少爲差，列表如下：

級數	人數	每人每月膏火銀	每年合計銀
第一級	三十	二十兩	七千二百兩
第二級	五十	十六兩	九千六百兩
第三級	六十	十兩	七千二百兩
第四級	一百	八兩	九千六百兩
第五級	一百	六兩	七千二百兩
第六級	一百六十	四兩	七千六百八十兩
附設之小學堂學生	八十	四兩	二千四百兩

右學生膏火豫算表第二，統計每年開銷銀五萬四百八十兩。

其餘各項雜用列表如下：

火食：　共五百六十人　每人每月銀三兩　每年約一萬六千兩

華文功課書：　每學生一分　每分約銀二兩　每年約一萬兩

西文功課書：　每學生一分　每分約銀二兩　每年約一萬兩

獎賞：　每月　銀一千兩　每年共一萬二千兩

紙張及墨水洋筆等：　每年約二千兩

僕役薪工飯食：　約用一百人　每年約三千六百兩

豫備格外雜用：　每年約五千兩

右其餘雜用豫算表第三，共銀五萬六千六百兩　第三表總分銀數多有未符，不敢臆度。

三表合計，每年共應開銷銀十八萬八千六百八十兩之譜，是爲常年統計經費之數。

第三節　開辦經費，以建學堂、購書、購器及聘洋教習來華之川資爲數大宗，今略列於下：

建築學堂費約十萬兩　建築藏書樓費約二萬兩　建築儀器院費約二萬兩　購中國書費約五萬兩

購西文書費約四萬兩　購東文書費約一萬兩　購儀器費約十萬兩　洋教習川資約一萬兩

右開辦經費豫算表，約共銀三十五萬兩。

第四節　一切工程及購書購器等費，皆由總辦提調經理，皆當實支實銷，不得染一毫官場積習。

第八章　新　章

第一節　以上所列，不過大概情形。若開辦以後，千條萬緒，非事前所能悉定，在辦事人各司所職，順時酌擬。

第二節　功課之緩急次序及每日督課分科、分課及記分數之法，其章程皆歸總教習、分教習續擬。

第三節　一切堂規歸總辦提調續擬。

第四節　建築學堂分段分齋，一切格式歸總辦提調續擬。

第五節　應購各書目録及藏書樓收藏借閲詳細章程，歸藏書樓提調續擬。

第六節　應購各器並儀器院准人游觀詳細章程，歸儀器院提調續擬。

第七節　學成出身詳細章程，應由總教習會同總理衙門、禮部詳擬。

第八節　各省府州縣學堂訓章，應由大學堂總教習、總辦擬定，請旨頒示。

第九節　學生卒業後，選其高才者出洋游學。其章程俟臨時由總教習會同總理衙門詳擬。

總理衙門遵議優獎開物成務人才摺　附章程

奏爲遵旨議覆，恭摺仰祈聖鑑事。

本月十七日，奉上諭：『自古致治之道，必以開物成務爲先。近來各國通商，工藝繁興，風氣日闢。中國地大物博，聰明才力，不乏傑出之英，祇以囿於舊習，未能自出新奇。現在振興庶務，富强至計首在鼓勵人才。各省士民著有新書及創行新法、製成新器，果係堪資實用者，允宜懸賞，以爲之勸。或量其材能，授以實職。或錫之章服，表以殊榮。所製之器，頒給執照，酌定年限，准其專利售賣。其有能獨力創建學堂，開闢地利，興造槍礮各廠，有裨於經國遠猷殖民大計者，並著照軍功之例，給予特賞，以昭激勸。其如何詳定章程之處，著總理各國事務衙門即行妥議具奏。欽此。』

臣等竊考泰西各國，當二百年前一切新學新法皆未開闢，自英有刑部尚書培根者，始定一例，凡有能製新器、著新書之人，其國家給以優獎，保其專利。自此，各國效之。其獎之優者，乃至賞給五等之爵，專利百數十年。此例既行，舉歐洲、美洲之人皆爭自濯磨，講求新法，故每國每年新出之器多至二千餘項，新著之書多至三萬餘種。智慧以相摩而開，才能以相競而出。論者謂泰西富强之原，全在於是。

又，前此一切善政，皆專賴乎國家興辦，民間鮮倡義學者。自明末時，俄有富人多忒亞者，捐二十萬盧布開辦學堂，俄皇獎以大藏卿 此三字出日本譯書，故用日本官名。中國奏疏疑應作『户部尚書』字樣。 之職。各國效之，懸格以勸，於是富而好禮之徒爭相捐輸，有捐集數百萬鎊 宜增『英』、『金』二字。 爲學堂書樓之費者，美國大學堂凡七所，而民間捐辦者四。此所謂重賞之下，必有勇夫。西國學術人才蒸蒸日上，已然之成效也。中土之人，聰明才力不讓歐美，而人才日乏，國勢日蹙者，殆由提倡激勸之未得其道也。臣等恭繹諭旨：按照軍功，授以實職，示以殊榮。仰見聖明天錫，洞見本原，明詔一宣，將天下之士靡然從風，不數年而新器新學並出，才不可勝用矣。臣等謹仰體聖謨，擬定詳細章程十二款，或予世職，或予實官，或加虛銜，或請許其專售，或請頒之匾額，無非所以奉宣德意，鼓舞羣才。所議或疑過優，然製新器、著新書之人，其切實致用，視尋常科甲所試帖括端楷，虛實難易相去萬倍，何獨於此而薄之？捐集款項興辦學堂之人，爲國家分勞，其所報效視捐納郎中、道府爲數尤巨，何獨於此而吝之？臣等竊維鼓勵人才，必高示其的，始足以動觀聽；必廣開其途，始足以厲風氣。或疑此例既開，恕多冒濫，然書器既由臣衙門詳核，捐款復由地方官行查，則與有司考試無異。眞才則獲殊榮，贋鼎則蒙厚罰，魚目之混，正自易防，此皆無庸鰓鰓過慮。謹將遵擬各款，另繕清單，恭呈御覽。如蒙俞允，擬請明降諭旨，飭下地方官，將章程出示曉諭，以風動天下。所有臣等遵旨議覆緣由，謹具摺上陳，伏乞皇上聖鑑。謹奏。

第一款　如有自出新法，製造船械、槍礮等器，能駕出各國舊時所用各械之上，如美人孚禄成輪船、美人佘林士奇海底輪船、炸藥氣礮，德人克魯伯鍊鋼鑄礮、德人刷可甫魚雷，英人亨利馬蹄泥快礮之類。或出新法興大工程爲國計民生所利賴，如法人利涉鑿蘇彝士河、建紐約鐵線橋，英人奇路渾通大西洋電線，美人遏疊燈造德律風之類。應如何破格優獎，俟臨時酌量情形，奏明請頒特賞，並許其集貲設立公司開辦，專利五十年。

第二款　如有能造新器，切於人生日用之需，其法爲西人舊時所無者，請給工部郎中實職，許其專利三十年。

第三款　或西人舊有各器而其製造之法尚未流傳中土，如有能仿造其式成就可用者，請給工部主事職銜，許其專利十年。

第四款　如有著新書，貫通中外政學，深明治體，綱舉目張，切實可用於今日者，或能博徵時務，發明經義，原原本本有功聖教者，請特恩賞給翰林院編檢實職，或派往各省學堂爲總教習。

第五款　或著新書發明專門之學，如公法、律例、農學、桑學、兵法、算學、格致之類確有心得者，請賞給庶吉士、主事、中書實職，發交總署及出使各國大臣、各洋務省分，因才器使，或派往京師及各省大學堂爲專門分教習。凡每一人所著書，必在二十萬言以上乃得請奬，以杜冒濫。既得奬後，其書亦准自刻，專售二十年。

第六款　如有獨捐巨款興辦學堂，能養學生百人以上者，請特恩賞給世職，或給卿銜。能養學生五十人以上，及募集巨款能養學生百人以上者，請賞給世職或郎中實職。募捐能養學生五十人以上者，請賞給主事、中書實職，其學堂請頒御書匾額，以示鼓勵。

第七款　如有獨捐巨款興辦藏書樓、博物院，其款至二十萬兩以外者，請特恩賞給世職。十萬兩以外者，請賞給世職或郎中實職。五萬兩以外者，請賞給主事實職並給匾額，如學堂之例。

第八款　捐集款項湊辦學堂、藏書樓、博物院等事僅及萬金以上者，亦請加恩奬以小京官虛銜。

第九款　如有獨捐及募集巨款，能闢地利若干，設建槍礮廠每日能製槍礮若干，視功用之大小，款項之多寡，爲奬給之等差，一如第七款之例。

第十款　以上各款分别請奬之例，皆就未得官之人而言。若已經授職人員，則遵奉上諭，照軍功例，請就原官超擢。惟款中所有特恩字樣，則已仕、未仕皆同一律。

第十一款　凡請奬之例，或由本人將所製之器、所著之書、所辦之事，呈明總理衙門查核，奏請辦理；或由京外大員將所製之器、所著之書、所辦之事奏請，交總理衙門查核辦理。

第十二款　凡著書、製器各事，必由總理衙門認眞考驗，實屬新書新器，乃得給奬。捐辦各事，必行查地方官所辦屬實，乃得給奬。若有剿襲陳言冒認新書，稗販洋貨自稱新器，及興辦各事捏報不實等情，自應從嚴駁斥，顯暴於衆，以愧恥之。若竟僥倖售欺得奬，一經查出，除撤銷奬案外，仍當嚴示懲創：已得官者，革職治罪；未得官者，另行酌罰重款，禁錮終身；原保大臣，分别議處。

校　記

〔一〕每年開銷據上文統計，總數當爲七萬八千五百零四兩。

奏議輯覽初編卷第十一

總理衙門 禮部 遵議經濟特科詳細章程摺

奏爲遵旨議覆並議經濟特科詳細章程，謹繕清單，請旨飭行，恭摺仰祈聖鑒事。

竊臣衙門會同禮部議覆貴州學政嚴修請設專科一摺，光緒二十四年正月初六日，奉上諭：『國家造就人材，但期有裨實用，本可不拘一格。該衙門所議特科、歲舉兩途，洵足以開風氣而廣登進，著照所請行。其詳細章程仍著該衙門會同禮部妥議具奏等因。欽此。』又，浙江巡撫廖壽豐奏請飭妥議章程以收實效一摺，三月三十日奉硃批：『該衙門議奏。欽此。』仰見皇上側席求賢、權衡至當之意，欽佩莫名。

臣等詳繹廖壽豐原奏，大抵以藝學精邃，非培養不能成材。而科場積弊已深，以需實事求是，酌量變通，始足激勵人材，一洗從前陋習。惟是特科曠典，原所以鼓舞羣倫，自非剋日舉行，無以轉移士習。所請分別器使諸法，自可行之於既試之後，不必律之於調考之先。至於歲舉各節，按照特科六事，徑由學堂選舉，以修身明理、繪圖知算爲根本，以聖諭廣訓、孝經、四書、朱子、小學爲入門，酌改制藝書院爲學堂，裁減例定鄉會中額以互相作息，本末兼賅，實能得古人論秀書升遺意。查，宋世太學有積分之法，歐洲學堂有卒業之憑，亦並以平時考課差其甲乙，參稽定論，不恃一日之短長，故得士多而無蹈虚之弊。若仍拘拘試四書文，附鄉會試，則庸濫浮僞、懷挾槍替之弊誠有如該撫所云，法愈變而弊愈滋者。蓋特科爲風聲所樹，不妨寬以相求，歲舉實培養之基，不可泥於成法。臣等恭聆聖訓，但期有裨實用，不敢以前次議辦大略在先稍涉迴護，謹議特科詳細章程緣由，理合恭摺具陳，伏乞皇上聖鑑訓示。正在繕摺間，准禮部片稱，本月十二日欽奉上諭：『鄉會試既改試策論，經濟歲科亦不外此，自應並爲一科考試，以免紛歧』等因。查，鄉會試改試策論，既由禮部議覆，經濟常科章程亦應歸入禮部議奏摺一並議奏，是以經濟特科章程由臣衙門主稿，會同禮部具奏，經濟常科章程應由禮部另行議覆。合並聲明。謹奏。

謹將臣等遵議特科詳細章程開單恭呈御覽。

一，嚴修奏稱：『凡所保送，均填註姓名、籍貫、已仕、未仕及其人何所專長。』廖壽豐奏稱：『遵照原議，聲名專長並其人心地操守，有無嗜好，出具切實考語』各等語。查，專門之學以致用爲程，取士之方以行己爲重。此次特科創設，欽奉諭旨，不得徒採虚聲。内外臣工當明聖意之所在，應責成各大臣，凡有薦舉，無論已仕、未仕，務期識拔眞才，學問博通，尤必素行廉正、並無嗜好者，方准予保，毋許濫行汲引，致開倖進之門。

一，廖壽豐奏稱：『內政外交及理財之農桑、格致之算學，或可命題以試。此外各學，非呈驗書藝，不足覘其實詣』等語。查，專門之業無非本於學問。古人格致之篇，冬官之册，全書雖佚，大略猶存。今則聲光電化、製造工藝諸書，繙譯刊行，汗牛充棟。可知得一新理，即能成一新說；創一新術，即能製一新器。士大夫伏處巖阿，有志當世，未必不著書製器，以待當事之求。其有著述成編及有器藝可以呈驗者，一概隨同咨送，以備察驗。其由各省船政、製器、礦冶、鐵路、水師、陸軍諸局出身者，並將其曾經所著實效，切實聲明，咨由臣衙門辦理。

一，嚴修奏稱：『詞科之例，不以已仕、未仕而拘，或布衣而擢檢討，或知縣而授編修，或道員而授侍讀』等語。查，詞科故事，康熙、乾隆時，翰詹除授已各不同。詞科取人與經濟科又異，自應參酌成法，略示區別。應請京官自五品以下，外官自四品以下，未仕自舉貢生監以及布衣，一體准其保送。其曾經被議人員，非計典及以貪墨敗者，查照向章，亦准一體保送。

一，廖壽豐奏稱：『各就所學，分別器使。或令在總署當差，或充教習繙譯，或分發各省稅關、水師、陸軍、船政、製造、礦冶、紡織、鐵路、電報各局差遣委用，或交出使大臣帶赴外洋，游歷練習』等語。查，此次舉行特科，有已仕、未仕之分。已仕者官階大小不同，未仕者舉貢生監不等。該撫所擬，勢難一概施行。其已有出身之員，如何量材擢用，自應恭候聖裁。其未有出身之員，一經拔取，可否予以出身，發往以上各署局差遣委用，試其實效，再由該管大臣保奏，量予升擢之處，應俟臨時由軍機大臣請旨辦理。

一，嚴修原奏：『寒士艱於資斧，邊省或憚跋涉，請酌分道里遠近，量給公車之費』等語。查，近來舉人進京會試，其沿海省分，除例給公車費外，有由藩司酌籌經費，給發輪船印票之例。其腹地邊省不通水道者，亦有賓興等項名目。此次特科，自應援照成案，一體辦理。其遥遠省分應如何酌量從優之處，亦由該督撫設法辦理，以示體恤。

一，查，向來殿試，均先期刊印題紙，按人分派。此次特科欽命策題，自應查照舊章，一律辦理。其點名給卷、監場搜檢及彌封收掌等官，向請欽派王大臣者，仍請欽派大王臣；向由部院派員辦理者，亦由總理衙門會商禮部派員辦理。至對策之文，原無定式。特科之舉，與古之茂才異等、賢良方正命意略同，自應准其直攄胸臆，不拘字數。查，向來殿廷考試，試卷各項不同。殿試散館優拔朝考之卷，有直格，無横格。貢士朝考翰林考差之卷，横直均無界格。舉人貢士覆試之卷，横直均有界格，校其寫之難易，自以覆試卷便於筆墨，可以暢所欲言。現既聲明不責以楷法，不苛其譌脱，應即照覆試卷式備卷，並多添頁數，以備文字較長者得竟其詞。其策文仍於卷首寫『臣對』、『臣聞』，卷尾寫『臣謹對』字樣，無庸書寫策題，並准其添註塗改，點句畫段，以清眉目。

協辦大學士孫家鼐請飭刷印校邠廬抗議頒行摺

奏爲變法自强宜通籌全局，分别輕重緩急，謀定後動，敬陳管見，仰祈聖裁事。

竊臣近日恭讀詔書，力求振作，海内臣庶莫不歡欣鼓舞，相望治安。顧今日時勢，譬如人患痿痺，而又虚弱，醫病者必審其周身脈絡，何者宜攻，何者宜補，次第施治，自能日起有功。若急求愈病，藥餌雜投，病未去而元氣傷，非醫之良者也。臣昔侍從書齋，曾以原任詹事府中允馮桂芬校邠廬抗議一書進呈，又以安徽青陽縣知縣湯壽潛危言進呈，又以候選道鄭觀應盛世危言進呈，其書皆主變法，臣亦欲皇上留心閲看，採擇施行。歲月蹉跎，延至今日，事變愈急，補救益難。然即今爲之，猶愈於不爲也。臣觀馮桂芬、湯壽潛、鄭觀應三人之書，以馮桂芬抗議爲精密，然其中有不可行者。其書板在天津廣仁堂，擬請飭下直隷總督刷印一二千部交軍機處，再請皇上發交部院卿寺堂司各官，發到後，限十日令堂司各官將其書中某條可行、某條可不行一一簽出，或各註簡明論説，由各堂官送還軍機處，擇其簽出可行之多者，由軍機大臣進呈御覽，請旨施行。如此，則變法宜民，出於公論，庶幾人情大順，下令如流水之源也。且堂司各官簽出論説，皇上亦可借此以考其人之識見，尤爲觀人之一法。臣愚昧之見，是否有當，伏乞皇上聖鑒。謹奏。

協辦大學士孫家鼐籌辦大學堂事務請旨遵行摺

奏爲籌辦大學堂事務請旨遵行，恭摺仰祈聖鑑事。

竊臣恭奉恩命，管理大學堂事務。本月十九日，奉到總理衙門行知並原奏章程一册。臣詳細紬繹，大學堂事務首在總教習得人。而京官之中，人品端正、學問優長者，原不乏人。求其學賅中外，通達政體，居心立品又爲衆所翕服者，則實難其選。伏見工部左侍郎許景澄，學問淵通，出使外洋多年，情形熟悉，若以充教習之任，必能衆望允符。惟官階較大，現又未即回京。臣思學堂之設，所以教育人才，與他項差事不同。如各省學政，自侍郎以至編檢皆可特旨簡放；學堂總教習由皇上簡派侍郎充當，亦無不可。但係二品大員，請與臣皆不支薪水，同堂辦事，比督撫、學政之例，似與體制亦無不合。如蒙俞允，許景澄未到京以前，總教習之任即由臣暫爲兼辦。臣尚兼有别項差務，恐照料未能周到，擬請准臣奏調一二員，除臣親自考查學務外，此一二員可以助臣心力所不及。如此，則學堂之事即日開辦，必能次第就理。至原議章程大端，雖舉節目，尚宜酌改，容臣隨時奏明辦理。所有臣籌辦大學堂事務恭摺具陳，伏乞皇上聖鑑。謹奏。

奉旨：『依議。欽此。』

協辦大學士孫家鼐奏譯書局編纂各書請候欽定頒發並請嚴禁悖書摺

奏爲譯書局編纂各書宜由管學大臣進呈御覽，恭候欽定，再行頒發，並請將悖謬之書嚴行禁止，恭摺仰祈聖鑑事。

臣查開辦大學堂原奏第五節内云：『宜在上海等處開一編譯局，集中西通才，專司纂譯。其言中學者，薈萃經史子之精要及與時務相關者編之，勒爲定本，請旨頒行各省學堂，悉遵教授，庶可以一趨向而廣民智』等語。又查原奏内云：『將來學堂日有增益而無所統轄，必至各分畛域，其弊不可不防。伏乞皇上簡派大員管理京師大學堂事務，即以節制各省所設之學堂』等語。是學堂教育人才，首以書籍爲要；而書籍考訂，尤不可不精。若使書中義理稍有偏歧，其關乎學術人心者，甚非淺鮮。臣觀康有爲著述有中西學門徑七種一書，其第六種幼學通議一條，言小學教法，深合古人學記中立教之意，最爲美善。其第四種、第五種春秋界説、孟子界説，言公羊之學及孔子改制考。第八卷中孔子制法稱王一篇，雜引讖緯之書，影響附會，必證實孔子改制稱王而後已，言春秋既作，周統遂亡，此時王者，即是孔子。無論孔子至聖，斷無此僭亂之心，即使後人有此推尊，亦何必以此事反覆徵引，教導天下？方今聖人在上，奮發有爲。康有爲必欲以衰周之事行之今時，竊恐以此爲教，人人存改制之心，人人謂素王可作，是學堂之設，本以教育人才，而轉以蠱惑民志，是導天下於亂也。履霜堅冰，臣實懼之。一旦犯上作亂之人起於學堂之中，臣何能當此重咎？皇上既令臣節制各省學堂，臣以爲康有爲書中凡有關孔子改制稱王等字樣，宜明降諭旨，亟令删除，實於人心風俗大有關係。若夫經書之在國朝，久經列聖欽定，未可妄事改纂。若謂學者不能徧讀古人原有專經之法，至於擇其精粹者讀之，如朱子小學之例，亦無不可。總宜由管學大臣閲過，進呈御覽，欽定發下，然後頒行。子史亦然。如此，則趨向可一，民智可廣，而民心庶不至妄動矣。臣愚昧之見，謹專摺具陳，不勝戰慄屏營之至。謹奏。

軍機大臣面奉諭旨：『著孫家鼐傳知康有爲遵照。欽此。』

禮部議奏科場改試摺 附章程

奏爲遵旨議奏事。

光緒二十四年五月初五日，内閣奉上諭：『我朝沿宋朝舊制，以四書文取士。康熙年間曾經停止八股，改試策論，未久旋復舊制，一時文運昌明，儒生稽古窮經，類能推究本原，闡發義理，歷科所得，實不乏通經致用之才。乃近來風氣日漓，文體日敝，試場制藝大都循題敷衍，於經義罕有發明，每獲濫竽充選。若不因時通變，何以選實學而拔眞才？着自下科爲始，鄉會試及生童歲科各試，向用四書文者一律改試策論，其如何分場、命題、考試一切詳細章程，該部着即妥議具奏。此次特降諭旨，實因時文積弊太深，不得不改絃更張，以破拘墟之習。至士子爲學，自當以四子六經爲根柢，策論與制義殊流同源，仍不外博通經史，以達時務，總期體用兼備，人皆勉爲通儒，毋得競逞博辯，徒蹈空言，致負朝廷破格求才至意。欽此。』臣部正在妥議間，十二日又奉上諭，一律更改等語。除歲科即行改試策論，業經遵旨通行各學臣外，臣等查制義取士舊制相沿，康熙二年曾經停止八股鄉會試，以策論取士，分爲二場，誠以因時制宜，端資乎通變；通經致用，不泥於體裁。恭繹兩次諭旨有云：『策論與制藝殊流同源，仍不外博通經史，以達時務。』又云：『經濟歲舉，亦不外此。』仰見聖謨宣示，洞澈原流，臣等謹就鄉會試及歲科各試改試策論，暨經濟併歸正科各節，悉心酌擬分場命題，一切詳細章程，分繕清單，恭呈御覽。其糊名易書以及各省中額，仍照科場條例及學政全書遵行。如蒙俞允，臣部即鈔録章程，通行順天府、各直省一體遵照辦理。所有臣等遵議緣由是否有當，謹恭摺具奏請旨。

一，試題宜變通舊制也。士子通經致用，自宜欽遵諭旨，以四子六經爲根柢，尤宜博考史事，通達治體，以成有用之才。擬凡鄉試、會試首場命題，定爲四子書論一篇，經論一篇，史論一篇。四子論以義理純粹爲宗，經論以考覈詳備爲主，史論則求上下古今，臚陳剴切。其向有五言八韻詩一首，應否仍舊命題之處，恭候聖裁。

一、場期宜量爲歸併也。制義改爲策論，原期敷陳切實，力掃陳言。首場既試以四子六經，已足覘士子之根柢。擬酌照康熙年間舊例，改試兩場，次場即試以策問五通，俾士子得援古證今，各抒所見，庶陳言務去，而實用可期。

一、命題宜酌有定衡也。歷科次場經藝向分五經命題，今改試經論，擬仍於五經中不拘何經，命題考試。至諸史卷帙繁博，御批通鑑輯覽業經聖斷，折衷古今政治得失，均已賅備。史論命題，宜以輯覽一書爲斷，士子等旁徵博引，仍當就事論斷，不得於題外逞辯，虚衍蕪詞。

一、立言宜示以宗旨也。本朝崇文興學，十三經注疏固已頒列學官。如御纂四經、欽定三禮、御纂周易述義、詩義折中、春秋直解諸書，尤復悉遵聖斷，明示指南。而學、庸、論、孟，悉以朱註爲宗，亦已垂爲功令。今改制藝試策論，諭旨有云：殊流同源，實足爲多士立言之準。嗣後，鄉會試及各項考試，除策問本可獨抒所見外，四書論以朱註爲經，經論以恪遵先儒傳註及御纂、欽定諸説爲斷，即令反覆推闡，亦宜各有指歸。或妄逞臆見、顯違經旨者，以文理悖謬論，試官不得録取。

一、五策宜各試所長也。由科舉出身者，於西學輒無所聞知；由學堂出身者，於中學亦茫然不解。誠有如御史宋伯魯原奏所云者。然國家政治，談經濟者不能概曰無聞中外事宜，應科舉者亦宜漸求通曉。本年，總理衙門會同臣部奏設經濟常科，有内政、外交、理財、經武、格物、考工六事專門之議。今既奉旨，經濟、歲舉併於正科，自應爲並蓄兼收之計。所有次場策題第一問，擬出專門題，每門各一道。次出時務題四道，除時務題應通場合試外，其專門題則聽士子各就所長，條舉以對。令考官合校五策，酌量取中。

一，科舉宜分途録送也。各省府州縣學諸生，統由學政按臨考試，品學優絀因所諗知。至書院學堂肄業各生功課之勤惰，造就之淺深，惟院長、教習知之最悉。今欽奉諭旨，併科考試，其起送鄉試時，應令院長、教習於課有成效者出結保送，照貢監例呈由地方官具文申送學政録科，如尚係文童，並應補捐監生，以符定制。

一，入闈宜嚴懲懷挾也。欲拔眞才，先清弊竇，列聖諄諄誥誡，奚啻至再至三。乃近來石印盛行，爭思弋獲，經義策科售自坊間，公然攜帶。今改試策論，不復拘於程度，點竄稗販，尤易爲功。若搜檢不嚴，則瑨玉混淆，眞才不出。應請特降諭旨，凡鄉會試及各項考試，於懷挾例禁實力整頓，庶幾抒論出自心裁，而剿襲無從倖進。

一，文律宜勿拘常格也。制義代聖賢立言，故格律謹嚴。有引用後世事及每篇過七百字，分別罰科之例。今既改文爲論，原求其援引賅備，疏通證明，與制義體例微有不同。試卷解部磨勘，不得仍與此例相繩。至五策空疏，論策不滿三百字者，均不取録。

一，考試宜酌從一例也。生童歲科各試，自應欽遵諭旨，一律改爲策論。擬請生員歲試四子書論一篇，經論一篇。科試則減去經論，用策一道。童試正場，四子書論一篇，經論一篇，覆試日四子書論一篇，小學論一篇。其生童考試，向有默寫聖諭廣訓，仍從舊例。童生縣府試，正場覆試如之。除歲科向有經古，本由學政隨時酌量命題外，至學政考試拔貢，首場向用四書文二篇，經解一篇。二場策一道，論一篇，八韻詩一首。考試優生，則以首場經解移於二場，而無論題。今既改試策論，擬請無論優拔考試，均首場試以四書論、經論各一篇，二場試以史論一篇，策一道。其拔貢優貢朝考及考試教習並鄉會試、覆試，向用四書文者，今亦一律改爲四書論一篇，策一道，則程式既同，而多士咸知遵守。

一，書籍宜通行頒發也。經史舊習久已中外頒行。今既兼試專門，則新譯各書，闈中亦須檢閱。請飭下總理衙門覈明專門考試簡明賅洽者，應書若干種，備齊咨送臣部，並頒發直省各一分，俟鄉會試時移送入闈，俾考官憑以發策。

湖廣總督張之洞遵議變通武科章程摺

奏爲變通武科，遵旨詳議，闡明舊制，酌擬新章，以防流弊而勵將才，恭摺仰祈聖鑒事。

竊准兵部咨開奏變通武科一摺，並擬定大概章程十條，光緒二十四年二月二十六日，欽奉上諭：『着照該大臣等所議，鄉試自光緒二十六年庚子科爲始，會試自光緒二十七年辛丑科爲始，童試自下屆爲始，一律改試槍炮等因。欽此。』又准兵部咨議覆廣西巡撫黄槐森奏武場改試洋槍，並考取中式，分別選用一摺，令各督撫各就見聞所及，詳細奏明，並開列各項章程，報部酌辦等因。光緒二十四年三月二十八日具奏，奉旨：『依議。欽此。』咨行到部。仰見皇上因時制宜、詰戎奮武之至意，欽佩莫名。部咨並稱令各省體察情形，指陳利弊，各抒所見，陸續奏咨等因。

竊維今日用兵專恃火器，外洋各國槍炮之製日出而益精，武學教練之法日推而益密，然則，武科取士斷宜專習火器，別定新規，然後無所習非所用之弊。惟是變法伊始，防弊宜慎，取才宜精。臣查，初次部咨會奏各條，恐器械之不能畫一也，則定指名代購之例；恐藏用之漫無限制也，則定報名在案之例二次。部咨照廣西巡撫黄槐森原奏，洋槍由士子購買，槍杆鎸考生姓名，防微杜漸，頗極周詳。顧臣猶有鰓鰓慮者，軍火一項，例禁綦嚴，固立法之精意，亦有國之恆規。考之東西各國保安之槍，遊獵之銃，皆須繳納税捐，頒發執照，違者或科罰，或没入，或監禁，則視其多少而爲之差，蓋與我國之舊例用意大略相同。自髮捻蕩平以來，各省遂無大亂，其實陬澨邊隅，亂萌時有，即如近年熱河教匪、甘肅回匪，亦甚披倡。或兵甫集而衆降，或鋒一交而敵潰。實由同治初年洋槍洋炮流入中華，漸推漸廣，官軍所用，無論精粗，總係洋械，火器精利，聲威震讋，亂民無抗拒之資，宵小弭孽芽之漸。

今若概准演習，一縣火器累百盈千，收藏之家良莠不齊，武生、武舉本多强梁，生事之徒又假以利器，一有意外，會匪遊勇糾結橫行，頃刻亂作，其禍豈可勝言。雖云稽察責諸地方，然州縣事繁習隋，不過視爲查私鑄、查燒鍋、禁宰牛、禁賭博之類，但以具文行之。若時常挨户搜查，則不免騷擾。若但憑差役一報，鄉保一結，則必然有名無實。即如民間私藏鳥槍，州縣官例有處分，而閩、粤鄉鎮槍炮如林，然則稽查之説豈可恃乎！光緒十七年，江南有查獲洋人美生私買軍火，接濟會匪，謀奪鎮江，以攻金陵之案。二十二年，廣東有查獲匪徒孫文私運軍火，入城爲亂，圖據廣州省城之案。前鑑不遠，豈可更揚其波乎！且近日各國之槍炮式樣日新，名目繁雜。同一槍砲而藥彈門類區别甚多，改造原裝等差不一。若應考者每人各執一式之槍，如何考校高下？如須同係一式，私家零購則先後參差，由官代購則不勝擾，此層似多窒碍。

臣詳稽舊制，參考新章，審酌通籌，謹擬一營伍、學堂、武科三事合一之法。查，原奏章程第四條云：『欲廣爲招徠，則緑營制兵、防營練勇，不妨准其報名鄉試。』又，二次部咨云：『此次改章，意在合考試與操防通融定制，凡武生投營、營兵應試以及武舉、武進士如何教練管束，各大吏當參酌營制，妥籌良法』各等語。竊謂莫如就此條之意而推之。查，武場條例，八旗驍騎校前鋒領催等官以及馬甲、步甲分别准應武鄉試。武童試緑營兵丁，有願應武童試者，各歸本縣，與武童一體考試。其取進武生，准應鄉試；取中武舉，准應會試；其千把等官或係武生，或係武舉，均准分别鄉試、會試。故各省向有兵童、兵生名目，是武科人才取諸旗緑各營弁兵，本係國家舊制。既以用其素習，兼以勵其勤操，立法之意，至爲精切閎遠。至今於旗緑弁兵而外，又有防營弁勇一項，比之緑營，年力人才較爲强壯，操練火器較爲熟嫻。今武科改試槍砲，莫若即令營弁兵勇應試，最爲無患於地方而有益於軍旅。

若令應武試者皆入武備學堂肄業一節，勢有所難。目前風氣初開，有武備學堂者共有四五省，一省亦只一堂，且武學教習甚難，不能不取材異地，故學堂之經費既鉅，學生之額數無多，大率一堂不過數十人，又必須文理清通、氣習馴謹者。若各府各縣均設學堂，一時斷無許多之經費，亦斷無許多之教習。若謂令或取教練，則中華將弁向來惟尚勇敢，其精細者，不過約束紀律較爲詳明，其於火器理法、測算、繪圖、工程製造、邊海形勢罕能通曉。至文理通暢能讀洋書者，尤不易覯。故各省大小武職，能教兵勇者或間有之，能教將弁者決無其人。其稍能通曉一二，能教兵勇者，即以矜貴非常，則必留在防營，使充營官教習，豈肯令其散住各屬，教授武生武童乎？是學堂之廣設，尤爲不易。至各營兵勇，究係曾經本管華洋教習教練，雖不能遽語精深，尚可得其粗淺。且外洋定章，凡入武備學堂三年者，必須隨營操練一二年以增閲歷，斷無學生而在營伍之外者。若即令兵勇應試，名籍易考，鈐束易施，所用槍砲發之本營，自然一律。

擬請惟兵勇准應武童試；兵勇取進武生後，仍在營充伍者，准應武鄉試；兵勇取中武舉後，仍在營充伍者，准應武會試；其已拔實缺外委、實缺把總、候補千總者，准作爲武生應武鄉試；已補實缺千總、守備者，准作爲武舉應武會試。緑營兵弁，令該管專營之將官都司保結册送。勇營弁勇，令該管之本營管帶官保結册送。童試由各營送交原籍知府録送學政考試，免其縣考，以省紛繁而免曠誤。旂營仍照舊章鄉試，仍由緑營勇營各管官册送學政録科。會試仍照舊章，但武弁兵勇均應照例歸原籍考試，不得混考。凡非在營現充武弁兵勇者，均不得應武童試。此後，既無營外之武童，自無營外之武生；既無營外之武生，自無營外之武舉、武進士矣。其從前取進取中之武生、武舉現未在營者，准其呈請附入本省防營或學堂，自備資斧，隨同學習。其槍砲即用本營本堂者，藥彈價值由該生呈繳。並仿照外洋學堂章程，令其酌繳該生火食束修、雜用器具各費。由該管營官及管堂之員察其年力精壯、性情謹樸者，方准收録。若不守規條、不能勤學、頑鈍難教者，均隨即斥退。其學堂畢業者，分發本省各營，酌量委用。將來風氣漸開，華弁爲充教習者漸多，各府州縣自行籌資設立武備學堂者，准其稟官辦理。既設學堂，則必由官約束，稽查章程，雖有槍砲，可無伏戎藉寇之虞。迨學成後，統發各營，分別效用。則營伍學生合爲一貫，是整飭科舉即所謂整飭營伍矣。

總之，非現在營伍之兵勇不准應武童試，非現在營伍之武生、武舉不准應武鄉試、武會試，即例准應試之武弁，若不現在營者，亦不得録送鄉會試。正與部臣前奏寓營制於科舉相合，其利有三：外洋火器價值甚昂，平日練習需用藥彈爲數尤鉅。若生童惜費不購，則操練無具，臨場考録，勉湊中額，仍無裨益。若各省紛紛購買，則合計所費不貲，似乎空增一絶大漏巵，亦爲非計。今應試取之兵勇，則操練械藥，本是各營應有之需，間有願附防營學堂練習者，規矩嚴肅，人數必不甚多。且所謂槍砲即由官借用，藥彈由該生繳價，是曰塞漏，其利一也。我朝將材輩出，大率不外乎旗營官校、緑營弁兵、招募練勇三項，總之皆係行伍。自咸豐軍興以來，其由武舉、武進士呈功著稱者，實屬寥寥。此輩恃符武斷，如虎而冠，魚肉鄉民，窩庇匪盜。每遇歲試鄉試，武童武生聚集省城府城，必滋生無數事端，街市店鋪，日有戒心，訛詐逞兇，防範隱忍，待至場畢，人則彼此相慶。各省官商士民，無不以爲巨患，萬口一辭。徒以舊例相沿，幾如附骨之疽，去之無術。究其所長者，不過粗豪膂力，倖中箭枝，不識字者十人而九，臨敵之火器既未嘗習，制勝之韜鈐更未嘗解，即使安分守法，豈能與於干城腹心之選乎！且各省武生武童，舊習騎射、硬弓刀石，亦只臨場肄習數月，無論中否，過考輒已廢棄，於國家儲材禦侮之意毫不相涉。今若專令營弁兵勇就試，即入武學、登武科以後，仍有本營長官鈐束，無從爲非，其技藝亦不至荒廢。如慮專准兵勇應試，恐武童武生必少，則又不然。一省綠營弁勇，合計多者二萬以外，少則一萬五千以外。三年之内，止取武生千餘名，取武舉數十名。或十人而取一，或二十人而取一，何慮不敷？且應試者果能人皆有材藝，何在於多？如本無材藝，混場僥倖，聚衆横行，多愈爲害，從此可爲地方暗減此一項違法擾害之游民，此尤潛移默化之微權矣。是曰戢暴，其利二也。疇昔征討髮捻之時，各路軍營有以步卒水手不數年而保至提鎮者，海内忠勇之士，翕然向風。近年軍務敉平，保案少則防軍之拔擢難，變法繁則綠營之升遷尤難，雖有偉材壯志，無所得官，糧餉聊以糊口，操練視爲具文，雖經按期簡閲，空言獎勸，收效終微。蓋兵勇自視不過如擔夫匠役，食力營生，其謹愿者，僅不爲會匪地痞而已。人既卑視兵勇，兵勇因而自卑，若望其深明敵愾同仇之大義，講求破敵致勝之方略，蓋亦難矣！今若懸此一途，以爲營弁兵勇進身之階，功名所在，則肄習自精，不待朝廷督責、將帥勸勉，而各省各營皆爲勁旅矣。是曰勵軍，其利三也。

抑臣尤有進者，親上死長者，强國之本原；明恥教戰者，强兵之要術。當此强敵憑凌，正所謂天下危注意將之會。近年，東西洋各國精研兵事，最重武職。其國君即服提督之服，鄰國之君互相贈送以將官之銜。故人人以當兵爲榮，以從軍爲樂，以敗奔爲恥。王子之尊，下儕戍卒，一隊之長，榮若登仙。凡挂名軍籍者，居鄉則該黨貴之，過市則路人敬之。以故弁兵之自愛聲名，修飭行檢過於儒士。中國乃有『好鐵不打釘，好人不當兵』之諺，稍有身家，咸所鄙棄。貴賤之分，强弱之源也。夫中國所貴者士，士之徒步而致任公卿者多矣，人之貴之，蓋有由也。中國所賤者兵，兵之荷戈而流爲庸丐者衆矣，人之賤之，固其所也。即使不終於困餓，而三四十歲以外，猶爲厮養之賤卒；五十歲以外，始爲循資之裨將。既以純乎暮氣，豈能建立奇功？今既重武厲兵，而積習已深，不能驟改，空言訓勉，亦恐無裨。惟有勵行伍以科舉之一法，使其非由行伍不得科舉，非由科舉不得將官，爵禄所在，則豪傑爭趨；流品既殊，則廉恥自立。將領不肯侮辱，旁人不敢輕量，從此，凡爲兵勇者，儼然身列士流，欣然請得大獎。夫然後世族文儒，皆肯入伍，慨感漸發，人人有報戈干、衛社稷之心。然則，今日欲求中國士氣之奮，軍實之修，轉移微權，必在於是。此又臣區區之微意也。

綜考各國軍政，有武學而無武科，其各等學堂以次考拔，發營録用，即是中武科武試。從無不由學堂出身之官校，亦無不充軍營校之學生。其法實將武營、武學、武科三事合而爲一，立法最善。故今日欲採擇西法，莫如先自練兵；始欲學西人之練兵，莫如自開兵勇之升階，合學堂營伍始矣。若其學習考試之法，非僅改用槍砲遂能收效。歷考外洋諸國，從無不讀書、不明算、不能繪圖之將弁，亦無不識字之兵丁。誠以今日戰事日精，戰具日巧，即一哨弁之微，亦斷非粗材下品所能勝任。若只考鎗砲準頭，從容施放，中靶者多，殊難去取。且憑此即授以侍衛參遊都守之官，似亦太易。擬請仿馬步、弓箭、刀石武經三場之制：頭場試鎗砲準頭，兼令演試裝折運動之法。二場試各式體操及馬上放槍，步下擊刺之技。三場試測繪工程、台壘鐵路、地雷水雷與他戰法等學。鄉會試格式宜較嚴，童試格式宜較寬，三場合較，智勇兼優，將來洊膺將領，庶可勝任。又考外洋兵制及武學章程，初入營及末弁入學堂者，多不得過二十歲。蓋以年力少壯，則體察及測算各事始能按程學習，穎悟易通。以後凡應試武童武科，亦宜酌定年限，即武科從寬，亦不得過二十五歲。至所試之槍砲，則以單響毛瑟爲主，蓋此項槍彈各局多能製造。或則以單響七生半車砲及六生車炮爲主，蓋此項炮用處最多。而江南局製熟鐵六生車礮，一名兩磅砲成本輕，雖不如外洋之精，操練亦頗可用，他局仿造，尚不甚難；即自江南購造，亦不甚貴。若本省自有七生半車砲者，亦可通融學習，考試通行。似惟此兩種槍砲最爲適用而易得，若快槍砲過於精巧珍貴，各路軍營尚且難得，各省生童豈能皆習此種？他日製造既廣，改習亦不難也。

方今時際艱危，宜防隱患，事關變法，不厭求詳。臣管見所及，不敢緘默，是否有當，恭候聖裁。其有未盡事宜，自當遵照即行，陸續開單奏咨。所有變通武科，闡明舊制，酌立新章，以防流弊而勵將才緣由，理合恭摺具陳，伏乞皇上聖鑑，敕部核議施行。謹奏。

會奏擬請妥議科舉新章並酌改考試詩賦小楷之法摺

湖廣總督張之洞
湖南巡撫陳寶箴

奏爲恭繹疊次諭旨變法求才，擬請妥議科舉新章，以覘實學而防流弊，並請酌改考試詩賦小楷之法，以造就通籍以後之人才，恭摺仰祈聖鑑事。

竊臣等前准部咨，光緒二十四年正月初六日，欽奉上諭：『開經濟特科，令中外大臣薦舉考試。』近日恭讀邸鈔，四月二十二日欽奉上諭，殷殷以變法自强、京外設立學堂爲急。又讀邸鈔五月初五日欽奉上諭：『於下科爲始，鄉會歲科各試向用四書文者，一律改試策論。一切詳細章程，該部即妥議具奏。』欽此。』際此時局艱危，人才匱乏，屢頒明詔，破除成格，力懲謭陋空疏之習，思得體用兼備、通達時務之士而任之，海内士民見我皇上處事之明決如此，求才之急切如此，孰不欽仰感奮？竊惟救時必自求人才始，求才必自變科舉始。四書、五經道大義精，炳如日月，講明五倫，範圍萬世，聖教之所以爲聖，中華之所以爲中，實在於此。歷代帝王經天緯地之大政，宅中馭外之遠略，莫不由之。國家之以四書文、五經文取士，大中至正，無可議者也，乃流失相沿，主司不善奉行，士林習爲庸陋，不能佐國家經時濟變之用，於是八股文字遂爲人所詬病。

今聖上斷然罷去八股不用，固已足振動天下之耳目，激發天下之才智。特是科舉一事，天下學術所繫。即爲國家治本所關，若一切考試節目未能詳酌妥善，則恐未必能遽收實效，而流弊亦不可不防。嘗考北宋初創爲經義取士之法，體裁只如講義，文筆亦尚近雅。明成化時始定爲八股之式，行之已五百年，文徇俗而愈卑，法積久而愈敝。雖設有二場經文、三場策問，而主司簡率自便，惟重頭場時文，二、三場字句無疵，即已中式，遂有三場實止一場之弊。今改用策論，誠足以破拘攣陳腐之習矣。然文章之體不正，命題之例不嚴，則國家垂教之旨不顯，取士之格不一，多士之趨向不定。今廢時文者，惡八股之纖巧苛瑣浮濫，不能闡發聖賢之義理也，非廢四書、五經也。若不爲定式，恐策論發題或雜采羣經字句，或兼采經史他書。界限過寬，則爲文者必至漫無遵守，徒騁詞華，行之日久，必至不讀四書、五經原文，背道忘本。此則聖教興廢、中華安危之關，非細故也。竊以爲今日當詳議者，約有數端：

一曰正名。正其名曰，四書義、五經義，以示復古文格，大略如講義、經論、經說。

一曰定題。四書義出四書原文，五經義出五經原文。或全章，或數章，或全節，或數節，或一句，或數句，均可不得删改增減一字，亦不得用其意而改其詞。三曰正體。以樸實説理，明白曉暢爲貴，不得塗澤浮豔作駢儷體，亦不得鈎章棘句作怪澀體。四曰徵實。准其引徵史事，博考羣書，但非違悖經旨之言，皆可引用。凡時文向來無謂禁忌，悉與蠲除。五曰閑邪。若周秦諸子之謬論，釋老二氏之妄談，異域之方言，報館之瑣語，凡一切離經畔道之言，嚴加屏黜，不准闌入，則八股之格式雖變，而衡文之宗旨仍與清眞雅正之聖訓相符。顧猶有慮者，文士之能講實學、治古文者不多，改章之始恐僅能稍變八股面目，仍不免以時文陳言濫調敷衍成篇。若主司仍以頭場爲重，則二、三場雖有博通之士，仍然見遺，與變法之本意尚未相符。若主司厭其空疏陳腐，趨重二、三場，則首場又同虚設，其詭誕浮薄、務趨風氣者或又將邪詖之説解釋四書、五經，附會聖道，必致離經畔道、心術不端之士雜然並進，四書、五經本義全失。聖道既微，世運愈否。其始則爲惑世誣民之談，其終必有犯上作亂之事，其流弊尤多，爲禍尤烈。且明旨開特科、立學堂，而學堂肄業有成之士未嘗示以進身之階。經濟雖併入鄉會場，而未議及六科如何分考之法。若非合科舉、經濟、學堂爲一事，則以科目升者，偏重於詞章，仍無以救迂陋無用之弊；以他途進者，自外於聖道，適足以爲邪説暴行之階。今宜籌一體、用一貫之法求才，不厭其多門，而學術仍歸於一，是方爲中正而無弊。昔朱子當南宋國勢微弱之際，憤神州之多難，傷救世之無才，屢欲改變科舉。嘗考語類中力詆時文之弊者，不一而足。而究其救科舉積弊之法，則曰更須兼他科目取人。歐陽修知諫院時，惡當時舉人鄙惡剽盜、全不曉事之弊，嘗疏請改爲三場分試、隨場而去之法，每場皆有去留。頭場策合格者試二場，二場論合格者試三場。其大要曰鄙惡乖誕以漸先去，少而易考不至勞昏，全不曉事之人無由而進。其説頗切於今日之情事。朱子之擬兼他科目，猶今之特科經濟六門也。歐陽修之欲以策論救詩賦，猶今之欲以中西經濟救時文也。

又查，今日定例武科鄉會小試、騎射步射、硬弓刀石分爲三場，皆有去取，人數遞刪而遞少，技藝遞考而遞精。而磨勘之例，尤以末場弓刀爲重。竊謂宜遠師朱、歐之論，近仿武科之制，擬爲先博後約，隨場去取之法，將三場先後之序互易之，而又層遞取之。大率如府縣考覆試之法，第一場試以中國史事、國朝政治論五道，此爲中學、經濟。假如一省中額八十名者，頭場取八百名；額四十名者，頭場取四百名。大率十倍中額即先發榜一次，不取者罷歸，取者始准試第二場。二場試以時務策五道，專問五洲各國之政、專門之藝。政如各國地理、學校、財賦、兵制、商務、刑律等類，藝如格致、製造、聲光化電等類，分門發題考試，此爲西學經濟。其雖解西法，而支離狂怪顯悖聖教者斥不取。中額八十名者，二場取二百四十名；額四十名者，取一百二十名。大率三倍中額，再發榜一次，不取者罷歸，取者始准試第三場。三場試四書義兩篇，五經義一篇，取其學通而不雜，理純而不腐者。合校三場均優者，始中式發榜如額。磨勘之日，於三場尤須從嚴。如有四書義、五經義理解謬妄、離經畔道者，士子、考官均行黜革。如是，則取入二場者，必其博涉古今，明習内政者也。然恐其明於治内而闇於治外，於是更以西政西藝考之，其取入三場者，必其通達時務、研求新學者也。然又恐其學雖博，才雖通，而理解未純，趣向未正，於是更以四書義、五經義考之。其三場可觀而中式者，必其宗法聖賢、見理純正者也。大抵首場先取博學，二場於博學中求通才，三場於通才中求純正。先博後約，先粗後精，既無迂闇庸陋之才，亦無偏駁狂妄之弊。三場各有取義，以前兩場中西經濟補益之，而以終場四書義、五經義範圍之，較之或偏重首場，或偏重二、三場，所得多矣。且分場發榜，則下第者先歸，二、三場卷數愈少，校閲亦易，寒士無候榜久羈之苦，謄録無卷多謬誤之弊，主司無竭蹶草率之虞，一舉三善，人才必多。而著重尤在末場，猶之府縣試皆憑末覆以定去取，不愈見四書、五經之尊哉！其學政、歲科兩考，童生均可以例推之。歲科考例先試經古一場，即專以史論、時務策兩門發題。生員歲考，正場原係一四書文、一經文，即改爲四書義、經義各一。生員科考、童生考試一切均同。其童試孝經論、性理論應仍其舊。難者或曰，主司罕通新學將如之何？不知應試則難，試官則易。近年，上海譯編中外政學、藝學之書不下數十種，切實者亦尚不少，闈中例准調書，據書考校，似不足以窘考官。且房官中通曉時務者尚多，總裁主考惟司覆閲，尤非難事。至外省主考學政，年力多强，詔旨既下，以三年之功，講求時務，豈不足以爲衡文量才之資乎？惟是變法之初，兼習未久，其研求時務者，豈能遽造深通？是宜於甄録之時，稍寬其格，以示駿骨招賢之意。兩科以後，通才碩學自必蔚然可觀。且登科入仕者漸多，則京外考官房官自不可勝用矣。

抑臣等之愚，更有請者。百年以來，試場兼重詩賦小楷，京官之用小楷者尤多，士人多逾中年始成進士。甫脱八股之厄，又受小楷之困，以至通籍廿年之侍從，年逾六旬之京堂，各種考試仍然不免。其所謂小楷者，亦不合古人書法，姿媚俗書，貽譏算子；挑剔破體，察及秋毫。且同一紅格大卷，而殿試散館優拔貢朝考字體之大小不同；同一白摺，而朝廷大考考差考御史各項字格之疏密不同：紛歧煩擾，各有短長。詔令並無明文，而朝野沿爲痼習，故大學士曾國藩奏疏嘗剴切言之。夫八股猶或可以覘理解之淺深，詩賦則多文而少理，詩賦猶或可以見文詞之雅俗，小楷則有藝而無文，其損志氣、耗目力、廢學問，較之八股、詩賦殆有甚焉。由是士氣銷磨，光陰虚擲。舉天下登科入仕之人才，歸於疏陋輭熟，以至今日遂無以紓國家之急。今既罷去時文，則京官考試詩賦小楷之舉，亦望聖明奮然釐定，一併掃除。查鄉會試之外，惟殿試一場典禮至重，自不可廢。然臨軒發策，登進賢良，自宜求得正誼明道如董仲舒、直言極諫如劉蕡者而用之，斷不宜以小楷爲去取，一經殿試，即可據爲授職之等差，以昭鄭重。朝考似可從省，及通籍以後，無論翰苑部曹，一應職官皆以講求實學實政爲主，凡考試文藝小楷之事，斷斷必宜停免，惟當考其職業以爲進退，則已仕之人才不致以雕蟲小技困之於老死，俾得汲汲講求强國禦侮之方，此則尤切於任官修政之急務者也。至於詞章書法潤色鴻業，乃館閣撰述應奉文字所必需，自亦不可盡廢。如朝廷需用此項人員之時，特頒諭旨，偶一行之，不爲常例，略如考試南書房、考試中書故事，嚴則止及翰詹，寬則無論翰詹、部屬、小京官皆可與考，視其原有階品分别授官，應候請旨裁定，與三年會試、殿試取士之通例各不相涉，庶幾文學、政事兩不相妨矣。難者又曰，本朝名臣出於科舉翰林者多矣，安見時文詩賦小楷之無益？不知登進貴顯限於一途，固不能使賢才必出其中，抑豈能使賢才必不出其中？此乃偶然相值，非時文、詩賦、小楷之果足以得人也。且諸名臣之學識閲歷率皆自通籍任事以後，始能大進。然則中年以前，神智精力銷磨於考試者不少矣。假使主文者不專以時文、詩賦、小楷爲去取，所得名臣不更多乎？竊謂如此辦法，博之以經濟，約之以道德，學堂有登進之路，科目無無用之人，時務無悖道之患，似乎切實易行，流弊亦少。此舉爲造就人才之樞紐，而即爲維持人心世道之本原。臣等憂慮所及，不敢不效其一得之愚。事體重大，伏望敕下廷臣，會議施行，不勝惶悚激切之至。所有擬請妥議科舉新章暨請改考試詩賦、小楷之法各緣由，臣等詳籌熟商，意見均屬相同，謹合詞恭摺具奏，伏祈皇上聖鑑。謹奏。

御史鄭思賀請推廣學堂月課章程片

再，近日開辦學堂，專爲造就人才，立法已甚周備。惟是京師大學堂額定學生五百人，外省學堂若更以次遞減，不過三二百人，如其向學人多，而額滿不能收入，轉以無所觀摩，阻其自新之志。臣維立格不妨稍嚴，而育才不可不寬。謹就原議續行投到咨到暫作爲外課生之意而推廣之，略仿書院月課之例，凡有講求實學者，不拘舉貢生監，先期報名，每月在學堂扃試一次。試以時務論策，由分教習校閱，呈交管學大臣定其高下，取優等者酌給獎勵。遇有學生額缺，由此選補。約計大學堂月費祇須二百金，即由公款提用。外省學堂所費更少，即由地方官籌給。總期究心時務，人才皆有鼓勵之心，成就益多，國家益收得人之效，於時局不無裨益。臣管見所及，附片具陳，伏乞聖鑑。謹奏。

協辦大學士孫家鼐議覆五城建立中學堂小學堂摺

奏爲遵旨議奏事。

本月初六日，臣接到軍機大臣交旨：『御史張承纓奏請於五城添立小學堂、中學堂一摺，著孫家鼐酌核辦理。欽此。』查，原奏大意以京師大學堂額數五百名，附小學堂額數八十名。大學堂皆已經入仕之員，小學堂皆大員子弟、八旗世職、武職後裔，此外，就近願學者均未議及。欲於五城添立小學堂、中學堂，俾土著之人與外省在京之舉貢生監及京官子弟一體入學，此培養人才，講求實學之至意也。臣查總理衙門原奏章程，當時倉猝定議，只能舉其大端，其詳細節目本未周備。臣亦欲推廣此項京官子弟、舉貢生監之在京與本籍土著者。臣前奏派分教習八人，正欲使教此項人員及大員子弟、八旗世職、武職後裔之年輕者。祇以草創之始，頭緒紛繁，尚未能條分縷晰，詳細奏明。今該御史請於五城各立學堂，自應仿照辦理。臣愚以爲，五城皆有地面官，與外省有地方之責者無異。學堂經費之優絀，規制之大小，雖由五城御史自行籌畫，近年刑部候補主事張元濟、户部候補郎中王宗基，皆自行籌費創立學堂，入學肄業者頗稱踴躍，蓋聖心所向，天下從風。即如國家往時以科舉取士，海内士人家絃户誦，並無事官爲督率，莫不爭自濯磨。今五城設立學堂，請即飭下五城御史設立勸辦，應否暫借廟宇及將來建立學舍之處，均由五城御史隨時斟酌，定能日起有功。至順天府地方，臣原有設立小學堂之意，因經費未齊，是以暫緩。金臺書院考課，亦應改定章程，臣當與府尹臣胡燏棻籌商辦法。所有議添小學堂緣由，謹繕摺具陳，伏乞皇上聖鑑。謹奏。

協辦大學士孫家鼐奏陳籌辦大學堂大概情形摺

奏爲籌辦大學堂大概情形，恭摺具陳，仰祈聖鑑事。

竊本月十七日，臣議覆五城建立中學堂、小學堂一摺。奉旨：『著五城御史設法勸辦，與大學堂相輔而行，用副培養人材之至意。其大學堂章程仍著孫家鼐條分縷晰，迅速妥議具奏。欽此。』臣維學堂創辦之初，千端萬緒，其章程原難倉猝定議，遽臻美備。即日本初設學堂至今二三十年，章程幾經變易，不厭精益求精，況我國家政令更新之始，京師首善之區，草昧經綸，動關久遠，尤須規模閎闊，條理詳備，始足開風氣而收實效。臣每日會集辦事各員，公同覈議，雖不在學堂辦事之人，臣亦多方咨訪，廣集衆思，總期受以虛心，任以實心，持以公心，矢以誠心，博取衆長，折衷一是，以仰副皇上作育人材、振興國勢之至意。茲將現擬籌辦大概情形，分條開列，恭呈欽定：

一，進士舉人出身之京官擬立仕學院也。由科甲出身，中學當已通曉；其入學者，專爲習西學而來，宜聽其習西學之專門。至於中學，仍可精益求精，任其各占一門，派定功課，認眞研究。每月考課，朋友講習，日久月長，其學問之淺深，造詣之進退，同堂自有定論。臣亦隨時考驗其人品學術，分別辦理，仕優則學，以期經濟博通。

一，出路宜籌也。凡學堂肄業之人，其已經授職者，由管學大臣出具考語，各就所長，請旨優獎。其作爲進士之學生，亦由管學大臣嚴覈品學，請旨録用。擬採湖北巡撫譚繼洵之議，學政治者歸吏部，學商務、礦務者歸户部，學法律者歸刑部，學兵制者歸兵部及水陸軍營，學製造者歸工部及各製造局，學語言文字、公法者歸總理衙門及使館參隨。終身遷轉，不出本衙門，俾所學與所用相符，冀收實效。

一，中西學分門宜變通也。查，原奏溥通學凡十門，按日分課。然門類太多，中材以下，斷難兼顧。擬每門各立子目，仿專經之例，多寡聽人自認。至理學可併入經學爲一門，諸子、文學皆不必專立一門，子書有關政治經學者附入專門，聽其擇讀。又，專門學内有兵學一門。查，西國兵學，别爲一事，大率專隸於武備學堂。閲日本使臣問答，亦云兵學與文學不同，須另立學堂，不應入大學堂之内。擬將此門裁去，將來或另設武備學堂，應由總理衙門酌覈請旨辦理。

一，學成出身，名器宜慎也。查，原奏小學、中學、大學堂肄業人員卒業領憑遞升，作爲生員、舉人、進士。在國家鼓勵人才，原不惜破格之獎。然冒濫情弊，亦不可不防。似宜於鼓勵之中，仍示限制。應如何嚴定額數與認眞考覈之處，應照原奏會同總理衙門、禮部詳擬請旨。

一，編書宜慎也。查，原奏内開一編譯局，取各種溥通學盡人所當習者，悉編爲功課書，分小學、中學、大學三級。量中人之才所能肄習者，每日定爲一課，謹按先聖先賢著書垂教，精粗大小，無所不包，學者各隨其天資之高下，以爲造詣之淺深，萬難强而同之。若以一人之私見，任意刪節，割裂經文，士論必多不服。蓋學問乃天下萬世之公理，必不可以一家之學範圍天下。昔宋王安石變法，創爲三經新義，頒行學官，卒以禍宋，南渡後旋即廢斥，至今學者猶訴病其書，可爲殷鑑。臣愚以爲經書斷不可編輯，仍以列聖所欽定者爲定本，即未經欽定而舊列學官者，亦概不准妄行增減一字，以示尊經之義。此外，史學諸書，前人編輯頗多，善本可以擇用，無庸急於編纂。惟有西學各書，應令編譯局迅速編譯。

一，西學擬設總教習也。查原奏有中總教習，無西總教習，立法之意，原欲以中學統西學。惟是聘用西人，其學問太淺者，無所裨益；其學問較深者，又不甘於小就。即如丁韙良曾在總理衙門充總教習多年，今若任爲分教習則彼不願。臣擬用丁韙良爲總教習，專理西學，仍與訂明權限，其非所應辦之事，概不與聞。

一，專門西學教習薪水宜從優也。閲日本使臣問答，謂聘用上等西教習，須每月六百金然後肯來，丁韙良所言亦同。今丁韙良自以在中國日久，亟望中國振興，情願照從前同文館每月五百金之數，充大學堂西總教習。至西人分教習薪水，亦擬照原奏之數酌加。

一，膏火宜酌量變通也。臣訪詢西教習丁韙良，據云：泰西大學堂來學者皆出修脯，極貧者始給紙墨，從無月給膏火辦法。蓋以圖膏火而來學者，必非誠心向學；出資來學，乃眞有志於學者也。臣又觀總理衙門章京與日本使臣論學堂事宜，問答之語與丁韙良所言大略相同。今者國家專籌的款，不令學生出資，已屬格外之仁，似不必更糜鉅費。擬請仿西國學堂之例，不給膏火，但給獎賞。其如何發給之處，應俟開辦後，詳細斟酌辦理。

以上八條分晰臚陳，恭候訓示。此外，未盡事宜，尚當查取東西洋各國學校制度暨各省現辦學堂章程，體察情形，詳慎斟酌。一俟擬議就緒，即當奏陳。至暫假房舍，是否由承修王大臣查勘修理，抑由内務府修理，應候欽定。惟房舍一日不交，即學堂一日不能開辦。擬請飭催趕辦，以期早日竣工，學務得以速舉，仰慰宸廑。所有籌辦大學堂大概情形，繕摺具陳，伏乞皇上聖鑑訓示。謹奏。

協辦大學士孫家鼐議覆鄭思賀請推廣學堂月課章程片

再，本月十七日，給事中鄭思賀奏請推廣學堂月課章程等語，軍機大臣面奉諭旨：『著孫家鼐酌核辦理。欽此。』該給事中慮學堂額滿，後至者不得入學肄業，欲仿書院月課之例，每月扃試一次，優等者酌給獎勵，遇有額缺，從此選補。臣查學堂肄業例應甄别。前准御史張承纓之奏，已推及於舉貢生監。今於額滿之員，以月課代甄别，考校於平時，收録於臨事，其法甚善，理合如該給事中所奏辦理。如蒙俞允，將來各處學堂皆可照辦。謹附片具陳，伏乞皇上聖鑑。謹奏。

御史陳其璋請准商人自借洋款籌辦鐵路礦産摺

奏爲鐵路礦産係中國自有之利益，亟宜廣爲籌辦，以杜各國覬覦，恭摺仰祈聖鑑事。

竊考歐美各國莫不以修鐵路、開礦産爲富强之基。而興之最暴者，莫如美國。夫美國，一草萊之國耳，自華盛頓立國後，招致别國工商，凡鐵路、礦産等事悉聽各國工商自行興辦，而本國坐分其利。不數十年，其富遂爲五洲之冠。所養之兵爲數不多，但兢兢以護商爲事，而各國環伺，莫敢誰何者，則皆以戰釁一開，凡工商之在該國者，必先受累，故各有顧忌而重發難也。

我中國商力之疲日甚一日，若必須自籌貲本，開辦鐵路、礦産，其勢必不能行。而各國垂涎，早有耽耽虎視之勢，今其端已屢見矣！俄有東三省之請，英有緬甸達雲南之求，法有由越南通廣西龍州之謀，德有由膠州徹濟南之索。鐵路既去，礦産隨之。爲今之計，不如明降諭旨，聽憑我國商人自借洋債廣爲開辦，國家但爲保護，盈餘虧折，絕不相干。蓋我多一商辦之路，即彼少一蔓延之路；我多一商辦之礦，即彼少一窺伺之礦。不但富强可致，抑且嫌釁可消。其借我巨款者，即保我疆土者也。現在蘆漢、津鎮之路均已開辦，而各省枝路亦宜節節靈通相應。請旨飭下總理衙門，咨行各省將軍、督撫，迅速招商，廣爲籌辦，羣策羣力，共濟時艱，不得以朝廷已設立總公司，藉端推諉。臣爲杜窺伺、開利源起見，謹繕摺具陳，伏乞皇上聖鑑。謹奏。

奏議輯覽初編卷第十二

禮部遵議鄉會試詳細章程摺

奏爲遵議鄉會試詳細章程，恭摺仰祈聖鑑事。

光緒二十四年六月初一日，内閣奉上諭：『張之洞、陳寶箴奏請飭妥議科舉新章一摺，鄉會試改用策論。前據禮部詳擬分場命題章程，已依議行。茲據該督等奏稱，宜合科舉、經濟學堂爲一事，求才不厭多門，而學術仍歸壹是。著照所擬鄉會試仍定爲三場：第一場，試中國史事、國朝政治論五道。第二場，試時務策五道，專問五洲各國之政、專門之藝。第三場，試四書藝兩篇，五經義一篇。頭場按中額十倍録取，二場三倍録取。取者方許試次場，每場發榜一次，三場完竣，如額取中。至學政、歲科兩考，生童亦以此例推之，先試經古一場，專以史論、時務策發題。正場試四書義、五經義各一篇。禮部即通行各省，一體遵照。其未盡事宜，著該部隨時妥酌具奏。欽此。』欽遵到部。

臣等伏查鄉會試，例分三場，本無輕重，無如教官以先入爲主，而偏護前場，士子因以速化爲心，而專講時藝，遂致揣摩剽竊，流弊日滋，而八股一道，久爲通人所詬病。前者欽奉諭旨，改試策論，兹復定爲隨場去取之法，於博學中求通才，於通才中求純正，本宋臣歐陽修之議，而黜落浮華，歸重實學，於通變因時之道，尤爲折衷至當，洵足以轉移風氣，振起人材。惟是科場條例頭緒紛繁，内外簾一切事宜，必須通行籌畫，方免臨事周章。臣等參酌時宜，博稽例案，謹擬詳細章程十三條，開例清單〔一〕，恭呈御覽，伏候命下，分别咨行内外各衙門查照辦理。此外，如尚有未盡事宜，應由各督撫隨時酌度，咨由臣部另行覆議具奏。所有遵旨妥議緣由是否有當，伏祈皇上聖鑑訓示遵行。爲此謹奏。

謹擬鄉會各試詳細章程，恭呈御覽。

一，第一場，論題五道，試中國史事、本朝政治。順天鄉試及會試仍請欽命題目，各省鄉試由出考官擬。第二場，策題五道，凡西學中天文、地理、學校、財賦、兵制、商務、公法、刑律以及格致製造、聲光化電等類，聽考官酌舉命題，不必拘定經濟科專門之例。第三場，四書義題二道，先學、庸、論語，次孟子；五經義題一道，不拘何經，均遵依四子五經原文命題，或全章，或數章，或全節，或一句，或數句，或數段均可，但不得删改增減一字及搭截虛縮，以爲新奇。

一，論策各抒所見，體例宜寬。兹之試士，藉以講求經濟實學，尤應徵實爲尚，無取空言。經義始於北宋，當時程試之作，傳者絶少。至明初功令，四書義、經義則已漸開八股體格。今宜參取講議經説之意，以樸實説理，明白正大爲主。其釐正文體之法，如張之洞等所奏，不得塗澤浮豔，作駢麗體；

鈎章棘句，作怪澀體。文中許其引徵史事，博考羣書，但非違悖經旨之言皆得引用，仍不得闌入周秦諸子謬論、釋老二氏妄談、異域方言、報館瑣語。凡一切離經畔道之言，悉當嚴加屏黜。考官選刻魁卷，每場試藝皆擇尤刊刻，以爲程式。

一，鄉會試士子例於初八日入場，十六日三場完畢。現定隨場去取，二、三場須俟前場發榜，再行投卷入場，揭曉例限自宜稍爲寬展。惟現在更定新章，内外簾一切事宜不能復循舊制。各省中額及應試人數多寡不同，其如何每場酌定限期之處，臣部實難懸斷。應請飭下順天府府尹及各直省督撫，體察本省情形，速議具奏。其會試場期，應俟鄉試議定後，再行核議。

一，按中額十倍録取，會試及順天鄉試約取録三千餘名，其餘大省鄉試均在一千名上下，而各房薦卷又須浮於所取之數。計考官每人校閱多者千五六百卷，少亦將及千卷，即使寬其日限，亦恐難於精審。可否量行變通，但照入場人數酌定去取；每場以次遞減，不必盡拘十倍、三倍之額，應統由該府尹督撫通籌妥議，一併覆奏。

一，大小試差，例先考試。現在改用策論應如何酌定考取之事隸吏部，臣部未便擅擬。至外省簾官，取於州縣，大都學問荒疏者居多，似尤宜令各督撫慎重其選。如本省人員不敷，或照國初聘取簾員之例，准其於鄰省咨調，但期衡校得人，不必拘牽成例。

一，場中執事員役各有定額，俱於事竣出闈。現在隨場去取，二、三場以後，謄録書手、對讀生均可遞減，其數應由該監臨等於每場事竣覈計下場應用若干名，分别留遣。惟號軍一項，應於每場完畢，先令出闈，由該管營弁鈐束，俟下場前期再行押送入場，以免久留滋事。至外簾各官，除受卷所官於頭場完畢籤掣留半外，其彌封、謄録、對讀等所官，均俟三場完竣，方許出闈。順天鄉試及會試，監試御史每場皆有職事，亦應俟三場畢後，再定掣留。

一，近來科場之弊，日甚一日，槍替傳遞，比比皆然。蓋緣人數過多，耳目難於周察。現改爲隨場去取之法，三場人數最少，稽查較易，防範須嚴，應令各監臨於三場點名後，或在謄録所，或在貼近至公堂兩旁號舍，將諸生扃試，另派委員隨同監試官晝夜搜巡。其巡綽微員及水夫人等，非監試所命不得擅至號口。庶行險者不能售其奸，而眞才自出矣。

一，官辦試卷每場亦有定制。頭二場改試策論，頁數均應增多。三場四書、五經義僅三篇，可以稍減。擬酌定：黑卷，頭二場前空白十頁起草，後紅格二十頁謄眞。三場前空白六頁起草，後紅格十二頁謄眞。硃卷，頭二場黑格十頁，三場黑格六頁。其尺寸行格均照舊例。至黑卷面，向由士子親填年貌、籍貫、三代，除頭場仍照舊辦理外，其二、三場卷面即填寫某學某生及某省舉人姓名，毋庸再註年貌、三代、籍貫，以免投卷時稽留擁擠。

一，第一場，題目下應加『論』字，文頂格寫。第二場，題仍書『第一問』、『第二問』等字樣，文低二格寫。第三場，題照四書文、經文例書寫，原文文亦頂格寫。二、三場，文後仍默寫前場文一段，聽考官臨時酌定。其添註、塗改數目，亦照舊書寫。凡一切違式應貼之處，悉照科場條例辦理。論策義不滿三百字，均以違式論。

一，頭、二場發榜，應照學政歲科正場團榜之式，示與正榜區別。榜中均填姓名，並註籍貫，以防舛誤。每場閱畢，考官將所取各卷填寫紅號草榜並原卷交内監試，轉交至公堂，監臨提調覈對紅號册及黑卷相符，即照紅號名册次序另填姓名。團榜揭示，士子出榜後，黑卷交外收掌官嚴密收存，硃卷仍送入内簾。其戳印紅號，二、三場仍依頭場號數。三場試畢，考官合校取中，拆號填榜，各事均照向例辦理。

一，闈中書籍均經欽頒，例不許移取官書及攜帶出題書籍。惟近來新譯時務諸書，雖經臣部奏請，由總理衙門譯印頒發，現據該衙門送到譯出之書，僅有數種，不足以資應用。查，官書局所刊洋務書目，多至百餘種，其中有無應行别擇之處，擬請飭下管理大學堂大臣詳細覈定，分類開明應用書目，咨由臣部行咨南北洋及沿海各省督撫照數各購辦一部，咨送存儲部庫。各直省由該省自行購備或備價向官書局購取，存儲藩庫，以備應用。其學堂所有書籍，亦許闈中隨時調閱。

一，生童歲科兩考，現定先試經古場，專以史論、時務策命題。查，向來經古一場，士子願考與否，本聽其便，今欲勸勵實學，此場中宜多出題目，如中外政治、史事及算學、藝學各類，任考生自擇所長，總以作兩藝以上爲完卷。凡生員優等及童生取進，先儘其曾試經古場者，其詞章一門既經奉有撰擬進奉文字未可盡廢之旨，學政向試古學，不妨仍舊。士子有能以餘力肄之者，亦准一體獻藝，但不得以此爲重。孝經性理爲正學階梯，童試亦可仍舊。至生員歲試及童生考試，正場試四書、五經義各一篇，其生員科試，正場擬改爲四書義一篇，中外時務策一道。又，生童覆試，擬定爲試四書義或五經義一篇，史事政治論一篇。優拔生考試，擬定爲首場試四書、五經義各一篇，次場試史事政治論一道，時務策一道。俾諸生無不習策論之人，高才者皆知博古通今，即淺學者亦不至因陋就簡。一，宗室鄉會試向係一場，擬定爲試四書義一篇，中外時務策一道。宗室及各直省士子，鄉會覆試均照此例。優拔貢朝考，前奉諭旨，改爲一論一策。本年欽命題目，俱係四書論題一道，策題一道，應即著爲定例。其考試教習，均照此例。以上兩項試卷皆有直格而無横格，應自下科爲始，改用覆試卷式，以歸畫一。卷中悉許其添註塗改，閲卷時專校文藝，不得憑楷法之優劣爲高下。

禮部請裁撤順天鄉試算學額片

再，查光緒十三年，總理各國事務衙門會同臣部奏定算學中額，請由各省學政將報考算學生監，於歲科試時另出題目録取者，咨送總理各國事務衙門，試以格物、測算諸題，録送順天鄉試，每二十名取中一名等因在案。現在，鄉會試改試策論，兼考中西經濟，京師大學堂肄業生又定有以次遞升作爲舉人、進士之例。所有順天鄉試原設算學額，擬請即行裁撤，以免繁復。是否有當，謹附片具奏請旨。

督辦鐵路總公司盛宣懷覆陳籌造南北鐵路情形摺

奏爲籌造南北鐵路時届年半，遵旨將辦理情形先行奏陳，恭摺仰祈聖鑒事。

竊臣恭閲邸抄，光緒二十四年五月初八日内閣奉上諭：『前因蘆溝開辦鐵路，設立招商公司，特派盛宣懷督辦，計時將及兩年，所有勘路購地各事宜，應已辦有端緒。此項鐵路關係緊要，豈容觀望遷延？現在業已籌有的款，著盛宣懷剋日興工趕辦，並將辦理情形先行具奏。倘再延不開辦，玩誤要工，責有攸歸，盛宣懷豈能當此重咎耶！此外，粤漢、寧滬各路，並著承辦各員一體迅速開辦，毋得任意遲緩。欽此。』仰見聖主以幹路爲重要，策勵責成，嚴申訓誡，俾海内咸迴視易聽，曉然於朝廷先務之所急，圖功之奮迅。跪聆之下，感悚交深。伏查蘆漢幹路，臣於光緒二十二年九月奉命會同直隸督臣王文韶、湖廣督臣張之洞辦理。是年十月，陛辭出都。十一月，由天津航海至滬，當將開辦蘆溝橋至保定府一段工程，並在上海設立鐵路公司緣由先後奏報。二十三年三月在漢口工次，籌辦漢口迤北勘路、購地各事，又將幹路先後次序、操縱機宜，會摺密陳。並請撥准借官款，聲明蘆保業經興築，淞滬亦在開工，此兩段來年均可造成。九月間，又將幹路由楚入豫詳勘襄樊、信陽兩道，比較便利，會摺請旨遵行，聲明北端蘆保一段土工已竣，料物陸續運購到工，年内外可開車運料。一面派員續籌保定至正定一段買地事宜，南端漢口至孝感一段，已儲備木石各料墊道造橋。均仰荷飭下户部、總理衙門議行在案。

計開辦以來一年有半，臣無日不督飭華洋員司分頭勘路，按圖購地、購求料物，催趲工作，並在津漢各設鐵路專門學堂及預籌製造各廠，不敢稍涉遷延。今蘆保已開車運料，年内全工可竣，淞滬月内告成，漢口、灄口間，外江内湖數十里，工最艱鉅，夏漲以前，甃石築土亦皆蕆事，幸與前奏均符。然保定迤南，灄口迤北，未能兼程並進者，則籌款之周折而事變之不及料也。總公司原以招集商股爲歸宿，但華商須待工程利見而後來，臣經辦輪船電報，前事不忘，近如昭信股票以明詔之剴切，官吏之勸諭，所得者，自服官之人及官力可及之鹽當各商外，商民買票寂乎罕聞，尤可與樂成難與圖始之明驗。

臣説帖原議，故先官款，次洋債，而商股後焉。蘆漢議准借撥部款一千萬，嗣會奏請發户部，先撥四百萬，連南北洋官款三百萬，支付蘆保、淞滬、漢灄三段工用，業已告罄。臣惟路工的款，必資洋債，而遲速難易之權，操於出借之人。且洋商與中國議借款，明餌暗索，向多以利爲誘。臣與王文韶、張之洞商定，議借路款首除斯弊，惟我既無私利之心，當多爭公中之利。彼不能挾制於後，愈不肯遷就於前。初與美商議，病其所索權利過多；繼及英商，相去不遠。臣以事關數十年之利害，深慮借款吃虧，還款不易，筆秃唇焦，未敢遽定。

上年春間，馳赴武昌，與張之洞面決機宜。適有比商瑪西等介漢口比領事就議，持向與英美力爭數大端相要，比商皆允如議。張之洞與臣密商，比以鋼鐵工作著名，國小而無大志，借用此款利多害少，遂舍英美而就比。兩次定約，均達天聽。至正月首次交款之期，比國派人來滬，備言膠州之事，大局震動。且國債以鹽課釐金抵押，歸税務司管理，於前訂之蘆漢借票相形見絀，無人肯受。另送續約條款，要索甚多，屢駁屢改，拖延數月，至於廢約罷議而後轉圜，逮五月初七日始與畫押。其間委曲艱難情形，隨時皆與總理衙門王大臣及直隸、湖廣督臣往返電商，迄於無可讓減，方與定議。並已會同專奏，皆在聖明洞鑑之中。比國總工程司俞貝得赴漢口查勘，已做各工，訂定頭批借款到華，即行接續趲辦，由楚入豫，節節前進。保定以南迄於黄河，比公司必須俟來年續付借款，方能接造。然圈地築土，皆當先期趕辦。俟續發部款，尅日分段購築，約計一年。道工堅實，比款續到，接造北段，庶幾工無停待，一氣呵成。令該總工程司另立文憑，除黄河橋工外，如無意外擔擱，款不中輟，限令三年竣工行車。粤漢一路，自鄂至湘，業經督撫臣派員會同總公司派出之員前往查勘大略並曉諭一切。惟粤省尚未准委員會勘，美款甫定草約，而西班牙開戰，美公司稍有所待。昨接駐美使臣伍廷芳來電，該公司派人過夏後來華勘估，全工須俟勘定議立正約，即可分頭開工。美國工程甲於各國，諒無躭延。滬甯一路，英國工程司勘估大概將竣，正約一定，開辦必速。以今日中國之勢，借外國之款，而又要之以商借商還，絶無實抵，不待智者而知其難也。紆迴年餘，鉤心鬬角，三路之款次第軌範，即三路之工操券可成，此皆仰賴國家之護持，總署王大臣之指示，非臣一人筆舌之勞所能倖致。

至於造路以費省工速爲主，臣初任事，亦欲雇用洋工程司任我指使，而不假以事權。無如中國員司，就使皆精白乃心，究竟事非諳習。華人苦工師之多方挑剔，工師咎華人之辦理兩歧，常致欲速而反遲，求省而轉費，是以獨排羣議，與立約各洋商堅明約束，酌定限期，借用某國之款，即訂用某國總工程司代爲營造，年限之内，其事權略如海關税務司，一切購料辦工用人理財，悉資經理，仍事事預請總公司核定而後行。此後，三路同舉，合同内皆限以款到之日爲始，三年工竣。臣前與王文韶、張之洞會奏，『蘆漢、粤漢，合爲一氣，竭五六年之苦功，當可使南北幹路相爲銜接，以符原議』等語，蓋三路係分三國借款營造，緊約寬期，互相比較，則一成而無不成也。惟臣植薄能鮮，憂讒畏譏，雖竭盡心力而爲之，恐難勝此艱鉅，必需遴舉賢能，各專一路之任，與各國工程司按約辦理，而以總公司挈其綱領，綜其大成。又必俟各省督撫臣體國公忠，同心協力，庶幾事無阻格，依期蕆工，上紓聖君宵旰之勤，下免微臣貽誤之咎，大局幸甚！所有籌造南北鐵路辦理情形，謹先繕摺具陳，伏乞皇上聖鑑訓示。謹奏。

督辦鐵路總公司盛宣懷請特派使相循案督率路工片

再，光緒二十二年九月，欽奉寄諭：『准設鐵路總公司，令盛宣懷督辦，從蘆漢辦起，蘇滬、粤漢亦次第擴充，仍著王文韶、張之洞督率興作等因。欽此。』伏查，直隸爲幹路根本之地，北洋尤中外樞轂所歸。現在，王文韶已蒙内用，榮禄以使相接任，公忠閎亮，實副綱紀四方之望。所有鐵路總公司辦理蘆漢、甯滬、粤漢各路，相應籲懇特派榮禄督率籌辦，俾微臣隨時隨事有所咨承，庶得竭其駑鈍，成此鉅工，尤深感幸。謹附片陳請，伏乞聖鑑。謹奏。

督辦鐵路總公司盛宣懷奏陳開辦南洋公學情形摺 附章程

奏爲籌集商捐開辦南洋公學情形，恭摺仰祈聖鑑事。

竊世變日棘，庶政維新，事務萬端，非人莫任。中外臣僚與夫海内識時務之俊傑，莫不以參用西制，興學樹人爲先務之急。臣於光緒二十二年冬間附奏，請設達成館片内，曾經陳明在上海地方籌立南洋公學。嗣以捐款難集，而達成館之請已奉總理衙門王大臣等議覆，應由户部撥款辦理，欽奉諭旨飭遵，又經臣奏明將原擬捐設達成館之款，還充南洋公學經費在案。臣惟師道立則善人多，故西國學堂必探原於師範，蒙養正則聖功始，故西國學程必植基於小學〔二〕。中外古今，教學宗旨本無異同，特中土文明之化開闢最先，歷世愈遠，尚文勝質，遺實採華；而西人學以致用爲本，其學校之制轉與吾三代以前施教之法相闇合。今日禮失而求諸野，講西學延西師，學堂之規模近似矣。然臣前年創設天津頭二等學堂，旁求教習，招選學徒，大抵通曉西文者多懵於經史大義之根柢，致力中學者率迷於章句呫嗶之迂途，教者既苦乏才，學者亦難精擇。竊喟然於事半功倍之故，蓋不導其源，則流不可得而清也；不正其基，則構不可得而固也。初議籌設南洋公學，擬照天津分設頭二等兩學堂。繼念京師達成館未有開辦之期，滬館雖無所依倣，不可不先行設法籌辦。況師範小學，尤爲學堂一事先務中之先務。既病求艾，相需已殷，急起直追，惟虞弗及。查有奏調三品銜分省補用知府何嗣焜，學術湛深，不求聞達。臣與縱論西學爲用，必以中學爲體，考核程功次序，極爲精邃，志氣尤堅，卓不致始勤終惰，當經派委該員總理南洋公學事務。即於上年二月間考選成才之士四十名，先設師範院一學堂，延訂華洋教習，課以中西各學，要於明體達用、勤學善誨爲指歸。復倣日本師範學校有附屬小學校之法，别選年十歲内外至十七八歲止聰穎幼童一百二十名，設一外院學堂，令師範生分班教之，比及一年，師範諸生且學且誨，頗得知行並進之益。外院生亦多穎異之姿，能力於學。今年復將二等學堂先行開辦，名曰南洋公學中院。以次續開頭等學堂，名曰南洋公學上院。上、中兩院教習皆在師範院挑充，駕輕就熟，軌轍不虞其紛歧。外院之幼童薦升於中、上兩院，則入室升堂途徑愈形其直捷。師範院諸生挑充教習，至速以一年後爲準。外院生分四班，滿三年挑充升中院之四班。中、上兩院各分四班，歲轉一班，閱八年而卒業。

夫人才盛衰之機，全視在上之取舍。伏查光緒二十三年二月安徽巡撫鄧華熙奏建二等學堂，總理衙門議覆摺内有云所稱頭等學堂教習，誘掖生徒，精益求精，應如何優以仕途各節。查，同文館學生每届三年大考一次，擇其學業精進，考取前列者，量予保奬。或分部學習，或分發省分，或由出使大臣調充參贊繙譯等官。近且有徑請簡派出使大臣者，仕途不爲不優。又各教習殷勤講校，應照新疆設立俄文館章程，分別有無官職，奏請奬敘各等語。均經核准欽遵。今皇上復准總理衙門、禮部議奏經濟特科歲舉之制，俾天下新設學堂書院，所教有用之學，皆得學成，而各盡其用，宇内學生莫不爭自濯磨。

竊惟時事之艱大無窮，君子以致遠爲重。環球各國，學校如林，大率形上形下，道與藝兼。惟法蘭西之國政學堂，專教出使、治政、理財、理藩四門。而四門之中，皆可兼習商務、經世大端，博通兼綜。學堂係士紳所設，然外部爲其教習，國家於是取才。臣今設立南洋公學，竊取國政之義，以行達成之實。於此次欽定專科，實覈内政、外交、理財，嗣後每年年終大考後，當將學生各籍及考定等級詳細造册，咨送各該省學政存候鄉試年分調取録送。惟各教習不乏體用兼賅之選，職在課徒，調取不及，施教至勞，榮途轉隘，擬請將此次教習内應經濟歲舉者，由臣出具切實考語，咨請學政録送。其本係舉人，准與經濟科舉人一體應經濟科會試。此外，擬仍請援照新疆設立俄文舘章程，同文舘學生大考前列章程，三年期滿，由臣會同南洋大臣、江蘇巡撫擇教誨有才、造就最廣者，分别保奬，以仰副皇上甄陶才俊之至意。

至公學四院常年經費，以輪電兩局歲捐銀十萬兩量入爲出，僅可相當。雖初辦兩年内，上院未開，約可節存銀五六萬兩，惟開辦之費，除學堂基地由臣捐購外，其餘建造房屋，置備儀器、圖書以及一切器具，共需十數萬金。初擬勸捐辦理，近來商民交困，物力艱難，似兹鉅款未易集腋而成，祇能先將節存餘款動用，計不敷之數尚多，而將來如辦理譯書之費，既在常年經費之外，卒業學生出洋遊學之費亦當預儲於八年之内，始有設措之方也。謹將現畫公學章程繕具清單恭呈御覽。所有籌集商捐，開辦南洋公學緣由，理合恭摺具陳，伏乞皇上聖鑑訓示。謹奏。

謹將南洋公學章程恭呈御覽。

第一章　設學宗旨　共二節。　第一節，西國以學堂經費半由商民所捐，半由官助者爲公學。今上海學堂之設，常費皆招商、電報兩局衆商所捐，故定名曰南洋公學。　第二節，公學所教，以通達中國經史大義厚植根柢爲基礎，以西國政治家，日本法部、文部爲指歸，略做法國國政學堂之意。而工藝、機器製造、礦冶諸學則於公學内已通算化格致諸生中各就質性相近者，令其各認專門，略通門徑即挑出，歸專門學堂肄習。其在公學始終卒業者，則以專學政治家之學爲斷。

第二章　分立四院　共二節。　第一節，一曰師範院，即師範學堂也。二曰外院，即日本師範學校附屬之小學院也。三口中院，即二等學堂也。四曰上院，即頭等學堂也。　第二節，師範院高才生四十名，外院生四班一百二十名，中院生四班一百二十名，上院生四班一百二十名。

第三章　四院學生班次等級　共二節。　第一節，師範生分格五層。第一層之格，曰學有門徑，材堪造就，質成敦實，品超卑陋，志慕遠大，性近和平。第二層之格，曰勤學誨勞，撫字耐煩，猝就範圍，通商量，先公後私。第三層之格，曰善誘掖，密稽察，有條理，能操縱，能應變。第四層之格，曰無畛域計較、無爭、無忌、無驕矜、無吝嗇、無客氣、無火氣。第五層之格，曰性厚才精，學廣識通，行正度大，心虛氣静。外中上三院學生各分四班，每班三十人。　第二節，師範生合第五層格，准充教習，外院生至第一班遞升中院第四班，中院生至第一班遞升上院第四班。上中下三院學生皆歲升一班。

第三章〔三〕　**學規學課**　一節。　日本學校規則及授讀之書，皆由文部後酌定頒行，但其初亦屢試屢改，然後定爲合式。公學課程參酌東西之法，惟其中層累曲折之利弊，必歷試而後能周匝。師範院、外院課程，一年之内已屢有更定，應由總理與華洋教習逐細再加考核，釐爲定式。

第四章　考試　共三節。　第一節，每三月小試。總理與總教習以所業面試之。　第二節，周年大試。督辦招商、電報兩局之員，會江海關道員親試之。　第三節，上中外三院學生未卒業之日，均不應學堂外各項考試。惟師範院及上中兩院高等學生，經學政調取録送經濟科歲舉者不在此例。

第五章　試業給據　共三節。　第一節，師範院生考取後給試業白據，進院試業兩月，察其合第一層格，換給第一層藍據，第二層緑據，第三層黄據，第四層紫據，第五層紅據，遞進遞給。　第二節，外院生考取進院，試業兩月，去其不可教者。質性可造者，給予分院生肄業據，遞升中院給中院肄業據，遞升上院給予上院肄業據。　第三節，上院生四年學成，給予卒業文憑。

第六章　藏書譯書　共二節。　第一節，公學設一圖書院，調取各省官刻圖籍。其私家所刻及東西各國圖籍，皆分别擇要購置，庋藏學堂。諸生閲看各書，照另定收發章程辦理。　第二節，師範院及中上兩院學生本有繙譯課程，另設譯書院一所，選諸生之有學識而能文者，將圖書院購藏東西各國新出之書，課令擇要繙譯，陸續刊行。

第七節〔四〕　出洋遊學　一節。　上院學生卒業後，擇其尤異者咨送出洋，照日本海外留學生之例，就學於各國大學堂，以擴才識而資大用。

第八章　教習人役名額　共四節。　第一節，南洋公學總理一員，華總教習一員，洋總教習一員，管圖書院兼備教習二名，醫生一名。　第二節，師範院並外院洋教習二名，華人西文西學教習二名，漢教習二名，司事四名，齋夫雜役二十名。　第三節，中院華人洋文教習四名，洋文帮教習四名，漢教習四名，帮漢教習四名，稽察教習二名，司事二名，齋夫雜役十六名。　第四節，上院專門洋教習四名，華人洋文教習四名，漢教習四名，稽察教習二名，司事二名，齋夫雜役十六名。

督辦鐵路總公司盛宣懷奏陳設立譯書院片

再，時事方殷，需才至亟。學堂造士，由童幼之年層累而進，拔茅連茹，勢當期以十年。欲速副朝廷側席之求，必先取資於成名之人，盛才之彦。臣是以有達成館之議也。顧非能讀西國之籍，不能周知西國之爲。而西國語言文字殊非一蹴可幾。壯歲以往，始行學習，豈特不易精嫻，實亦大費歲月。日本維新之後，以繙譯西書爲汲汲，今其國人於泰西各種學問，皆貫串有得，頗得力於譯出和文之書。中國三十年來，如京都同文館、上海製造局等處，所譯西書不過千百中之十一，大抵算化工藝諸學居多，而政治之書最少。且西學以新理新法爲貴，舊時譯述，半爲陳編。將使成名成才者，皆究極知新之學，不數年而大收其用，非如日本之汲汲於譯書，其道無由矣！　現就南洋公學内設立譯書院一所，廣購日本及西國新出之書，延訂東西博通之士擇要繙譯，令師範院諸生之學識優長者筆述之。他日，中上兩院雋才，亦可日分晷刻輪遞，有可以當學堂繙譯之課，獲益尤多，譯成之書，次第付刻。倘出書日多，即送蘇浙各局，分任刊印，以廣流傳。所需譯書院經費，即在公學捐款内通融撥用，並歸總理公學之員一手經理，以專責成。臣謹附片陳明，伏乞聖鑑。謹奏。

督辦鐵路總公司盛宣懷請新設各學堂書院内學生廩增附生准免歲科試片

再，南洋公學内師範院諸生，多係舉貢生監，而廩增附生爲尤多，中上兩院學生亦不乏名列膠庠之士。學堂功課日計歲積，不容閒曠。惟學官弟子例有歲科兩試，若於試期相率而去，則師範院學堂幾空，不特外院生教課乏人，即師範生籍隸數省，就試往返，遠者動輒累月，近者亦須連旬，中西各課，精進難而荒廢易，一暴十寒，卒業何日？竊惟國家立法之意，歲試以考學行，科試以備鄉舉，無非獎勤警惰，俾不至業荒於嬉。今諸生之在學堂者，日有課，月有程，季有試，年終有大考，册報學政，按籍可稽。此項學生將來大抵皆應經濟之科。鄉試年分，學政照册報高等，調取録送。至三年中，歲科兩試似不同。告朔餼羊，必當空存其禮。擬請嗣後新設各學堂書院内學生，凡係廩增附生，一體免預歲科兩試，使得專精新學，以仰副朝廷育才致用之至意。謹附片陳請，伏乞聖鑑訓示。謹奏。

户部遵議中國通商銀行匯解官款摺

奏爲遵旨速議具奏事。

大理寺少卿盛宣懷奏籌辦中國通商銀行次第開設情形一摺，光緒二十四年五月十九日奉硃批：『户部速議具奏。欽此。』遵由軍機處抄交到部。據原奏内稱：『中國銀行業經招集紳商，備足股本，參照西國銀行成法，擬議章程，於光緒二十三年四月二十六日開辦上海總行。自夏徂冬，天津、漢口、廣州、汕頭、煙臺、鎮江等處分行陸續開設，京師銀行本年亦已開辦，至各行省都會亦當逐漸分設。近年金磅翔貴，銀幣低壓。如上海通商總滙之區，銀根空匱，商情岌岌，皆有不可終日之危。幸通商銀行主持市面，銀息雖昂，猶有限制，得以勉力支拄。中國銀行規模草創，故裨益於商務者，必由漸而來。蓋由倣辦於各國銀行在華開設之後，如滙豐之設已三十餘年，根深柢固，不特洋商款項往來網羅都盡，即華商大宗貿易亦與西行相交日久，信之素深。中國銀行，新造之局，勢力未充，非可驟與西人爭勝，故原議以慎始圖終、積小成大爲宗旨。今創辦一年，始基已立。自此擴充中土之商利，收回自有之利權，而其樞機，必視京外撥解官款，是否皆歸通商銀行爲旋轉。若各省關存解官款仍循舊轍，專交私家之銀號，絶不與奉旨設立之銀行相涉，則商政之體全失，西人騰笑，華人增疑，海内商情孰肯信嚮？所關於通商大局非小。查，銀行於國家有無形之利，有有形之利：氣脉流通，民交便易，利在無形；餘利愈厚，歸公愈多，利在有形。然非恃國家主持於上，公忠閎達之督撫、藩司、各關監督維持於下，無以徐收兩利，宏此遠謨。合無仰懇飭下户部通行各省關，嗣後凡存解官款，但係有中國通商銀行之處，務須統交銀行收存滙解，以符事體而樹風聲。及其成效大著，則如昭信股票以及造路開礦，凡有招股之事，皆可倣照西例，歸於銀行代辦。較之官力號召，自無扞格猜疑之弊」等語。

臣等伏查，中國通商銀行，前據大理寺少卿盛宣懷建議創設。當由臣部借撥官款一百萬兩，按年生息，業於上年四月間在上海開辦總行。兹復據該京卿奏稱：「天津、漢口、廣州、汕頭、煙臺、鎮江等處分行陸續開設，京城銀行本年亦已開辦，請飭户部通行各省關，嗣後凡存解官款，但係有中國通商銀行之處，務須統交銀行收存滙解」等因。查，銀行之設，係分商人之利益而使之流通，非攬天下之利權而歸其壟斷。果能慎選總董，妥爲經理，如原定章程所擬，京外撥解之款交銀行滙兑，可以減省滙費；公中備用之款，交銀行生息，可以有益國帑。而又事事矢以信實，出以公平，久之，上下相孚，官民相維，自足廣招徠而開風氣。現在，各處分行開辦伊始，遽令各省關凡有解存官款統交銀行收存滙解，無論人不相信，未便强以所難，亦恐迹近把持於市面，商情多有窒礙。惟是各省關解存官款，若如原奏所稱，專交私家銀號，絶不與銀行相涉，則是公家所開之銀行，公家先不相信，又安望商民之共信？殊非國家所以維持銀行、振興商務之意。臣等公同商酌，擬令該京卿將銀行收存官款如何議生利息，滙兑官款如何議減滙費，先與各省關商訂明確，務較私家票號錢莊尤爲妥實省便，庶幾羣情翕服，號召無難。仍請旨飭下各省將軍、督撫暨各關監督，嗣後凡有通商銀行之處，所有各項官款及滙解京協各餉向交商號滙兑者，如查明改交通商銀行不至受虧，滙費尚可輕減，即酌交通商銀行妥慎辦理，以重商務，仍各就各省情形分別奏明辦理。所有遵旨速議緣由，理合恭摺具陳，伏乞皇上聖鑑。謹奏。

奉旨：『依議。欽此。』

翰林院代奏編修羅長裿應詔陳言摺

奏爲據呈代奏事。

兹准翰林院編修羅長裿呈稱呈爲應詔陳言乞代奏，恭祈聖鑑事。竊長裿恭讀六月十五日上諭：『朝廷振興庶務，不厭詳求，令大小臣工各抒讜論等因。欽此。』仰見皇上勵精政事、謨明弼諧之至意，邇者變科舉、設學堂、經畫路鑛、勸導商農，皇上開物成務，以守兼創，嶄然設施，森起凡例，與其大不遺其細，務其遠不忽其近。長裿不揣固陋，謹就蠡管所及，列爲十議。或推廣新政，求拾遺補闕之助；或整齊舊制，求救偏去弊之益。愚者千慮一得，聖人邇言必察。理合具呈，懇乞代奏，恭請皇上聖鑑，採擇施行。謹呈。

通校閱議。　各省水陸防營，分段駐劄，督撫耳目難周；剋扣缺額，疲苶充數之弊，罔由覺察。又未嘗以本省之兵與他省比較，以考其强弱。國家養兵數十萬，果能屹然號爲勁旅，足備敵愾禦侮之用者，尚難其選。議者謂中國將才不足用，必借才於異國以爲之統率，此亦何可爲常？今各省一逢大閱之年，營務格外整頓，空額亦少。及督撫按臨登場校演之後，而其弊復作。應請皇上特簡忠亮廉正大臣，遍閱二十二省營務。水陸行程及校閱先後之序，一聽該大臣便宜行事。惟所擕隨員衛隊不得過百人，所至之處，均不得先入省會，庶各營不能預作準備。并請特旨宣示，凡所到之處，各營立繳勇册，聽候點驗，不得藉詞稽延。倘有查出箕斗年貌不符、操演不熟者，立予參劾。其有扣餉入己、縱勇殃民者，查實照軍法從事。各該省一聞此旨，未有不壁壘一新者。昔兵部尚書彭玉麐巡閱長江水師，每以暮夜或風雨時乘民舟猝至，水師之弁勇不敢片時疏懈，即沿江釐金關卡巡勇亦人人側足而立。將來閱兵大臣一經請訓出京，不獨軍政立時改觀，即各州縣吏治亦必一肅。該大臣周歷二十二行省，洞悉軍政之利弊，然後統籌全局，折衷至當，詳定營制，請旨遵行，必能取陸讋水慄之效。

選將才議。　咸豐初召募湘軍，其時營官如羅澤南、李續賓、蔣益澧、王鑫等皆諸生布衣也。方其成軍之始，咸相與目笑之，其疊殲巨憝，屢復名城，武人爲之奪氣，乃知激揚忠義而後士卒無離心，相度機宜而後戰守無遺策，非匹夫之勇所能爲功也。今外洋將領必用讀書識字之人，以彼械器之精，餉糈之厚，尚不肯專以鬬力爲能事，而我水陸營弁概用武職，美其名曰宿將。其人大抵身擁巨貲，宫室之美，妻妾之奉，久已銷磨英氣，不能自振。而又故步自封，語以地營之圖説，則厭其勞；示以槍礮之表準，則惡其瑣。宜其借寇貲而賫盗糧也。夫中外交戰，即使我之般礮果可敵彼，尚如以水制水，以火制火，難保其必勝。故至剛者必克之以至柔，至巧者必御之以至拙，用整則入之以散，用信則動之以疑，神明存乎其人，變幻因乎其地，皆非可語於今之武職也。茲當變法之始，請旨特諭各省督撫，懋遷將才，尤以破除資格爲先。韋布之士，襏襫之夫，察其忠勇奮發，韜略深嫻，即委以統率管帶之任。夫擐甲即死，每出於感恩圖報之人。方今將士惰窳已極，尤願皇上以非常之恩，作敢死之氣，庶幾一二人糜爛於前，千百人決盪於後，而後中國兵事乃可言也。

改營制議。　歐洲軍制首重槍操，其游擊之槍隊，尤爲至精之兵，專備出奇制勝之用。中國陸師於槍法全未講求，一營之槍，種類甚雜，並無區别。又因後膛彈子價昂，吝不打靶，營官不知表準，哨官不知密達，兵士不知抛物綫，臨陣則心慌手亂，機捩先壞，何能制勝！今言操槍，先明四差。碼太高則子蓋靶而過，太低則子不及靶而落，直差是也。槍偏左則子落靶右，偏右則子落靶左，横差是也。四差之外，尚有三差：蚤晚差、陰晴差、風力差。三差惟風力差易知，蚤晚差即光學中光綫偏正之理，陰晴差即空氣壓力時重時輕之理，非粗心人所能領取。又有六練之法：練身、練心、練手、練眼、練氣、練神。明此數差，濟以六練，臨敵始有把握。請旨飭下各省，改定營制：一營之勇分爲三隊，後膛新槍隊第一，用快利新毛瑟小口徑等槍；後膛舊槍隊第二，用馬體呢、哈乞開斯、黎意等槍；前膛槍及刀矛爲第三隊。其第一隊食餉最優，二隊次之，三隊又次之。每隊設隊長一人，三隊設營官一人。每營修理槍械，製造彈子，宜有專款。如此明定章程，庶不至拘守舊法，置精械於無用之地矣。

巡洋埠議。西人分五洲之民爲黄、白、紅、黑、椶色五種。白種既役屬紅、黑、椶色種之人，遂浸有轢轢黄種之勢。然黄種人數倍於白種，現在出洋經商傭工者約計不下千萬人，此黄種大可有爲之機。惟各國往往設法苛待，侵侮剥削，日甚一日。竊恐銷磨日久，民氣不能復振。今宜派兩洋兵輪，常川巡歷，曲加保護，示以聯絡。其中必有魁傑之士，悉心物色，載之回國，由總理衙門察看，選其忠勇可用者，假以事權，使之伺察敵情，密籌大計。

海上虬髯，未必無人。兵輪巡歷之法，宜分爲兩道：日本之長崎、横濱、神户，西班牙之古巴，美之舊金山、紐約，秘魯之嘉里約等處爲一道，歲凡二至；英之香港、新嘉坡、新金山，越南之北圻、西貢，緬甸之仰江，荷蘭、西班牙之小吕宋、蘇門答臘、噶留巴等處爲一道，歲凡三至，至必久停口内，管帶官以時登岸，宣布朝廷德意，動其戀慕故國之心，使黄種不至絶望於異域。雖未必遽收内應之效，亦仁政之所宜及也。

變錢法議。現在，制錢日形短絀，民用大困，而私鑄私銷之弊，雖督之以嚴刑不能止。蓋奸民所以私銷者，緣制錢錢質甚重，一經銷鎔，打造器具，一錢可獲數錢之利。其所以私鑄者，緣制錢之大小美惡，本未一律，僞錢有隙可乘，得以間雜行用。今欲杜私銷，莫如輕錢質；欲杜私鑄，莫如用機器製造精巧之錢。請於京局及各省省會各購鑄錢機器一具，特頒錢式，以徑四分厚半分重二銖爲準，其文一面仍遵舊式，題『光緒通寶』，一面照奏定銀圓式，描畫雙龍。錢成於機器，則肉好堅緻，花紋字畫分明，萬億如一，無大小、美惡、輕重、厚薄之殊。以順治時所鑄重二錢一分之錢計之，約二枚可改鑄新錢五枚。以雍正時所鑄重一錢四分之錢計之，約二枚可改鑄新錢三枚。自開鑄後，所有舊錢均令繳局改造，限以一年之後，一律行用新錢。從此，私銷私鑄者不禁而自絶。蓋錢質甚輕，銷以爲銅，不及一錢之價，而私鑄者必須購置機器，又非細民之力所能辦。錢法之善，無逾此矣。

造華磅議。　中國與外洋交易，必須以銀買磅。磅價低昂無定，論者謂西人每乘中國有撥還洋款及購買船礮等事，則益昂其磅，以肆盤剥。雖未必盡然，然自古圜法惟貴能馭賤。彼以金爲幣，而我仍以銀與銅爲幣，則操縱由彼，勢必隱受其虧。英磅係八四成色，重二錢二分，現時合中銀八兩有奇，與中國金價比較，已相懸殊。況磅價續漲，未有已時，亟宜設法抵制。請旨通飭各省鼓鑄銀圓局添購鑄金鋼模，籌款搭鑄華磅。先在通商各口試用，如果暢行，再由京師開局專造。查日本近年改用金幣，商情甚爲不便，推原其故，由國家自抬磅價，强令商民領用，致有阻撓。中國現在鑄磅，專以抵制外洋抬磅跌銀之弊，雖不必遽獲奇贏，亦決不至多有虧折，實挽回利權之急務也。

分繁劇議。　今日吏治日敝，内患更切於外憂。論者皆謂州縣未得其人，然煩雜難理之事，實非一人之精力所能貫注。州縣上事大憲，中聯寮友，下顧己私，何能更以民事爲重？今各省局務並非繁冗，乃設幫辦、會辦、襄辦等多員，獨至最爲繁劇之州縣，未聞派有幫辦。請旨飭下各省督撫，於州縣繁缺添派幫審委員一人，保甲委員一人。幫審委員坐大堂受詞聽斷，保甲委員日巡四鄉詰奸戢暴，本官專以興學勸農爲事，徵收錢糧仍係本官主政。各州縣有積獄不清罪幫審，有盜劫竊發罪保甲，有富教無效罪本官。簡缺不派幫審，只派保甲一員，獄訟仍歸本官。如此，分繁劇而專責成，治吏必蒸蒸日上矣。

緩揭曉議。定例：鄉試揭曉，大省以逾月十有五日，中省先五日，小省再先五日爲率。從前一省中額百名者，同考官閲薦約千卷，由主考去取如額。其二、三場卷，非經中式，概置不閲。此科舉之流弊所由滋也。今定爲隨場去取，第一場按中額十倍取録，第二場三倍取録。則第一場至少須薦三千卷，第二場須薦千卷，苟非展緩放榜之期，恐校閲益形潦草，仍非核實之法。請旨寬予展限，無分大中小省鄉試，第三場揭曉之期，一律展至十月上旬爲率，會試則以五月上旬爲率，俾得從容考校，以收得人之實效。

抽燈稅議。近來物力日耗，商人百貨滯銷，獨煙土日益暢旺。論者皆欲加重釐稅，使煙土愈貴，庶吸者漸少。但洋药稅勢難議增，而土药就地抽稅及药牙領帖之法亦格不能行。且專取諸種此者與貨此者，而未能取諸吸此者，尚未得重抽之要領。應由各州縣在於原有保甲之處，設立抽收燈稅局，專派本地紳董辦理，不用差役。先照保甲門牌挨查某鄉吸煙者幾户，某户吸煙者幾人，填入門牌，本地紳董見聞最確，各户不能欺隱。并照煙户門牌另造一册，送縣查核，按每人一燈每季取制錢四百文，每年收制錢一千六百文，大約一人開燈吸煙，一年之費至少亦須十金。增入此項稅錢，多費無幾，按季由本地紳董帶同本地保甲巡丁挨户收稅，毫無擾累。一年之中各煙户有戒除者，有新吸者，隨時查明删增。至開設煙舘，應照燈數倍收。如一煙舘設燈十具，每季收制錢八千文，仍照釐金例，十成提一作爲局用，除均繳由州縣解省報部候撥，中國吸煙之人約計在兩千萬以外，照此收税，每年應得六千萬有奇。以較百貨釐金，歲入之款增多數倍。惟釐金每歲贏絀，相去不遠，而此項燈税一行，勢必年減一年，至於減盡，則中國無一人吸煙，而疢疾蠲除矣。

清關弊議。各省釐金關卡抽收之法隨意多寡，並無一定則例。同一物，而此卡抽十，彼卡抽百，猶可説也；同一物同一卡，而今日抽十，明日抽百，商賈無所適從。一任委員巡丁上下其手，弊竇百出，病國病民，莫此爲甚。請旨通飭各省，嚴定釐金則例，服食器用分晰門類，載其應完數目，刊印成册，尤務使商人易於查閲，照數繳納，各卡不得加增分毫。倘有額外需索，一經發覺，立行重處。其餘窮人度活之物，未登則例，一概免税。杜中飽而甦商困，計無切於此者。因呈請代奏前來，臣等謹恭摺代陳，伏乞皇上聖鑑。謹奏。

校　記

〔一〕例　當作『列』。
〔二〕楨　當作『植』。
〔三〕三　據上文當作『四』，以下依次當順改。
〔四〕節　當作『章』。

奏議輯覽初編卷第十三

軍機大臣 總理衙門 兵部 會議武場改制摺

奏爲遵旨議奏，恭摺仰祈聖鑒事。

光緒二十四年七月二十七日，内閣奉上諭：『總理各國事務衙門會同兵部奏遵議武場改制事宜一摺，朕詳加披覽，所擬章程尚有未能詳備之處。着軍機大臣會同總理各國事務衙門、兵部再行分晰條款，詳議具奏。欽此。』查，原議章程内稱，武場改制一事，博采衆論，酌中定制，綜其大要，蓋有三端：一曰稽名籍，二曰嚴考試，三曰杜流弊。武舉武生童等好勇尚氣，遇事生風。今改試火器，人數既衆，鈐束難施。擬請非水陸軍營有名籍者不准應試，非水陸學堂有名籍者不准應試，非練局有名籍者不准應試。凡購器演習送考諸事，皆專責成，設有疏虞，惟該管營官、教習、團長是問。所謂稽名籍者如此。砲位體重，運轉甚艱，演放既須人助，去取必致無憑，演教宜在操場，不必以之考試。擬請頭場試馬鎗，疾馳兩次，每次三出，共六出，中三鎗以上爲合式。二場試步鎗六出，中三鎗以上爲合式。

然火器以巧勝，不以力勝，煙癮孱弱之人難保不濫竽倖進。擬乃留技勇爲三場。效力戎行，宜周知險要并講求測算，擬内場試兵法論一道，輿地、測算等學策問一道。策論俱佳者，外場雖遜，亦可取中。其中額任缺無濫，所謂嚴考試者如此。洋鎗之禍最烈：操場練習傷及行路，此平時之弊；應試時人馬擁擠，向背失宜，危機立蹈，此臨時之弊。鎗靶取準之法，在手穩眼明，手眼熟則命中易。平時但演放空鎗，定期會操，地方文武齊集，始準用有彈之鎗。擇高岡或平地，築土阜，安置靶位，以爲屏蔽。試場屏蔽之土阜宜益高廣，遴選熟習鎗法將弁周巡彈壓。至於鎗價不貲，弊在糜費；鎗製不一，弊在紛歧。擬馬步概用單響毛瑟鎗，飭各營迅速製造，以塞漏巵。所謂杜流弊者如此。大抵以營伍團練學堂爲科舉之選，即以科舉爲營勇團丁學生之勸等語。今欽奉諭旨，令臣等再行分晰條款，詳議具奏。

臣等竊維武科改試鎗砲，自係因時制宜，不得不變通之舉。惟鎗砲爲生童所未習，非教練於平時，必不能程能於一旦。現在武備學堂未能遍設，團練甫經議辦，亦尚無畫一章程。原議所稱合營伍學堂團練爲一事，不過折衷衆説。至於如何分别録送，一時既不能預定，臨事必仍費周章。臣等再四思維，與其盡改新章，尚多窒礙，不如參酌舊制，即可通行。謹就原議各節詳加酌核，分擬辦法，爲我皇太后、皇上縷晰陳之：

一，童試勿庸改制也。各府州縣考童人數衆多，火器難於防範，但求膂力强勇之士，即舊制亦可以取材。鎗砲易於騎射，入學後練習未晚。擬請學政按臨，一仍舊制，至取進武生以後，或投營伍，或入學堂，練局各聽其便。

一，録送仍照舊例也。原議非水陸軍營及學堂、練局有名籍者，不准應試。凡購器演習送考諸事，皆責成該管之營官、教習、團長。立意非不周密，惟學堂練局此時尚未能遍設，恐難一律遵辦。所有各省鄉試應請暫照舊例録送，以免紛歧。

一，内外場考試規制尚宜參酌也。考試既改鎗砲，原議又謂砲位體重，運轉維艱，不必以之考試。定爲頭場馬鎗兩次，每次三出；二場試步鎗六出。舍砲用鎗，於操防之法，本屬未備。至放鎗較騎射爲易，人人能言之。似不妨酌留舊制，擬請改爲頭場馳馬兩次，先試馬箭三枚，再試馬鎗三出，以中一箭一鎗以上爲合式；二場試步鎗六出，以中二鎗以上爲合式。其三場技勇即照原議。至内場論策題各一道，應准以一論爲完卷，不能作策者聽。

一，鎗枝宜畫一也。馬步既概用單響毛瑟鎗，應由各督撫於廠局從速仿造鎗枝子彈，以備考試之用。其各省有未經製備，以他鎗暫代者，應奏明辦理。

一，鎗靶宜酌量定制也。馬步皆用毛瑟鎗，則設靶遠近、寬窄，自應就毛瑟鎗定制。馬道長一百八十丈，勻排三座凸形鐵靶，各距馬道遠五丈，靶高五尺，寬一尺六寸。中靶以響爲憑，步鎗靶遠六十丈，立三環鐵靶，靶心圓式，對徑三尺，外鑲木架，環用朱油灰、白油灰相間。畫式靶架高五尺五寸，寬三尺八寸，中靶以環之中心内外分别優劣。

一，鎗枝藥彈宜官爲製備也。各省鄉試武生人數有册送可憑，所需鎗彈應由各督撫豫先核計，制備頒給。或即向各營及練局學堂調取，試畢發還。至順天鄉試及會試、殿試，應就近在北洋各局咨取，兵部於考試年分核計人數，行文北洋大臣，委員解部，事畢運回。

一，考試火器宜酌定地方也。各省鄉試應由各督撫相度地勢，擇空曠處所以爲試場。順天鄉試、會試、殿試應由兵部相度地勢，擇空曠處所以爲試場，俟擇定後即行奏明。

一，殿試鎗彈宜倍加謹慎也。聖駕親臨，宜嚴肅火器雜沓非所，以備不虞。且奉旨録用之後，上者爲參遊，次亦爲都守，所以求將領之才。若重在中鎗，仍不過一兵一卒之用。自應專重内場一論一策，方爲完卷。至馬步鎗，概令用藥不用彈，以昭謹慎。其鎗靶宜視鄉會試較近，兵部酌定具奏。

一，武備學堂宜酌量建設也。各省創造學堂現已陸續奏報，其各府州縣能否推廣，及營造齋舍、延聘教習、内堂外堂諸功課，應由各督撫妥定章程，奏明辦理。

一，團練宜認眞興辦也。團練與保甲相輔而行，保衛鄉里，捍禦賊寇，意至良，法至美也。其流弊或至於逼勒富户，騷擾良民，此則地方官辦理之不善，不能因噎廢食也。應由各督撫就各該省情形因地制宜，妥定章程，奏明辦理。

以上各條雖與原議不盡脗合，但求利於推行，未敢膠執成見。如蒙俞允，即自下科爲始，通行遵照辦理。其一切册送場規磨勘各事宜，並此外是否尚有應行酌核之處，應由兵部體察情形，隨時釐定章程，奏明請旨。

抑臣等更有請者，武科之設，原期得折衝禦侮之才。自火器盛行，弓矢已失其利。惟科舉之法，究屬未便輕廢。本年二月間，臣榮禄曾奏請將各省武童就地操練，充役三年，作爲武生，挑入武備學堂，學習格致、輿地等學及砲隊、鎗隊、馬隊、工程隊諸科，以次遴升，作爲武舉人進士，名爲武備特科，與常科並行不悖。原爲參酌中外兵制，造就人材，用備干城之選，此事未經議行。然考試爭一日之短長，實不如學堂營伍訓練操防，可以統一月一年以相比較。查光緒二十二年十月，兵部議覆御史孫賦謙條奏變通武科事宜摺内，請令各省營用武進士及投標武舉練習鎗砲，酌定勸懲章程，應仍由各直省一律遵照辦理。並令該督撫提鎮隨時考驗，分别等第，先儘其技藝優嫻者，遇缺拔補，以示鼓勵。務當明定章程，不得虚應故事。其選侍衛亦酌撥入神機營一體練習，似於講求武備、鼓舞羣材之道尤爲周備。所有臣等遵議緣由是否有當，伏乞皇太后、皇上聖鑑訓示遵行。謹奏。

軍機大臣吏部 會議裁缺巡撫摺

奏爲欽遵懿旨會同妥速議奏，恭摺仰祈聖鑒事。

光緒二十四年八月二十六日，内閣奉慈禧端佑康頤昭豫莊誠壽恭欽獻崇熙皇太后懿旨：『湖北、廣東、雲南三省巡撫現今裁撤，地方一切事宜總督能否兼顧，究竟巡撫是否可裁，著軍機大臣會同吏部妥速議奏，欽此。』仰見皇太后、皇上審定職官折衷至當之意，欽佩莫名。臣等伏查，總督、巡撫統轄文武，鎮撫地方，俱屬秉節重臣。國初以來，屢經裁移歸併，至於今日，實已斟酌盡善，無可置議。督撫職守各有不同，各省情形亦復大同小異。大抵總督重在典兵，一切海防、邊防、水陸各軍以及洋務、釐務、鹽務，凡於軍政軍餉有關繫者，總督主之。巡撫重在吏治，一切地丁、關稅、刑名、錢穀，以及考覈吏治、調劑民生，凡於地方有關繫者，巡撫主之。其間經緯萬端，亦復互有出入。至於湖北、廣東、雲南三省，督撫同城，載在會典，誠以江海奥區，巖疆重地，非督撫兼設，不足以鎮懾非常。各國通商，漢口、香港兩處，偪近鄂、粵省城；雲南蒙自一關，亦屬緬、越孔道。較之當日情形，尤爲緊要。臣等竊惟利不什不變法，害不什不改作。裁并巡撫一事，利害相權，實未可一概而論。覈論遣散撫標兵丁，裁去養廉俸銀等項，所省無幾，向例歸巡撫專辦之事，嗣後均應責成總督一人。即日行公事，深恐難於兼顧，設遇出省校閱等事，省城並無大員坐鎮，實無以昭慎重。倘因事出缺，或別有升調，勢必以藩司護理，總督亦嫌望輕。是裁併三省巡撫，窒礙頗多，不可不熟思審處。且今日之督撫，即前代之藩鎮，責任固不可不專，事權亦不可過重。即如同治年間，雲南回匪突於省城起事，巡撫徐之銘畏葸無能，暗通消息。總督潘鐸慷慨赴義，誓以身殉，人心賴以不去。其後督臣劉嶽昭、撫臣岑毓英始克收盪定之功。是同城之督撫，但使有一人得力，即於大局裨益良多。若督撫俱得其人，其收效當更宏遠。又如官文、胡林翼於咸豐年間分任湖北督撫，其時粵匪鴟張省城，屢復屢失，該督撫同心協力，卒得轉危爲安。論者謂此二臣，如房謀杜斷，缺一不可。是督撫同城，不但兩不相妨，並可相助爲理。現在時事日艱，實未可輕議裁併。所有湖北、廣東、雲南三省巡撫應否復設之處，恭候聖裁。所有臣等欽遵懿旨，妥速議奏緣由，謹恭摺具奏，請旨施行，伏乞皇太后、皇上聖鑑。再，此摺係軍機大臣主稿，會同吏部辦理，合併聲明。謹奏。

軍機大臣 吏部 會議裁缺河督片

再，光緒二十四年八月二十八日，臣等面奉懿旨：『河東河道總督是否可裁，著軍機大臣、吏部歸入議覆裁缺巡撫案内一併議奏。欽此。』當經交片吏部，欽遵辦理。

臣等伏查，河東河道總督一缺，雍正七年由副總河改爲河南、山東河道總督，分管南北兩河。自黄河北徙，山東境内黄河由東撫督辦修守。其運河工程並河南境内黄河，仍由河道總督管理。所有黄、運兩河廳汛大小各員及河標營弁，統歸河道總督節制。現在河督缺雖議裁，而沿河文武俱有修守之責，未便一概裁汰。僅裁去河督一缺，所省俸銀、養廉等項實屬有限。且河南巡撫身任地方，公事繁重。河督須終歲巡歷河十〔二〕，親籌修守，實非巡撫所能兼顧。所有河東、河道總督應否復設之處，謹附片會奏。請旨。

湖廣總督張之洞遵擬漢口試辦商務局摺

奏爲遵旨於漢口試辦商務局，酌擬辦法大端，恭摺仰祈聖鑒事。

竊照承准軍機大臣字寄光緒二十四年六月初七日，奉上諭：『振興商務，爲目前切要之圖，疊經諭令各省認眞整頓，而辦理尚無頭緒。泰西各國首重商學，是以商務勃興，稱雄海外。中國地大物博，百貨浩穰，果能就地取材，講求製造，自可以暗塞漏卮，不致利歸外溢。著劉坤一、張之洞揀派通達商務、明白公正之員紳，試辦商務局事宜。先沿江、沿海，如上海、漢口一帶，查明各該處所，就出物産，設廠興工，果使製造精良，自能銷路暢旺，日起有功。應如何設立商學、商報、商會各端，暨某省所出之物産，某貨所宜之製造，並着飭令切實講求，務使利源日闢，不令貨棄於地，以期逐漸推廣，馴致富强。事屬創辦，總以得人爲先。該督等慎選有人，即着將擬定辦法迅速奏聞，毋稍延緩，將此各諭令知之。欽此。』仰見朝廷通商惠工、阜財利民之至意，欽佩莫名。查，商務乃今日要政，上海爲沿海總匯，漢口爲上游要衝、鐵路樞紐，自應分設兩局。除上海一局由兩江督臣劉坤一委員開辦外，兹於漢口設立商務局，以鼓舞聯絡上游川、陜、河南、雲、貴、湘、粤等處工商爲要義。其商學、商報、商會及講求工廠製作、商貨銷路等事，江、楚兩局各自籌辦。遇有應行聯絡通貫或應互相協助之處，隨時知照會商辦理。雖分爲兩局，仍聯爲一氣，應由兩江督臣劉坤一商籌酌辦。所有應辦之事，其要有八，謹條列於後：

一曰啓發。商報、商會、商學，皆係啓發之事。商報係採訪沿江沿海各口岸暨鄰省本省土地所産及人工所造各貨市價銷路，並譯各洋報所載商務，兼譯西書之有關商務者分期出報。商會係由本局商董邀集各省各幫大商，入局定立商會，或面商，或通函，或登報互相討論考校，以期聯絡協助，力厚氣旺。商學係考求製貨理法，銷貨道路，綜校新式護商律例，以及中外盈絀，銀價漲落，各國嗜好，各業衰旺各情形，自應設立學堂，延師教習，方能增長知術。惟中國設立商學，華人能任教習者，斷無其人。若延請洋教習，經費太鉅。且設堂經費亦屬不貲，斷難舉辦。惟有赴外洋學習，但西洋過遠，東洋較便，商會中人有願往者，自備資斧或由商會籌集公款，湊齊人數若干，由該局稟臣，發給護照前往，並咨明總理衙門暨出使大臣查照。至設局之始，不能不酌籌經費，以資刊報設會等事之需，擬於整頓牙帖項下籌撥。以後商務漸興，果有成效，方可與衆商酌議籌集經費之法。

二曰倡導。製造土貨，需用機器。華商不知成本若干，有無利息，未敢試辦。現擬除已設之紗布絲麻各局外，其餘土貨之需用機器者，若牛皮、骨角、紙張、竹器、漆器、洋蠟之類，均可次第籌辦。官籌本若干，並借商款若干，先設數廠，令其觀感，見有成效，自知仿行，或代爲訪求製造之法，及需用何項機器，以爲之倡。

三曰合力。商務必集公司方能大舉。一省商力不足，合他省以益之。查上游四川、雲、貴等省出産土貨甚多，而地勢較偏，購機選匠種種不便。且機器運至川江以上，實屬不易，銷路亦窄，若造成後再運至下游行銷，徒多往返耗費。至於陝、甘、河南、兩廣、湖南，亦不如漢口地勢適中四達。現擬於武漢一帶衝要地方，購買地段，以備入商會者在此地段内購地造屋，或設行棧，或設機廠。

四曰塞漏。現有洋商，已准在内地設廠，製造土貨，無從禁阻，愈開愈多，華商更難覓生計。即使後日續開，固已著著落後，莫若議與洋商合辦，既免占我全利，并可學其工藝，此亦補救漏卮之一法。

五曰袪習。中國商賈積習，識陋見小，亦思依仿新式辦運新貨，而偷減工料，貨質全非，以假亂眞，以劣攙優，種種欺僞，以致外人割價退盤，甚至無人過問，其貨眞價實之商反爲所累。甚有招集股分，意存誆騙，事未辦成，資已用罄。遂至人人畏避，公司難集，商務莫興，實緣於此。必須明定賞罰，以示勸懲。

六曰保護。近日，各省倒帳之案層見疊出，漢口、沙市已屬不少。商局既設，未倒之先，官爲訪察防護；既倒之後，官爲嚴追懲辦。凡曾經倒塌之商，照西例飭令報窮，列諸商報，使遠近咸知，以後永遠不准更名充商貿易。

七曰體恤。嚴禁税關釐卡留難需索。新製土貨可以抵制洋貨者，奏明減輕或暫免釐税，定明專利年限，不准他商仿造。

八曰獎勵。新創機廠，暨捐資興辦商報、商會、商學及在外洋學成工藝回華可資實用者，奏明請獎。

以上八端，總之不外於抵制洋貨、依仿洋式、借助洋師三義。從此著手，方爲有關內地商務大端，由粗入精，由近及遠。即將前經奏設之勸工勸商局，歸併此局之內。其中事體繁博，現在先立大概章程，此後隨時籌畫變通，務期以漸推廣。查，有奏調湖北差委廣東候補道王秉恩，端廉切實，才力精强，商務綜核，尤所擅長。此次另片奏調之江蘇候補道程儀洛，廉正核實，不辭勞怨，擬委令該兩員會同總理其局，並擬遴選殷實誠信、通曉時勢之商董數人爲總董。惟漢口之商，外省人多，本省人少，但取其熟悉商情，勢難拘於本處紳士。所有選員設局大概情形，已經於七月十八日電奏奉旨允准在案。現在督飭該道等將商務應辦各事宜，妥擬詳細章程，認眞次第籌辦，務期聯絡上游各省，漸次擴充。除以後辦法隨時奏陳外，理合恭摺覆陳，伏乞皇太后、皇上聖鑒。謹奏。

奉硃批：『另有旨。欽此。』

湖廣總督張之洞請擴充砲廠加撥經費片

再，臣於本年春間，因湖北鎗砲局經費不敷，奏請加撥常年經費銀四十萬兩。部議准由江漢關洋税項下，就近每年加撥銀十萬兩，以爲鄂省鎗砲廠常年經費之用。如再不敷，應令該督查照前奏，由該省自行妥籌等因。奉旨：『依議。欽此。』惟查鄂廠添購無煙藥機、煉罐子鋼機暨十二生快砲，並架彈等機及大小新式樣砲壓鋼各機片錘鋼模樣板具各件，其價甚鉅。現正購地添建各廠，需費愈繁。加以添雇華洋工匠，常年製造之費尤屬不貲。以上各項，均在鎗砲廠製造常年費用之外。從前，奏撥鎗砲廠常年經費歲收約僅三十六七萬兩。近年土税短絀，宜昌鹽釐抵還洋款，各省撥補之項，能收若干，實未可必，焦急殊深。兹部議僅准由江漢關每年加撥銀十萬兩，不敷仍鉅。現在舊廠製造日多，新廠添建難緩，經費萬分支絀，待用孔殷。雖部議令臣自行妥籌，無如鄂省才力殫竭，羅掘無從，再四籌思，擬請於宜昌關洋税項下，每年加撥銀五萬兩，由該關設法騰挪籌措，決不於應解各款稍有妨礙。如蒙俞允，俾該廠新購鋼藥大礮各機得早陸續安設，分別製造，實於武備有裨。謹附片具陳，伏乞聖鑑。謹奏。

奉硃批：『户部議奏。欽此。』

安徽巡撫鄧華熙奏辦理清賦查出田畝實徵銀數摺

奏爲安省辦理清賦查出田畝實徵銀數恭摺具陳，仰祈聖鑒事。

竊查上年十月，臣以安徽清賦開辦，業已經年，曾將清賦隱熟及新墾田畝數目附片陳明，並因所查田畝科則不一，實徵銀米若干未得確數，聲明俟本年奏銷時再行核辦。欽奉硃批：『户部知道。欽此。』當經轉行欽遵辦理。玆據藩司呈報通省清賦案内，查出隱熟新墾田一萬八千七百十八頃有零，應徵銀兩已據各州縣先後解司銀五萬五千八百十六兩一錢一分七釐，業經歸入光緒二十三年奏銷册内，造報詳情，奏咨在案。仍有未完銀六千八百一兩七錢九分一釐，現經分别嚴催，一俟徵完清解，即行歸入下年隨奏造銷等情。臣查，安徽原缺荒田共六萬二千五百餘頃，現計清出隱熟新墾田畝甫及原缺之三成。雖據詳將清賦局裁併以節經費，而錢糧係藩司專責，自應飭司仍令各屬實力清查，據實册報，務將荒缺田賦一律查清，勿令欺隱，以裕糧賦。計自光緒二十二年七月起設局開辦清賦，至本年四月裁局日止，歷時將及兩年，一切經費均從樽節，並未動用正項。在局各員朝夕從公，盡心稽核，不無微勞，當由臣酌給外奬，以資鼓勵。惟奏調來皖襄辦之奉天補用直隸州知州前安東縣知縣潘文鐸，舉人揀選知縣沈寳樞始終在局，尤爲出力。該二員或非在皖候補，或未分發到省，均屬無從給奬。可否懇恩交部，從優議敘，以勵勤勞之處，出自逾格鴻施。所有安省清賦查出田畝，現徵銀數並撤局以後歸藩司辦理，暨將襄辦人員給奬緣由，謹會同兩江總督臣劉坤一恭摺具陳，伏乞皇太后、皇上聖鑑訓示。謹奏。

奉硃批：『著照所請。該部知道。欽此。』

安徽巡撫鄧華熙請設武備學堂摺

奏爲遵旨設立武備學堂，謹陳籌辦情形，恭摺仰祈聖鑑事。

竊臣以經武整軍，實振奮自强之首務； 明恥教戰，在多培良將以爲師。 矧今時事之多艱，尤必安懷之并策。 中外臣工疏陳武事，惟冀將才輩出，請設武備學堂。 臣欽奉諭旨，飭將如何設立之處奏明辦理，已於六月間遵議武科摺内陳明悉心籌辦在案。 臣維周官司馬，軍政有經，坐作進退之方，旂物金鼓之節，行其教於四仲。 言教，而學在其中，兵事非學不精，古今理無二致。 近來，泰西各國皆挾兵力爭雄，其將領盡由學堂出身，其士卒悉在學堂肄業。 兵陣技藝，練習俱精。 又有馴砲快鎗，精雷巨艦，供其運用，故能日進於强。 水師以英國爲最精，陸軍以德國爲最勝，輿論昭著，確有明徵。 中國外患疊生，兵防緊要，返弱爲强之策，在采其精而習其長。 凡彼之紀律營規、鎗法砲表及測繪、營壘、戰陣等事，節目繁多，非專設學堂、分門教練不可。 而此堂之設，意在儲備將才爲宗。 蓋必有將兵之人，而後可收治軍之效。 雖安省帑項支絀，亦亟宜量力經營，必自省城先立規模，以期拓擴。 臣督同司道詳細妥商，查看臣署東偏原有演武廳一所，操場寬廣，爲平時校閲弁兵之區。 尚有餘地空間，已經委員勘定，就舊屋量爲修改，再添造四十餘間。 於八月内興工，催趲速辦，限以冬間告竣，即作爲武備學堂。學生擬以四十人爲額，招考貢監生員及文武候選候補員弁，以至官紳子弟性質聰穎、形體壯足者。本省人由地方官加結保送，其外省人取其同鄉官印結保送。考驗合格，取入學堂，教授兵書。一切市井麤人不得投考。

安省財力所阻，且緩延聘洋員，擬即咨請北洋大臣在陸師武備學堂揀派由學生出身，歷練成才，堪充教習，並通曉泰西語言文字及測算圖繪之華士二人，於來年正月到皖，分充教習。另選深通史事兵書及曉測繪地圖者一人爲漢文教習。參酌南北洋教法，訂立章程，定期開學。每列內堂課程，外場操演，各限晷刻，分班指授，循序研求。派知府一員爲總辦，再派州縣佐貳二員，分司稽察管堂支應各事。堂與臣署密邇，亦可就近查察。堂內功課，在讀中外之軍書，究奇正之兵法，考鎗砲之遠準速率，審度方輿形勢，而兼測量圖繪之工；請求戰守機宜，而明台壘濠塹之制。外場操練，在步伐整齊，鎗砲命中，通知變化陣法、濠壘工程，兼嫻擊刺跳縱技藝。教習如盡心訓課，成效昭彰，應請由臣選擇其尤，酌量保獎。學生月課、季課、年終亦由臣督同委員、教習，分別認眞考校，就其學業淺深，以定班次等第，而行賞罰升降之差，自可由粗及精，次第卒業，請予照章獎敘，量能録用，藉儲將領之才，以備干城之選。遇有出差空額，隨時考選補充，以期日就月將，裁成漸廣。

至目前修造房屋工料，購置中西圖籍儀器，製備各項器具從省，約計需銀一萬數千兩。

其常年應發委員、教習薪水，學生飯食、操衣、鞾帽以及書役辛工考課獎賞，暨紙筆油燭一切雜支等項，亦不下一萬兩。安省庫儲竭蹶，籌措維艱。然事關講武培才與選兵改操，同係籌防要圖，相爲表裏，與其另撥正款，重煩文移，不如仍就防軍設法挹注。臣於覆奏挑選練軍改習洋操摺内，陳請應加餉項，將派還英、法、俄、德本息，撥湊之支應局防餉裁節銀六萬兩全數留局，以充此兩項之用。另由司庫籌補洋款，不致貽悮，而學堂用款有著，庶期措置合宜，仍當樽節動支，皆求實際，歸於防軍報銷案内另册造銷。其餘未盡事宜，容再隨時奏明辦理。除咨總理各國事務衙門暨户、兵二部查照外，所有遵旨籌設武備學堂緣由，謹繕摺具陳，伏乞聖鑑訓示。謹奏。

安徽巡撫鄧華熙奏查明折徵礙難再減摺

奏爲查明安徽省各屬折徵錢糧前已分別核減提解，體察情形，礙難再減，謹恭摺覆陳，仰祈聖鑑事。

竊臣承准軍機大臣字寄光緒二十四年八月初四日奉上諭：『有人奏州縣徵收賦税，以錢折銀，任意折算，請飭認眞核減等語。州縣徵收錢糧，折價浮收，前經給事中龐鴻書奏請減收錢數，當交户部議准，諭飭各督撫核辦。乃近來惟山東、江西兩省尚有核減，其餘仍多藉詞搪塞，無非爲州縣留有餘地步。近年每兩銀價均在一千一百文上下，而州縣徵收仍折價二千八九百至三四千文不等，浮收不止加倍，實不成事體。各督撫身任封疆，思紓一分民力即養一分元氣，自經此次誡諭後，務各嚴飭所屬，按照現時價銀大加核減，不准仍前浮濫，以蘇民困而肅吏治。原片著抄給閱看，將此諭令知之。欽此。』遵旨寄信前來，旋又抄録原片咨行到皖，遵經先後行司轉飭遵辦去後。兹據署布政使李廷簫詳稱：遵查，安徽省各州縣衛徵收錢糧，定章本係徵銀，間有從民之便，以錢折納者，亦按照市價折收。前於光緒二十一年間，前撫臣福潤因銀價漸低，即經向係徵銀各處，悉仍其舊，並鳳陽、靈璧、定遠三縣額徵本少，不敷支用，毋庸議減外，其餘各屬凡有以錢折納者，每銀一兩，照該州縣向來櫃收價值，酌添錢一百文，通飭遵辦。上年復奏，准部咨令照西省減徵丁漕錢價並提平餘一案。當奉飭，除照章減徵外，錢糧每徵銀一兩，加解平餘銀七分；漕糧每徵米一石，加解平餘銀一錢。嗣據該管各府州會議稟覆，各州縣徵收錢糧，徵銀、徵錢情形不一，而所定折價各以市價爲斷，所得平餘爲數無幾，應請體察各屬情形，分别酌提或免解，至漕糧一項，均須一律加解。惟懷寧縣爲省垣首邑，缺苦差繁，請自光緒二十四年冬漕起遵章提解，免予減徵。統計每年應提各屬地丁錢價平餘約銀一萬七千二百餘兩，漕折錢價平餘約銀二萬二千餘兩。開具清單，詳奉奏咨立案。並奉户部撥安省丁漕折錢平餘銀五萬兩，抵補皖岸鹽耋各在案。是安徽省各屬丁漕折價，業已兩次核減提解，現均按照減定之數徵收，並無每兩仍收錢二千八九百文至三四千文不等情事。且確加查訪，不特現在無此折價，即未經核減以前亦無此數。至現在各屬市價每兩約在一千四五百文之間，並無每兩一千一百文上下價目，委實難以再減，詳請具奏等情前來。臣覆加查核，安省各屬徵收錢糧，除向徵銀外，間有以錢完納者，均照市價折收，所得平餘，本屬無幾，且已一再減徵提解，均經奏明在案。現在銀價有增無減，各該州縣辦公已形竭蹶，若再飭令減收，轉無以養其廉。該司所詳均係實情，應請由臣嚴飭各屬按照減定之數徵收，不准稍有浮濫，以仰副聖主顧恤民艱之至意。除咨部查照外，所有查明安省各屬徵收錢糧，前已分別核減提解，現難再減緣由，謹恭摺覆陳，伏乞皇太后、皇上聖鑑訓示。謹奏。

奉硃批：『户部知道。欽此。』

熱河都統壽蔭奏陳開辦礦務徵收課銀摺

奏爲開辦熱河礦務情形，並已徵收課銀數目暨起限升課日期，恭摺具奏，仰祈聖鑑事。

竊查，前奉諭旨開辦熱河礦務，當將辦理情形業經奴才奏報在案。惟查熱河所屬各礦，除土槽子遍山綫已經奴才於去歲委員查勘，飭令於每年應交課款等項之外，酌加四成，由光緒二十三年正月起照數徵收題報。此外，僅有候補道徐潤報開之金廠溝梁，熱河與直隸合辦之雙山子二處現已升課。

金廠溝梁前奏明白，自開採起至光緒二十二年底止，除開支各項外，僅結銀存八千四百九十三兩八錢七分九釐，聲明作爲舊管，列入下届接算外，其自二十三年正月起飭令照章升課，至是年四月底作一結，除開支各項用費金價外，共計餘銀一萬九千五百九十兩四錢一分三釐。按照奴才前經奏定新章，每餘銀若干，統按二十四股計算，以十股升課，以十股歸股票，餘利以四股作爲員司花紅，計應得正課行平銀八千一百三十三兩八分八釐七毫五絲，每兩折合庫平銀九錢六分八釐，共合庫平銀七千八百七十三兩八錢二分五釐九毫一絲，遂飭將下結趕緊算清呈報去後。復於七月初七日據該道徐潤等稟稱，已將自二十三年五月起至十二月底止下届賬算清楚，並前呈舊管統計結存，餘行平銀一萬七千四百七十三兩四錢四分八釐。按照二十四股分攤，以十股正課計算，應解行平銀七千二百八十兩六錢三釐，每兩折合庫平銀九錢六分八釐，共折合庫平銀七千四百七兩六錢二分三釐七毫四忽。統計先後共收到庫平銀一萬四千九百二十兩零四錢五分三釐六毫一絲四忽，均已照數呈解奴才衙門，查收存庫，聽候部撥。惟查該礦結數，按月核計，未能均平者，實因口外地方，每交夏令，大雨時行，各井洞水勢增長。又五月至九月有事田疇，農忙人少。向來出金之數，俱以春冬兩季爲優，又兼上年冬井深水旺，機器錫爐損壞，雖經趕緊修理，不免有間工作。

雙山子分局五月以後，忽遇夾綫，跟蹤追採，亦多虚拋時日。是以按月比較，未能畫一。現經奴才疊飭該員等督飭員司，竭力採辦，認眞籌畫，務期礦務振興，課款增益，是爲至要。雙山子金礦係建昌縣，奴才與前督臣王文韶會商，直隸派委候補道徐潤，熱河派委候補知縣繆桂榮會同辦理，嗣因該處工作未甚合宜，復經奴才派委熱河道湍多布前往查勘，就便酌度情形，妥定章程，督令認眞採辦，業經奴才先後具奏在案。嗣據候補道徐潤、候補知縣繆桂榮稟稱：奉委會辦雙山子金礦現已開辦年餘，即應照章納課。第該處係屬初辦，工費較鉅，現在竭力籌畫，撙節辦理。計自光緒二十二年九月開辦起，至二十三年十二月底止，除開銷金價及建置房屋、器具、薪工、利息等項外，通盤核算，計結存餘行平銀九千八百五十九兩一錢六分八釐。照奏定二十四股章程，以十股升課，計應收行平銀四千一百七兩九錢八分七釐。每兩按九錢六分四釐，折合庫平銀三千九百六十兩九分九釐三毫六絲八忽。該礦係與直隸合辦，當准直隸總督臣榮禄咨會，此項課銀各一半解歸奴才衙門，聽候撥用，一半解歸天津海防支應局兑收，並據該員等將前項銀兩照數分解查收在案。現復飭令督催，認眞採辦，以盡地利而裕課款。

又，熱河各屬煤窑向章，每逢報開一處，歷年上交課銀五兩。熱河所屬共計煤窑二十餘處，每年計徵收課銀一百一十餘兩。而各商所得抽分不啻倍蓰，更兼藉端影射，官吏剥削，種種弊竇，不勝枚舉。於二十三年春間，經奴才奏明，派員查辦，化私歸官。當派委候補知縣繆桂榮、試用巡檢蘇鼎銘分往查勘，並飭妥爲辦理。該商等初猶藉口違抗，繼經該委員等詳加開導，曉以大義，喻以時事，並從優議給商人抽分養贍，始皆悦服。惟各處情形不同，銷售亦異，或因路遠價廉，或因農減靡常，當就各處情形，酌定抽分。緣口外煤窑，向係窑户採挖出售，商人坐受其利，應概予革除。第念該商等抽收日久，户口衆多，舍此無以爲生，當由該商等所得抽分，一成之中酌減四五分不等，餘仍歸其養贍。復於售主煤價之外，稍增一成或五七分不等。將增減之成數，作爲官收抽分，並飭將前領帖照繳銷，另發新照收執。如此辦理，不特商無所苦，課款從此可歸實濟。現在該局均已樂從，具結遵辦。按熱河所屬煤窑通盤核計，每年約可徵收抽分銀一萬二千兩，較之從前每窑歷年徵收課銀五兩之數不啻增益百倍。惟每窑於議定抽分之後，必須派設員司人役每日稽查徵收，有所添修房屋、置備器具，一切初辦，所費甚鉅，因無項可籌，當由所抽分内先行撥用。計自奏明陸續開辦起結，至光緒二十四年五月底止，除開支蒙古各旂山分並修建各窑局所房間器具、員司薪水、夫役工食、查勘路費等項外，計結存庫平銀六千六百三十八兩零五釐四毫三絲五忽四微。擬請作爲售管以前需用免其報銷，自六月初一日起，以後常年所收抽分，每届年終奏報一次，并造册咨送户部，暨統轄礦務總局查核其以前歷年各屬徵收煤窑課銀，應請善後於報銷册内扣除。以上初辦現已升課者，金廠溝梁、雙山子金礦二處，均就現定章程納課。一俟奉到統轄礦務總局酌定新章，再行飭知遵辦。

此外，尚有朝陽之五家子、平泉之長皋、豐寧之寬溝、灤平之桑園等處金礦，并朝建兩縣新探煤礦，或係甫報開採，或係暫行試辦，現在尚無成效。已飭令各集股資，妥籌辦理，一經辦有端倪，即飭照章納課，並酌定抽分外，所有開辦熱河所屬礦務情形暨起限升課數目日期，理合恭摺具奏，伏乞皇太后、皇上聖鑑。謹奏。

礦務鐵路總局奏定章程摺

奏爲明定礦務鐵路章程，請旨通行飭遵，恭摺仰祈聖鑑事。

本年六月二十四日遵旨開設礦務鐵路總局摺内，聲明應辦事宜，隨時具奏。九月初十日議復胡燏棻條陳礦務事宜摺内，聲明另行核定章程各在案。臣等查，礦務鐵路誠能辦理得宜，可以益國計，裕民生。然天下事利與弊恆相因，况此事至繁重，辦法稍有參差，將使奸商劣紳串通影射，壟斷把持，而公正妥實之紳商反退縮向隅，無以自效。且既辦以後，利益稍有端倪，不肖官吏又或從而覬覦，百端魚肉。利源未擴，弊竇叢生，斷無可以持久之理。今欲興利剔弊，自非慎始圖終不可，如遴派公司，嚴核股本，示洋股之限制，保華商之利權，及用人購地，選匠鳩工，徵收税課，稽查出入等事，亟應明定畫一章程，以資遵守而垂久遠。臣等博訪周咨，就華洋成式中斟酌採擇，謹擬礦務鐵路公共章程二十二條，恭候欽定。如蒙俞允，即由臣局通行飭遵。此後因時制宜，有應行增減之處，再由臣等體察情形，隨時奏明辦理。所有明定礦務鐵路章程緣由，理合恭摺具陳，伏乞皇上聖鑑訓示。再，此摺係礦務鐵路總局主稿，會同總理各國事務衙門辦理，合併聲明。謹奏。

奉硃批：『依議。欽此。』

礦務鐵路公共章程二十二條

一，礦路分三種辦法：官辦、商辦、官商合辦，而總不如商辦。除未設總局以前，業經開辦者不計外，此後總以多得商辦爲主，官爲設法招徠，盡力保護，仍不准干預該公司事權。

一，總局奏准：未經奉旨設局以前，無論官商，擬辦未確之事，均應報明，聽候分別准駁，不得作爲定案；所有設局以後，各省開辦礦路，無論官商華洋均應按照本總局奏定章程辦理，其有援引設局以前，各省礦路章程請辦者，概不准行。

一，東三省、山東、龍州三處礦路事務，均與交涉相關。此後，無論華洋股分，概不援案辦理。

一，礦路本係兩事，准分辦，不准合辦。凡鐵路公司所有沿路開礦章程，不得援案請辦。即礦山准造支路到水口以便載運礦産，亦衹准造至最近水口，併不得搭客載貨，暗佔鐵路利益。其有應造支路運礦之需，本須先行繪圖，報明本總局查覈。

一，承辦礦路俱設立學堂，以爲儲材之地。業已奏明通行，一律照辦。

一，各省紳商有遞呈該省地方官請辦礦路事宜者，該地方官先察其人，如果公正可靠，家資殷實，其所請辦無背奏定章程，即咨報總局覈奪辦理，不得率行批准。其有在總局遞呈，亦必咨查該紳原籍地方官確實無疑，然後批准，以杜招摇等弊。

一，礦路公司勘定某處必經之地，應由地方先行曉諭，俾衆咸知，不得故意抗玩。至公司買地遇有廬墓所在，務當設法繞越，以順民情而免爭執，不得勉强抑勒。

一，凡經總局批准承辦礦路者，自批准之日起，無論華股洋股，至多不得過六個月，一准開工，不得遲延。未據呈報開辦日期者，所有批准之案作廢。如實有意外之事，不在此例，亦須預行報明。

一，集款以多得華股爲主，無論如何興辦，統估全工，用款若干，必須先有己資及已集華股十分之三以爲基礎，方准集洋股。如一無己資，專集華股、洋股與借洋款者，概不准行。

一，借洋款必須先稟明總局，由局核定，給予准照。該商力能有議借之權，仍聲明商借商還，中國國家概不擔保。其未得准照，私與洋商借者，雖稱已經畫押，總局概不作據。

一，公司借用洋款，議定草合同，先送總局覆覈。如與總局奏定章程不符，仍不能以草合同作據，應飭令再議。始終意見不同，可與他國商人另議。如洋商私相借貸，設有虧累，不得向總理衙門控追。

一，設立公司有准用借洋款者，應照成案由本總局咨明總理衙門，照會該國駐京大臣照復後方爲定准。即洋商有情願借款與該公司者，亦須稟明該國駐京大臣照會總署，由總署咨詢本總局是否准該公司定借洋款，照復後方能作據。否則，作爲私借辦理。

一，凡辦礦路，無論洋股、洋款，其辦理一切權柄，總應操自華商，以歸自主。惟該公司所有賬目，應聽與股洋商查核，以示公平。

一，有人興辦礦路，聲稱已集貲本及股分若干者，應先將銀款呈明驗實，以杜冒混。

一，各省凡辦礦路地方，必有借重地方官之處。如有地主阻撓、工役聚衆等事，一經公司呈報，該地方官即妥爲曉諭彈壓，毋得推委，尤應嚴禁胥役訛索情弊。如不切實保護，准公司呈訴總局查實奏參。

一，凡公司彼此爭利，或他事有礙公司利權者，應就近由地方官判斷，免致兩傷。或因判斷不公，准稟由總局詳細核辦，以示保護。如係華商彼此爭執，應由兩造各請公正人理論判斷。倘實因判斷不服，准其另邀局外人秉公調處，兩國國家不必干預。

一，凡礦路所用洋人前往各處勘驗，應責地方官切實保護，不得推諉。倘遭意外之處，惟該地方官是問。

一，凡華人承辦礦路，獨力貲本五十萬以上，查明實已到工，辦有成效，或出力勸辦，實係華股居半者，應照勸辦賑捐之例，請給予優獎，以廣招徠。

一，無論獨辦、集股，均准專利。至年限長短，俟臨時察看貲本輕重，獲利難易，再爲酌定。

一，礦路經過地方應設關徵稅，及礦產出井出口各處，應由總局會同户部另定章程，奏明辦理。至盈餘歸公之款，鐵路應按十成之四、礦務十成之二五提出繳部。

一，各公司一切情形及賬目等事〔二〕，應聽總局隨時調查，或派人前往閲看。

一，各處礦路所有現行一切細章，統應彙送總局核定。局中另繕表譜格式，分行各省。所有公司辦理礦路情形，應於本年年終如式填寫，送總局查覆。

校記

〔一〕十　當爲『千』之訛。

〔二〕賬　當作『賬』。

奏議輯覽初編卷第十四

軍機大臣 三法司 會議辦理盜犯例章摺〔一〕

奏爲遵議辦理盜犯例章，恭摺覆陳，仰祈慈鑒事。

光緒二十四年九月初十日，内閣奉慈禧端佑康頤昭豫莊誠壽恭欽獻崇熙皇太后懿旨：『近來各省奏到就地正法之案，以盜犯爲最多。此等兇徒其情可惡，其愚可憫。凡爲盜賊之人，每藉口於饑寒迫切，流而爲匪，殊不思犯法干刑，斷無生理。況若輩類非懦弱無能，儻使安分務農，本有營生之路；投營效力，亦有進身之階。與囚禁囹圄、身首異處者，孰得孰失？且一經事發，累及父母妻子，捫心自問，其何以安？深宫軫念民生，無日不以尚德緩刑爲念。用是特頒訓諭：凡我赤子，尚其仰體朝廷痌瘝在抱之懷，勉爲盛世良民，毋得徒逞强梁，自罹法網。著各省督撫飭地方有司通行曉示，務使遐陬僻壤咸共周知，用副愛養黎元至意。欽此。』十一日復奉懿旨：『向來中外各衙門辦理盜劫盜犯，俱係不分首從，自屬照律辦理。從前尚分別法無可貸、情尚可原兩層。近則一經審明，上盜無不立予駢誅，辟以止辟，立法不得不嚴。惟念盗案首從雖同一犯法，究屬稍有區别。應如何網開一面，稍施法外之仁，著軍機大臣會同三法司妥擬具奏。欽此。』先後鈔出，臣等恭讀之下，仰見皇太后痌瘝在抱，化莠爲良之至意，欽佩莫名。

伏查，强盗得財，不分首從皆斬之文，係歷代相仍，著爲成律。我朝緩刑尚德，超越漢唐。康熙年間，海宇敉安，幾至刑措。是以雍正五年訂議將法所難宥及情有可原者，分别正法、發遣等因，於乾隆八年纂入例册，嚴懲强暴之中，仍寓曲予矜全之意。立法本極美善，迨奉行日久，姑息因循，匪徒恃此爲狡卸，州縣藉口以開脱，養癰遺患，遂釀成道光末年之亂。咸豐年間，因而仍歸定律辦理。誠如懿旨所云『辟以止辟』，立法不得不嚴也。

今雖軍務肅清，多歷年所。而輪船鐵軌次第舉行，營勇額兵先後裁撤，失業愈衆，遊手愈多。弱者轉乎溝壑，强者流爲盗賊，劫案之夥未必不由於此。若遽議改從舊例，恐水懦民玩，開法網而罹網者轉多。且有强暴之性命，破良善之身家，亦殊失綏靖閭閻之意。查，現行則例，强劫之案臨時不行者，分别問擬流遣；事後分贜者，分别問擬軍徒；即已經夥盗者，或自行抱贜投首，或捕獲同伴解官，例亦准予量減，並未概擬駢誅。但使州縣官能遇案講求，虚心審斷，毋徒博寬大，毋過事刻深，情法兩得其平，斯不必另議更張，自無冤濫之虞，而匪徒亦漸知斂迹矣。至就地正法章程，以一時權宜，並未纂爲條例。疊據各言官奏請停止，經刑部議，令各省體察情形再行核辦。

旋據各該督撫、將軍等先後奏覆，或稱馬賊鹽梟肆行無忌，或稱游勇會匪勾結爲患，或稱華洋輻輳奸宄溷迹，均以新章礙難驟停爲辭，彼此不謀而合。在各該督撫等身任地方，宜以除暴安良爲念，所奏自係實在情形。惟章程固極簡便，而流弊亦復繁多。地方官賢否不齊，有因經費難籌憚於解勘者，有因參限屆滿妄拿充數者，甚有將前案人名竄入後起，尋常案犯陷以重情，移甲就乙，捉假作眞，州縣但顧考成，督撫僅憑稟報，道府以空詳塞責，委員以會稟銷差，草菅人命，在所不免。且朝廷方開寬大之門，臣下久擅殺戮之柄，揆之政體，亦似未宜。臣等公同商酌，除現有軍務省分及各省實係土匪馬賊會匪游勇嘯聚藪澤，抗拒官兵，形同叛逆者，暫准就地正法，仍隨時具奏備録供招，咨部查核外，其餘尋常盜案一律規復舊制辦理。倘距省窵遠地方，長途恐有疏失，亦可酌照秋審事例，將人犯解赴該管巡道，訊明詳由，督撫分別題奏，不得仍援就地正法章程先行處決，以符成憲而廣聖慈。方今朝政清明，與民休息，教養善政，次第施行。重以皇太后惠愛黎元，諄諄垂訓，各該督撫果能仰體慈衷，宣揚德意，並將保甲緝捕認眞講求，行見奸宄洗心，强梁避迹，不但雍正年間舊例漸可規復，即國初刑措之風，亦拭目可俟矣！再，此摺係刑部主稿，合併聲明。所有臣等會同核議緣由，謹恭摺覆陳，伏乞皇太后、皇上聖鑑訓示施行。謹奏。

盛京將軍依克唐阿奏開採金鑛現著成效摺

奏爲奉天通化、懷仁兩縣開採金礦現著成效，謹先報明收稞銀數並另單開具擬辦章程〔二〕，請旨飭局覈定，恭摺仰祈聖鑑事。

竊照前承准軍機大臣字寄光緒二十二年九月二十九日，奉上諭：『依克唐阿奏奉天金鑛試辦期滿，未見暢旺，現已分別停留一摺，覽奏均悉。奉省鑛務，該將軍抵任之初，即奏明金鑛耗省利厚，擬延鑛師，購機器，以速功效，萬不至以籌措之艱，置爲罷論。茲據奏稱：開鑛之難，或限於地利，或限於資本，並及開採用人之難。此次採金數十處，賠銀數千兩，業將金州、岫巖、蓋平、海城等處金鑛先行停止等語。何從前任事之勇，後來措手之難？如是，即所有金州等處金鑛，始准暫行停止。此外，鳳凰、安東、遼陽三處暨通化、寬甸、懷仁、鐵嶺、開原、海龍城六處産金之區，仍著督飭承辦各員招集股商，多籌經費，另定妥善辦法，務期成效克臻，將金、銀、煤、鐵各礦逐漸推廣，不得畏難苟安，一奏塞責，置前言於不顧。目下帑項支絀，非講求礦産無以廣興利源。該將軍尤當體念時艱，力圖報稱於辦礦一事。在奉天能開風氣之先，方爲不負委任，將此諭令知之。欽此。』遵旨寄信前來，跪聆之下，惶悚莫名，當即分飭各路委員督商認眞採辦。

年餘以來，惟承辦通化金礦之阮毓昌稍有起色，時交課金，其餘各處所報課金爲數甚微。蓋緣奉省兵燹以後，商民元氣未復，不能厚集股本，購備機器，大興工力。僅賴二三紳商，湊集微資，踹苗試采，一經賠累，即報停歇，用力少而成功難，亦固其所。本年春間，曾據阮毓昌以廟兒溝各處沙金之外，又踹得報馬川綫金較有把握，稟請奏報。奴才因其尚屬空言，未敢率爾陳奏，批飭陸續報解課金，如折覈其數至銀萬兩以上者，再行稟請酌核辦理在案。茲據辦理通化、懷仁等處礦務委員候選府經歷阮毓昌稟稱：『竊自光緒二十二年秋間，奉委接辦通、懷礦務，自行籌資設立總分各局卡，招商雇工。勘采伊始，因水阻工，旋因寒凍停採。二十三年五月間，招集紳商在通化縣屬之大廟兒、帽兒山、二道溝及懷仁縣屬大江沿上下等處設立商廠開採，至十一月封凍止，所收課金除支局費薪工勇糧外，計解金沙照市利折覈藩平銀三千餘兩。本年二月間，仍將廟兒溝、帽兒山、大江沿等處原有商廠督同開採，一面集股銀五千兩，囤糧蓋屋，兼制器具，於六月初開辦二道溝沙金官廠，勘得金苗係南剛山嶺發脈，由二道溝自西局東度報馬川至大廟兒溝約計二百餘里，金綫甚長，惟形勢與漠河不同，皆係官地，曠野無人，順河而下，設卡易防。此地則居民散處，有主之田，需以價購，道路四通八達，非多設巡兵，難免偷越。至報馬川之線金，業經採出正線。於六月初一日開辦官廠，線路約寬二丈有奇。據老年工頭云，山勢雄渾，孕育自然深厚，將來開至十餘丈，必有結堂處所，任取無窮。現已鑿開三四丈及六七丈，取砂四萬六千斤。先製鐵炕礦盤，計用工頭礦丁八十名，每日採砂二千斤之譜，試以土法鍊之，每百斤可得净六七分。淺處如是，深處可知。若購機器、延礦師加工開鍊，其利必更廣遠。惟置機造房等需款浩繁，擬續籌股銀四萬五千兩，前後合成五萬兩以資開銷。溯自承辦以來，慘淡經營已逾二稔，始苦作輟不常，今幸根基已立，統計採辦沙線兩金，開至年底，仿照漠河章程，除支薪餉、局用、股利等項，所餘净金以資易銀歸公，總可在萬兩以外。將來經費充足，逐漸擴充，將各處商廠一律收歸官辦，所得未可限量。現將所收課金易銀七千兩另文呈交，計先後共繳課銀一萬餘兩，謹擬章程十六條，專辦通化、懷仁兩縣礦務等情，詳請覈辦前來。」

伏查，奉省試開金礦，招商採辦不下十餘處，大抵本微利薄，不能久事。帮勘兩年以來，報虧報停，所在皆是。即有採獲之處，呈驗金沙，成色不一。統計各處自光緒二十二年間開辦起，陸續解交課不過二百餘兩，以之歸還墊款，所餘無幾。獨通、懷所開金礦五處，共計設立官商八廠，解交課金合銀萬餘兩，其餘淘汰。河金之外，採出綫金正苗，是其成效已覩。若非承辦之員苦志經營，勇於任事，曷克臻此？查，該委員阮毓昌識力堅卓，習苦耐勞，實爲礦務中不可多得之員。如將現辦各礦專責該員經理，無人從而掣肘，將來所濬利源，必更大有進境。惟所請將通、懷兩縣礦務劃歸專辦，現查，該員所設沙線各金廠，在通化界内居多，而懷仁僅六大開、沿開兩廠。擬請將通化沿境及懷仁大江沿一帶礦務專歸該員承辦，俟其力足礦充，再將懷仁内境及他屬礦務悉歸經理。至所擬章程均尚詳慎周妥，因地制宜。謹繕清單恭呈御覽，即請飭下京師礦路總局核定，俾可遵守。

再，此次該員漏未將所開各礦繪圖呈閲，現已批飭補繪，並遵照局咨，飭令各屬將已開、未開各礦繪圖貼説撰爲表譜，送省彙齊咨送。又海城、海龍廳各處金礦，現亦由奴才派員督採，俟有實效，再行奏報。合併聲明，除將交到銀兩飭糧餉處存儲，并咨呈總理各國事務衙門，暨分咨户部鑛路總局查照外，所有奉天通、懷兩縣現有成效，請旨飭局，核定章程緣由，理合恭摺具陳，伏乞皇太后、皇上聖鑑訓示。謹奏。

兩江總督劉坤一籌議江南防軍改練洋操摺

奏爲江南各防軍一律改練洋操，謹將籌議情形恭摺覆陳，仰祈聖鑑事。

竊臣於光緒二十四年五月初九日，承准軍機大臣字寄奉上諭：『户部、兵部會奏遵議御史曾宗彦奏請精練陸軍改爲洋操，並將各省兵數餉數開單呈覽一摺。今日時勢，練兵爲第一大政，練洋操尤爲練兵第一要著。惟須選教習以勤訓課，核餉力以籌軍實。現在天津新建陸軍、江南自强軍，均係學習洋操。北省勇隊，著由新建陸軍酌撥營哨之學成者分往教練，南省則由自强軍酌擬營規，口號均須一律。各直省將軍督撫統限六個月内將併餉練隊及分紮處所妥議覆奏。至軍械鎗砲，應飭各省機器局酌定快鎗快砲格式、鎗子彈分量造法，互相討論，折衷一是，如式製造，精益求精，以期利用。並著一體妥速籌辦，毋得宕延。餘依議。原摺均着抄給閱看等因。欽此。』又准部咨，本月五月二十一日奉上諭〔三〕：『前據順天府府尹胡燏棻奏請精練陸軍並神機營改用新法操演，出使大臣伍廷芳奏京營陸營參用西法各摺片，先後諭令軍機大臣會同神機營王大臣、八旗都統妥議。兹據該王大臣等會同議奏，改練洋操爲練兵要著，各省緑營練勇疊經諭令，認眞裁併，一律挑練。著各該將軍、督撫歸入前次户部、兵部議覆御史曾宗彦請改練洋操摺内，一併迅速籌議，切實具奏等因。欽此。』仰見聖主整軍經武力圖自强之至意，欽佩莫名。

伏查，該御史原奏内稱：儘各省已有之餉，練各省洋操之兵。部臣覆奏内稱，既係就已有之餉改練洋操，自可毋庸另籌各等語。是當就原有餉項酌劑盈虚，未能因改習洋操另請加撥，此就餉力言之也。江南濱海沿江各防營駐紮處所，曰吳淞，南海門户也；曰江陰，長江門户也；曰鎮江，中權要地也；曰金陵，根本重區也；曰徐州，南北通衢也。星羅棋布，脈絡貫通，相地紮營，實爲必不可少。自上年裁勇節餉，一律改營爲旗，除新招之江勝營外，每旗勇丁一百餘名，統計五路防軍，不下一萬數千人。合計則尚有可觀，分紮實無可再減，此就兵力言之也。欽奉諭旨，飭令一律改練洋操，自應就現有餉力、兵力，查照各該原奏，通盤籌畫，切實圖維，總期餉項不致爲難、操防可以兼顧爲第一要義。謹分列八條，爲皇太后、皇上詳陳之：

一，各軍統練洋操也。查，洋操手足靈捷，步法整齊，紀律嚴而有法，鎗砲熟而有準，自强軍已著成效，各軍自宜仿行。現擬將駐紮吳淞之盛字五旗，駐紮江陰之合字五旗，駐紮鎮江之江勝六營、新湘五旗、南字三旗，駐紮金陵之親軍七旗、護軍三旗、衡字三旗，共三十七營旗一律改練洋操，由自强軍挑選排長前往教練。按照各該營旗哨數，五哨者五人，三哨者三人，一切操法統照自强軍章程，不得稍有歧異，務使規模日新，悉成勁旅。此軍與彼號令畫一，庶幾呼吸靈通。其自强軍調出排長各項缺，由該統領另行選充募補。至徐州地方遼闊，盜風素熾，原駐防軍皆係畸零分紮，或一哨，或數棚，皆有巡緝奸宄、保護教堂之責，調集合操必滋貽誤，應與零星各隊伍及散紮各練軍，統俟盛字等營旗練成後，再行抽調改練，以免疏虞。

一，餉項酌量加增也。查，北洋新建陸軍正兵月餉，每名四兩五錢，江南自强軍則每名八元，約合銀五兩六錢，均係按月發給足餉。各防軍勇丁每名四兩二錢，又以近來餉源短絀，未能按月足發，歷經造銷有案。今遽改習洋操，未免相形見絀。嚴其訓課，似須贍其口糧。前署督臣張之洞奏設自强軍，亦稱若照舊日餉章，必無肯應募者。今縱未能照自强軍之數，擬請按年略予加增，以示體恤，仍不逾照章應支之數，此係專指勇丁而言。其統領、營哨等官薪水銀兩，仍照舊章辦理。

一，操衣酌量製備也。言洋操者，莫不謂戎衣整潔，步驟敏肅。而衣袴操靴皆係由官製給，全軍一律，自足以新士氣而壯軍容。各防軍餉數較少，衣履一切又須勇丁自備，參差藍縷，其勢使然。今既改練洋操，此項似不可省。惟查，自强軍定章，每營每年須數千元。若三十七營旗查數比照辦理，爲數過鉅，不能不量予變通。擬請每名歲給操衣單褲二套，單帽一頂，包巾一條，皮靴一雙，統計每年已需銀四萬餘兩，尚可設法挹注。

一，新餉亟宜統籌也。每哨由自强軍酌撥排長一名充當教習，擬給月薪十四元。核計三十七營旗，共需教習一百餘名，每年約需銀一萬四五千兩。除將各防軍原有教習薪水抵支外，仍須另籌銀一萬餘兩。各該勇丁又須酌加餉項以及製備操衣等件，統計每年約共增支銀九萬餘兩。此項未准，另行請撥。而各營旗又無騰出之款，惟查自强軍遣散洋將，改派統領後，釐定各項，每年約節省銀六萬兩尚可撥用，然以盈抵絀，仍屬不敷。伏思自强軍餉章，排長每月十元，正兵八元。而天津新建陸軍步隊，營頭目每月五兩五錢，正兵四兩五錢；湖北護軍營練習洋操，親兵每月四兩五錢，正兵四兩二錢。惟江南自强軍兵丁餉數太優，難免各軍有所藉口，自應酌量減少，以昭公允而資補苴。自强全軍原定二千八百六十八人，嗣以工程隊未經募練，改歸陸師學堂辦理。馬隊二營併爲一營，現係額設二千五百八十八人。擬請將排長向支十元者改爲六兩，正兵向支八元者改爲四兩五錢，約計每年可節省銀三萬餘兩，即以抵補各軍餉項之不足。如此一轉移間，於餉項毫無出入，而各軍洋操可以迅速舉行。如蒙恩准，再將自强軍改定薪餉各細章咨部立案備核。

一，軍械務宜一律也。練兵以備非常，非操演純熟，槍砲整齊，臨敵斷難制勝。江南購存槍械，以後膛九響毛瑟爲最多。此項槍枝尚稱精利，且子彈與大毛瑟相類，機器局均能仿造，源源接濟，操用最爲合宜。江南各防軍業經一律領用。近來，湖北、湖南、浙江先後咨請撥給，將來各省自可聯爲一氣。至各營所用砲位，名目、磅數難免參差，未敢多發快炮，良以快炮子彈購自外洋，存儲無幾，平時操習，用子較多，不能不留備有事之用。今既統練洋操，擬酌量發給一、三磅哈乞開司及阿摩士莊快炮，俾資兼習。並向洋商訂購德國六生特馱砲數尊，一俟運到，即行飭局仿造，以備分發。馱砲便於拆卸，庶不致轉運爲難。仍一面飭令機器局講求新式新法，多造快槍快炮，俾免仰給於人，另行奏明辦理。其操練口號，白晝用旗，夜間用燈，通飭各軍，不准稍有紊亂。

一，圖籍亟宜講求也。外洋戎事之所以日强者，以其兵無不學，學無不精也。中國之兵，由於招募大都不甚識字之人，以云兵法則懵然不知，以云輿圖則茫然不曉，將弁尚或不免，況兵丁乎！今既統改洋操，雖不敢遽求精邃，而行遠自邇，不能不植其初基。查，自强軍新纂西法類編一書，分兵法、軍器、測繪、數學諸門，由淺入深，頗爲詳備。應分發各營旗，責成營哨官以時誦習，務期逐漸通曉，不得專委諸教習，致形隔閡。能咨取北洋所刊德國陸師操法入門，刷印萬數千本，徧給各勇丁閱看。此外，如孫子十三篇、坤輿方圖、萬國輿圖、亞細亞東部輿圖、沿海八省口岸全圖一體購印頒發，責成各該官長及文案等員不時繙閱，指示勇丁以爲精進門徑。如各該營哨等官虛應故事，或不能勝任，即行分別撤參。

一，弊端嚴行禁革也。防營積習漸深，流弊百出，時艱孔亟，不能不改絃更張。此次統練洋操，係爲實事求是起見。各該統領、管帶自應加意整頓，振刷精神，上念朝廷講武之深心，下念勇丁習操之勤苦，一洗從前陋習，方爲不負委任。臣當隨時派員點驗，嚴密訪察，如有缺額剋扣等弊，一經查實，即行從嚴參革，治以應得之罪，斷不稍存姑息。其有辦事勤奮、校練認眞者，亦必奏請獎勵，以昭激勸。

一，將領亟應預儲也。練兵必先選將，中外理無二致。目下各營旗統領，要皆百戰之餘、一時之選。然不能不預爲儲備，俾免將來缺乏之虞。查，江南陸師學堂本爲教育將財而設。擬俟學生畢業後，酌發各營，一如自强軍差遣之例，增其閲歷，廣其見聞，才具出衆者，酌量授以營哨官之任，漸推漸廣，必有英才出乎其間，既爲學堂鼓舞之資，即爲各軍久遠之計，庶幾維持不敝，精益求精。

以上八條，皆遵照部臣原議，察酌江南情形，就地設籌，不另請款。事事務求核實，不致稍涉虚浮。合無仰懇天恩，俯賜照准，俾得早日舉辦，認眞訓練，以收實效而拓新規。除將製造軍械與各省互相討論另行具奏，所有籌議江南防軍改練洋操緣由，謹繕摺覆陳，伏乞皇太后、皇上聖鑑訓示。謹奏。

奉硃批：『著照所請，該督即認眞舉辦，以收實效，毋得徒託空言。欽此。』

户部議覆中允黄思永請禁遏羅暨禁燒鍋摺

奏爲遵旨議奏事。

光緒二十四年九月二十六日，軍機大臣面奉諭旨：『黄思永奏米貴民困，請飭嚴禁遏糴，速籌接濟，暨請禁燒鍋各摺片，著户部議奏。欽此。』欽遵由軍機處抄交至部。據原摺内稱，東南産米，各省不肖富商私販出洋，以圖漁利，則禁止出洋誠是矣。乃因此而禁米出境，不能有無相通，遂成遏糴，貽誤匪小。近來，京師食米奇貴，聞因上海不准包米北來，是以出洋誤作出口，自扼其吭。查，去秋白米一石，價在四兩有奇。自今春逐漸漲至六七兩。滿擬秋收後即可漸落，不意仍舊六兩數錢，此時輪船可通尚且如此，指日海口封凍，停船數月，非特市價必增，更恐源絶食艱，民不聊生，在在可慮。請飭查南洋大臣，何以包米不准北來？出口、出洋應有區别。嗣後，輪船來津，儘數裝米，他貨祇准搭運。並請特諭直隸督臣迅速設法招商，給予護照，乘未封河以前，三四旬内，赶緊赴滬運米來津，以資接濟。又，原片内稱雜糧爲小民日需，尤關緊要。近畿秋收頗稔，而糧價之昂，雖以十六年大災未嘗若此。今年山東請禁燒鍋，見諸邸抄。順直全境燒鍋不下三千家，每年造酒用糧不下千萬石，於民食大有妨碍。現在山東平糴，在直隸採買紅糧不少，應否將順直所有燒鍋一律暫爲停燒，俟糧價大減，再行弛禁等語。

臣等查，京師萬方輻輳，户口殷繁，日用所需以米石爲最要。本年，近畿秋收，尚稱中稔。乃雜糧無不昂貴，而米價翔踊，竟至六兩有奇。推厥由來，固因銀價日落，米價是以日漲，亦由南中産米各省禁米出洋，故凡商輪載米出口者，不得不設法查驗。因之，北來米商較少，京師米價愈益加增。今中允黄思永奏請飭查南洋大臣何以包米不准北來，出口、出洋應有區別。並請特諭直隸督臣設法招商，給予護照等因，自爲米石短缺，亟圖接濟起見。當經臣部以米石出洋，自應嚴禁。如販運至津通銷售，是否一律查禁，抑如何分别辦理各節，電查，南洋大臣去後。旋據南洋大臣電復，運米赴津通並未一律禁止，惟直隸等處採運兵米，昨已咨請直督，由院發給護照，並隨時咨會，令在滬關呈驗，開數報查。兵米尚須以院照爲憑，商運之米自應一律飭令，請領本省院照，隨時咨會，以憑查驗等因。是招商採買，給予護照，自屬稽查之一法。惟商人承領護照以後，或購米出洋行銷，可將護照繳回；又或日久運米進口，始將護照呈繳，此等情弊，亦不可不預爲之防。應請旨飭下北洋大臣，一面招集米商，發給護照；一面咨會南洋大臣，隨時查驗放行。仍於給照以前，諭知各商，或出具行棧切結，或取有殷實鋪保，務令該商既在天津承領護照，即將購齊米石報明進口，運至津通銷售，不得私往别處販賣，亦不得日久始將護照繳銷，以期杜絶流弊。

至另片請禁燒鍋一節，查銷耗雜糧，燒鍋最甚。如歲收歉薄，自宜暫行停燒。惟州縣查禁燒鍋，有名無實，糧價未必輕減，徒開吏役需索之門，不獨燒鍋税驟形短少已也。應並請旨飭下直隸總督、順天府府尹，按照本年秋收成數，察看地方實在情形，將順直各屬燒鍋可否暫停之處，斟酌妥協，會同奏明辦理。所有遵議緣由，理合恭摺具陳，伏乞皇太后、皇上聖鑒。謹奏。

礦務鐵路總局議覆伍廷芳礦務條陳摺

奏爲遵旨覆陳，恭摺仰祈聖鑒事。

光緒二十四年九月初十日，准軍機處抄交出使美日秘大臣伍廷芳具奏開辦礦務條陳杜弊章程各摺片，本日奉硃批：『着王文韶等會同總理衙門議奏。片併發。欽此。』臣等查原奏内稱：『中國地大物博，各國環伺，乘間要求，非第利其土疆，實亦羡其礦産。我誠定計於先，廣爲籌辦，既可貽我民之樂利，即可杜他族之覬覦。從前辦法有三：曰官辦，曰商辦，曰官商合辦。官辦則公款難籌，商辦則私財不給，官商合辦則商恐受制于官，亦難取信於民。瞻顧徘徊，事機坐失。是惟華商承辦許附洋股，或相維制，此法誠良。若内地商民或因資本不足，或因礦師難延，或因機器難購，欲求速效，且資熟手，勢不能不轉任洋商。既任洋商，則必須善訂章程，始可有濟。杜弊之要，約有數端條陳：清地界，訂年限，明抽分，占華股，嚴稽核，防後患，以備採擇』等語。

臣等查，中國礦産富饒甲于五洲，爲外人所覬覦，已非一日。特以華人資本不裕，向用土法開採，收效無多。近來風氣既開，華商亦多糾集公司，思效西法開採。每以資本不足請借洋款，事當開辦伊始，利之所在，弊即隨之。自非善訂章程，誠不足以杜後患。該大臣條陳各節，洵屬杜弊防微之道。此次臣等議定章程，已將該大臣陳奏各條酌爲採入。

至原片又稱：『西人游歷來華，探測礦産殆徧，人皆洞澈，我反茫昧。應由總理衙門延請上等礦師，並招致曾經出洋肄習礦務學生，隨同總局委員游歷各省，按址履勘，詳細紀載，列册備查。並行知各疆臣檄下地方官，各就本轄境内博訪周咨，確查礦産所在，存報總局，庶幾披圖按籍，一一可稽』等語。臣等查，局中擬設礦務學堂、延請礦師，曾經奏明在案，祇以經費難籌，一時尚未及舉辦。至肄習礦務學生，亦經奏明，由南北洋大臣遴派聰穎子弟出洋，尚未據該大臣咨報。從前學生有選派出洋肄業者，並無專習礦務之人，現尚無從招致。惟二十一行省産礦，地方所在多有，與其由總局派員往勘，勢不能周，不若由各該地方官就地查明，較爲切實。應如該大臣所請，由各省將軍、督撫轉飭各該地方官，於所轄境内察訪産礦處所，無論已開、未開及開而復閉者，詳細探明確勘，繪圖貼説，於六個月内咨報總局，以憑核辦。如蒙俞允，即由臣等咨行各直省遵照辦理。所有議覆各緣由，理合恭摺具陳，伏乞皇太后、皇上聖鑑訓示。再，此摺係礦務總局主稿，會同總理衙門辦理，合併聲明。謹奏。

奉硃批：『依議。欽此。』

户部奏查内務府經費片

再，查明内務府經費，前於同治四年十月間奉上諭：『内務府奏内廷需用銀兩缺乏通盤籌畫妥議章程一摺，著户部會同内務府妥議具奏等因。欽此。』當經臣部會同内務府奏明。自同治五年起，每年指撥各省關銀三十萬兩，經解内務府應用。嗣據内務府用項較繁，奏請再行添撥。復經臣部核議，自同治七年起，每年添撥銀三十萬兩，統計每年應撥銀六十萬兩，均於年前奏明預撥等因，奏准遵辦在案。現在時届冬令，所有光緒二十五年分内務府應需經費，自應照案指撥，以資供應。惟臣部前代内務府墊放光緒二十二年分中正殿並八旗兩翼口分公費鋪蓋，共銀四萬四千三百七十七兩，均應照數扣抵，由各省關於應解二十五年分内務府經費款内，照臣部指定數目改解部庫歸墊，以清款目，其餘銀兩仍徑解内務府應用。謹將擬撥各款分晰繕具清單，恭呈御覽。並請旨飭下各該督撫、將軍、藩司、運司、監督等，務於來年開印後分批勻解，均限於六月前解到一半，十二月初間掃數解清，不准稍有蒂欠。所有指撥光緒二十五年内務府經費，暨扣還部庫墊款緣由，附片具陳，伏乞聖鑑，謹奏。

謹將指撥内務府光緒二十五年經費銀六十萬兩繕具清單，恭呈御覽。計開兩浙鹽課銀五萬兩、廣東鹽課銀五萬兩、福建茶税銀五萬兩、閩海關常税銀十萬兩、洋税銀五萬兩、江海關洋税銀五萬兩、太平關常税銀十萬兩、九江關常税銀十五萬兩。此款應以四萬四千三百七十七兩解部庫歸墊，下餘十萬五千六百二十三兩，逕解内務府應用。以上共指撥銀六十萬兩内，除歸還部庫墊款銀四萬四千三百七十七兩，下餘銀五十五萬五千六百二十三兩，仍應逕解内務府應用。

湖廣總督張之洞遵撤南學會並裁保衛局摺

奏爲遵旨裁撤湘省南學會，銷毁會中各書并將保衛局裁歸保甲局辦理情形，恭摺覆陳，仰祈聖鑑事。

竊臣承准總理各國事務衙門電奏，本年八月二十一日奉旨：『湖南省城新設南學會、保衛局等名目，迹近植黨，應即一併裁撤。會中所有學約、界説、札記、答問等書，一律銷毁，以絶根株。著張之洞迅即遵照辦理。欽此。』遵即飭據湖南藩臬兩司將南學會、保衛局即日裁撤，當經電奏在案。臣仍一面飭將學約、界説、札記、答問等書版片，全數查調來鄂，一律銷毁。

至保衛局之設，飭兩司切實查覆。經升任湖南撫臣俞廉三前在布政使任内，會同署按察使夏獻銘詳稱，前署臬司黄遵憲以原設保甲局員紳懈弛，因參酌各通商碼頭捕房條規，添設大小各分局，派委員紳，設立巡捕，更名保衛。擬定章程，均以緝捕盗賊、清查户口爲主。其附於保衛局之遷善所，凡失業流民，犯有賭竊等事，即收入所内看管，延請工匠教習手藝，令其改過自新，藝成限滿，察看保釋，與他省之自新所章程相同。惟湘省民情不免驚異，浮議頗多。迨試辦數月，城厢内外，晝夜有人梭巡，凡宵小之徒，皆爲斂迹，廛市一清，商民翕然安之。惟與保甲名異實同，實屬多立名目，設局太多，經費過鉅，勸令民捐，力有未逮。現擬裁歸保甲局，撙節用款，核實辦理等情，詳請核辦前來。臣復於湘省來鄂官紳詳加詢考。據稱，保衛局係變保甲之名，而行保甲之實，頗有成效，尚無植黨情事等語。臣查保衛局既係辦理保甲局務，其兼辦遷善習藝，教養難民，亦地方應辦之事，原不必另立保衛之名。且辦事期在核實，亦不必故示奇異，自應仍用舊日保甲局名，而力掃濫支敷衍之積習。現在迭次欽奉諭旨，整頓保甲。臣已嚴飭該司，將所有局章參考民情，斟酌妥善，酌減捐數，督飭員紳，認眞巡緝，務期事有實效，款不虛糜，以仰副朝廷綏靖閭閻之至意。所有裁撤南學會，銷毁會中各書暨將保衛局裁歸保甲局辦理情形，理合恭摺覆陳，伏乞皇太后、皇上聖鑑。謹奏。

奉硃批：『知道了。即著嚴飭湖南保甲局認眞辦理，毋得有名無實。欽此。』

户部請改解海軍經費摺

奏爲海軍經費改解部庫，分别劃撥提解，藉供來年要需，開列清單，仰祈聖鑑事。

竊臣部於二十一年三月間，因海軍衙門將當差人員及應用款項奏請停撤摺内，聲稱每年應解海軍經費統歸户部收存，專爲購辦船械之用，應撥南北洋經費及黑龍江新增練餉，亦由户部分别辦理等因。當經臣部奏請飭下各省將軍、督撫暨各省關監督，應解海軍經費及各項銀兩内，除劃撥南北洋及截留本省不計外，均自二十一年起改解部庫，其應解提督雷正綰軍營協餉改爲海防經費，並各省報收新海防捐輸及土藥税釐，均令解交部庫，由庫於所收土藥税釐内，按年提銀三十萬兩，撥歸奉宸苑等處兑收。嗣於二十二年二月間欽奉諭旨：『著户部於各省每年應解土藥税釐内，除撥解頤和園、奉宸苑外，其餘銀兩儘數撥歸圓明園興工應用等因。欽此。』奏准行知各在案。

查海軍經費自改歸部庫以來，報解甚屬寥寥。在各省關之意，未必不以海軍既撤，此項經費不過存儲部庫，並無待用急需。不知北洋水師雖較前有減，而黑龍江練餉尚照舊赴部具領，天津新建陸軍月餉，駐紮山海關外毅軍月餉，又均由部庫開支。計每年增出之款，不下二百餘萬。原恃有前項經費可以挪濟，乃各省關既累年欠解，臣部遂按月墊支。是近年庫儲之日絀，固因兩軍餉需爲數甚鉅，實因海軍經費積欠太多也。今屆劃撥提解前項經費之期，照案開列清單，恭呈御覽。應請旨飭下各省將軍、督撫暨各關監督力顧要需，速行籌措，將應解光緒二十五年南北洋經費及改解臣部各款，按照單開數目及從前實解海軍衙門各數源源報解，不得稍有延欠，藉詞截留。至各省關每年報解前項銀兩奏咨案內，未盡分晰年分，應令嗣後將批解何年、何款，分晰註明，以憑稽核。所有海軍經費改歸部庫分別劃撥提解各緣由，理合恭摺具陳，伏祈皇太后、皇上聖鑑。謹奏。

謹將海軍經費改歸部庫，分別劃撥提解各項開列清單，恭呈御覽。計開

一，海軍常年經費約四百萬兩。

江蘇釐金銀四十萬兩，撥南洋經費，按八成足解。　浙江釐金銀四十萬兩，撥北洋經費，按八成足解。　江西釐金銀三十萬兩，按八成足解，撥北洋經費二十萬兩，其餘銀兩仍令解交部庫。　廣東

釐金銀三十萬兩，本省截留。　福建釐金銀三十萬兩，本省截留。　江海、浙海兩關四成一半税銀無定數，分撥南北洋經費。　山海關四成洋税銀無定數，撥北洋經費。　粤海、潮州關税無定數。　閩海關税無定數。　浙海關税無定數。　閩海關洋藥加釐銀二十四萬兩内，原撥新建陸軍餉銀，改撥北洋新募中軍十萬兩，下餘十四萬兩仍令解交部庫。　鎮江關洋藥加釐銀十六萬兩。　江漢、宜昌兩關洋藥加釐銀六萬兩。

一，海軍新增經費，改爲新建陸軍月餉一百萬兩。

江海關藥釐銀二十六萬兩。　九江關藥釐銀十六萬兩。　鎮江關藥釐銀八萬兩。　粤海、潮州、瓊州、北海四關藥釐銀三十萬兩。　九龍、拱北兩關藥釐銀二十萬兩。

以上各項經費，光緒二十五年分除劃撥南北洋及截留本省不計外，其餘銀兩仍令分批解交庫部。

一，提督雷正綰軍營協餉改爲海防經費。

江蘇每月二萬兩。　浙江每月九千兩。

以上二項光緒二十五年分仍令按月核計，解交部庫。

一，各省光緒二十五年新海防捐輸，除直隸奉明專供聶士成一軍月餉，甘肅奏明專供賑款，均准留用外，其餘各省均令全數解部，不准截留。

一，各省土藥税釐，光緒二十五年分仍令全數解交部庫。　由部提銀三十萬兩劃歸奉宸苑、頤和園應用，其餘銀兩備撥圓明園工需。

河南巡撫劉樹堂請撥機器廠局經費摺

奏爲請撥豫省機器廠局常年經費，以利製造而期久遠，籲懇恩准立案，恭摺仰祈聖鑑事。

竊臣於光緒二十四年九月十六日接户部咨開，據總理衙門片稱，所有議覆河南巡撫奏請擴充製造廠局添購機器一摺，光緒二十四年八月二十八日具奏，奉旨：『依議。欽此。』鈔録原奏咨照前來。查，原奏内開總理衙門查該撫將設廠情形聲覆用人籌款，皆有條理，自應請旨准予立案，以裨軍實。户部查各省機器局需用款項，原准奏明作正開銷。今河南巡撫奏擴充製造廠局添購機器，與各省所設機器局情事相應，如原奏所擬，准其作正開銷，按年報部核辦等因。

臣維豫省地處中原，去通商口岸較遠，購運外洋機器，雇募熟手工匠，非比津、滬各局之便，經始誠非易易。今幸締造經費規模已具，復蒙恩准作正開銷，自應設法維持，以期漸次推廣。查該局購運機器，採辦料物，建造廠房，雇募工匠，及續添造火藥機器，造槍車床，種種用款，均已由司竭力騰挪，尚無短絀。目前所亟宜籌備者，該局之常年經費也。臣前奏請隨時籌款辦理，此指隨時添購機器料物，尚屬可行。若常年員司匠役薪工火食、土木煤油雜料等項，均由司隨時籌撥，不免過於瑣碎。且本省庫儲奇絀，常年皆入不敷出，一切用款無非設法挪移。此案雖蒙俞允作正開銷，而款仍無著。在該局每月有必需之用，是使司庫終年爲無米之炊，設籌措偶一愆期，不免停工待款。且恐異時別有緩急，視此爲不急之務，或全隳已竟之工，殊爲可惜。臣再四思維，非爲該局籌定常年經費，斷難持於久遠。查各省機器局經費由洋税釐金項下動支者多。豫省既無洋關釐金，亦無餘款，勢難濟用。查本年籌餉練兵案内，曾經臣奏明豫省兵數有限，於無可裁減之中量予裁減，每年約節出銀二萬兩，由釐税局存儲備用。光緒二十四年二月二十五日，奉旨：『留中。欽此。』欽遵在案。擬請即將此項節存銀二萬兩，專爲機器局常年經費，按月由釐税局撥充該局應用。查此款存爲簡練軍實之需，以之撥作製造軍火，用數亦屬相符。當與司道公同酌定，亦明知該局常年用項祇此二萬兩，未必敷用。惟既有此成數以爲的款，下餘或有不敷及隨時應行籌款辦理之事，再以責成司庫，庶不至過於爲難。臣爲維持該局起見，所有請撥常年經費以期久遠緣由，理合恭摺具奏，伏乞皇太后、皇上聖鑑，敕部立案施行。謹奏。

黑龍江將軍恩澤奏都魯河金礦開辦有緒摺

奏爲都魯河金礦開辦始有頭緒，原借官款二萬兩並所招商股三萬兩實不敷用，擬再接濟萬金以期有成，謹將詳細情形，恭摺馳陳，仰祈聖鑒事。

竊奴才等疊據督理都魯河金礦、山西補用知府、候補直隸州知州曹廷杰稟稱，該礦現在確已得有正苗開採，亦日見暢旺，無如成本過少，不敷周轉，有不獨諸事窘手，且時有缺糧之虞。因之礦丁不敢多招，出金亦終屬有限等情，飛請設法接濟前來。奴才等當派候選巡檢張毓第赴廠查勘，據稱屬實。蓋事當創始，地屬極邊，險阻艱難，有非意料所及者，謹爲我皇太后、皇上詳陳之。

都魯河雖隸呼蘭屬境，實去呼蘭千有餘里，去三姓亦尚六百餘里，又有地名樓上者，相去四百餘里。三姓以下，素鮮居民。樓上以下，絶無人煙。今欲開礦，必先招丁；欲招丁，必先屯糧：此一定辦法也。溯自光緒二十三年四月初四日，總理各國事務衙門會同吏部、户部議奏奉准後，是月二十間咨行到江，曹廷杰方在呼蘭。該員奉文，一面招募勇丁，遴選員司，一面購置糧貨諸物運赴三姓，轉運樓上。其時運船陸續開駛，員弁亦分班押解。不意六月初八日頭起運至三姓月牙灘江西，遽被鬍匪六七十人上船搶劫，槍斃木匠一人，傷巡丁一人，綁去委員聶世興、司事曹祖培等四人，糧貨搶奪一空。迨至齊集姓城，初擬求速議訂俄船，繼以不諧，復雇民船。又值大雨滂沱，江流四溢，不辨行徑。八月初間始抵樓上。邊地終年多凍，金礦之旺向在五、六、七、八等月。七月不能進溝，一年之旺時已過矣。此上年夏秋，曹廷杰未經到廠以前，路途阻滯之實在情形也。樓上爲入都魯河登陸之地，雖距礦廠匪遥，中間枯木朽株，哈湯泥淖，蔽途塞徑，步騎皆窘。馱夫視爲畏途，每裝六十斤，索價一二兩，總計糧貨運廠非五六萬不可，不得已暫行囤積，留俟雪道靶轣起運。曹廷杰遂率員弁先進，於八月十三日抵都東溝，正在設廠建房間，九月十一日，忽有隨同護礦鎮邊右營前哨哨兵口角啓釁，槍斃員役、工匠等九人之事。奴才上年十二月十一日據情奏聞有案，然大局幸未摇動也。迨後一冬無雪，靶轣不通，溝中千餘人待哺嗷嗷，復不得已，在近廠俄界地方購買米麵十萬觔，日令礦夫背負，因之曠工特甚。加以夜長晝短，必須積柴燒凍，方可工作，得砂無幾，虧累漸多。至十一月二十八日，除已得頭緒各帮照常外，其除新集之丁一律停止開採，遣令出溝，以節糜費，廠中所謂散帮者也。此上年秋冬曹廷杰既經開廠以後，歷受窘困之實在情形也。

所幸今年以來，糧貨畢集。四月以後，迺獲新頭。近據八月十一日稟報，每日止留七八家或十一二三家，每家或八九人或十餘人，共得金八九兩或十一二兩不等。但能多集丁衆，礦務必有可觀。惟是所集官款商股僅只五萬兩，以之發給闔廠員勇之薪餉，並購買六成之金價，已不敷周轉，安能厚積糧貨？且礦丁人等慮蹈去年舊轍，皆觀望不前。廠中亦實不敢多收，當此日有起色之時，徒以成本未充，致令出金不旺，若竟拘執不爲代籌，殊有功虧一簣之悔，未免可惜。奴才等商酌至再，擬在上年呼蘭賑餘項下，提銀一萬兩爲之接濟。應分股利仍列頭等，並俟稍有成效，即責令隨同原借之官款二萬兩先行歸還，以防耗折虧累。至前總理各國事務衙門會議原奏内稱呼蘭所屬之巴彦蘇蘇、北團林子二城人户殷蕃，招丁購糧、運置機器均當較漠河爲便。又會議章程内，稱呼蘭爲江省腹地，又係屯販輻輳之區，與漠河極邊寒苦不同各等語。竊查，漠河觀音山各廠所需糧貨，皆由黑河水運，自岸達廠，近或數里十數里，遠或百里，人馬通行，實未若樓上入都魯河四百餘里陸運之險遠也。合併聲明。所有都廠開辦始有頭緒，廠訂股本實不敷用，擬再接濟萬金，以期有成緣由，謹恭摺馳陳，伏乞皇太后、皇上聖鑒訓示。謹奏。

奉硃批：『著照所請，該部知道。欽此。』

黑龍江將軍恩澤奏陳招放旗荒就緒摺

奏爲招放旗荒，大半就緒，擬請建設旗官以資治理，恭摺仰祈聖鑒事。

竊通肯、克音柞、樹岡、巴拜等處荒段，廣袤逾千餘里，上年疊次奏請安置旗屯，納租助餉，均奉旨允准開辦在案。奴才遵即隨時遴派委員，分赴各處荒段勘丈出放，相繼辦有頭緒。復派官兵彈壓開耕，暫設界官，藉資管束。惟該處幅員遼闊，馬賊出没無常，搶劫頻聞，難安耕作。加以招民代墾，四方認墾之户勢如雲集，其中良莠又屬難齊。若非早議設官建治，分別鎮撫，奸民盜匪，乘隙擾害，關係賦課，實非淺鮮。但此四段荒地，既奉恩准招放，旗人承領，且經奏明永作旂産，自應建設旂員坐鎮，方足治理。

伏查，通肯居此數段之中，環繞各數百里之遥，核與呼蘭轄境相等，似應倣照呼蘭衙門體制，分别道里，變通安設。擬請於通肯設副都統一員，居中坐鎮。並設左右翼協領四員，每員管理二旂。設防禦八員，分隸八旂。至佐驍等官，該處地面既寬，煙户繁重，若不廣爲添設，尤恐日後分佈爲難。擬於每旂各設佐驍各三員，計設佐領驍騎校各二十四員。每佐擬設甲兵四十名，前鋒一名，領催四名。在於前鋒領催之内，每旂設委官二員。八旂通共擬設甲兵九百六十名，前鋒四十八名，領催九十六名，此内共設委官十六員。所有旗兵丁户，若由通省各城分撥，棄舊遷新，搭蓋房間，置辦牛具，諸多不易，且道途遥遠，轉滋苦累。通肯擬就近於蘇林一帶漢三旂丁户之内，先行酌撥省屬各城丁户，有願往投者聽其自便。通肯既有副都統衙門，似應設印務左右三司，每司擬設筆帖式四員，專以經理案牘。旂屬衙門滿蒙公事繁多，擬設滿漢繙譯筆帖式二員，滿蒙繙譯筆帖式一員，專以繙譯往來公文。且荒地千百萬埫，將來徵納地丁租賦綦重，擬設銀庫一處，司庫筆帖式一員，委筆帖式二員，專以掺持銀錢，核算賬目。並擬添設倉官一員，記註倉務筆帖式一員，經理納糧。並設教習一員，俾資訓迪旂庶子弟。又通肯等段既已開墾建官，往來文報日益繁多，運解車差亦不能無，該處距省約有五六百里之遥，擬共安設十站，每站設筆帖式一員，委官領催一名，壯丁十五名。並擬設總司驛務六品站官一員，隨關防筆帖式一員，委官一名。其丁壯户口擬由上下兩路二十七站台内分别酌擬，各予津貼。仿照驛站章程，每丁給官牛一條，馬一匹，按年撥給草豆，照例核銷。其管站筆帖式十缺，擬以四缺就近由通肯副都統衙門揀放，其餘均由省城選拔，以昭公允。再，恆昇堡六屯納糧壯丁一百二十五名，現在柞樹岡界内，若仍歸於省地屯官管轄，誠有鞭長莫及之勢，且與通肯轄境隔絶，擬在通肯設屯官一員，隨設領催四名，將恆昇堡原設壯丁人户畫歸該屯官管理，以昭整齊。

至通肯等段所設各官，惟副都統係屬專城二品大員，宜請旨揀放。其協領、佐領以及驍騎校、倉屯站官、教習等缺，均應作爲滿蒙漢公缺，防禦仍爲滿洲專缺，分由左右兩翼各項部落一體拔補，以歸舊制。所設各項筆帖式，初設暫可由省揀選，嗣後仍爲該城專缺。所有官兵俸餉，初年估需銀四萬五千五百餘兩，常年需銀四萬一千餘兩。初設暫由押租項下開支，屆至二十年起納大租之期，再行由正項開銷。核計每年除銷俸餉外，每年尚可餘銀十萬餘兩之譜，用作通省餉糈。奴才等爲治理得宜並寓兵於農起見，是否有當，伏候聖裁。如蒙諭旨允行，應候部覆到日，即行安設，飭令各員馳赴荒段，建置城署，畫分疆界。俟諸事妥協，再行陸續給咨送部，帶領引見。一切未盡事宜，容奴才等隨時奏咨辦理。所有招放旂荒大半就緒，擬請建設旂官治理緣由，除咨吏部、兵部查照外，謹恭摺具陳，伏乞聖鑒訓示遵行。謹奏。

熱河都統壽蔭奏陳整頓礦務片

再，熱河地方遼闊，周環數千里，所在皆有礦苗。惟沙線微細，隱現靡常，又兼辦理未能盡善，以致不能垂久。而原定課額又復過重，所以難期推廣。是以奴才前經奏定金礦二十四股章程内，開以十股升課，以十股歸股東，餘利以四股作爲辦事員司花紅獎賞，核與向章稍有輕減。兹詳核各礦册，報銷款繁重，若照二十四股升課，仍難望有起色。緣口外地方，山高谷險，石性堅硬，垂鏨均不易施〔四〕，往往所得不抵所費。若再令升課過重，勢必裹足不前，殊非開廣利源而咨課款之道。奴才博採周咨，互相較比，非再稍爲變通，難期興旺。擬請嗣後無論金銀各礦，均以出數多寡計算升課。金礦每得金一兩，徵課金六分。銀礦每得銀一兩，徵課銀八分。並不另提耗羡。礦務一切開銷，均由礦商自行辦理。自升課日起，由總局派員前往督辦稽查，以免偷漏。如此變通，庶可以廣招徠而裕餉源。奴才爲整頓礦務起見是否有當，理合附片陳明，伏乞聖鑑訓示遵行。謹奏。

奉硃批：『著督辦礦務大臣查核辦理。欽此。』

校　記

〔一〕監　據下文當作『盗』。
〔二〕稞　當作『課』。
〔三〕月　據文意當爲『年』之訛。
〔四〕垂　當作『錘』。

奏議輯覽初編卷第十五

欽差大臣榮禄奏陳北洋練兵籌餉辦法摺

奏爲北洋練兵籌餉亟擬辦法先陳大概情形，恭摺仰祈聖鑑事。

竊維自强之計，首在練兵。北洋屏蔽京師，尤關緊要。奴才奉命督師，若不統籌全局，預爲區畫，臨時何所措手？查，北洋除淮練各軍而外，則有毅、甘、武、毅新建四軍各有自主之權，合之實無相維之勢，一遇戰陣，仍形孤立。欲求制勝之方，必使各軍聯爲一氣，然後可期指揮如意。今擬聶士成一軍駐紮蘆臺，距大沽、北塘較近，扼守北洋門户，爲前軍；董福祥一軍駐紮薊州，兼顧通州一帶，爲後軍；宋慶一軍駐紮山海關内外，專防東路，爲左軍；袁世凱一軍駐紮小站，以扼津郡西南要道，爲右軍。奴才另募親兵萬人，爲中軍，擬於南苑内擇地安營，督率訓練。如此，總爲五軍，聲勢自然聯絡。平日分防各要隘，一經徵調，則大軍雲集，無秦越漠視之分，自可收指臂相聯之效。其原有之淮練各軍，參考舊制，大約以淮軍防海口，兼守砲臺；以練軍分隸各鎮，專守地方。現在實存淮軍計二十四營有零，其官弁勇夫一萬二千餘人。練軍計四十二營有零，其官弁勇夫一萬九千餘人。惟相沿日久，屢經抽調裁撤，其向守營制無不參差，且有分防海口、内地之責，非權衡至當，未易更張。應如何歸併，如何裁汰，奴才守職都門，未便遥制，應由督臣裕禄就近體察情形，酌核商辦。一俟各營歸併布置妥協，再由奴才督飭各將領認眞訓練，以備隨時調遣。至於直隸通省緑營額兵，除挑作練軍暨本年裁減一成外，實成額兵二萬八千五百餘名。能否再裁，亦應由督臣裕禄通盤籌畫，以臻周妥。

抑奴才更有請者，練兵以籌餉爲第一要義，餉項不足，則兵心不固，譁潰堪虞。新募中軍萬人，每年約計需餉一百二十餘萬兩。查，有部撥添練新建陸軍餉銀四十萬兩。擬令該軍暫緩添練，即以此項餉銀移作奴才新募中軍之用。不敷銀兩，前召對時仰蒙天恩，准於部庫存儲各省撥解閩省船廠經費項下動撥。其毅、甘、武、毅新建四軍，自豫餉、甘餉、淮餉及部撥各省關之餉，近來每每解不及額，以致時形匱乏，仰懇飭下户部，將北洋各軍餉項務籌的款，嚴催各省，迅即協解，不得藉端延宕，并隨批咨報奴才行營，以便考核。查，原任大學士左宗棠舊案，將解餉不力之藩司、關道指名嚴參，如能掃數解清，每届三年，亦照西餉之例，分别奏請獎敘，庶協餉可期踴躍，不致使有缺乏之虞。至各軍餉章，必使劃一，萬衆乃能齊心。四軍之餉，以新建爲優。若將淮練、緑營裁併騰出的餉集有巨數，即以酌加各軍正勇之餉，使與新建一軍相同，免致士卒藉口。惟新建營制官弁勇夫名數較多，開支亦鉅，各軍概不得仿照增加，以示限制。

奴才世受國恩，夙承先志，際此時艱，夜思早作，尚有不遑之勢，但期於軍務稍有裨益，敢不實力講求，以仰副宵旰勤勞之意？所有北洋練兵籌餉大概情形，與督臣裕禄往返函商意見相同。謹恭摺先行具陳，是否有當，伏乞皇太后、皇上聖鑑訓示。謹奏。

欽差大臣榮禄奏籌辦軍械輿圖片

再，行軍之道，器械爲先。各軍槍砲多購自外洋，設遇决裂開衅，各國守局外之例，必至束手受困。現時南北洋暨湖北各省多設有機器製造等局，擬請飭下各督撫，就地速籌鉅款，移緩就急，督飭局員趕造新式後膛快砲、小口徑毛瑟槍，務期一律，以濟各軍之用。軍火庫藏，不宜設於沿海地面，當於腹地建置子藥局庫以備存儲，庶不致有意外之虞。至於地圖形勢，尤兵家所必究。各營將領於海口既不久處，又不親歷，圖説斯爲至要。擬飭北洋武備學堂選派測繪學生，將舊有北洋輿圖分投重加考校。凡海口淺深，砲臺布置以及山川道里遠近，均繪圖貼説，確切不遺，然後分頒各將領隨時熟看，詳細考察，於行軍有所把握，庶免進退失據矣。謹附片具陳，伏乞聖鑒。謹奏。

總理衙門議覆保護教堂摺

奏爲遵旨議覆事。

光緒二十四年七月二十日，准軍機處抄交都察院左都御史裕德奏請飭各省設立保甲局，認眞保護教堂一摺，奉旨：『着總理各國事務王大臣妥速議奏。欽此。』查原奏内稱，近年民教交訌，屢釀巨變。謹奏辦法三端：一，防範宜周也。現在教堂之處由該地方官擇地設立保甲，慎選本地夙有鄉望之紳士二三人爲董事。局中額設巡勇，用教堂附近之人在教堂附近處所查察，遇有爭端，曲爲排解，或帶入局中善爲調處。教士外出，亦由該勇等爲之護送。地方官時見局董，待以禮貌，官紳聯爲一氣，則消息靈通。一，勸導宜力也。設局選董，將歷來教案辦法平日剴切講説，使民轉相傳述，而窮鄉僻壤，易於家喻户曉，較地方官示諭，尤爲切速。一，勸法宜明也。保護教堂，既責局董，當定年限，分別賞罰，俾有觀感。議定局董，免差三年。如民教相安，照尋常勞績獎敘。或事起倉卒，果能彈壓解釋，消患無形，照異常勞績請獎各等語。

臣等查，各省教堂向無記載。光緒十七年長江教案紛起，臣衙門始行令各省詳查教堂，按季册報，略資考証。該左都御史所奏事前防範，用保甲局董設勇巡查護送，並令地方官與局董聯爲一氣，及酌予局董勸懲，所奏均中竅要。現在奉旨頒行勸學篇，所論民教嫌隙，開導愚氓各節，極爲顯豁。各省官紳洞明此理不難，家喻户曉，或可消患無形。臣等公同商酌，均應准如所奏辦理。至原奏所稱局董保護不力，定以專條治罪一節，臣等查光緒二十二年四月十二日，臣衙門會同吏、兵二部議覆御史陳其璋片奏嚴定教案處分摺内，聲明地方官保護教堂未能得力，應查照歷辦成案，以不應重公罪降二級留任例定議。奉旨：『依議。欽此。』欽遵在案。現既論定該紳士等充堂董事，得力則請奬敘，如不得力，自應查核案内情節，按照地方官處分分别減等辦理，亦足以示公平。如蒙俞允，以命下之日，由臣衙門通行各直省遵照辦理。所有議覆緣由，伏乞皇上聖鑑訓示。謹奏。

盛京將軍依克唐阿奏設機器製造等局先鑄銀圓摺

奏爲奉天設立機器局、製造局，先行鑄造銀圓並籌辦行使情形，恭摺具陳，仰祈聖鑑事。

竊奴才前因奉省制錢短絀，憑帖易於僞造，奏請購機設局，鑄造大小銀圓，以期便利，奉旨允准。嗣在天津德國禮和洋行購定製造銀圓各種機器鍋爐，所需價銀，别無款項可籌，請將此項購價，並將來安設機爐、修蓋房屋諸費，暫由奉省各項稅捐項下，每兩抽提五分，核實動用，於光緒二十二年六月二十二日附片具奏，奉硃批：『户部議奏。欽此。』旋經户部議准，飭將一切辦法妥議奏明，並將原議送部查覈等因，於光緒二十二年八月初九日具奏，奉旨：『依議。欽此。』行知在案。

維時機器尚未由外洋運到，而房基亦未擇定，無從開辦。經奴才迭次電催該洋行，將所購機器依限速運，一面派員相度地勢，勘得省城東關東邊門裏奉軍舊有營房一所，房間悉已坍塌，基地寬廣，可以修建局房。當即鳩工庀材，於上年七月十五日興工，本年五月底工竣。適銀圓機器陸續運到，飭令先期招集三齊工匠查驗。雖尚缺少小銀元印花紋滾邊齊機器，而鍋爐及各項機器悉已齊備，可先試鑄，以應急需。當札派副都統銜廂紅旗滿洲協領常慶爲總辦，花翎二品銜候補協領翼長文起、花翎候補協領防禦連科爲帮辦，妥置各廠員司工匠，並先由糧餉處撥發銀兩，於本年六月初九日開工試鑄，旋據造成大銀圓並兩開銀元共二等呈送前來。奴才細加考驗，分兩重輕，係照部定章程較准，成色亦好。惟查奉天市面實銀本甚低潮，即糧餉處存儲銀兩，多係徵收稅釐款項，並非十足淨銀。鑄元時重新傾鎔，不免多所折耗。三月以來，共鑄出大小銀元十四萬元，通盤勾稽，不致虧折，尚有盈餘。但通省市面，向來營口通用外洋銀圓，近則省地開用各省銀元，風氣未開，驟然行用，勢必多所阻格，當飭驛巡道八界協領，並各局處及承德縣公同妥議去後。旋據稟稱，擬令將已成銀元，分交糧餉處官錢局以兩換兩，隨將所換銀元，搭放各員司薪工及各營將弁勇夫薪餉，並作官錢局交易之用。約計每月可發放銀五六萬，已可絡繹鑄用。一俟機器大開，商民信用，即令通省鋪商以市平交局鼓鑄，以兩付兩，俾可廣行。至於民間行使銀元，價目不能一庫平爲詞，致有增減；亦不准商人附搭股本，致違定章。鑄造局中不得以庫寶律，每日隨價低昂，若難勾算，且不足救錢絀之弊；若酌定常價，設值銀價，貴賤懸殊，不免賠累。擬令所出銀元隨各城銀價漲落，如市平銀每兩值東錢十千，銀元合市平銀七錢四分三，即定價七千三四百文，仍按照每月初一、十六日銀行酌定價值，由各該地方官出示曉諭，並傳知大小鋪户，均於鋪面懸掛水牌，開明價值，半月一换。俾衆知有定價，便於行用等情。

據此，奴才詳核所議章程，尚屬周妥。通飭咨局處及闔省旗民各屬，一體照辦。並飭令將地租税釐，凡向來無論以銀以錢交納者，均准以銀元兼收，以期取信商民。目下，每月可鑄銀二萬五千餘兩。每鑄元一萬兩，以二等勾稽牽算，除去搭配料件、傾鎔火耗以及員司夫匠薪工核實開銷外，約得贏餘銀三百四十餘兩。現已將缺少之小銀元機器三副自行製造。將來造成開鑄，餘利較厚。所有員司、工廠章程，悉仿鄂省定章辦理。惟機器初開，規模粗定，所有員司人數及一切薪工開支時有增添，未便遽行酌定。容俟試辦一年後，再將鑄造章程並購機、造機、購買物料及一切薪工開支，暨設廠蓋房工程，分晰開單造册，奏明辦理。除將此次所購外洋各項銀元機器名目，並現鑄銀元式樣咨送户部查核外，所有奉天設立機器製造局先行鑄造銀元並行使情形緣由，理合恭摺具陳，伏乞皇太后、皇上聖鑑訓示。謹奏。

奉硃批：『户部知道。欽此。』

總理衙門奏通籌鐵路辦法摺

奏爲通籌鐵路辦法分别緩急次第，恭摺仰祈聖鑑事。

竊維鐵路靈捷，可以利國便民。原期幹枝相輔，脈絡貫通，多多益善。然就現時之情形而論，有不得不分别緩急次第者，請備陳之。中國鐵路以蘆漢、粤漢爲最要之大幹，津鎮次之，而山海關外奉天、營口等處，亦爲扼要必爭之地，餘皆爲枝路。幹路工費鉅而收效遲，枝路工費省而收效速。國家轉輸徵調，呼息靈通，所注意者在幹路。商賈懋遷貨物，欲速見小，所注意者在枝路。幹路爲本，枝路爲末。若辦法不分次第，勢必至認辦枝路者紛至沓來，串通影射，而承辦幹路之公司，出售股票反至無人過問，事多掣肘，竣工愈難，舍本徇末，殊屬非計。不特此也，各公司所辦各路，集有股本者甚屬細微，其大宗皆係息借洋款，所立合同皆載有本息，未還以前，將所辦之路作爲抵押。設幹枝雜揉競辦，當彼此尚未貫通之際，縱有路利，必難豐旺，華商買取枝路股票亦必寥寥，所有應付洋債本息及養路各費，恐無實在著落，則抵押之路必難收回，是權利仍屬他人操縱，豈能由我？商路之害，亦國家之害也。臣等悉心體察，與其并騖兼營，事以紛岐而易擾，不若先急後緩，植其大體而徐圖。伏查，蘆漢、粵漢要幹，及寧滬、蘇浙、浦信、廣九等近幹要枝，均由總公司盛宣懷承辦。津鎮及山海關內外，亦奉旨責成胡燏棻等辦理。太原至柳林，已由山西商務局承辦。廣西龍州已由提督蘇元春承辦。應請旨飭下該大臣等認眞督辦，飭先儘此各要路妥速辦竣。如果敷還借款本息及養路各費綽有餘裕，再議次第推廣辦理各枝路，以昭慎重。自此次奏明後，除已與各國定有成議及近幹要路，地不過百里，款不出百萬，不在停辦之列外，凡華洋各商請辦各枝路，此時概不准行。如蒙俞允，即由臣等通行飭遵。所有通籌鐵路辦法緣由，理合恭摺具陳，伏乞聖鑑訓示。謹奏。

奉硃批：『依議。欽此。』

護理四川總督文光奏設製造局添製機器片〔一〕

再，查前奉上諭，據榮禄奏請，飭四川等省籌款設立製造局廠，漸次擴充，當經前兼署督臣恭壽請就川省原有機器局擴充製造，不必另設局廠。即以該局歷年節省餘存銀一萬二千兩添造機器，一俟機器造成，再行籌加工本，推廣製造等因。奏奉硃批：『該衙門知道。欽此。』欽遵當經轉行在案。兹據辦理機器局務署按察使記名道安成，成綿龍茂道長春，以局中從前購辦機器無多，若欲廣製槍砲，機器實不敷用。現在添製長刨床一部，小車床及壓銅機器、引長機器、齊口機器各四部，緊口機器二部，均已一律製全，機巧靈動結實，均與購自外洋者無異。即於節省項下儘數開支，惟機器既已增添，則製造亦宜推廣。擬請於開局年支經費八萬兩之外，加增經費銀二萬兩，以爲製造之用。仍於成綿道庫土貨釐金項下開支，詳請具奏前來。

臣查川省機器局雖經設立多年，惟以機器無多，不能推廣製造。現當整飭武備，槍砲在所必需。今據該局將節省經費添造機器多部，以公中節省之資，添局中未有之器，且所造各具均尚精良合用，較之購自外洋，連運費併計所省實多。惟機器既添，製造即應推廣。至現造准於土釐項下，每年加支銀二萬兩，仍俟奉旨之日，再行開支，以濟要需而重公項。其應需外洋鋼鐵及一切物料等機器，動用銀兩，原係節省所餘，無關正款，應請免其報銷。除咨部查照外，謹附片具陳，伏乞聖鑒。謹奏。件，現擬委員赴上海購辦，合併聲明。

奉硃批：『著即認眞推廣製造，仍將添製何項槍砲，數目若干，按年奏報該部知道。欽此。』

兩江總督劉坤一遵籌擴充製造添配機器請撥補經費摺

奏爲遵旨籌議擴充製造添配鎗砲各機，期歸一律，並懇敕部另籌撥補三廠常費，恭摺覆陳，仰祈聖鑒事。

竊臣疊奉上諭：『飭令各機器局酌定快槍快砲、新式槍子砲彈分量，互相討論，如式製造，並飭就原有局廠切實擴充各等因。欽此。』嗣又欽奉懿旨：『行軍利器，以後膛快砲、小口徑毛瑟槍爲最。現時南北洋及湖北各省均設機器製造等局，著該督撫就地籌款，移緩就急，督飭局員認眞考求，迅即製造等因。欽此。』仰見皇太后、皇上修明武備，於以建威銷萌，莫名欽服。

方今强鄰環伺，伏莽潛滋，非整飭戎行，無以立自强之本；非講求利器，無以操制勝之權。現值各軍改練洋操，是製造槍砲子彈俱應一律如式。縱分途仿製，工作可泯參差；即衆軍合操，心志亦能專壹。疊經臣恪遵聖諭，分飭金陵、上海兩機器局欽遵辦理。惟查各省設局，自行製造，初皆博收約取，近益推陳出新。舊式軍械均已停造，如金陵局造之後膛擡槍，上海局造之快利新槍。各軍均稱利用大小砲位，亦皆合宜。第金陵一局，本專供南北洋各軍之用，機器無多，經費有限。凡轉輸京畿，饋運鄰省，及南北常年操防，大批軍火胥由上海機器局製造供用。近來奉撥之軍械益夥，所用之工料倍增。嗣後添設錬鋼、票藥、無煙藥三廠，規模粗備，講求漸精。前辦局員請撥專款六十萬兩，購辦槍礮等機，原爲擴充製造地步，只因款巨難籌，議而未購。現以快利槍機簧略異，已就原有槍機酌量配换，添購各項機器，改造小口徑毛瑟槍及製造彈機一部。又，該局之十二磅子、六磅子兩項快礮，與北洋之七生特半快礮、五十七密里快礮，核其口徑子彈相同，本係常川自造。惟查北洋之七生特快礮湖北之三生特快礮與南洋所購之六生特快礮犀利便捷，爲陸軍所必需，均應鑄備，亦就舊有之機，酌量配换，並添購錬鋼機鑪等件，共計價銀三十八萬餘兩。由此專精仿造，則槍礮子彈與津局鄂廠均係一律，自免叢雜之弊。特是製造經費以二成洋税爲大宗，復因鍊鋼造藥事屬創辦，所費不敷匀撥，仰蒙飭部核准，在於江海關税釐項下，每年撥銀二十萬兩，作爲三廠常費。第税收盈絀無恆，常費欠解甚巨，若非另請指撥的款，恐致機價兩懸。疊據該局詳請奏咨前來，臣查製造槍礮，以歸一律，實屬自强要圖，勢難延緩。該局僅就原撥之二成洋税，三廠常費騰挪，估計添造槍礮等機，辦理尚屬樽節。惟江海關撥款浩繁，收不敷放，此項三廠常費關、局均請改撥，已經據詳咨部有案。税釐俱屬正項，製造亦關要需，既難挹彼注兹，惟有仰懇天恩，飭部另籌的款，如數撥補，俾資製造而厚儲胥，藉副朝廷整軍經武之至意。所有遵旨籌議擴充製造添配槍礮機件，請撥補三廠常費各緣由，除分咨外，謹會同北洋大臣、直隸督臣裕禄，江蘇巡撫臣德壽恭摺覆奏，伏乞皇太后、皇上聖鑒。謹奏。

奉硃批：『户部妥議具奏。欽此。』

兩江總督劉坤一奏設上海商務總局片

再，臣遵奉諭旨，在於上海設立商務總局，派委員紳經理，並籌辦農工礦路各學情形已經奏明在案。旋派在籍翰林院修撰張謇、湖北補用道劉世珩等馳赴上海設局開辦，選舉絲茶各業巨商嚴信厚等爲商務總董，分飭所屬各舉分董，考求地方物産所宜、貿易興衰之故，廣勸紳富自行設廠，製造土貨，以冀挽回利權。並令立商學以究源流，蒐商律以資比例，設商會以聯心志，撰商報以廣見聞。數月以來，商情頗形踴躍。當兹物力艱絀，未敢稍涉恢張，惟當需之以漸，貞之以恆，由上海以東連燕齊，南通閩粵，與漢口商務局聯絡一氣，日久可望振興。至工藝立學，厥分兩門：一曰化學工藝。凡船械、槍礮、汽雷、礦路等學胥賅焉。已飭上海製造局添設工藝學堂，籌款經營，擇期開辦。礦路學之初基，與武備生所習相近，亦由金陵陸師學堂挑選學生，分齋課授。一曰機器工藝。綜括機工、手工，程效最捷，可開民生衣食之源。當函商江蘇、安徽、江西三撫臣協力籌款，在金陵設工藝大學堂。三省各招學生數十名駐堂肄業，一俟擬定章程，另行舉辦。惟勸農設學，閭閻生計收關〔二〕，疊飭各地方官詳諭紳民，一體遵照。無如農氓椎魯，襲故安常，驟語以耕植新法，疑信參半，且屢遭荒歉，款項難籌，官民力均不逮。現由上海農學報館廣譯報章，頒行各屬，俾鄉里小民耳濡目染，藉開風氣而昭信從，則農學可以徧設矣。所有籌辦農工商各學情形，謹附片具奏，伏乞聖鑑。謹奏。

奉硃批：『知道了。欽此。』

兩江總督劉坤一請增設水師學堂學額摺〔三〕

奏爲遵旨籌議增設水師學堂學額，以資教練而儲將材，恭摺仰祈聖鑑事。

竊臣欽奉電傳上諭：『中國創建水師，歷有年所。惟是制勝之道，首在得人。欲求堪任將領之才，必以學堂爲根本。應如何增設學額，添製練船，講求駕駛，諳習風濤，以備異日增購戰艦，可期統帶得力。著南洋大臣、沿海各將軍、督撫一體實力籌辦，妥議具奏等因。欽此。』仰見皇上力圖自强、固國育才之至意，欽服莫名。

臣維各國争雄海上，船堅礮利，日異月新，水師規模較前迥勝。南洋舟艦未備，款項維艱，欲增購戰船成一大枝水師，非外省財力所能猝辦，惟有就原設學堂增設學額，添製練船，俾各認眞講習，藉收拔十得五之效。當飭該堂總辦道員柯銘欽遵辦理。頃據詳稱，江南水師學堂創立之始，原係駕駛、管輪兩門，各分三班，招考生徒分别課授，自英、德語文而外，凡勾股、算術、幾何、代數、平弧、三角、重學、微積，以及中西海道、星辰部位、駕駛御風、測量繪圖諸法，帆纜槍礮、輪機大要皆當次第研求。堂課畢業，派登練船，俾周覽山海形勢，沙礁風濤，更番巡歷，以練膽識。祇以各生學成登進，不廣學額，裁復無恆，上年冬間，又因經費奇絀，將三班學生四十名裁撤，咨部有案。現值國家整軍經武，廣儲將才，以學堂爲水師之根本，遵將原裁三班學生四十名暨教習員司人等，招募添設，一切薪費仍照前額原數開支，於十月初一日考取入堂，照常肄業。至巡練之船，現有寰泰一艘，疊經督帶駕駛、管輪頭班學生周歷海島，諳習風濤，再派赴各兵輪，循章補用，即接帶二班學生先後登船，約計兩年船課均可畢業。似此循環督練，暫可不另添船等情前來。當飭查照向章，斟酌定額，督率教習人等認眞訓迪，就其造詣之深淺，以爲升降之等差。尤當中西並肄，時以經史大義、輪機新法與之朝夕講求，俾咸知明恥教戰之義，因時制變之方，異日馳驅海上，庶足備國家干城之選。除分咨户、兵、工三部查照備案外，所有遵旨籌議增設水師學額緣由，謹恭摺覆陳，伏乞皇太后、皇上聖鑑。謹奏。

奉硃批：『知道了。即著督飭柯銘等認眞訓課，毋得始勤終怠，致成具文。欽此。』

兩江總督劉坤一請武舉武生挑入學堂肄業摺

奏爲武舉、武生挑入學堂肄業，宜先於平時講習兵法等學，以備甄取而育將才，恭摺具陳，仰祈聖鑑事。

竊准部咨光緒二十四年九月十八日，欽奉慈禧端佑康頤昭豫莊誠壽恭欽獻崇熙皇太后懿旨：『科舉之設，無非爲士子進身之階。至於訓練操防，尤以營伍學堂爲儲材之根本。所有武場童試及鄉會試，均著仍照舊制，用馬步、箭弓、刀石等項分別考試。各省營用武進士及投標武舉，悉令練習槍礮，酌定勸懲章程。所有未經入營武舉、武生等，均著就近挑入學堂，學習格致、輿地等學及礮隊、槍隊、馬隊、工程隊諸科，以備折衝禦侮之用等因。欽此。』仰見皇太后、皇上權衡至當，因時制宜，於慎重武科之中，仍寓作育羣才之意，跪誦之下，欽佩莫名。業經轉飭，一體欽遵。

伏查江南陸師學堂於光緒二十二年開辦，此項學堂，各省尚未一律建設。目前庫儲拮据，大抵相同，僅能於各省會酌設學堂一區。至於府縣地方，尚苦力有未逮。以通省之武舉、武生萃於一堂，經費有常，不能不酌量挑取。而學堂內外場功課，如兵法、營壘、軍械、測量、算學、地勢、繪圖、地輿、洋文洋語以及馬步隊、工程隊、體操等藝，門類既多，肆習匪易，非文理明暢，不能期其領悟；非資質聰穎，不能得其會通；尤非兼習畢業，不能收學堂之實效。各省武舉、武生雖應試時默寫武經一場，而槍替代書，在所難免。即稍稍識字，亦復粗淺鄙俚，無甚可觀。以言彎弧擊刺則有餘，以言才識文義則不足。蓋武科之制，本以弓馬技勇爲主，功令所重，風氣隨之，其勢然也。江南初設陸師學堂，武舉、武生何嘗不一體收考？而甄別留堂者，僅止武生一人，取才之難可爲明證。若不平日認眞講習，深恐將來挑無可挑，殊非朝廷實力振興之至意。現經臣飭將陸師學堂兵法等課程釐定刊刻，頒行各府縣學，廣爲傳布，俾武舉、武生在籍自行探討。如能通曉大義，即由該府縣詳送省城學堂考試，擇其文從字順、持躬謹飭者挑選入堂，與學生一體按課，庶幾始基既立，可無扞格之虞；進取有資，足備干城之選。可否請旨敕下各省一律照辦，似於武備不無裨益。抑臣更有請者，學堂功課共有十餘門之多，武舉、武生入堂後，講解誦讀，已覺日不暇給，於馬步、箭弓、刀石等藝不無偏廢，現在武科既復舊規，士子奮志功名，恐仍不免舍此就彼。應否將此項武舉、武生於學堂畢業後給予憑照，咨送兵部考驗，分別酌予出身，以資鼓舞，伏候敕部議覆施行。臣爲儲材講武起見，是否有當，謹繕摺具陳，伏乞皇太后、皇上聖鑒訓示。謹奏。

奉硃批：『另有旨。欽此。』

兩江總督劉坤一請飭各省緑營一律改習槍礮片

再，緑營官兵向習馬步、籐牌等藝。自火器盛行以來，槍礮務求精利，即内地盜匪亦莫不執持洋槍爲刦贓拒捕之具。而營兵格於成例，不能不照舊練習，利鈍懸殊，實不免相形見絀。現在欽奉懿旨，武科規復舊章，良以弓箭等項便於考試，爲士子進身之階；至於禦侮折衝，仍須以槍礮爲重。緑營兵丁有緝捕巡防之責，本與考生不同。況值遞次裁減，兵額無多。若仍拘泥成規，深恐營伍益形疲弱。擬請敕部通行各省，將緑營馬步、箭、籐牌、雜技一律改習槍礮，認眞操演，以收實效而振戎行。臣爲因時制宜起見，是否有當，謹附片陳請，伏乞聖鑑訓示。謹奏。

奉硃批：『另有旨。欽此。』

校　記

〔一〕機　原誤作『械』，據原本目次改。

〔二〕收　當作『攸』。

〔三〕總　原缺，據原本目次補。

奏議輯覽初編卷第十六

烏里雅蘇臺將軍連順請招商開採金礦摺

奏爲蒙古地方金苗暢旺，亟宜招商開採，以裕財源，恭摺仰祈聖鑑事。

竊維五金之産，本天地自有之菁華。極邊之區，尤寶藏之所蓄積。疊次奉諭旨，飭令各省籌辦礦務，復簡派礦務大臣於京城設立總局，專理其事。凡所以盡地利而厚民生者，莫不上廑宵旰，在内外臣工均應仰體聖懷，力擔艱難。伏查，庫倫西北至恰克圖一帶，毗連俄境，土脈豐腴。頻年以來，内地人民出塞謀食者，率以租地墾荒爲名，偷挖金砂，分運銷售，獲利倍蓰。附近之俄羅斯人亦多越邊潛採，近已實繁有徒，每滋事端，官難查禁，而地方遼闊，即嚴予驅逐，終屬具文。歷經奴才分派妥員履勘，究竟有金礦若干處，如果開採，有無弊竇，是否可用土法抑須機器，成本約需若干，飭令詳細查明，據實呈覆。疊據稟稱，蒙古圖什業圖漢、車臣漢各旗界内，據庫倫東北六台地約合三百四十餘里，西自鄂爾河、哈拉河至額能河，共有金礦三處。又，西北九台地，約合五百三十餘里，北自色將河至伊魯河，共有金礦二處，周圍約二百餘里，金苗甚旺。其閱以伊魯河所産爲最佳，金質實爲漠河金廠以上。其餘成色，或八九分不等。惟均産自河内，水勢頗深，人力掏取，所得有限。必用西法，以機器汲水，雇工開挖，其利方厚。第濱臨沙漠，人煙較稀，購食招工，均須藉資内地。若僅採一處，徐圖擴充，則曠日持久，徒糜薪工。似宜招集鉅款，延聘礦師，購運機器，相地開採，同時舉辦。於居中扼要之處設一總廠，以資兼顧。綜計成本，約須銀三百萬兩。各該處均隸荒遠，匪特無礙蒙旗游牧，且係有利無弊，確有把握之事。並繪其圖説，檢取金砂呈送。復據三品銜天津税務司俄人柯樂德利庫西稱，蒙古金礦各苗，中國集款興辦，俄人情願附股，仍可代爲招集，悉遵中國所立章程辦理，如用俄人，應聽中國官員約束各等情前來。

奴才覆查泰西各國富强之由，大率經營礦務。蒙旗産金之處偪近俄疆，久爲俄人所豔羨。防維杜絶，智力俱罷。若拒閉太深，恐啓攘爭之漸，何若豫爲之地，猶得操縱自如？前次烏里雅蘇臺屬境唐努烏梁海各界内，俄人造屋挖金，盤踞多年，反客爲主，事經查辦，禁絶仍難，前鑑匪遥，尤當預籌至計者也。奴才每於接見蒙古王公，詳詢開礦有無窒礙，僉稱蒙人生齒日繁，生計日蹙，近來，衹恃洋商販運洋毛駝隻，裝載磚茶出境，歲獲數百萬金，可資挹注。始知利之所在，端賴人謀。果能開拓利源，實與蒙旗有益，蒙旗亦必有附股之人。奴才參以時勢，證以蒙情，是蒙古開礦一事，既無礙於蒙旗游牧，且爲蒙旗興無窮之利，似屬難緩之圖。惟是資本過重，斷非一人之力所能成。若僅用土法開挖，實慮驟難著效，自當招商集股，始可收衆擎易舉之功。現在中國商情，籌款不易。然既有此自然之利，不應棄之於地，徒令兩國無業游民私挖械鬥，或釀釁啓端，邊庭利害所關良非淺鮮。俄人既願附股，不若因勢利導，轉可就我範圍，未始非固全邦交之一助。

奴才通盤籌畫，所有蒙古圖什業圖漢、車臣漢各旗界内鄂爾河等五處金礦，擬請招商集款，合力開採，由中國自行舉辦。有礦之處均近俄界，並准附招俄股，仍按中國所定章程辦理，以免事權旁落。儻股款不足，應請協撥官款，查照礦務向章，按年付息。廠中所用工匠，除礦師及管理機器等可聘用洋人外，其餘淘砂工人悉募蒙衆及内地民人，不得雇募俄人，免妨中國窮民衣食之計。但一經開辦，誠恐他商見利爭趨，未免侵礙礦本，宜先議定年限，所辦各礦概歸該廠經理，他人毋得攙奪。將來開成之後，除去付還股分本息暨各廠一切薪工經費，所得礦利應分十成，以四成報效國家，解交户部，以一成津貼蒙古王公，以五成分歸股東，俾得利益均沾。惟地隸蒙古邊要，事關中外交涉，與別省情形不同，必須官督商辦。應請旨簡派大員，專司督率，一切事宜，悉歸統轄。擇廉幹委員駐廠監查，每年將各廠採金實數，收支款目，造具清册，呈送查核，仍咨報京都礦務總局稽考，以杜弊端而垂久遠。如蒙恩准開採，似於邊務大有裨益，不僅推闢財源已也。合無仰懇天恩，敕知總理各國事務王大臣覆議具奏。俟奉俞允，再行妥擬詳細章程，分繪四至界圖，奏咨立案。一面招商集股，購置機器，設廠興辦。其烏里雅蘇臺所屬唐努烏梁海各界内金礦，如能一律開採，俟奴才抵任後，再當察看情形奏明，請旨定奪。奴才愚昧之見，是否有當，理合恭摺具陳，伏乞皇太后、皇上聖鑑，飭議施行。謹奏。

奉硃批：『總理各國事務衙門會同礦務大臣妥議具奏。欽此。』

陝西巡撫魏光燾奏陳遵辦武備學堂片

再，臣前奉諭旨，飭令開辦武備學堂，當經欽遵行司遵辦，並將借地開辦情形奏明在案。查，武備學堂之設，爲作育人才之地，不得不竭力籌辦。需用經費，臣與司道核實，約計學堂創始經營，非萬餘金不可。以後常年經費，亦須萬金之譜。前臣奏催河南等省解還原借陝庫賑款動用，經各省先後展緩，難濟急需。而陝省庫儲奇絀，別無可籌。惟查光緒二十三、四兩年裁減兵勇節省項下，有歲省糧料九千五百石有奇，内計督糧道敬録倉節省三千三百四十餘石，各府廳州縣倉共節省糧六千二百六十餘石。擬請仿照前籌，派認洋款兵糧變價成案，將此項節省糧石仍照每石例價一兩，自二十四年起，按年全數變價，作爲武備學堂經費。現在開辦一切用款，先由司庫挪墊，將來即在此項内分年提還。俟清款後，全歸學堂。常年經費由藩司李有棻、督糧道丁士彬會詳前來。臣覆查學堂之設事屬創始，一切經營修繕、購置書器，並行試辦以及推廣，需款甚鉅，必得酌籌挪展，辦理方無窒礙。今以裁省兵糧變價指爲講求武備之用，以後殊途同歸，且可收轉弱爲强之效。除舉辦一切章程，飭由總辦督糧道飭提調妥議奏明外，所有酌籌武備學堂經費，謹附片具陳，伏乞聖鑑，飭部立案施行。謹奏。

奉硃批：『該部知道。欽此。』

御史余誠格請飭練兵宜求實際摺

奏爲練兵宜求實際，請旨嚴飭疆臣躬閲常操以明賞罰而結兵志，恭摺奏陳，仰祈聖鑑事。

竊維近日兵不足恃，論者輒歸咎於不習洋操。臣愚以爲，兵精不在乎洋操，實繫乎疆臣之勤惰。洋操不過槍砲嫺熟，步伍整齊。此特足以盛軍容，而不足以結兵志。欲結兵志，必先明賞罰。欲明賞罰，必令督撫躬閱常操。臣嘗聞前大學士臣左宗棠、前雲貴督臣岑毓英，其前身任督撫時，亦與在軍中無異：按其操練，必親自校閱，立予賞罰，接見將弁，恩誼相孚，以故士卒用命，克成大功。若今之督撫，則不盡如是：終歲坐鎮，不自按閱，訓練之事，任聽將弁，或委營務處道員，及遇大閱之年，循例巡行，敷衍舉劾，是以冒糧缺額、老弱充數之弊幾至，各省皆然。一旦有事，動須遠調客兵，現撥軍實，百不應手，上煩聖廑。夫軍政本總督專責，巡撫或兼提督職銜，立官初意，本重治兵。及至後來，賢者役志於地方，委署下侵藩臬之權；不賢者半習於年老偷安，僅守堂除之近，故武備日益廢弛。應請旨飭下各直省督撫，嗣後省城練軍及附省防營常操，必親自認眞校閱。省外各營，責成各巡道會同各總兵就近校閱，仍不時調省會操，不准苟安委代，視爲具文。如此，則賞罰明而軍心自振，軍心振而積敝可除矣。臣爲飭武備而戒偷惰起見，是否有當，理合恭摺具陳，伏乞皇太后、皇上聖鑑訓示。謹奏。

御史余誠格請禁革按畝派捐片

再，按畝派捐，向干例禁。近年辦理昭信股票，行之擾民，而山東、四川尤甚，疊見奏參。及查覆，輒託詞民願。其實皆不肖州縣勾串劣紳，魚肉鄉愚之計。此弊殆不僅山東、四川有之，亦不僅辦理昭信股票如是。臣按捐輸本意，取之富户；若按畝分派，則出自農夫，雖斗儋之家不能倖免。是隱行加徵之事，外飾樂輸之名，詭取巧奪，莫此爲甚。比年各省皆有偏災，糧價踊貴，農民已不聊生。若再如此朘削，勢必難安本業，流爲匪人。可否仰邀特旨，飭下各省督撫嚴行禁革。嗣後無論何項公事，需款捐輸，不准按畝攤派，以紓農力而重本業。謹附片具陳，伏乞聖鑑訓示。謹奏。

湖廣總督張之洞奏漢口繁要請改設專官摺

奏爲湖北漢口華洋交涉，地方繁要，擬改設專官以資治理，並分别措置情形，恭摺具陳，仰祈聖鑑事。

竊照湖北漢陽縣屬之漢口鎮，古名夏口，爲九省通衢，夙稱繁劇。自咸豐年間創開通商口岸以來，華洋雜處，事益紛繁。近年，俄、法、英、德、日本各國展拓租界，交涉之件愈形棘手。且奉旨開辦蘆漢、粤漢南北兩鐵路，現在北路早已興工，南路亦正勘路，紛雜萬端。將來告成，漢口尤爲南北各省來往要衝，市面愈盛，即交涉愈多。乃漢陽縣與漢口中隔漢水，遇有要事，奔馳不遑。若至通濟門外，往返之間，已非一日。且以後鐵路由該鎮通濟門外至黄陂縣界之灄口，數十里間，悉成繁盛之區。即皆有華洋交涉事件，必須隨時應付，刻期履勘，斷不能稍延時日，致誤事機。加以商賈輻輳，訟案繁滋，會匪遊勇，溷迹窺伺，緝捕彈壓，在在均關緊要。該縣本係繁要地方，政務不少，又豈能日事奔馳於數十里之中？於民事、洋務均多窒礙。自非有正印專官駐紮漢口，不足以重交涉而理。臣督同藩臬兩司、江漢關道迭次籌議，如將漢陽縣移駐漢口，則該資治縣爲漢陽府首轄，境地遼闊，政本殷繁，以之移駐，仍不免顧此失彼之虞。蓋漢口之不能兼顧漢陽，亦猶漢陽之不能兼顧漢口。如添設一縣，則事屬創始，一切煩費尤非易言。現在通籌熟計，不如將漢口同知改爲夏口撫民同知較爲協宜。且品秩視知縣爲崇，於彈壓亦較得力。該同知向無管理土地人民之責，事權不屬。今擬將漢陽縣轄襄河以北之地，北至灄口，西至潰口，横約一百二十餘里，縱約四十里地方，撥歸該同知管轄，作爲正印地方官，以專責成。應援照河南淅川廳，陝西孝義、佛坪等廳成案，所有刑名案件，仍歸漢陽府審轉，倉庫錢糧仍歸該府考核，一切治理統屬各事宜，均與所屬州縣無異。遇有洋務交涉、地方緊要事件，隨時稟承該管之江漢關道，就近督率辦理，以期迅速而免貽誤。似此就漢口原設之官，分漢陽一縣之地，可免增設湊撥之煩，而事權既專，治理自易，其養廉役食等項添籌無多，衙門監獄即就原有房基量加擴充，添置應設。載在祀典各壇廟，照各直省兩縣同城之例，與漢陽縣共之。容俟將漢鎮舊有廟宇分別酌改，亦尚簡易。該鎮禮智巡檢，即在同知衙門附近，擬令兼司獄事。其漢陽訓導，擬移設廳治改爲教諭，所有該廳應撥學額及管轄地段、田糧細數，並其餘應行建置事宜，應俟奏准部議覆到後，再行續籌辦理。

至漢鎮既駐有同知，專治其漢口，原設漢陽府通判，雖有緝捕之責，實鮮可辦之事，似無庸仍駐該鎮。查，溯漢而上六十里漢陽縣屬之蔡甸地方，市面較盛，水陸交通亦屬要地，不可無職分較大之員駐紮其間，擬將該通判移駐蔡甸。至漢黄德道，兼綜地方洋務，安民戢匪，責任甚重。查，各省要缺道員，其銜内多兵備字樣，營汛自都守以下可歸節制。此後，可否請將漢黄德道加兵備字樣，營汛都守以下可歸節制，以資控馭，實於彈壓地方確有裨益。如蒙聖恩俞允，分别改設移置，應請由部頒夏口撫民同知、夏口廳教諭、禮智巡檢兼司獄各印記，並另頒分巡漢黄德兵備道關防，俾資信守。

再，漢口同知，本係要缺。今因洋務事繁，改爲撫民同知管理庶務，缺更緊要，擬定爲『衝繁疲難』四字，最要缺由外揀補。漢陽縣本係衝繁疲難要缺，現雖境地分撥，約計尚存原轄境地三成之二，且係首府附郭地方，政務均屬繁要，應删去『衝』字，改爲『繁難』二字，要缺仍由外題調，以昭詳慎。據署湖北布政使瞿廷韶、署按察使岑春蓂、署漢黄德道江漢關監督俞鍾穎會詳請奏前來，理合恭摺具陳，伏乞皇太后、皇上聖鑒。敕部覈議施行。謹奏。

奉硃批：『該部議奏。欽此。』

户部奏籌撥東三省的餉章程摺 附清單

奏爲遵旨籌撥東三省的餉，恭摺仰祈聖鑒事。

竊准軍機大臣字寄光緒二十四年十一月初九日奉上諭：『依克唐阿奏請飭撥東三省來年的餉並請催欠餉一摺，東三省己亥年的餉應撥奉天銀二十六萬兩，吉林銀五萬三千一百三十兩零，打牲烏拉銀三萬八千二百五十二兩零，黑龍江銀二十六萬一千兩，著户部照數指撥，令各該督撫等如數籌解，毋許遲延，並於報解之時，分晰奉天、吉林、打牲烏拉、黑龍江各款目，以免牽混。其各省欠解東三省本年的餉暨歷年欠餉，著各該督撫監督按照單開數目，趕緊籌措，務於年内掃數解清，以濟要需。原單均著抄給閱看，將此諭知户部，並由五百里諭知直隸、兩江、閩、浙各總督，江蘇、安徽、河南、山東各巡撫暨傳諭淮安關監督知之。欽此。』遵旨寄信前來。臣等自應欽遵酌撥，以濟要需。

查，東三省己亥年應需俸餉，除各該省應徵各款，照案先期開單咨部核抵，并有覆查吉林應抵漏列款項，俟咨覆到日另行核辦外，其不敷銀兩，計奉天省請撥銀二十六萬兩，吉林省請撥銀五萬三千一百三十兩零，打牲烏拉請撥銀三萬八千二百五十二兩零，黑龍江省請撥銀二十六萬一千兩，共應撥銀六十一萬二千三百八十二兩零。謹另繕清單，恭呈御覽。應請飭下各該省督撫等，暨藩運各司，及各關監督，按照臣部指撥數目分批徑解盛京户部交納。如有延欠，即由該將軍等遵案指名嚴參，照貽誤京餉例議處，並令盛京户部於各該省撥款解到時，即分咨詢吉林、黑龍江將軍，打牲烏拉總管，各照請撥銀數派員領回，俾資散放。其黑龍江應領大制錢，仍由盛京户部照章給發。至東三省支給俸餉，向有折減章程，應令各該將軍務須按照向章一律支放，題報核銷。如有餘賸，即於下年請撥俸餉時聲明作抵，毋稍遺漏。其各省關歷年欠解東三省俸餉，臣部業經遵旨飛咨各省關，趕緊設法分批清解，不准任意延宕，致誤餉需。所有遵旨指撥東三省己亥年的餉緣由，理合恭摺覆陳，伏乞皇太后、皇上聖鑒。謹奏。

謹將擬撥東三省己亥年俸餉各銀數，繕具清單，恭呈御覽。

計　開

奉天省己亥年應需俸餉二十六萬兩，擬撥：　山東己亥年應徵地丁銀十一萬兩，兩淮鹽釐銀八萬兩，兩淮鹽課三萬兩，江蘇釐金銀二萬兩，臨清關常税銀二萬兩。

吉林己亥年應需俸餉銀五萬三千一百三十兩零，擬撥：山東己亥年應徵地丁銀一萬三千一百三十兩零，河南己亥年應徵地丁銀一萬兩，臨清關常税銀一萬兩，江蘇釐金銀一萬兩，江海關洋税銀一萬兩。

打牲烏拉己亥年應需俸餉銀三萬八千二百五十兩零，擬撥：長蘆己亥年應徵鹽課銀三萬八千二百五十二兩零。

黑龍江己亥年應需俸餉銀二十六萬一千兩，擬撥：山東己亥年應徵地丁銀七萬六千兩，福建己亥年應徵鹽課銀三萬兩，安徽己亥年應征地丁銀三萬三千兩，河南己亥年應徵地丁銀三萬兩，江蘇釐金銀二萬兩，江西釐金銀一萬五千兩，直隸旗租銀五萬五千兩，長蘆己亥年應徵鹽課銀二千兩。

户部議奏鹽斤加價摺

奏爲遵旨體察鹽斤加價情形通籌具奏事。

光緒二十四年十一月十二日，軍機處交出本日軍機大臣面奉諭旨：『食鹽一項，爲民間日用所必需，能否每斤加價若干，提充餉需，着户部體察情形，通籌具奏。欽此。』欽遵抄交到部。

臣等伏查，向來條陳籌款之策，多謂鹽斤加價，有益於國，無損於民。曾有請將每斤加價錢四文以至八文者。而臣部及各省管理鹽政之督撫，則皆不免長慮卻顧，未敢輕爲嘗試，故自嘉慶以後，每遇大兵大役，不得已而議加鹽斤價。以錢論則每斤衹自半文以至二文，以銀論則每斤衹自一釐以至三釐，以省分論則各省固不能一律，即一省亦不能一律。今請略舉各省新舊各案鹽斤加價數目，爲我皇太后、皇上陳之：

嘉慶十四年，因辦南河大江，始將兩淮引鹽每斤加價銀三釐。道光五年，因辦高家堰工，始將長蘆、山東引鹽斤加價錢二文，兩浙正引、票引、餘引等鹽每斤分別加銀一釐二釐不等。其後，道光十二年長蘆各岸引鹽又有海防二文加價。同治五年，長蘆豫岸引鹽復河防二文。光緒十年，鄂湘兩岸川鹽、淮鹽、粵鹽均有海防二文加價。光緒十三年雲南亦有協濟豫賑一文加價。內惟兩淮河工加價及長蘆、兩浙堰工加價，并雲南豫賑加價均已停止，而長蘆海防加價，則旋停旋復。今謂之軍需復價，其河防加價則改爲滎工加價，餘并各仍其舊。現在通計每年尚約收銀六十餘萬兩，是爲舊案鹽斤加價之數。光緒二十年因朝鮮用兵，編修張百熙條陳籌餉請加鹽價，經臣部議准，每斤加價錢二文，各省一律征收，俟軍務平即行停止。旋據各省督撫覆奏，多以綱疲銷滯爲言，或僅加一文，或僅加半文，或僅攤捐而不加價，或并不攤捐亦不加價。其照加二文者，惟兩淮之鄂、湘、西皖等岸，四川之邊計、濟楚等岸，兩浙之浙東、浙西等岸及河南所銷之北鹽、東鹽、蘆鹽、潞鹽而已。嗣後軍務平定，又因籌還洋款，復經臣部奏准，仍將各省加價攤捐兩項接續征收。現在通計每年尚約收銀一百五十六萬兩，是爲新案鹽斤加價之數。而本年陝西巡撫魏光燾奏請將陝西所銷潞鹽加價四文，旋據山西巡撫胡聘之奏請停止。現在尚未定案者不計焉。

竊維古人之於鹽賦，原有計口、計月、計升之説。今以斤兩計之，一人一日食鹽不過三錢，每斤即多加價錢文，終歲亦不過多費錢數十文，本於民食無碍。然天下有官鹽，即有私鹽，而私鹽又常賤於官鹽，小民錙銖計較，已不免貪賤買私。若官鹽之售愈貴，則私鹽之勢愈横。是以辦理鹽務，往往有減價敵私之論。今各省鹽價或已加過一次，或已加過二次，能否再加，臣部實不能遥度。擬請旨飭下管理鹽政各督撫，各就現在鹽務情形切實籌畫，其已經加價者能否再加若干，未經加價者能否再酌加若干，迅速查明覆奏，以憑核辦。所有臣等遵旨通籌鹽斤加價緣由，理合恭摺覆陳，是否有當，伏乞皇太后、皇上聖鑑訓示。謹奏。

附

是編之選，起乙未，訖戊戌。大率備事俱多，而以編年便於稽核。查鐵路一項，最為關係緊要。溯自光緒十五年正月，特詔内外臣工，各抒條議。維時南皮尚書遵籌開辦情形，擘畫周詳，仰邀宸斷。旋奉諭飭總理海軍事務衙門，就所奏各節詳細覆議奏明請旨。此中國鐵路之權輿也。因取二摺，訂為附録，以誌鐵路所緣起云。宗棠謹又識。

兩廣總督張之洞遵籌開辦鐵路摺

奏爲遵旨覆奏事。

本年二月初六日，承准軍機大臣字寄光緒十五年正月十五日，欽奉慈禧端佑康頤昭豫莊誠皇太后懿旨：『前據總理海軍事務衙門奏請，由天津至通州接修鐵路，當經降旨允准。嗣據御史余聯沅等先後陳奏，請停辦鐵路，均諭令總理海軍事務衙門會同軍機大臣妥議具奏。兹據會商籌議，逐款臚陳，詳加披閲，所陳各節辨駁精詳，敷陳剴切。其於條陳各摺内，似是而非之論，實能剖析無遺。惟事關創辦，不厭求詳。在廷諸臣於海防機要，素未究心，語多隔膜。該將軍、督撫等身膺疆寄，辦理防務，利害躬親，自必講求有素。著慶裕、定安、曾國荃、卞寶第、裕禄、張之洞、崧駿、陳彝、德馨、劉銘傳、奎斌、王文韶、黄彭年按切時勢，各抒所見，迅速覆奏，用備采擇等因。欽此。』仰見我朝廷勤求民隱，鄭重海防之至意。

竊維泰西創行鐵路將及百年，實爲馴致富强之一大端。其初各國開建幹路，以通孔道。迨後物力日裕，闢路日多，支派貫注，都邑相屬，百貨由是而灌輸。軍屯田而聯絡上下，公私交受其益。初費鉅資，後享大利，其功效次第，實在於此。今中國方汲汲講求安攘之略，自不得不採彼長技，以爲自强之助。伏查，總理海軍事務衙門覆奏所陳迅海防、省重兵、便轉運、通貨物、興礦産、利行旅、速郵傳、捷賑濟諸條，鐵路之利亦已詳明確實，包舉無遺。且欲推之南北各省，廣安鐵路，以振全局，在王大臣謀畫閎遠，本非專爲津通之一隅。臣之愚見，竊以爲今日鐵路之用，尤以開通土貨爲急。蓋論中外通商以後之時局，中國民生之豐歉，商務之息耗，專視乎土貨出産之多少，與夫土貨出口較洋貨進口之多少以爲斷。近數年來，洋貨洋藥進口價值，每歲多於土貨出口價值者約二千萬兩，若再聽其耗漏，以後斷不可支。現在，洋貨洋藥之來源無可杜遏，惟有設法多出土貨，多銷土貨以救之，此乃王道養民立國之本源，並非西商爭利會計之小數。中國物産之盛，甲於五洲。然腹地奥區，工艱運貴，其生不蕃，其流不廣。且土貨率皆質粗價廉，非多無利，非速不多，非用機器化學不能變粗賤爲精良，化無用爲有用。苟有鐵路，則機器可入，笨貨可出，本輕費省，土貨旺銷，則可大減出口税釐以鼓舞之。於是山鄉邊郡之産，悉可致諸江岸海壖而流行於九州四瀛之外。銷路暢則利商，製造繁則利工，山農澤農之種植、牧豎女紅之所成皆可行遠，得價則利農。内開未盡之地寶，外收已虧之利權，是鐵路之利，首在利民。民之利既見，而國之利因之。利國之大端，則徵兵轉餉是矣。方今强隣環伺，外患方殷，内而沿海沿江，外而遼東三省、秦隴沿邊，回環何止萬里，防不勝防，費不勝費。若無輪車鐵路應援赴敵，以静待動，安所得無數良將精兵、利砲巨餉而守之？

大守國即所以衛民，故利國之與利民實相表裏。似宜先擇四達之衢，首建幹路，以爲經營全局之計，以立循序漸進之基。至津通一路，其緩急輕重之宜，尚有宜加審察者，請爲我皇上縷晰陳之。查，御史余聯沅等原奏，誠恐洋教之煽張，或借捐金以資敵，或以狡謀利啖爲懼，或以人心風俗爲憂，不知鐵路不過行程迅速，至洋人洋教之多少與此無涉。造路之鐵可用華産，修路之工仍用民人。洋匠薪水亦屬有限，洋廠勸造不過市儈圖攬貿易之故智，此事似非別藏禍心。輪車與輪船、電線等確有利用之實，不得謂之淫巧。凡此數端，舉無足慮。

至所呈引敵失業二事，經王大臣剖析詳盡，自屬切中時宜。惟津通密邇輦轂〔二〕，非尋常散地可比。以臣所聞，俄國鐵路相接，俄人則改寬耳。鐵道以限止德車，德國鐵路之入都城者，必穿行士郵達礮，而後得達柏林。法國巴黎城外諸路，皆有大堡環護之。即英人與法接界處，海底鐵路之議，雖因工艱而止，亦由怵於法岸近峙，自失海險之故。是外國顧念根本，未嘗不格外慎重深嚴。今大沽鐵路已至天津，若再開至通州，不爲置兵築壘以扼要隘，但恃臨時收車撤軌之圖，則備豫似覺未密。苟於中途多設堅臺巨砲，以爲之備，則所費必在百萬以外，籌款實屬不貲。其當審者一也。

查，奎潤等摺内稱，津通之民，以車船行店負販爲生者約六萬人，一家五口，已有三十萬人。此項人數本難確知，然就極少計之，仰食於此者，總不下六七萬人。粗買舟行不能盡廢，短車客店不能盡歇，尚可安插其半。其廢業者必有三萬餘人，若鐵路既開，其投效公司傭趁，車站固必需轉移執事之人，顧津通二百餘里地段不長，中站停頓不過數處，一切修路掃軌等役需人不能甚多。據西人鐵路述略稱，英地四萬里鐵路，執事等衆需十六萬五千人。以此爲準，津通二百餘里，蓋需八百餘人，加以各項販運夫役，不能過三千人。其鐵路左右隣近鄉邑，無甚巨鎮名區，人貨趨集亦難甚旺，多方安插終恐不敷。且津通一路，内近神京，外近海口，又有倉場三者兼之，閒民苦其太多，而地段苦其太短。其難於消納，實與他處不同。至於廬舍尚可給費遷移，若墳墓多所毀遷，亦恐不易設處。其當審者二也。

或謂非常之舉，難與圖始。鐵路爲利便所在，不宜緦緦過計，致失事機。顧查所以續辦津通者，但爲養路計耳。夫欲籌養路之需，而度支轉益之費；屯防恤公田之困，而郊甸乃有無告之民。利害相兼，宜籌兩全之策。其當審者三也。

又查，西國鐵路每爲鉅遠水口，陸行艱滯，而設有無輪車，利鈍懸絶，故雖重費勞擾而不嫌。今則潞河深通，帆檣如織，車騾馳驟，經宿可至，商旅驛遞，爲益無多。權以西例，此路尚非所亟。其當審者四也。

至於徵兵一節，誠於軍事有益。然當今所憂者，外患耳。津沽爲京師門户，常屯重鎮。在大沽有事，後路援師早應，厚集津門。若待至天津郡城告急，勢難再分都門之禁旅遠出赴援，亦無從抽大沽、山海關之防軍回師宿衛。苟無此路，亦無甚妨。其當審者五也。

夫利不百而不興，害雖隱而必慎。既非萬不得已之計，即宜防意外枝節之端。設此路創造之時，稍有紛擾，則習常蹈故者，益將執爲口實，視爲畏途。以後他處續造，集股之官商必裹足，疑沮之愚氓必有辭，則鐵路之功終無由成，而鐵路之效終無由見矣。《記》曰：『先其易者，後其節目，及其久也，相説以解。』言與事，宜有次第也。今津通一路關係既重，不便尤多，此亦鐵路中之節目也。竊查，翁同龢等請試行鐵路於遠地，以便運兵；徐會澧等請改設於德州、濟寧，就黄河故道墊路，以便運漕，均擬緩辦。津通爲另闢一路之計，但邊地偏遠，無裨全局，若於偏隅發端，其效難見。且非商旅輻輳之所，則鐵路費無所出，不足以自存。德濟一路，黄河岸闊沙鬆，勉强堆築，工費太鉅。河流遷徙無定，其鐵橋等事尤難時時改作，似擬改之路尚非盡善。臣愚以爲宜自京城外之蘆溝橋起，經行河南達於湖北之漢口鎮，此則幹路之樞紐，枝路之始基，而中國大利之所萃也。蓋豫、鄂居天下之腹，中原綰轂胥出其塗。鐵路取道，宜事保定、正定、磁州，歷彰、衛、懷等府，北岸在清化鎮以南一帶，南岸在滎澤口以上，擇黄河上游灘窄岸堅、逕流不改之處作橋以渡河，則三晉之轍下於井陘、關隴之驂交於落口，西北聲息，刻期可通。自河以南，則由鄭、許、信陽驛路以抵漢口，東引淮、吳，南通湘、蜀，萬里奔湊，如川赴壑。

語其利便約有數事：内處腹地，不近海口，無引敵之慮，利一。南北二千餘里，原野廣漠，偏户散處，不如近郊之稠密，一屋一墳易於勘避，利二。幹路袤遠，廠盛站多，經路生理既繁，緯路枝流必旺，執鞭之徒，列肆之賈，生計甚寬，舍舊謀新，決無失所，利三。以一路控八九省之衝，人貨輻輳，貿易必旺，將來汴、洛、荆、襄、濟東、淮、泗，經緯縱横，各省旁通，四達不悖，豈惟養路之資費，實可裕無窮之餉源，利五。近畿有事，三楚雋部，兩淮精兵，電檄一傳，不崇朝而雲集都下。或内地偶有土寇竊發，發兵征討，旬日立可蕩平，徵兵之道莫此爲便，利六。中國礦利，惟煤鐵最有把握。太行以北煤鐵最旺而最精，然質最重，路最難。既有鐵路，則輦機器以開挖，用西法以煎鎔，礦産日多，大開三晉之利源，永塞中華之漏巵，利七。海上用兵，首慮梗漕。南漕米百餘萬石，由鎮江輪船溯江而上，三日而抵漢口，又二日而達阜城。由蘆溝橋運赴京倉，道里與通州相等，足以備河海之不虞，關飛挽之坦道，而又省挑河剥運之浮糜。較之東道王家營一路礙於黄河下流者，辦理最有把握，利八。此路既成，但有利便，並無紛擾，民受其益，人習其事，商覩其利，將來集資推廣，續造不至爲難。兵民食貨，無往而不宜。公私行役轉運，盜竊損失，雨潦稽延，虧耗蠹蝕之患，不禁而自止。關東、隴右以次推行，惟力是視，二十年以後中國武備屹然改觀矣！

難者曰，幹路之利誠如此矣，其如費鉅難成何？則請以分段之法爲之。擬分自京至正定爲首段，次至黄河北岸，又次至信陽州爲二、三段，次至漢口爲末段。中原地勢平衍，工力可省。若令承辦員匠核實樽節，估計大約每里不過五六千金，一段不過四百萬。内外合計四段之工須八年造成，則款亦分八年分籌。中國之大，每年籌二百萬之款，似尚不至無策。開辦之始，先將首段估造。俟本段工竣，餘段以次推廣。其籌款之法，除由鐵路分司照常招股外，應酌擇各省口岸較盛、鹽課較旺之地，分别由藩運兩司關道轉發印票股單，設法勸集。集股多者股商及承辦之員優予獎勵，並准該公司援照前案，暫借商款墊解，以資周轉。再購買鐵料，取之海外則漏卮太多，實爲非計。查山西之鐵産自平定、盂縣者，可運致於獲鹿縣；産自澤、潞者，可運至於青化鎮。鐵軌非同船砲，取材不在至精，土練之産，雖遜洋鐵，亦足濟用。即使價值略貴幾微，其財仍散在中國，不宜斤斤計較。應一面迅速於正定、清化分置練鐵機爐，以供取用。除首段動工參購洋料外，其餘悉用土鐵，以杜外耗，庶幾施工有序而藏富在民。

總之，津通之視豫鄂，度地考工，想去懸絶。臣之爲是議者，非敢有騖廣侈大之心，實以置路於不可開之區，雖一節有所必惜；展路於有利無害之域，即艱重亦所當爲。擬請責成李鴻章，仍令原派總辦鐵路各員督飭該公司，熟籌全局，擴充原議，次第舉工。臣識解迂愚，謹遵按切時勢、各抒所見之旨，竭誠籌度，詳切上陳，伏候聖明裁度，飭下海軍衙門通籌熟計，採擇施行，國計幸甚！民生幸甚！至該公司請試辦鐵路原案，係自認接續至山海關。此路通接關東，誠爲要工，應飭其照案修造，未便聽中道改圖，壟斷罔利。如必以養路賠累爲辭，則此乃海防應辦之事，無妨籌動官款，或酌助官本，或於目前該公司生理未旺之時，暫行酌給津貼養路經費，以示體恤。其商借洋債，仍由該商自行清理，似覺較爲簡易。所有擬請緩造津通鐵路改建腹省幹路緣由，是否有當，理合恭摺覆陳，伏乞皇太后、皇上聖鑑。謹奏。

海軍衙門議覆開辦鐵路摺 附片

奏爲謹遵懿旨通籌鐵路全局，請緩辦津通並由漢口、蘆溝兩頭試辦，次第推行，恭摺仰祈聖鑑事。

光緒十五年四月初八日，欽奉慈禧端佑康頤昭豫莊誠壽恭欽獻皇太后懿旨：『前因籌議鐵路事宜，諭令沿江沿海將軍、督撫各抒所見，以備采擇。嗣據陸續覆奏，詳加披閱，其偏執成見，不達時勢，及另籌辦法尚未合宜者毋庸議外，張之洞、劉銘傳、黃彭年所奏，各有見地。而張之洞所議自蘆溝橋起，經行河南，達於湖北之漢口鎮，畫爲四段，分作八年造辦等語，尤爲詳盡。此事爲自强要策，必應通籌天下全局。海軍衙門原奏意在開拓風氣，次第推行，本不限定津通一路，但冀有益於國，無損於民，定一至當不易之策，即可毅然興辦，勿庸築室道謀。著總理海軍事務衙門，即就張之洞所奏各節，詳細覆議，奏明請旨。張之洞、劉銘傳、黃彭年摺各一件，均著鈔給閱看。欽此。』臣等恭繹聖意，舉長駕遠馭之閎謨，與執兩用中之深指，灼然於明詔之中，曷勝欽服！當即公同閲看該督撫等三疏。劉銘傳欲由津沽開至京師，黄彭年欲先辦邊防漕路，緩辦腹内及沿江沿海各省，而試行於津通，與臣衙門原議略同。惟懿旨令就張之洞所奏各節詳細覆議，自應將津通、豫鄂權衡緩急，分别確陳，以備慈衷裁斷。

查，西洋興辦鐵路，以幹路爲經，以枝路爲緯，有事則以路徵兵，無事則以商養路，故能歷久不敝，國富兵强，而官民交便。就五大洲言之，宜於西洋，宜於東洋，豈其獨不宜於中國？就中國言之，或云宜於邊防，或云宜於腹地，豈其獨不宜於臣衙門奏准之津通？臣等統籌天下大局，津通則繈東南一正幹也，水路受沿海七省之委輸，陸路通關東三省之命脉。豫鄂則繈西南一正幹也，控荆襄，達關隴，以一道扼七八省之衝。初意徐議中原而先以津沽便海防，繼以津通擴商利，區區二百里，其關係與豫鄂三千里略同，固將以開風氣而利推行也。今張之洞亦設爲津通五宜審之説，其中所慮各節，臣衙門前奏固已剖析無遺，無煩再爲辯論。惟事關創始，擇善而從。臣等亦不敢固執成見，津通鐵路應即暫行緩辦，第由津沽至閻莊已成鐵路，前因竭力催工，商股難集，連津通勘路訂料等費，曾以五厘輕息，陸續借用洋款一百二十餘萬。臣衙門十三年二月原奏，本有商股一時不能多集，官爲籌措之語。本年正月又奏明罷津通之路，斷難再招商股，以清洋債，而事非辦理不善，亦無可著落追賠，勢須户部動撥正款等語。今津通緩議，路短源枯，出多入少，似宜稍加體恤，免致失信外人。惟爲款甚鉅，臣等未便請撥正帑。查，輪船招商局從前創辦時，各省籌發官款，除已陸續措還外，現尚存銀五十七萬零，内多閒款可備撥用。茲津沽鐵路洋債無著，應懇恩准其儘數提用，於明春到期緊要洋款先行清還，尚屬以公濟公。其餘不敷銀兩，現與商妥展期。竊思鄭工捐一年限滿，應即截止，但此項捐例本因海防而起，應請懿旨仍改爲海防捐。俟鄭工限滿，再展一年，由各省藩司收解。臣衙門並隨時咨報吏、户等部，其收捐條款、銓補章程悉照鄭工事例辦理。臣衙門遇有海防船礮等需，酌量動用，亦准借撥，以償海路洋款，俾北洋運兵之路不至中廢。其津沽養路之需，即由臣鴻章督飭公司隨時竭力撙節，設法維持。若令遵照原奏，由唐山接造至山海關以備畿防調兵運械，呼應靈捷，此路商貨稀少，集股甚難，應俟帑力稍通，或捐項踴躍，再行奏明撥助興辦，妥議詳細章程。

至由蘆溝經河南達漢口，考之地志約三千餘里。張之洞奏稱南北二千餘里，自係錯悮。造路愈長，需款愈鉅，該督請分爲四段，八年造成，亦頗詳盡。顧其意以晉鐵造軌爲主，僅首段約購洋料動工，期於財不外耗，按之實不能行。查光緒九年冬間，總理衙門函商晉撫，議開鐵礦，時張之洞會寄鐵石，由臣鴻章飭局考究其煉法未精，中多雜質，各國造軌現皆由鐵易鋼，必以硬鋼受重，壓而不損，軌鋼受重，壓而不碎者爲上。故奧軌脆不耐寒，俄軌鬆而易陷，每舍國産而購自英廠。該督謂土煉雖遜洋鐵，亦足濟用，實非篤論。西國中等煉鋼鐵鑪器，全副約需銀一百四十餘萬兩。正定、清化分設兩鑪，約需銀二百八十餘萬兩，非先購洋軌以造幹路，則機鑪不能運至正定、清化；非由正定造成通盂縣、平定之枝路，由清化造成通澤、潞之枝路，則鐵石不能運至正定、清化。就蘆溝至正定之幹，與正定至平定之枝計一千餘里。又由懷慶、清化至澤、潞枝路亦數百里，必須購軌先成，方能造端謀始。西洋煉鋼之事，約須十二廠：一曰生煤廠，二曰熟煤廠，三曰生鐵廠，四曰熟鐵廠，五曰鐵闌干鐵條廠，六曰繩鋼廠，七曰改鑄銅鐵鋼器廠，八曰小鋼鐵事件廠，九曰鐵鍋廠，十曰鋼軌廠，十一曰鑄輪廠，十二曰機器廠。今未得以鐵造路之益，先苦以路運鐵之勞；未儲撥帑造路之資，先謀集股采鐵之費，勢必經年累月，勞擾無成。況現在晉鐵價已貴於洋鐵，不能暢銷。若用洋法以煉晉鐵，則事物繁費，價本益昂。臣等再四籌商，擬暫行用外洋鋼軌，以歸省捷。俟幹路既接造枝路，然後開采晉礦，運機煉鋼，以爲推廣他省鐵路之用。

至鐵路段落，則必以漢口至信陽爲首段，層遞而北，爲最合算。何以言之？創築鐵路，買地購料之費有定，一切運脚則視道之迂直遲速爲定。鐵路所用以鋼條、墊木、碎石爲三大宗，均極笨重。陸運民車，多行百里，則增價數倍；多行一日，又增價數倍。辦理愈遲，則員弁工役之費因之遞加。若蘆溝達正定一段，節節陸運，繁費實多，但在臣鴻章轄境以內，難鉅所不敢辭。今擬改爲蘆溝、漢口兩路分投試辦，逐節前迎，程功較速。漢口地濱大江，輪帆如織，購料既便，迨路成而前途需用木鐵石等項，即由輪車轉運，斯用費省而成本較輕。又漢口至信陽，民物殷阜，鐵路造成一節，可收一節運貨之利，商股或易招徠。通盤籌計，首尾兼營，此實至當不易之策也。惟是工大費鉅難成，張之洞已明言之，而所估銀數似由約略臆揣，必以親歷已辦者爲定衡。查三千里之路，就津沽造成之價估之，其路雙軌佔地寬七丈，連取土共須佔地二十丈。每一里路須佔六十畝，每畝約價銀二十三四兩，是爲購地之費。造路一里合銀七千三百十二兩有奇，是爲設軌之費。自漢口至蘆溝約三千里，其購地需十八萬畝，約共需銀四百二十餘萬兩，其設軌之費約二千二百餘萬兩。中間經過大川，在直隸境内者十五：曰琉璃河，曰拒馬河，曰北河，曰雹河，曰漕河，曰府河，曰唐河，曰滱河，曰新樂沙河，曰滋河，曰滹沱河，曰趙州沙河，曰沙河縣之沙河，曰洺河，曰滏河。在河南境内者九：曰漳河，曰衛河，曰洪河，曰黄河，曰賈魯河，曰潁河，曰沙河，曰汝河，曰淮河。其在湖北境内者二：曰德安兩河口，曰孝感河。凡二十六水，寬或十餘里，或二三里，其餘小河支港尚不在内。所需大鐵橋或十餘萬五六萬不等。約計畝價、軌費及造橋經費非三千萬兩不能竣工，較張之洞原擬一千六百萬，數幾倍之。若執定由蘆溝一路順行而南，其工費更不止此。

至於籌款之法，當以商股、官帑、洋債三者並行，始能集事。津沽公司本無殷商巨賈，除酌留海路經理外，止能兼籌蘆溝創辦事宜。其漢口一路，自應廣招紳富，别建公司。俟直豫接連後再行合并。張之洞原議責成各省藩運兩司關道，以印票股單勸集，雖未必遽有成效，但能嚴禁苛勒，亦可參用，第非確著成效，商富難信從。此事既爲自强要策，似需官帑接濟，應隨時由臣部衙門酌量請撥，以赴事機。其商股帑力不足，則尤以洋債爲挹注之貲。張之洞原奏亦稱請援照前案，暫借商款墊解，以資周轉，原非必不可行，俟開辦有期，再行訂借撥用。

總之，鐵路爲今日利國利民之大端，經臣部衙門與各疆臣反覆推求，實已無義不搜，無微不至。今緩議津通而先辦漢口、蘆溝，兩頭並舉，四達不悖，以爲經營全局之計，循序漸進之基，庶幾有益於國，無損於民，事出萬全，決可毅然興辦。倘蒙聖心審定，應請簡派公正廉明、熟悉洋務之重臣，招集公司，嚴定章程，妥爲經畫。漢口距信陽州六百八十里，蘆溝距正定六百里，無論或借或撥，應先集款一千萬兩，俾令勘路定料，庶免停工待款。並懇責成直、鄂、豫三省督撫，曉諭紳民，毋得阻撓滋事。果能内外一心，官商合力，成效可期，以開中國萬世之利，以杜四裔環伺之謀，大局幸甚！所有擬請緩辦津通並漢口、蘆溝兩頭開辦鐵路緣由，謹詳細復陳，伏祈皇太后聖鑑施行。謹奏。

再，辦理鐵路，勘道購地，集料鳩工，頭緒紛繁，必須熟悉地方、講求西法之大員專司其事，始能有條不紊，克底於成。查，有直隸按察使周馥，前辦津沽鐵路，諳習工程，辦事明練。奏補清河道潘駿德，久在天津機器局，於西洋製造頗有心得。蘆溝一路所經保定、正定、趙州各屬，均清河道轄境，用以聯絡紳民，羣情易洽。應請旨派令周馥、潘駿德隨同簡派之大臣辦理鐵路事宜，以資熟手而重要工。理合附陳，伏祈慈鑒施行。謹奏。

校記

〔一〕蜜　當作『密』。

附　安徽古籍叢書已版書目

舊聞隨筆
定本莊子故
張籍集注
文學研究法
桐城文學淵源考・撰述考
包拯集編年校補
康輶紀行・東槎紀略
北山樓集
桐城耆舊傳
疑庵詩
三餘札記
方望溪遺集
爾雅翼

識小録・寸陰叢録
東萊詩詞集
明太祖集
王侍郎奏議
程氏家塾讀書分年日程
朱楓林集
敬孚類稿
施愚山集（四册）
吴敬梓吴烺詩文合集
張孝祥詞箋校
竇山公家議校注
翠微南征録・北征録合集
阮大鋮戲曲四種

老子注三種
杜詩説
朱書集
論語解注合編
郭祥正集
皖人詩話八種
唐詩評三種
左傳微
續學堂詩文鈔
鈍齋詩選
老子注譯
莊子詮詁
説文假借義證

劉銘傳文集
包世臣全集（三册）
戴震全書（七册）
田間易學
莊屈合詁
田間詩集
田間文集
古事比（二册）
安徽出土金文訂補
秋崖詩詞校注
道聽途説
蘭苕館外史
青泥蓮花記
舌華録
明語林

夜雨秋燈録·續録（二册）
包拯集校注
毛詩後箋（二册）
劉文典全集（四册，列入特輯）
壹齋集（二册）
孟子講義
楊仁山全集
弢翁藏書年譜（列入附輯）
不得已附二種
歙事閑譚（二册）
惜抱軒詩集訓纂
張孝祥詩文集
吴汝綸全集（四册）
朱子全書（二十七册）
姚瑩年譜（列入附輯）

明實録安徽經濟史料類編（列入附輯）
青溪集
藏山閣集
田間詩學
俞正燮全集（三册）
皖人戲曲選刊·鄭之珍卷
詠懷堂詩集
所知録附四種
文選箋證（二册）
歙紀
方孝標文集
七頌堂集
劉文典全集補編（列入特輯）
程瑤田全集（四册）

皖人戲曲選刊·方成培卷
皖人戲曲選刊·龍燮卷
凌廷堪全集（四册）
黄生全集（四册）
東輶紀程
蕭雲從詩文輯注

程文炳文集
程恩培集
方盦山詩集（二册）
趙紹祖金石學三種
小爾雅義證
勉行堂詩文集

貴池唐人集
龍眠風雅全編（十册）
無爲集
杜詩提要
分篇水經注（二册）
李宗棠文集·奏議輯覽初編